왜 철학인가?

왜 철학인가!? – Why Philsophy?

초 판 1쇄 인쇄 2011년 1월 20일
초 판 2쇄 발행 2012년 2월 25일

저 자 강 대 석
발행인 황 세 연
교 정 김 영 권
디자인 EG 디자인
인 쇄 상지사
제 본 상지사
발행처 도서출판 **중원문화**
주 소 서울특별시 마포구 창전동 2-33
주문처 02-325-5534 FAX 02-324-6799
ISBN 978-89-7728-262-9(03100)

왜 철학인가?

WHY PHILOSOPHY?

강대석 지음

도서출판 중원문화

Why Philosophy?

by

Kang Dae-suk

Printed 2011 by Jungwonmunhwa Publishing Co.

머리말 : 철학은 희망을 주어야 한다

21세기는 인류에게 희망을 주는 새로운 시대이다. 그러나 오늘 날 우리는 무엇인가 암울한 기분으로 살아가고 있다. 그 이유는 무엇인가? 바로 우리에게 희망을 주는 철학이 없기 때문이다. 희망을 주는 철학이 성장할 수 있는 사회적 토대가 무너져 가고 있기 때문이다. 참된 철학은 인간에게 희망을 주어야 한다. **'철학의 위로'**라든가 **'즐거움의 철학'**이라는 옛 철학자들의 말이 그것을 잘 말해주고 있다. .

이 책은 우울한 시대를 살고 있는 젊은이들에게 현재의 삶은 긍정하고 창조적으로 살아갈 수 있는 희망을 주려는 의도에서 저술되었다. 창조적인 삶을 살기 위해서는 우선 삶이 무엇인가를 객관적으로 이해해야 한다. 서양의 많은 철학자들이 보람 있는 삶이 무엇인가를 나름대로 제시하였다. 그것을 정확히 이해해야 한다는 의미에서 우선 서양철학을 역사적으로 추적해 보았다. 그러나 정확한 이해는 올바른 비판을 배제하지 않는다. 어떤 것을 **'비판한다'**는 말은 우선 **'구분한다'**는 말과 같은 의미를 지니고 있다. 구분할 수 없는 사람은 비판할 수 없다. 낡은 것과 새로운 것, 좋은 것과 나쁜 것, 옳은 것과 그른 것을 구분할 수 있는 사람만이 비판을 할 수 있다. 비판을 하기 위해서는 먼저 알아야 한다. 현자는 결코 타고난 재능만으로 만들어지는 것이 아니며 많은 경험과 학습의 단계를 필요로 한다.

비판은 물론 비판을 위한 비판이 되어서는 안 된다. 그것은 말장난이고 지적인 유희에 불과하다. 비판의 목적은 보다 나은 삶의 실현이라는 철학 본래의 과제와 어긋나지 않아야 한다. 그러기 위해서는 비판의 올바른 척도가 있어야 한다. 이 책은 항상 그러한 척도를 염두에 두면서 쓰여졌는데 그것을 좁게는 과학정신, 넓게는 희망을 주는 삶이라고 말할 수 있다.

오늘날 우리는 매우 어려운 상황아래서 살아가고 있다. 지구상에서 유일하게 남아있는 분단국으로서 같은 민족이 서로 원수처럼 싸우고 있다. 더구나 경제 강국들의 책동에 의해 나라의 경제가 파탄에 빠졌고 그것을 벗어나려 발버둥치지만 우리도 모르게 점점 더 강대국들에 경제적으로 예속되어 가고 있다. 이런 때일수록 우리는 올바른 철학과 투철한 역사의식을 갖고 우리민족의 정체성을 찾기 위해 창의적인 노력을 기울려야 한다. 일시적으로 경제위기를 벗어나는 것이 문제가 아니고 경제위기가 발을 붙일 수 없는 사회구조를 만들어 가는 것이 중요하다. 그것만이 우리에게 희망을 준다. 희망은 추상적인 이상도 아니고 실천을 벗어난 이론의 위로도 아니다. 희망의 철학은 세계를 변화시킬 수 있어야 하며 세계를 새로운 모습으로 창조할 수 있게 해야 한다. 우리가 습득할 많은 철학들이 우리에게 그러한 가능성을 제시해 주고 있다. 그러나 많은 철학들이 오히려 절망과 체념을 조장하고 현실적인 과제로부터 몽매한 영역으로 도피하게 한다. 그것은 결코 우리에게 참된 희망을 주는 철학이 아님을 독자는 이 책을 통해서 다시 한 번 확인할 수 있을 것이다.

아무쪼록 이 책이 명석한 비판 정신과 낙관주의적인 능동성을 갖고 새로운 세계를 개척해 나가려는 젊은이들에게 많은 희망을 주기 바란다.

2011년 초에 저자

왜 철학인가? ● 차 례

1. 철학, 과학, 종교, 예술의 관계

철학은 결코 현실과 유리된 학문이 아니다. 일반적으로 우리는 철학이란 말에서 현실과 유리된 추상적이고 난해한 학문을 연상하기 쉽다. 흔히 철학자들이란 명상의 날개를 펴면서 고독한 산책이나 즐기는 한가한 사람들이라고 오해하기 쉽다. 그러나 그것은 철학과 철학자들에 대한 잘못된 견해이다. 이러한 잘못된 견해를 만들어 준 데 대한 책임이 적어도 철학자 자신들에게 있었다는 사실을 우리는 부인할 수 없다. 예컨대 실학 이전의 조선 유학은 대부분 공리공론으로 치우쳤으며, 특히 당쟁과 사화는 철학자들의 은거를 조장하여 철학을 일상적인 사람들로부터 유리시킨 원인이 되었다.

일제 식민지시대에서는 철학이 관념론으로 기울어졌다. 철학을 공부한 대부분의 학생들은 지주의 아들들이었고 이들은 주로 일본의 독일관념론으로부터 많은 영향을 받았다. 물론 예외는 있었지만 이들이 배운 것은 주로 순수한 학문으로서의 철학이었다. 철학은 잡다한 현실을 초월한 순수하고 고귀한 학문으로서 지식인들에게 그 자체만으로도 만족할 수 있는 어떤 근거를 제시해 주는 것처럼 생각되었다. 왜 이러한 순수한 철학이 강조되었는가에 대한 충분한 이유가 있다. 만일 철학이 순수한 이론 자체로 머물지 않고 현실과 직결되는 실천적인 학문이라는 사실이 파악될 때 지식인들은 먼저 우리 조국의 현실에 눈을 돌리고 현실적으로 가장 급박한 과제인 독립운동에 가담했을 것이기 때문이다. 철학의 순수성을 강조함으로써 일본적인 관념론의 철학은 한국의 지식인들을 현실로부터, 곧 사회·정치문제로부터 눈을 돌려 공허한 관념 속에 안주하도록 유도하였다. 불행하게도 해방 후 우리나라의 철학계를 주도한 많은 사람들이 일제의 이러한 교육을 받고도 그 내막을 간파할 수 없었던 것은 바로 철학의 현실감각을 흐리게 만드는 결과를 초래하였다.

그러나 참다운 철학은 결코 현실과 동떨어져 있지 않다. 물론 우리가 현실에 무조건 만족하여 아무런 문제를 느끼지 못하고 살아갈 때 철학적인 물음이나 요구는 발생하지 않는다. 일단 현실을 부정하고 비판적인 눈으로 그것을 바라볼 수 있는 태도가 철학적인 사고의 첫 단계이다. 그러나 현실을 부정한다고 해서 현실을 떠나거나 현실과 유리된다면 그것은 현실도피는 될 수 있어도 철학적인 태도는 아니다. 일상적인 현실을 부정된 후에 우리는 다시 현실로 돌아와 경험과 지식을 총동원하여 현실을 변화시켜야 하며 이러한 실천적인 활동 속에 비로소 철학의 참된 과제가 성취되는 것이다. 그러므로 철학은 한가한 사람들의 지적인 유희가 아니라 너무나도 복잡한 현실 문제에 직면하여 실천적인 용기를 갖고 대결하는 사람들의 진지한 과제이다. 이런 의미에서 독일의 철학자 야스퍼스(Karl Jaspers, 1883~1969)는 "어중간한 철학은 현실을 떠나지만 진정한 철학은 현실로 돌아온다"[1]라고 말하였다.

우리는 이제 철학이 발생하게 된 과정을 살펴봄으로써 철학이 왜 현실과 직결된 학문인가를 밝혀보기로 하자.

철학적인 물음은 인류가 존재하고 있었던 모든 시대와 장소에서 나타났다고 할 수 있다. 왜냐하면 현실을 파악하고 개조하려는 노력이 바로 인간의 특성이기 때문이다. 그러나 역사적인 기록에 의하면 철학은 기원전 5세기경의 고대 그리스에서 비롯된다.

철학적인 사유가 발생할 때까지 그리스인의 의식을 지배하고 있었던 것은 신화(神話)였다. 신화는 그리스인뿐만 아니라 모든 인류의 원시공동회를 지탱해주는 생활이념이었다. 철학적인 물음이 시작된 것은 원시공동사회가 무너지고 가족과 개인의 사회의식이 형성되면서부터였다. 신화에 의거하여 모든 현상을 해석하였던 시대에는 개인의 독자적인 사유는 허용되지 않았으며 필요하지도 않았다. 동시에 사유재산이 발생하고 노동이 육체노동과 정신노동으로 분리되면서 정신노동에 종사하는 사람들이 여유를 갖고 자연과 인간을 성찰할 수 있게 된 것도 철학이 발생할 수 있는 사회적 조건이 되었다.

전통적인 신화와 거기서 발생하는 세계관에 의문을 제기하면서 비로소 철학적인 사유방식이 등장하였고 이러한 변화의 과정을 우리는 '뮈토스(Mythos, 신화)에서 로고스(Logos, 이성)로의 발전' 이라고 부른다. '철학' 이란 뜻의 그리스어 필로소피아(philosophia)는 사랑을 나타내는 필로스(philos)와 지혜를 나타내는 소피아(sophia)의 합성어이다. 그러므로 원래 이 말은 지혜를 사랑하는 것, 곧 애지(愛知)의 의미를 갖고 있다. 그러나

---

1) K. Jaspers, *Existenzphilosophie*, Berlin 1964, S. 85.

신화가 인간의 의식을 지배하는 동안은 "지혜란 무엇인가?"하는 물음은 결코 제기되지 않았다. 지혜는 신화 속에 이미 절대적인 모습으로 형성되어 있었기 때문이다. 신화와 주문(呪文) 대신에 세계와 인간의 운명에 대한 독자적인, 곧 모든 다른 권위로부터 독립된 성찰이 들어서면서 철학이 발생하였다. 사물에 대한 탁월한 관찰이나 아무도 아직까지 시도하지 못했던 판단력을 통해서 다른 사람들을 놀라게 하는 물음이 나타났으며, 물론 신화가 아직 지배하고 있었던 당시에 이런 사람들의 태도는 비정상적이라고 조소를 받기도 했다. 예컨대 고대 그리스 철학의 아버지라 불리는 탈레스(Thales, B. C. 625~545)는 하늘의 별을 관찰하면서 걸어가다가 웅덩이에 빠져 주위 사람들의 조소를 받았다고 전해진다. 그가 신화적 사고에 젖어 있었다면 천체가 아름답고 신비하다는 감동에 휩싸였을지 몰라도 그것을 유심히 관찰하지는 못했을 것이다.

일반적으로 철학의 근원으로 '놀람'을 들고 있다. '놀람'이란 인간의 이성적인 사고가 인간이나 자연 혹은 우주의 비밀을 파 헤치려할 때 비로소 나타난다. 신화 속에서는 우주의 모든 비밀이 이미 해답되어 있기 때문에 인간이 놀라는 마음으로 그 근원을 파헤칠 필요가 없다. 무엇에 놀란다는 것에는 그것의 본질을 합리적으로 규명하려는 의도가 이미 숨겨져 있으며, 합리적인 파악은 곧 합리적인 변혁의 전제가 된다. 헤겔(G. W. F. Hegel, 1770~1831)은 신화를 스스로에 의지할 수 없는 "사고의 무력함"[2]이라고 표현하였다. 사고의 무력함이란 바로 인간 정신의 미성숙

---

2) G. W. F. Hegel, *Vorlesungen über die Geschichte der Philosophie II*, *In: Werke in 20 Bänden*, Frankfurt am Main 1971, Werke 19, S. 30.

한 상태를 나타낸다.

신화적인 사고를 벗어나 인간과 자연을 그 자체의 법칙에 따라 해석하려는 태도는 과학의 정신이기도 하다. 실제로 그리스 초기의 자연철학에서는 과학과 철학이 서로 혼합되어 있었다.

이제 우리는 철학과 다른 문화영역인 과학, 종교, 예술 등을 비교해봄으로써 철학의 본질을 더 자세히 규명해보려 한다. 철학의 내용은 시대와 장소에 따라 늘 변화되어가기 때문에 철학의 엄밀한 정의는 그 자체만으로 가능하지 않다.

철학은 하나의 학문이다. 모든 학문은 그것이 연구하는 대상을 갖고 있다. 철학이 연구하는 대상이란 무엇인가? 한마디로 '모든 것'이라고 말할 수 있다. 연구하는 대상의 총체성 때문에 철학은 일반과학과 구분된다. 과학은 일정한 대상을 집중적으로 탐구한다. 예컨대 생물학은 생물현상을, 물리학은 물리현상을, 그리고 사회학은 사회현상을 집중적으로 연구한다. 이에 비하여 철학의 연구대상이 되지 않는 것은 아무 것도 없다고 말할 수 있다. 인간과 자연, 사회와 우주, 심지어는 초자연적인 문제, 예컨대 '무(無)란 존재하는가?' '죽음이란 무엇인가?' '인간의 영혼은 불멸인가?' 등의 형이상학적인 문제도 그 연구대상이 된다. 그렇다고 해서 철학의 과제가 일반과학이 연구하는 모든 지식을 단순히 종합하는 데 있는 것은 아니다. 그것은 불가능한 과제일 뿐만 아니라 철학의 본령과도 어긋난다.

철학은 과학이 제공하는 모든 지식을 이용하여 인간의 삶이 지향해야 할 전체적인 방향을 제시해 주는 역할을 한다. 철학은 결코 과학과 분리되지 않는다. 과학 없이 철학은 한 발자국도 나아갈 수 없다. 과학을 떠난 철학은 사변적이고 주관적인 환상에 머물기 쉽다. 이런 의미에서 종종 철학은 항해 중의 나침반에 비유되기도 한다. 배를 움직여 가는 것은 과학적인 기술과 그것을 유도하는 전체적인 방향감각이다. 어중간한 철학은 상식이나 상상에 의거하지만 진정한 철학은 과학적인 토대를 밑받침으로 한다. 과학이 어떤 특수한 영역에 국한하여 그 영역을 연구하고 거기서 나오는 전문적인 지식을 우리의 삶에 유용하게 쓰이도록 도와준다면, 철학은 특수한 영역의 연구보다 전체적인 연관성을 중시하면서 그 법칙과 의미를 제시하려고 노력한다. 전체는 부분의 통합을 넘어서는 경우가 있다. 철학은 과학의 통합이 아니라 과학의 의미를 밝혀주는 역할을 한다. 특히 인간의 문제, 사회의 문제, 현실파악의 문제 등에서 철학은 과학이 할 수 없는 기능을 발휘하고 있다. 왜냐하면 인간, 사회, 현실 등은 여러 가지 요인에 의하여 규정되는 가변적이고 복합적인 대상이기 때문이다. 그러므로 철학은 과학이 줄 수 없는 세계관을 제공한다. '세계관'이란 세계에 대한 총체적인 관점 혹은 견해이다. 많은 경우에 과학자들은 스스로의 연구가 인간의 행·불행에 미치는 영향을 간파할 수 없었다. 이는 과학의 의미와 한계를 제시해 주는 철학을 갖지 못했기 때문이다. 그러나 또한 많은 철학자들도 그들 스스로의 공리공론에 빠져들었다. 철학이 기초가 되는 과학적인 지식을 외면했기 때문이다. 오늘날 철학은 특히 사회학·정치학·경제학의 지식들을 도외시할 수가 없게 되었다. 복합화 된 사회현상으로부터 눈을 돌릴 때 어중간하고 공허한 철학이 되기 때문이다.

삶의 문제에 대한 포괄적인 해답을 추구하고 제시해주는 것은 비단 철학뿐 만이 아니다. 가장 가까운 예가 종교이다. 종교도 인간의 삶에 대한 올바른 방향을 제시해주려 한다. 그러나 종교에서는 이미 절대적인 진리가 계시를 통하여 주어진 반면, 철학에서는 인간 스스로 독자적인 힘을 통하여 그 진리를 찾아가는 데 양자의 구분이 있다. 계시된 진리의 내용을 이성으로 분석하고 비판하려는 사람은 종교를 갖기 힘들다. 종교에는 무조건 믿어야 되는 진리가 확정되어 있기 때문이다. 종교가 믿음을 강조한다면 철학은 이성적인 사고를 강조한다. 철학에서는 절대적으로 타당한 고정된 진리는 존재하지 않는다. 무수한 철학자들이 나름대로 진리를 주장했지만 모두 후세 사람들에 의하여 비판되고 극복되었다. 과학의 발전을 기반으로 그 토대 위에서 진리의 내용을 새로이 구축하는 점에서도 철학적인 삶은 더 어려운 길이며 동시에 더 많은 보람을 줄 수도 있다.

예술도 삶을 옳게 이해하고 그 개선방향을 제시해주는 점에서 철학과 멀지 않다. 실제로 많은 예술가들이 탁월한 안목으로 인생관을 제시하고 있다. 그러나 철학은 하나의 학문이기 때문에 논리적인 개념(Begriff)을 사용하지만 예술은 비유나 상징 등의 비논리적인 형상(Bild)을 사용한다. 철학은 이성에 호소해서 우리를 확신시키려 하고 예술은 감정에 호소해서 우리를 감동시키려 한다. 때로 예술이 철학보다 훨씬 더 강렬한 작용을 하는 것은 바로 이 때문이다.

철학과 종교와 예술은 다 같이 전체적으로 삶의 의미를 제시해주는 점에서 과학과 구분된다. 그러나 이 가운데서도 철학은 과학을 밑받침으로 하여 과학적인 방법을 사용하는 점에 있어서 종교나 예술과 구분된다.

때로 이 영역들이 뒤섞여 있는 경우가 있는데, 예술적 철학이라든가 철학적 예술 혹은 종교적 철학, 종교적 예술 등이 바로 그러한 예이다. 그러나 그렇다고 해서 이들 각 영역의 본래적이고 독자적인 영역이 소멸되는 것은 아니다.

철학 속에서도 그 연구 분야가 세분된다. 이는 삶이라는 현상이 여러가지로 나뉘는 것과 같다. 우선 세계의 근거가 되는 존재(存在)문제를 연구하는 존재론이 있다. 존재가 종래의 철학에서는 가시적인 세계를 초월한 어떤 것으로 간주되기 때문에 존재론은 종종 형이상학과 일치하는 개념으로 사용되었다. 유물론과 관념론은 존재론을 크게 두 방향으로 갈라놓았다. 그러나 존재를 파악하기 위해서 우리는 우리 앞에 나타나는 대상을 우선 인식해야 하며 그러므로 존재론은 인식론과 결부된다. 근세철학에서는 인식론이 철학의 핵심영역으로 등장했다. 인식론에서 중요한 문제는 인간의 주관이 선험적으로 대상을 구성하느냐 아니면 대상 자체가 우리의 의식에 반영되느냐이다. 그러나 모든 경우에 철학은 올바른 사유방법의 적용을 전제로 한다. 아무리 탁월한 내용의 철학이라도 논리적으로 맞지 않는다면 설득력을 상실한다. 그러므로 철학 하는 데 필수불가결한 무기가 바로 논리학이다. 심리학이 사고의 발생과정이나 내용을 문제삼는다면 논리학은 내용보다도 오히려 올바른 사유형식을 다룬다. 논리학은 철학에서 뿐 만 아니라 스스로 사유한 것을 옳게 표현하려는 모든 사람에게 필요한 도구가 된다.

인간은 언제나 사회를 떠나서 살수는 없다. 다른 사람과 함께 살아간다. 그렇게 때문에 사회생활을 올바르게 유지해 나가기 위해 도덕을 필요로 한다. 인간의 도덕활동에서 요구되는 근본원리를 탐구하는 것이 바로 윤리학이다. 윤리학은 선과 악의 근거와 기준이 어디에 있는가, 사회적 규범의 타당성이 어디에 있는가, 도덕은 왜 시간과 장소에 따라 변해야 하는가, 혹은 변하지 않아야 하는가 등의 문제를 추구한다.

보통 미(美)에 대한 학문이라고 오해되기 쉬운 미학도 철학에서 연구되는 학문이다. 미학은 '감성적 지각에 관한 학문'이며 미 현상과 예술 현상을 종합적으로 연구한다는 의미에서 예술철학을 포함한다.

그밖에 역사의 발전법칙이나 동인을 연구하는 역사철학, 사회구조 및 그 현상을 포괄적으로 연구하는 사회철학, 그리고 언어철학과 종교철학 등이 철학에서 연구되는 주요 분야이다.

결국 철학은 원하든 원하지 않든, 의식하고 있든 의식하지 못하든 간에 모든 사람에게 관계되는 학문이며 모두 나름대로 철학을 하고 있는 것이다. 우리가 철학을 학문적으로 연구하는 것은 많은 사람들의 의견을 종합해봄으로써 개인적인 아집이나 편견을 벗어나기 위함일 뿐이다. 철학은 결코 철학자들의 전유물이 될 수 없다.

2 유물론과 관념론의 차이

철학은 과학적인 세계관이며 세계관의 핵심문제는 사유와 존재, 정신과 자연, 의식과 물질의 관계에 관한 것 등이다. 자연(존재, 물질)이 먼저이고 더 근원적인가, 아니면 정신(이성, 의식)이 먼저인가? 물질이 먼저 있었는가, 의식이 먼저 있었는가? 존재와 물질이 사유와 의식을 결정하는가, 아니면 사유와 의식이 존재와 물질을 결정하는가?

이러한 물음에 대한 해답이 철학에서 중요한 역할을 한다. 왜냐하면 인간은 항상 스스로의 사고와 사고의 대상을 구분하고 이러한 구분 속에서 현실을 파악해 가기 때문이다.

인간이 관계하는 모든 현상은 물질적인 것, 곧 인간의 의식 밖에서 존재하는 것에 속 하든가 정신적인 것, 곧 인간의 의식 안에 존재하는 것에 속 하든가 이다. 물질적인 것과 정신적인 것이 세계에 존재하는 모든 것을 포괄하는 양 요소이다. 그러므로 모든 세계관은 이 양자의 관계에 대한 해답과 결부된다.

물질과 의식의 관계에 대한 해답에서 철학은 상반되는 두 방향으로 나아간다. 유물론과 관념론이다. 유물론자들은 물질을 근원적인 것으로 간주하며 인간을 둘러싸고 있는 세계는 어느 누구에 의해서 창조되지 않았으며 자연은 영원히 존재한다고 생각한다.

조선 시대의 철학자 서경덕(徐敬德, 1489~1546)은 유물음(有物吟)이라는 시에서 시작도 끝도 없이 부단히 움직이고 있는 물질을 다음과 같이 노래하였다.

"물(物)이 있어 오고 또 와도 다함이 없고
오는 것이 겨우 다할 만하면 또 뒤좇아 오는구나
오고 또 와도 오는 것은 원래 시작이 없구나
묻노니 그대는 처음에 어디서 오는가?
물이 있어 돌아가고 또 가도 다 돌아가지 못하고
가는 것이 겨우 다할 만하여도 다 돌아가는 것이 아니다.
돌아가는 것이 밑바닥에 이르러서도 그 돌아감은 끝이 없구나
묻노니 그대는 어디로 돌아가는가?"[『화담집』(花潭集) 제1권]

유물론은 의식이나 사유는 물질의 특성이며 물질의 일정한 발전 단계에서 발생한다고 가르친다. 의식과 사유는 인간의 뇌라는 고도로 조직된 물질의 특성으로서 현실을 반영한다. 이에 반하여 관념론자들은 정신이나 지각을 모든 것의 근원으로 간주한다. 관념론자들은 정신이 자연에 앞서 혹은 자연과 독립하여 그 자체로 존재한다고 주장한다. 이들은 물질의 영원성을 부정하며 영원한 정신적인 실체를 가정한다.

어떤 철학자들, 예를 들면 데카르트(Ren Descartes, 1596~1650)는 중

간 입장을 취하여 물질과 정신이 처음부터 독자적으로 존재한다는 이원론적 세계관을 내세우기도 한다. 그러나 이들은 양자간의 통일이나 연관을 설명할 수 없고 그러므로 애매하고 철저하지 못한 입장에 빠진다. 결국 관념론으로 나아가게 된다.

사유나 존재의 관계에 대한 물음을 어떻게 해결하느냐에 따라 모든 다른 철학문제들의 해결이 좌우되기 때문에 사유와 존재의 문제는 철학의 근본문제가 된다. 예컨대 인식의 문제, 도덕의 문제, 예술의 문제, 종교의 문제, 역사의 문제, 사회의 문제 등이 물질이 먼저이냐 의식이 먼저이냐에 따라 정반대의 방향으로 해명된다. 인식의 문제를 잠깐 살펴보자.

인식의 문제를 다루는 철학 분야가 인식론이다. 인식론이란 인간은 어떻게 사물을 인식할 수 있는가, 세계는 인식이 가능한가, 인식의 근원은 무엇이며 그 과정은 어떠한가 등을 연구하는 철학 분야이다. 인간은 개별적인 지식을 갖는다. 베이컨(Francis Bacon, 1561~1626)이 "아는 것이 힘이다"하고 말할 때 바로 그것은 인간의 지식을 의미한다. 그러나 인식은 아는 것의 내용이나 결과뿐만 아니라 그 과정의 문제도 함께 추구한다. 인식이 모아져서 인간의 총체적인 의식이 형성된다. 올바른 지식이 무엇인가를 규명하는데서 인식론은 중요한 역할을 한다. 사물에 대한 인식은 무엇이 근원적으로 존재하느냐 하는 문제와 직결된다. 물질을 세계의 근원으로 간주하는 유물론에서는 유물론적 인식론이, 정신이나 의식을 세계의 근원으로 간주하는 관념론에서는 관념론적인 인식론이 나타나기 마련이다. 인식론과 존재문제는 항상 직결되어 있다. 물질이 먼저이냐, 의식이 먼저이냐에 따라서 사물 및 그 법칙이 존재하느냐 안 하느냐 하는 문제가 결정된다. 유물론자들은 세계가 인간의 의식으로부터 독립하여 존재한다고 생각한다. 그러므로 세계 속의 다양한 현상 사이에는 인간의 사유에 의해서 결정되지 않는 객관적인 연관성, 곧 법칙이 존재한다. 유물론자들은 이러한 객관적인 법칙을 인간이 인식할 수 있다는 전제에서 출발한다.

이에 반하여 관념론자들은 인간의 의식으로부터 독립해 있는 사물의 실재성을 부정한다. 관념론은 크게 주관적 관념론과 객관적 관념론으로 나누어진다. 주관적 관념론자들은 인간의 의식이 모든 것을 결정한다고 생각한다. 의식의 밖에 존재하는 실재를 인정하지 않는다. 인간에게 나타나는 대상을 지각이나 관념의 복합체로 생각하기 때문에 주관적 관념론자들은 현상의 객관적 법칙을 부정한다. 영국의 경험론, 실증주의, 실용주의 등에서 나타나는 것처럼 주관적 관념론자들은 사물의 필연적인 법칙 대신에 인간의 습관이나 유용성, 개연성 등을 내세우면서 결국 보편타당한 진리가 불가능하다는 불가지론으로 빠진다. 주관적 관념론의 입장에서 보면 사물, 실체, 전 세계가 의식의 산물, 곧 주관의 이념이나 지각의 총화이다. 주관적 관념론자 버클리(George Berkeley, 1685~1753)는 사과가 의식으로부터 독립해 있는 물질적 대상이 아니고 인간의 의식 속에 존재하는 '둥글고, 파랗고, 빨갛고, 달고, 신' 등 지각의 총화라고 주장한다. 버클리에 의하면 책상도 지각의 총화, 곧 지각의 복합체이다.

물론 관념론자들은 실제 생활에서는 그들의 모순적인 철학을 벗어나 물질적 대상으로서의 책상 앞에 앉으며 물질적인 과일로서의 사과를 먹는다. 그러나 그들은 유물론적 세계관을 무너뜨리고 관념론과 종교를 합리화하기 위하여 물질을 부정한다.

객관적 관념론자들은 인간으로부터 독립해 있는 객관적 관념이나 정신을 세계의 근원으로 간주한다. 이들은 물론 자연 속의 일정한 법칙성을 인정하지만 그 근원을 자연 속에서가 아니라 자연을 벗어난 정신적인 어떤 것에서 찾는다. 자연의 인과법칙 대신에 선험적인 원리를 가정한다. 플라톤(Platon, B. C. 428~348년경)의 '이데아', 헤겔의 '절대정신' 등이 그러하며 이러한 정신적인 근원이란 종교에서 말하는 신과 거리가 멀지 않다. 신이 세계의 근원이라고 주장하는 기독교는 객관적 관념론에, 인간의 생각여하에 따라 세계의 실체가 좌우된다고 생각하는 불교는 주관적 관념론에 속한다. 관념론적인 세계관은 직접·간접으로 종교를 옹호하며 신비주의와 결부되기도 한다.

3. 존재와 변화

그리스 최초의 철학자는 탈레스였다. '서양철학의 아버지'로 불리는 탈레스는 만물의 근원인 아르케(arche, 원질)가 무엇인가라 묻고 그것이 '물'이라고 대답하였다. 그의 대답에는 아직 물활론적인 요소가 들어있지만 신화적인 대답을 벗어나 있는 그대로의 자연으로부터 우주의 비밀을 파 헤쳐보려는 노력이 엿보인다. 탈레스는 그리스의 항구도시 밀레토스에서 활동했다. 밀레토스는 중요한 상업도시였고 탈레스가 활동할 무렵에 경제적, 문화적으로 큰 번영을 이루었다. 무역을 통해서 외국의 문물이 들어오고 그것은 전통적인 사고방식에 비판을 가할 수 있는 계기를 만들어 주었다.

그러므로 철학의 발생은 경제적 조건과 결부된다. 탈레스의 제자 아낙시만드로스(Anaximandros, B. C. 610~545)는 물 대신 무한자(apeiron)로부터, 아낙시메네스(Anaximenes, B. C. 585~528)는 공기로 부터 세계가 발생하였다고 주장한다. 또 그리스의 유명한 수학자였던 피타고라스(Pyhagoras, B. C. 540~500)는 수의 조화로 우주를 설명하려 하였다. 피타고라스 학파의 철학에는 과학적인 사유와 종교적인 환상이 혼합되어 있다. 세계의 본질을 어떤 질료 속에서 구하지 않고 근본법칙, 곧 '수적 관계'에서 구하려한 점에서 이들의 철학적인 특이성이 엿보인다. 그러나 물질을 떠나서 수는 그 자체로 존재할 수가 없다. 수는 객관적 사물에서 추상화되어 나온 것임에도 불구하고 피타고라스 학파는 수를 물질과 분리시켜 독립된 존재로 절대화시켰다. 그것은 커다란 오류이며 그러한 경향이 동양의 주역에서도 등장한다.

수는 물질과 연관하여 변화하는가, 아니면 그 자체로 영원불변하는가? 이 세상에 변하지 않는 그 무엇이 존재하는가, 아니면 모든 것은 변화하는가? 이 문제에 대한 해답을 시도했던 철학자가 엘레아학파 및 그와 상반되는 헤라클레이토스(Herakleitos, B. C. 544~483)이다.

엘레아(Elea)학파의 대표자 파르메니데스(Parmenides, B. C. 540~480년경)에 의하면 우리의 지각에 나타나는 현상들은 개별적이고 우연적이며 세계의 본질이 아니다. 움직이고 변화하는 사물의 세계는 우리의 주관적인 생각에 합당한 세계일 뿐 객관적인 진리의 세계가 아니다. 철학은 주관적인 생각을 극복하고 참된 존재를 인식해야 한다. 참된 존재를 가능하게 해주는 기초는 지각이 아니라 사유다. 사유의 통찰 속에 나타나는 세계는 변화하지 않는 존재의 세계다. 운동과 변화는 그 자체로 존재하는 것이 아니라 인간의 감각이 만들어 내는 착각의 산물에 불과하다. 그의 주장에 의하면 "있는 것만 있고 없는 것은 없다."[3] 다시 말하면 운동과 변화는 없다.

---

3) Wilhelm Capelle, *Die Vorsokratiker*, Stuttgart 1963, S. 165.

이에 반하여 헤라클레이토스는 모든 것이 변하고 움직인다는 전제아래 그의 철학을 시작했다. 헤라클레이토스에게도 진리란 결코 감각기관에 나타나는 사물의 진술이 아니다. 사물에 관한 지식이 결코 사물의 인식이 될 수 없다. 많은 지식이 지혜를 보증해주지 않는다. 사물의 인식은 로고스(Logos)의 인식을 통해서만 가능하다.

로고스는 그리스어로 '말' 혹은 '이성'을 의미한다. 헤라클레이토스는 보편적인 세계법칙 혹은 자연현상의 보편적인 운동법칙을 로고스라 불렀다. 철학의 근본과제는 인간을 포함한 자연의 인식이고 그 궁극목표가 지혜이다. 지혜는 지식뿐만 아니라 인간의 행위나 태도를 포함한다. "이성적인 통찰을 갖는 것이 가장 큰 덕이며 참된 것을 말하고 자연에 귀를 기울이며 자연에 따라 행동하는 것이 곧 지혜이다."[4] 헤라클레이토스에게 자연의 인식은 곧 모든 것을 통해서 관철되는 세계법칙의 인식이다. 헤라클레이토스에서 로고스 개념은 결코 자연의 밖에서 작용하는 어떤 초월적인 본질을 의미하지 않는다. 그것은 오히려 자연 속의 모든 생기·변화·작용의 법칙을 의미한다. 자연 속의 모든 것은 이러한 법칙에 따라 발생하고 변화한다.

"만물은 흐른다"(panta rei)[5]는 헤라클레이토스의 유명한 말은 로고스의 작용을 잘 표현해주고 있다. "우리는 똑 같은 물 속에 우리는 두 번 다시 들어갈 수 없다"[6], 왜냐하면 물의 본질은 바로 '흐름'이기 때문이다. 흐르는 물은 이전의 물이 아니고 또 지금의 물은 그대로 머물러 있

4) *Ebd.*, S. 153.
5) *Ebd.*, S. 132.
6) *Ebd.*

지 않는다. 영원히 흐르고 운동하며 계속되는 변화—그것은 물의 본질일 뿐만 아니라 전 우주, 전 세계의 발전법칙이라고 헤라클레이토스는 결론짓는다. 유한하고 개별적인 사물만이 운동·변화·발생·소멸하는 것이 아니라 영원하고 무한한 존재까지도 항상 변화한다. 그러므로 '만물유전'이라는 그의 명제는 우리의 감각에 지각되는 개별자에게만 해당하는 법칙이 아니라 바로 로고스의 법칙이다. 존재란 생성하고 소멸하는 현상의 배후에 숨어있는 불변의 어떤 것이나 완성된 어떤 것이 아니며, 움직이고 변화하고 소멸하는 절대적인 한 과정이다.

하나인 동시에 모든 것이며 그것으로부터 모든 것이 발생하고 모든 것이 돌아가는 만물의 근원을 헤라클레이토스는 불이라고 주장한다. "만물은 불로 변하고 불은 또한 만물로 변한다. 이는 상품이 황금과 교환되고, 황금이 상품과 교환되는 것과 같다."[7] 세계는 일정한 주기에 따라 불로 용해되고 다시 불로부터 생성된다. 그가 말하는 불이란 신적인 것, 정신적인 것, 영혼적인 것, 물질적인 것이 혼합된 원초적인 에너지와도 같은 것이다. 그는 흙 → 물 → 공기 → 불의 방향으로 변화하는 물질의 운동과정을 '오르막길'이라 하고 그 반대 방향의 과정을 '내리막길'이라 불렀다. 앞의 것은 불이 연소하는 과정이고 뒤의 것은 불이 꺼지는 과정이다.

불이 만물의 근원이라는 헤라클레이토스의 주장은 만물의 근원이 항상 유동상태에 있음을 시사해줄 뿐만 아니라 대립적인 투쟁 속에 있음을 보여준다. 상반성을 특히 강조하고 구체적으로 표현하는 점에서 그의 철학은 변증법적인 특성을 지닌다. 헤라클레이토스가 제시하는 변증법의 특

7) *Ebd.*, S. 142f.

징을 요약하면 다음과 같다.

(1) 일체의 자연현상은 '대립물의 투쟁'에 의하여 변화된다. "투쟁은 만물의 아버지이며 만물의 왕이다. 투쟁은 누군가를 신으로 만들기도 하고 인간으로 만들기도 한다. 누군가를 노예로 만들기도 하며 자유민으로 만들기도 한다."[8)]

(2) '대립물의 통일'이 자연현상을 조화시킨다. 남성적인 것이 여성적인 것과 결합되는 것처럼 대립물이 통일되면서 자연은 발전한다. 전체이며 동시에 하나인 존재는 분리되면서 스스로와 일치한다. 그것은 현(弦)과 활처럼 서로 저항하면서 평형을 유지한다.

(3) '대립물의 상호침투'에 의하여 사물이 생성하고 발전한다. "차가운 것이 따뜻하게 되며 따뜻한 것이 차게 된다. 습한 것이 건조해지며 건조한 것이 습해진다."[9)]

밤과 낮, 겨울과 여름, 전쟁과 평화, 배부름과 배고픔—이 모든 대립물은 우선 상대방을 배제한다. 헤라클레이토스는 형식적인 동일률의 부분적인 중요성을 부정하지 않는다. 낮이 있으면 밤이 있을 수 없으며 평화가 있을 때 전쟁이 있을 수 없다. 그러나 그의 철학은 추상적인 동일률을 넘어서려 한다. 대립물은 서로를 배제할 뿐만 아니라 서로의 조건이 되기도 한다. 배고픔이 없다면 배부름도 있을 수 없고 여름이 없다면 겨울이 있을 수 없다. 대립물은 서로의 조건이 되기 때문에 상호침투한다.

---

8) *Ebd.*, S. 135.
9) *Ebd.*, S. 133.

서로를 배제하면서 동시에 서로의 조건이 되는 상반성은 상호침투하면서 변화의 본질을 형성한다. 대립물의 투쟁과 상호침투 없이는 결코 어떤 변화도 일어날 수 없다. 상반성은 그러므로 변화의 조건이 되는 요소이다. 운동이 상반성의 원인이 아니라 상반성이 모든 변화의 원인이다. 헤라클레이토스가 변증법적으로 파악한 동일성은 상반성을 배제하지 않으며 그것을 전제로 하고 그것을 포괄한다.

엘레아 학파의 제논(Zenon, B. C. 470~430년경)은 파르메니데스의 제자인 동시에 후계자로서 스승의 이론을 옹호하는 데 주력하였다. 그는 먼저 반대 입장을 승인하고 그럴 경우에 그것이 어떤 모순에 빠지는가를 보여줌으로써 상대방의 주장이 그릇되고 결국 스스로의 주장이 옳다는 역설적인 방법을 시도하였다. 그의 스승인 파르메니데스가 운동을 부정한 데 대하여 변화를 강조하는 철학자들로부터 비판을 받았기 때문에 제논은 주로 운동이 불가능함을 역으로 논증하려 하였다. 물론 헤라클레이토스가 활동한 도시와 제논이 활동한 도시가 멀리 떨어져 있어 제논의 공격대상이 직접적으로 헤라클레이토스는 아니었지만 그가 헤라클레이토스의 주장을 알고 있었음에 틀림없다.

제논은 여러 가지 예를 들어 운동이라는 현상을 반박하였다. 이른바 '제논의 역설' 가운데서 아킬레스와 거북이의 경주를 예로 한 논증을 살펴보자.

그리스에서 가장 빠른 아킬레스(Achilles)와 거북이가 경주를 한다. 거북이가 아킬레스보다 약간 앞 지점 B에서 출발한다면 A지점이 아킬레스는 결코 거북이를 따라잡을 수 없다고 제논은 주장한다. 왜냐하면 아킬

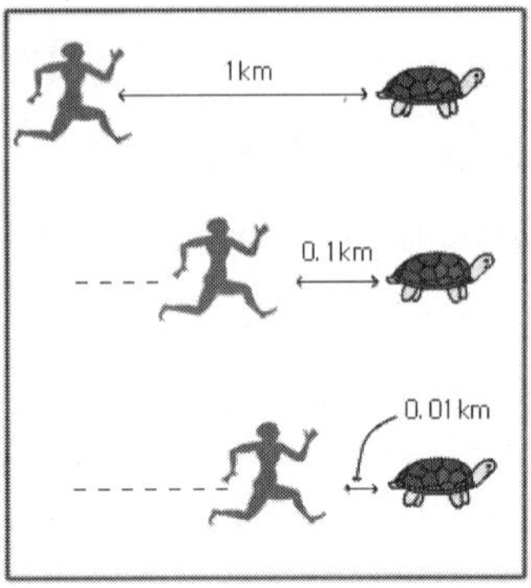

레스가 거북이가 있던 B지점까지 달려갈 때 거북이는 B지점보다 좀 더 앞에 있는 C지점에 가게 된다. 이렇게 하여 계속 거북이는 다른 지점으로 무한히 나아갈 것이고 거북이와 아킬레스의 거리는 점차 좁혀진다할지라도 결코 0이 될 수 없기 때문에 아킬레스는 거북이를 결코 따라 잡을 수 없다는 것이다.

제논은 시간과 공간으로 결합되어 있기 때문에 나누거나 정지시켜 생각할 수 없는 운동을 정지시켜서 생각하는 오류를 범하고 있다. 이러한 운동의 정지는 사유 속에서 논리적으로 가능할 수 있지만 현실 속에서는 능한 것이다.

우리는 지금까지 있는 것만을 인정하고 없는 것을 부정하며 동시에 운동과 변화를 부정한 엘레아 학파의 사상과, 생성과 변화를 존재의 절대적인 속성으로 간주하면서 변하지 않는 어떤 것도 존재하지 않는다고 주장한 헤라클레이토스의 사상을 살펴보았다. "있는 것만이 있고 없는 것은 없다"는 엘레아 학파의 추상적인 동일성과, "존재는 없고 무도 없으며 변화만 있다"는 헤라클레이토스의 변증법적인 동일성은 이후의 철학 발전에 지대한 영향을 미쳤다. 전자는 사유로부터 뿐 만 아니라 참된 존재로부터 모순을 배제하려 하였고, 후자는 모순을 세계발전의 동인으로 삼으려 했다.

세상에는 변하는 것과 변하지 않는 것이 서로 결부되어 있다. 엘레아 학파는 세상을 변하지 않는 정지된 것으로 보기 때문에 운동과 변화가 일어나고 있는 것처럼 보이는 것은 우리의 감각에서 오는 오류이고 이성으로 파악된 참된 세계는 운동과 변화가 없다고 주장한다. 반대로 헤라클레이토스는 세상에 변하지 않는 것이 있다고 생각하는 것은 인간의 착각 혹은 환상이며 이성적인 사유로 파악된 참된 세계는 변화만이 있을 뿐이라고 주장한다. 변하지 않는 것이 있다면 바로 모든 것은 변한다는 사실 자체이다. 헤라클레이토스는 마치 "변화를 무서워하는 사람은 철학을 하지 말지어다"라 말하는 것 같다. 이들의 주장은 인식론에만 국한되지 않는 중요한 문제를 인류에게 던져주고 있다. 도덕과 정치문제에서 그것을 살펴보자. 세계의 본질은 항상 고정되어 있다는 엘레아학파의 입장에서 판단한다면 도덕이나 정치는 변해서도 안 되고 다양해서도 안 된다는 복고주의적이고 보수적인 주장이 정당화될 수 있다. 이에 반하여 변화와 투쟁을 강조하는 헤라클레이토스의 입장에서 판단한다면 진보적이고 혁명적인 도덕관과 정치관이 오히려 옹호될 수 있다. 실제로 엘레아학파의 철학자들이나 헤라클레이토스가 어떠한 도덕관과 정치관을 지지하고 옹호하였는지 분명하지 않지만 현대까지 이르는 철학사의 흐름을 면밀히 고찰한다면 존재에 중점을 두는 철학이냐 변화에 중점을 두는 철학이냐에 따라 윤리적·정치적으로 보수적이냐 진보적이냐가 결정된 실례는 드물지 않은 것 같다. 그것은 비단 철학자에게서 뿐만 아니라 모든 개인의 태도에서도 나타난다.

4. 데모크리토스의 원자론과 인간의 영혼

엘레아 학파의 주장과 헤라클레이토스의 주장을 중재하면서 정체상태의 위기에 빠진 그리스철학을 다시 한 번 발전시키려는 철학자들이 나타났다. 엠페도클레스(Eempedokles, B. C. 495~435년경)는 「자연에 관하여」라는 시(詩)속에서 만물의 네 가지 뿌리(rizomata)를 가정하고 그것이 불, 공기, 흙, 물이라고 주장하였다. 이 4원소만이 영원하고 불변하다. 만물의 생성과 소멸은 그러므로 이 4원소의 혼합 혹은 분리 이외의 아무것도 아니다. 이러한 원소들의 결합과 분리에 두 상반된 힘이 작용한다. 곧 '사랑'과 '미움'이다. '사랑'은 원소들을 결합시키는 동인이고 '미움'은 분리시키는 동인이다. 아낙사고라스(Anaxagoras, B. C. 500~428년경)는 스페르마타(spermata)라 불리는 '만물의 종자'가 영원한 존재이며 이들의 결합으로부터 사물이 발생한다고 주장한다. 그런데 이 스페르마타를 움직여 생성과 변화를 가능하게 하는 힘인 동력원소를 그는 누스(nous)라 불렀다. '누스'란 그리스말로 '정신' 혹은 '이성'을 의미한다. 두 사람은 모두 사물과 분리된 동력인(動力因)을 가정하는 점에 있어서 신화적인 성격을 벗어나지 못하고 있다.

아낙사고라스의 원소론은 에게해의 북단에 위치한 상업도시 압데라(Abdera)에서 나타난 원자론의 준비단계였다. 원자론은 레우키포스(Leukippos, B. C. 500~400년경)에 의해서 체계화된 이론으로 그리스 자연철학의 마지막 발전단계를 형성한다. 레우키포스는 밀레토스 학파의 철학, 특히 아낙시메네스의 이론을 습득하였다. 그는 또 엘레아에서 제논의 강의를 들었다는 얘기도 전한다. 존재자의 무한한 분할이 가능하냐 아니면 유한한 분열이 가능하냐의 문제를 놓고 제논과 토론하는 가운데 그는 분할이란 유한해야 된다는 주장을 내세웠다. 결국 더 이상 쪼개어질 수 없는 알맹이가 존재해야 하는데 이것이 바로 원자(atom)이다. 아톰이란 그리스말로 '더 이상 나누어질 수 없는 것'을 의미한다. 이러한 견해를 갖고 레우키포스는 압데라에 돌아왔으며 여기서 유명한 제자 데모크리토스를 만난다.

압데라는 데모크리토스(Demokritos, B. C. 460~371)가 활동하던 시기에 트라키아와 페르시아 사이에 있는 중요한 무역항이었고 문화의 중심지였다. 데모크리토스는 유명한 소피스트인 프로타고라스(Protagoras, B. C. 490년경~410년경) 및 의사 히포크라테스(Hippocrates, B. C. 년경~ B. C. 377년경)와 친교를 맺으면서 자연연구에 참가하였다. 객관적 지식을 추구하는 그칠 줄 모르는 그의 정열은 소피스트들의 주관주의 및 상대주의와 반대되는 경향을 나타내었다. 그의 특징은 바로 백과전서적인 지식이었다. 그는 견문을 넓히기 위해서 이집트, 바빌로니아, 페르시아, 인도 등을 여행하였으며 이러한 여행은 결국 아버지로부터 물려받은 유산을 탕진하는 결과를 초래하였다. 유산의 탕진은 당시 법적으로 금지되어 있었으므로 데모크리토스는 재판을 받게 되었다. 이때 그는 아무런 변명도 하지 않은 채 자기가 저술한 책들을 낭독하였는데, 결국 재판관은 그가 아버지의 유산을 책 속에 저축했다는 사실을 깨닫고 그에게 무죄를 선고하였다. 그는 수학, 물리학, 천문학, 항해학, 지리학, 해부학, 생리학, 심리학, 음악, 미학, 의학, 철학 등에 관한 60여 종이나 되는 책을 저술하기도 했는데 우리에게 전해지는 것은 일부의 단편뿐이다.

데모크리토스는 전통적인 방식으로 "참으로 존재하는 것은 무엇인가?"라는 질문을 던진다. 그의 대답에는 이오니아 철학의 전통, 엘레아 학파와의 논쟁, 엠페도클레스와 아낙사고라스 철학의 계승 발전, 소피스트들에 대한 비판 등이 혼합되어 있다. 그는 명확하게 답한다. "실제로 존재하는 것은 원자와 공간뿐이다."[10]

사물이 무한하게 분할될 수 있다는 제논의 가정은 역설적인 결과를 낳았다. 인간의 직관뿐만 아니라 물리학과 수학이 구출되기 위해서는 무한한 분할이라는 이론이 포기되어야 하며 분할될 수 없는 마지막 알맹이인 원자가 존재해야 한다. 이렇게 하여 원자가 만물의 근원이라는 명제가 정립된다. 파르메니데스가 존재의 속성으로 생각하였던 영원성, 불변성, 불가분성, 충만성 등이 데모크리토스의 철학에도 영향을 미쳤음을 보여준다.

그러나 원자론은 엘레아 학파의 존재론과 엄격하게 구분된다. 그 이유는 하나의 불변·부동의 존재가 아니라 무한히 많은(그리고 공간 속에서 움

10) *Ebd.*, S. 438.

직이는) 원자들이 원자론에서 참된 존재로 가정되기 때문이다. 무수한 원자들이 전제될 때만 자연 속의 무한히 다양한 변화가 설명될 수 있다.

원자 자체는 불가분하고 영원하고 불생·불멸이지만 그러나 이들 사이에도 구분이 나타난다. 엠페도클레스나 아낙사고라스의 원소와는 달리 원자들은 서로 질적으로 구분되는 것이 아니라 양적으로 구분된다. 여기에 바로 원자론의 독창성이 나타난다. 원자들은 형태, 크기, 위치, 배열 등에 의해서 구분되며 사물의 속성이란 바로 이러한 차이에서 오는 결과일 뿐이다.

원자는 형태, 위치, 배열에 따라 구분된다. 그것을 문자와 비교하여 설명하면 다음과 같다.

A와 Z는 형태의 차이, N과 Z는 위치(90도 회전)**의 차이, 그리고 NA와 AN은 배열의 차이이다.**

사물의 생성을 유도하는 원자의 결합이나 사물의 사멸을 유도하는 원자의 분리 등은 운동 없이는 생각될 수 없다. 데모크리토스의 위대성은 그가 운동하는 원자를 생각해낸 데 있다기보다는 오히려 운동을 원자에 내재해 있는 한 특성으로 파악한 점에 있다. 그러므로 그는 생성과 소멸을 일으키는 어떤 외부의 힘도 가정할 필요가 없었다. 엠페도클레스의 사랑과 미움이나 아낙사고라스의 누스 같은 것이 존재할 필요가 없어진다. 아리스토텔레스(Aristoteles, B. C. 384~322)는 데모크리토스가 원자운동 자체가 어떻게 해서 나타나는가 라는 물음에 대한 대답을 충분하게 하지 못했다고 비난한다. 그러나 이러한 물음 자체가 벌써 물질과 운동을 분리해서 생각한다는 것을 전제로 한다. 이렇게 운동과 물질을 분리해서 생각할 때만 최초의 운동자 혹은 운동 원인이 가정되고 그것은 결국 관념론으로 흘러간다. 이에 반하여 물질과 운동이 결부되어 있다는 명제는 관념론을 벗어날 수 있기 때문에 과학적인 탐구를 촉진시키고 동시에 과학적인 탐구에 의하여 확증된다.

데모크리토스의 근본사상은 철학사에 커다란 공적을 이루어놓았다. 그는 원자의 운동을 주장했고, 거기서 나타나는 충격이나 소용돌이가 원자들을 엉키게 만든다고 생각했으며 만물의 생성을 원자들의 엉킴으로부터 설명하려 하였다.

원자가 움직일 수 있는 공간을 가정하는 점에서 그는 엘레아 학파와 상반된다. 엘레아 학파는 모든 것이 존재자로 가득 차 있으며 공간은 존재할 수 없다고 주장하였다. 그러므로 운동도 불가능하다는 것이다. 이에 반하여 원자론자들은 존재란 원자의 존재이며 원자는 무수히 많고 그렇기 때문에 분리된 개별적인 원자이어야 하고 원자들을 분리하는 것이 바로 공간이라고 주장한다. 무한한 공간은 그러므로 원자운동의 조건이 된다. 공간은 비존재(Nichtsein)이다. 비존재는 그러므로 원자가 존재하는 것과 마찬가지로 존재한다. 유와 비유(非有)가 존재한다는 데모크리토스의 명제는 그러나 헤라클레이토스의 명제와 근본적으로 구분된다. 헤라클레이토스에서는 존재와 무가 서로 규정하기 때문에 변화가 가능하며 데모크리토스에 있어서도 물론 존재와 비존재가 서로의 조건이 된다. 그러나 변화되는 것은 원자의 엉킴이고 원자 자체나 공간 자체가 아니다.

여기서 데모크리토스의 원자론이 기계적 유물론의 색채를 띠고 있음을 엿볼 수 있다. 원자는 공간과 대치되는 충만된 물질이다. 파르메니데스의 존재 속에서와 마찬가지로 원자 내부에는 공간이 있을 수 없다. 원자 속에 공간이 있다면 이들은 다시 쪼개질 수 있고 그렇다면 더 이상 쪼개어질 수 없다는 원자의 성격에 위배된다. 원자 자체가 아니라 원자로 구성된 사물이 쪼개어질 수 있다. 왜냐하면 이들은 공간을 내포하고 있기 때문이다. 공간은 그러므로 원자의 운동, 단일성과 복합성의 전제조건이 될 뿐만이 아니라 사물의 분할, 변화, 성장의 조건이 된다. 성장이란 원자들이 적당한 유기체 속으로 계속 잠입하는 것을 말한다. 그것이 가능하기 위해서 물론 유기체 내에 공간이 있어야 한다. 모든 사물에는 공간이 내포되어 있다. 다만 원자 속에는 공간이 없다. 그러므로 사물은 분할되고 변화된다. 공간이 없는 원자는 항구 불변하는 불가분의 존재이다.

개별물 속에 포함되어 있는 공간은 그러나 그 정도에 따라 차이가 있다. 어떤 물체가 많은 공간을 포함하고 있으면 연하고, 적은 공간을 포함하고 있으면 강하다. 물체의 유연성은 그러므로 그 안에 포함되어 있는 공간의 양에 달려 있다. 원자의 운동, 상호간의 충격, 여기에서 발생하는 원자들의 선회, 원자들 상호간의 밀고 당김 등에 의해서 사물과 세계가 발생 소멸하며 그러므로 세계에는 기계적인 법칙성이 지배하고 있다.

모든 발생과 소멸이 원자론에서는 순수한 물리적 원인에 의해서 설명된다. 기계론적이고 인과법칙적인 사고방식은 항상 합목적적인 사고방식과 대치된다. 전자는 사물의 발생과 변화를 그 자체의 인과법칙에 의해서 일어나는 기계적인 현상으로 설명하려 하고 후자는 신이나 원동자와 같은 어떤 최종목적에 의하여 설명하려 한다.

데모크리토스에 있어서 기계적인 인과법칙을 벗어난 것은 아무 것도 없기 때문에 우연이란 존재할 수 없다. 그는 우연이란 것은 인간이 그의 무지를 은폐하려는 데서 나온 하나의 조작이라고 생각하여 철저하게 그의 세계상으로부터 우연을 배제하였다. 우연의 배제가 야기하는 문제점을 다룬 철학자가 에피쿠로스이다. 우연을 철저하게 부정한다는 것은 동시에 '가능성'을 부정한다는 말과도 상통한다. 데모크리토스의 기계론적 세계관은 인과법칙이라는 단 하나의 가능성만을 인정할 뿐이다. 그러나 유일한 가능성이란 더 이상 가능성이 아니다. 왜냐하면 가능성이란 어떤 것이 실현될 수 있는 방법을 적어도 두 가지 이상 인정한다는 것을 의미하기 때문이다. 우연이 없다면 가능성도 존재하지 않는다.

데모크리토스는 원자론을 영혼론에도 적용한다. "인간은 소우주다."11) 우주와 마찬가지로 인간도 원자들이 일정한 방식으로 결합되어 있는 것에 불과하다. 이때 인간의 육체는 원자들의 결합이라고 생각될 수 있지만, 그러나 인간의 영혼은 어떠한가? 데모크리토스도 플라톤과 비슷하게 육체를 움직이는 것이 영혼이라 생각한다. 그러나 영혼도 육체와 마찬가지로 원자로 구성되어 있다. 다만 이 원자들은 둥글고, 미끄러우며, 불과 같이 운동이 민활할 뿐이다. 이러한 원자들을 데모크리토스는 '영성원자' 혹은 '화성원자'라 불렀다. 그러니까 영성원자가 육체를 구성하는 원자와 질적으로 다른 것이 아니다. 다만 더 섬세하고 민첩할 뿐이다. 예컨대 1 ㎤에 1천 개의 원자가 들어 있는 경우와 1억 개의 원자가 들어 있는 경

---

11) *Ebd.*, S. 442.

우는 다르다. 뒤의 경우에 원자들은 매우 섬세한 '영성원자'가 된다. 영성원자는 우주 어느 곳에나 흩어져 있으므로 어떤 물체이건 다소간 이것을 포함한다. 다시 말하면 모든 물체에는 약간의 영성원자가 포함되어 있다. 인간의 육체 속에 그것이 비교적 다량으로 포함되어 있기 때문에 인간만이 영혼이나 정신을 갖는 것으로 생각되기 쉽다. 영성원자가 육체 안에 충분히 들어 있는 동안만 인간은 생존한다. 영혼과 정신은 근본적으로 동일한 것이며 인간의 사후에는 영성원자가 흩어져버리기 때문에 개인의 영혼은 사라지고 만다. 그러므로 인간의 영혼이 불멸한다는 생각은 옳지 않다. 불멸하는 것은 오직 원자뿐이다.

데모크리토스의 윤리설은 원자론에 입각한 인식론적 감각주의를 기반으로 성립되지만 그러나 그의 감각주의는 결코 저속한 쾌락주의로 나아가지 않는다. 쾌락은 역시 원자운동의 양차에 달려있다. 영성원자의 격렬한 운동과 연관되는 감각적 쾌락은 일시적인 반면 영성원자의 부드럽고 고요한 운동과 연관되는 사유작용은 불혹부동의 심경을 갖게 한다. 이러한 흡족한 상태를 데모크리토스는 '아타락시아(ataraxia)라 부르고 윤리의 이상으로 삼았다. 여기서 우리가 주목해야 될 점은 인식론적인 감각주의나 존재론적인 유물론이 결코 관능적인 쾌락이나 황금만능사상인 물신주의(物神主義)와 연관되지 않는다는 사실이다. 물신사상은 사유재산을 기초로 하는 근대 시민사회의 경제질서가 만들어 놓은 가치이념이며 존재론적인 의미의 유물론과 직결되지 않는다.

신학자들은 데모크리토스의 원자론을 향하여 다음과 같이 질문할 수 있다.

"원자가 만물을 형성하는 최초의 근원이라고 가정하자. 그러면 원자는 도대체 어떻게 만들어졌는가?"

이러한 질문을 통해서 신학자들은 원자를 만들어 낸 창조주를 암시하려한다. 그러나 데모크리토스는 신학자들에게 다시 반문했을 것이다.

"원자가 신에 의해서 만들어졌다고 가정하자. 그러면 신은 도대체 어떻게 만들어졌는가?"

이러한 질문에 대해서 신학자들은 "신은 누구에 의해서 만들어진 것이 아니고 처음부터 존재한다"라 답할 것이다. 데모크리토스를 비롯한 유물론자들도 비슷하게 대답할 것이다.

"원자와 물질은 누구에 의해서 만들어진 것도 아니고 처음부터 존재하는 불생, 불멸의 영원한 존재다."

5. 소피스트와 소크라테스

그리스는 페르시아 전쟁에 승리한 후 상공업이 발달하였으며 특히 아테네는 정치, 문화, 경제의 중심지가 되었다. 상품생산이 증가하고 아테네를 중심으로 하는 도시국가들에서 국내외 무역이 활발해지면서 아테네에서는 민주적인 헌법이 제정되었고, 모든 시민에게 비슷한 기회가 주어짐으로써 이에 부응할 수 있는 고도의 교양이 요구되었다. 또한 이 시기에는 경제적·정치적 지식과 그러한 지식들을 사용하여 상대방을 잘 설득할 수 있는 기술이 바로 출세의 비결이다. 이와 같이 민주적인 도시국가의 발전이 절정에 달한 시기에 소피스트들이 나타나 활동했다는 사실을 우리는 주목해야 한다.

소피스트와 더불어 철학이 처음으로 상품화되었다. 소피스트들은 지혜를 가르치는 교사들이었다. 그들은 교양, 덕, 수사학, 웅변술 등을 가르치면서 그 대가로 돈을 받았다. "내가 알기로는 프로타고라스라고 불리는 한 사람이 이러한 '지혜'를 근거로 유명한 조각품을 만든 피디아스(Phidias)나 다른 10명의 조각가들이 번 돈을 합친 것보다 더 많은 돈을 벌었다"[12]고 소크라테스(Socrates, B. C. 470년경~B. C. 399년경)는 말한다. 소피스트들은 당시 상당히 많은 돈을 벌 수 있었으며 소피스트들에 대한 당시의 사회적 수요가 급증하였음을 알 수 있다. 이들이 지식을 상품화하였기 때문에 '소피스트'라는 말은 후에 '지혜를 사랑하는 철학자'에 대비되는 '지혜의 소유자'라는 의미로 사용되기도 하였다.

사회적 변화와 이러한 변화에 부응하기 위해서 나타난 소피스트들의 진리관은 유용성과 결부된다. 사회적 변화에 따라 시장에서, 의회에서, 법정에서 '말의 힘'이 현실적으로 증대하였다. 훌륭한 말솜씨를 가진 상인이 고객을 더 많이 유치할 수 있었으며 의회에서는 달변을 통하여 보편적인 국가의 이익을 강조하는 것처럼 보이는 사람이 더듬거리는 사람보다 시민의 마음을 한층 사로잡을 수 있었다. 재판에서도 정확한 논리를 사용하여 스스로를 변호할 수 있는 사람이 더 유리한 입장에 서게 된다. 대화나 웅변을 잘 구사하기 위해서는 우선 일반적인 교양을 쌓아야 했으며 소피스트들은 이러한 지식과 웅변술을 가르쳐주고 보수를 받았다. 논리정연한 말을 할 수 있을 때 비로소 한 사람의 인격이 존중되고 그는 자신감에 차서 국가정치에 참여할 수 있었다. 나아가 그는 달변을 통하여 국사의 결정에 큰 영향을 미칠 수 있게 된다. 모든 것은 스스로의 능력에 의존한다는 자신감이 불어났고 그것은 소피스트들에게 대담한 철학적인 질문을 제기할 수 있는 동기를 만들어주었다.

예컨대 소피스트들은 국법이 개인의 의지를 종합적으로 표현한 것인가 아니면 개인이 무조건 복종해야 하는 절대적인 힘인가, 법률이 인간의

---

12) Platon, *Menon*, 91 D.

척도인가 아니면 인간이 법률의 척도인가 등의 대담한 물음도 제기하였다. 상품생산의 발전으로 인한 빈부의 양극화현상과 민주적인 사회질서를 기반으로 하는 개인주의적 풍조는 이제 부유한 시민으로 하여금 자신감에 차서 전통적인 세계관에 대한 회의를 나타내게 만들었다. 신이나 자연법칙이 더 이상 행위의 기준이 될 수 없다. 행위의 근거는 스스로를 관철시키려는 의지에 있고 사물의 본질 또한 인간에게 보이는 대로의 바로 그것이다. 스스로가 바로 만물의 척도인 것이다. 그러나 이때의 인간은 보편적인 인간이 아니라 개별적인 인간이다. 이러한 이기적이고 개인적인 자신감은 소피스트들로 하여금 아직 상품생산이 발전되지 않았던 이전의 비민주적 사회로부터 전수되어온 종교관과 도덕관에 반기를 들게 하였다. 소피스트들이 환영한 것은 바로 이러한 자신감이었으며 그것을 그들은 철학적으로 표현하였다. 이런 의미에서 소피스트들은 그리스의 계몽정신을 이끌어간 것으로 평가되기도 한다. 그러나 이기적이고 개인적인 자신감이란 보편적인 인간의 덕과 배치되는 경우가 많다. 소크라테스, 플라톤, 아리스토텔레스의 비판은 그러므로 소피스트들의 개별적인 철학이론뿐만 아니라 그들의 근본적인 태도를 항상 겨냥하고 있다.

소피스트의 대표자인 프로타고라스는 데모크리토스와 같이 압데라 출신이며 그리스의 많은 도시를 편력하면서 철학을 가르쳤고 뛰어난 웅변술 때문에 아테네에까지 그 명성을 떨쳤다. 그는 웅변을 통하여 약한 것을 강한 것으로, 미운 것을 아름다운 것으로, 부도덕한 것을 유덕한 것으로 역전시킬 수 있는 힘을 지니고 있었다. 그는 제자들을 가르쳐 부도 함께 얻었는데, 그 당시 교육의 유일한 도구는 말[언어言語]이었다. 그는 언어를 관심 있게 연구한 최초의 문법학자이기도 했다.

돈을 벌고 제자들을 가르친 소피스트들의 태도를 비꼬는 하나의 얘기가 전해진다. 소피스트들은 일정한 기간동안에 제자들을 가르쳤는데 가르침을 시작하면서 보수를 받는 것이 아니라 교육이 끝나고 제자들의 실력이 향상되었을 경우에만 보수를 받기로 약속하였다. 그런데 프로타고라스 밑에서 교육을 받은 한 제자가 자신의 지식이 증가되지 않았음을 주장하면서 수업료의 지불을 거절하였다. 결국 제자와 스승은 법정에까지 가게 되었는데 법정으로 가면서 스승이 제자에게 말하였다.

"그대는 여하튼 나에게 돈을 지불해야 한다. 그대가 재판에 질 경우에는 물론 재판의 판결에 의하여 나에게 돈을 지불해야 되고 설령 재판에 이기는 경우가 있다고 하더라도 그것은 그대가 나의 수업을 통하여 재판에 이길 수 있는 능력을 획득한 결과이니 약속에 의하여 수업료를 바쳐야 한다."

곰곰이 생각하던 제자가 스승에게 말하였다.

"저는 여하튼 돈을 지불할 수 없습니다. 제가 재판에서이기는 경우에는 재판의 판결에 의하여 지불할 수 없고, 재판에 지는 경우에는 제가 그 동안 재판에 이길 수 있는 지식을 충분히 배우지 못했다는 사실이 증명된 셈이니 약속에 의하여 수업료를 지불할 수 없습니다."

이것은 논리학에 나오는 유명한 '딜레마'(Dilemma)의 예이다. 딜레마는 '양도논법'(兩刀論法) 혹은 '양두논법'(兩頭論法)이라 불린다. 딜레마는 두 개의 가언적 대전제와 각 대전제에 상응하는 서로 모순되는 두 개의 소전제로 구성되어 있어 정 반대되는 두 개의 결론이 나올 수 있다. '만일 재판에 이기면'이라는 대전제 속에 '법의 판결에 의해서 지불할 의무가 없다'와 '약속에 의해서 지불할 의무가 있다'는 소전제가 포함되어 있고 재판에 지는 경우에도 반대되는 소전제가 포함되어 있으므로 전체적인 논증 자체가 모순이다. 서로 생각하기에 따라 사태의 진위가 바뀌므로 진리나 정의가 모두 상대적이라는 소피스트들의 주장이 과연 어떤 자가당착에 도달하였는가를 보여주는 예이다.

칼헤톤(Kalcheton) 출신인 트라시마코스(Thrasymachos, B. C. 5세기경)에 의하면, 신들이 인간에게 정의를 주지 않았으므로 인간 스스로 정의의 개념을 만들어 내야 된다. "정의란 강자들의 이익에 불과하다고 나는 주장한다."13) 트라시마코스의 이 말은 법이란 강자들이 스스로의 이익을 옹호하고 약자들을 통치하는 수단으로 만든 것임을 의미한다. 그는 당시의 노예제도에 기반을 둔 경제·정치적 상황을 잘 간파하였다. 트라시마코스의 진단이 오늘날의 사회에도 어느 정도 적용될 수 있다. 법과 정의가 과연 공평하게 적용되고 있는가? 오히려 강자에게 유리하게 적용되지 않는가? 황석영이 쓴 『어둠의 자식들』에 이에 대한 해답이 잘 나와 있다. "우리가 감옥을 학교라 부르는 것과 마찬가지로, 학삐리가 다니는 곳을 우리는 빵간이라 부를 용의가 있다. 도대체 거기서 가르쳐 주는 게 뭐란 말인가. 글자 한 자 더 배워서 자기보다 못한 놈을 여하히 억누르고 밟아서 출세하는 방법만 가르쳐 주지 않는가. 글쎄 역설이라면 역설이겠지

13) Platon, *Staat I*, 338 C.

만, 나는 일단 두툼한 책을 끼고 몰려가는 대학생 애들을 보면 '저것들은 이제 내 아우나 새끼들을 누르는 자가 되겠지' 하는 생각을 한다. 또 여대생들이 지나가는 모습을 보면 저 애들은 우리 새끼를 억누를 자들을 낳아 기르겠지 하는 생각이 드는 것이다."14) 힘없고 못 가진, 우리 사회에서 소외된 청년이 던지는 이 말에 우리는 다 같이 한번 귀를 기우려 보아야 하지 않을까?

하나의 철학 학파로 묶을 수 없는 많은 소피스트들의 다양한 사상을 요약한다면 이들은 전체적으로 전통적인 권위에 도전하는 계몽정신을 대변하고 있으며 인식론적으로는 감각주의 · 회의주의 · 상대주의를 들고 나온다. 근세의 계몽주의 사상에서도 비슷한 양상이 나타났는데 이들은 전통적인 권위에 도전하면서 철학을 실천과 직결시키려 하였다. 그러므로 윤리나 정치문제에 관심을 갖는 사회사상이 이들에 의하여 도입되었다. 이런 점에서 이들의 철학사적 공적이 인정될 수 있으며, 보통의 평판과는 달리 실제로 이들은 상당히 진지한 사상가들이었음을 우리는 잘 알 수 있다.

소피스트들은 덕을 가르칠 수 있다고 생각하였다. 이에 대하여 소크라테스는, 덕을 가르치기 위해서는 우선 덕이 무엇인가를 알아야 한다고 말한다. 덕이 무엇인지도 모르면서 덕을 가르칠 수는 없기 때문이다. 그러나 그 자신 덕이 무엇인가를 알지 못한다고 고백하는 소크라테스는 지혜의 스승으로 자처하는 소피스트들에게 덕에 관해서 물었다. 그 결과 덕에 관한 여러 가지 사례가 열거되었지만 그가 묻는 근본문제는 아직

---

14) 황석영 작, 『어둠의 자식들』, 현암사 1981, 299 쪽.

미궁으로 남아 있다는 사실을 깨닫는다. 예컨대 우정이란 무엇인가라고 물었을 때 "소크라테스가 바로 너의 참된 친구다"라고 누가 대답했다면 그것은 근본적인 해답이 될 수 없다. 우정이 무엇인지 모른다면 어떻게 그가 나의 참된 친구라는 것을 알 수 있는가? 소크라테스가 원하는 것은 우정이라는 개념을 어떤 대상에 의해서 검증하는 것이 아니라 반대로 어떤 대상이 이 개념에 일치하는가의 확인이다. 그러므로 참된 친구라는 사실에 앞서 우정이라는 개념이 먼저 밝혀져야 한다. 다시 말하면 내가 어떤 대상을 측정하는 척도는 그 대상 자체로부터 추출될 수 없다.

소크라테스는 기원전 470년경에 아테네에서 탄생하였다. 당시 아테네에는 민주정치가 번창하였다. 그의 아버지는 조각가였고 그도 아버지의 기술을 습득하였다. 그는 꽤 오랫동안 이 직업에 종사하여 그의 조각술이 상당한 경지에 도달했다는 기록이 남아 있다. 후에 그는 이 직업을 포기하고 철학에 전념하게 된다.

그의 어머니는 산파였다. 소크라테스는 훗날 스스로의 철학방법을 어머니의 산파술에 비유한 바 있는데, 그의 어머니가 하나의 생명이 탄생하도록 도와준 것처럼 소크라테스도 진리의 산파 노릇을 한 것이다. 그러므로 그의 철학적 방법은 산파술(Mäeutik)이라 불린다.

에피소드로 가득 찬 그의 생활이나 못생긴 그의 얼굴을 많은 희극작가들의 관심을 끌었다. 소크라테스는 그의 직업을 포기한 후에 결코 돈 버는 데 관심을 두지 않았다. 시장과 아테네의 경기장을 둘러싼 언덕을 집으로 생각하였다. 여기서 그는 한가하고 철학에 관심이 있는 사람들과 '올바른 삶'에 관하여 토론을 벌였다. 소크라테스는, 먼저 상대방의 얘기를 듣고 나서 그 다음에 질문을 통하여 상대방을 혼란시키는 방법을 사용하였다. 이렇게 하여 덕 있는 생활을 하는 것이 무엇인가를 안다고 생각하는 상대방의 자만은 곧 무너지고 만다. 상대방은 자기의 지식이 옳지 않음을 깨닫고 '무지의 지'(無知의 知)에 도달한다. 자기는 아무 것도 모른다는 깨달음이다.

고루한 아테네 시민들에게 소크라테스는 귀중한 시간을 빼앗을 뿐만 아니라 전통적으로 금기가 되어 있는 일들을 의문시하는 귀찮고 정신나간 사람으로 보였다. 그렇기 때문에 소크라테스는 자신을 잠자는 소를 깨워 귀찮게 하는 쇠파리에 비유하기 했다. 물론 어떤 사람들은 소크라테스의 질문 속에는 무엇인지 모르지만 위대한 진리가 숨겨져 있다는 것을 깨달았다. 당시 아테네 사람들이 경배하던 신전의 신탁은 스스로 아무 것도 모른다는 것을 고백하는 소크라테스가 아테네인 중에서 가장 현명한 사람이라고 전해주었다. "나는 아무 것도 모른다는 것을 안다"라는 말은 '무지의 지'를 표현하는 소크라테스의 명언이 되었다. 비교적 같은 시기에, 곧 기원전 500년경에 동양에서도 공자(孔子)라는 철인이 서로 만나거나 서신왕래를 하지 않았으면서도 소크라테스와 비슷한 말을 남기고 있다. 『논어』 위정(爲政)편에 공자는 "아는 것을 안다고 하고 모르는 것을 모른다고 하는 것이 바로 아는 것이다"[知之爲知之 不知爲不知 是知也]라고 말한다. 비슷한 의도를 가진 표현이지만, 객관적으로 판단해보면 공자의 말이 소크라테스의 말을 앞서고 있다. 왜냐하면 소크라테스의 말에는 다소간의 모순이 내포되어 있기 때문이다. 내가 아무 것도 모른다면 아무 것도 모른다는 사실도 몰라야 된다. 아무 것도 모른다는 것을 안다는 것은 적어도 한 가지 사실, 곧 아무 것도 모른다는 그 사실을 아는 셈이다.

소크라테스의 진의를 이해하고 그와 대화하기를 원했던 사람들이 소크라테스의 주변에 몰려들어 소크라테스를 위대한 스승으로 모시고 다녔다. 그 중에 플라톤도 끼여 있었다. 물론 소크라테스는 제자들 사이에서 스승의 권위를 충분히 인정받았지만 그 자신이 스승으로 자처한 적은 없었다. 그는 항상 묻고 구하고 배우는 입장에 서 있었으며 이런 점에서 소피스트들과는 확연하게 구분된다. 뿐만 아니라 소크라테스는 보수나 선물을 철저히 거절하였다. 친구들이 초대하는 만찬에 응했을 뿐이다. 그러므로 집에 돌아올 때 그의 주머니는 항상 텅텅 비어 있었다. 이런 상황에서 불평을 늘어놓는 그의 나이 어린 부인 크산티페(Xanthippe)의 입장을 우리는 충분히 이해할 수 있는 것이다. 소문대로 그녀가 악처였다면 벌써 소크라테스와 헤어졌을 것이며 소크라테스가 죽는 날까지 부인의 의무를 지키지도 않았을 것이다.

소크라테스가 스스로의 감정을 철저히 규제할 수 있었다는 사실은 그에게 현인의 명성과 익살스러운 기인의 칭호를 동시에 얻게 해준 계기가 되었다. 그는 술을 마시면서 철학적 대화를 즐기는 '향연'(Symposium)에 참석하여 다른 사람에게와 마찬가지로 술과도 대화를 나누었다. 그러나 소크라테스가 한 번이라도 술에 취한 모습을 본 사람은 아무도 없었다. 다른 사람들이 술에 취하여 탁자 밑에서 코를 골고 잠을 자는 동안 소크라테스는 다시 시장으로 달려가 사람들과 철학적 대화를 나누었다. "그는 먼동이 틀 무렵 사색에 잠겨 선 채로 무엇인가 곰곰이 생각하였다.

생각이 떠오르지 않자 움직이지 않고 서서 계속 무엇인가를 연구하였다. 점심때가 가까워오자 사람들은 그것을 보고 놀랐으며 소크라테스가 새벽부터 거기 서서 무엇인가 곰곰이 생각한다는 소문이 퍼졌다. 마침내 저녁이 되고 몇몇 사람들이 밥을 먹은 후 그때가 여름이었으므로 한편으로 서늘한 곳에서 잠자기 위하여, 다른 한편으로 소크라테스가 밤에도 거기 서 있는가를 보기 위하여 침구를 갖고 밖으로 나왔다. 그러나 그는 밤을 지나 다시 해가 뜰 때까지 그대로 서 있다가 이윽고 해에게 기도한 후 그 자리를 떴다."[15] 소크라테스는 수십 년 동안 이러한 철학생활을 마음대로 향유하였는데 때로 많은 사람들로부터 조소와 미움을 사기도 하였고 때로 어떤 사람들로부터 경탄과 존경을 받기도 하였다. 결국 그는 기원전 399년에 고발되어 재판에 회부되고 사형언도를 받은 후 유유하게 독배를 마시고 죽었다.

유죄판결을 받은 이유는 그가 국가에 의해서 공인된 신을 믿지 않았으며 청년들을 타락시켰다는 것이다. "악법도 국법이니까 복종한다"는 그의 말은 그러나 너무 소극적이었다. 악법이 있다면 그것의 철폐를 위해서 투쟁을 했어야 했다.

소크라테스는 철학체계를 세우지 않았다. 그는 철학보다도 '철학하는 것'(philosophieren)을 가르쳤다. 칸트(Immanuel Kant, 1724~1804)도 "철학보다 철학하는 것을 가르칠 수 있다"[16]고 말한 바 있지만, 칸트보다 훨씬 앞서 이러한 신념을 철저하게 실천한 사람이 바로 소크라테스였다.

---

15) Platon, *Das Gastmahl*, 220f.

16) I. Kant, *Kritik der reinen Vernunft*, hrsg. von B. Erdmann, Leipzig 1889, S. 568.

그가 아낙사고라스와 소피스트들의 주장에 대하여 어떤 입장으로 대처하였는가를 알아봄으로써 우리는 소크라테스의 철학을 보다 잘 이해할 수 있을 것이다. 이성이 세계를 지배하고 있다는 아낙사고라스의 명제가 소크라테스의 철학에 깊은 인상을 심어주었다. 그러나 소크라테스에 의하면 이성이란 어떤 목표를 염두에 두는 실천활동 속에서만 나타난다. 아낙사고라스의 기계적이고 인과적인 고찰방식은 자연의 합목적적인 작용을 배제한다. 소크라테스에 의하면 자연은 합목적적으로 작용하지만 인간에 의해서 직접 인식될 수가 없다. 그러므로 철학적 사유는 우선 그 시선을 인간의 합목적적인 활동으로 돌려야 한다. 인간의 활동 속에서 이성이 논증된다면 우리는 자연의 대상으로부터가 아니라 인간의 활동으로부터 출발하여 자연이 이성적으로 움직여가고 있음을 유추할 수 있다.

문제는 인간의 삶이 이성적이며 또 이성적으로 형성될 수 있느냐이다. 소크라테스는 그것을 긍정하는 것 같다. 예술가나 수공자의 활동이 바로 이성적인 삶의 예이다. 그러나 개인활동과 사회활동은 일치하지 않으며 그것은 인간의 삶이 꼭 이성적으로 영위되지 않음을 시사한다. 아테네에서 조성되고 있는 위기를 간파하고 동시에 개별적인 시민의 이성적 행위가 종합된다 하여도 결코 전체적인 사회의 이성이 산출될 수 없다는 사실을 파악한 데에 소크라테스의 위대성이 있다.

소크라테스는 아무도 자발적으로 악행을 행하지 않는다는 근본신념을 갖고 있었다. 이 말은 인간의 본성은 선하며 스스로의 이해관계나 목표를 이성적으로 추구한다는 의미다. 그러나 인간의 삶은 많은 악으로 가득 차 있다. 그 이유는 어디에 있는가? 소크라테스에 의하면 악의 원인은 인간의 무지에 있다. 인간은 물론 선이 무엇인가를 알고 있다고 생각한다. 정열이 인간에게 이러한 착각을 만들어준다. 그러나 정열도 항상 변하기 때문에 항구적인 척도가 될 수 없다. 어떤 순간에 개인에게 선으로 나타난 것이 그 사람의 일생 전체나 사회생활로 미루어보면 정반대가 되는 경우가 있다. 그러므로 철학한다는 것은 우연한 순간에 한 개인에게 해당되는 선을 추구하는 것이 아니라 보편적이고 필연적이며 항구적인 선을 추구하는 것이다. 이러한 철학적인 추구는 선, 정의, 용기에 대한 개인적인 생각이 결코 진리가 아니라는 통찰, 곧 무지의 지에 대한 각성을 전제로 한다.

이런 점에서 소크라테스는 소피스트들과 정반대의 입장에 서 있다. 물론 인간 자신을 철학적 성찰의 중심으로 가져온 소피스트들의 방향전환이 소크라테스의 입장에도 해당된다. 아테네인들이 소크라테스를 소피스트들의 한 사람으로 취급한 것은 우연이 아니다. 그러나 소크라테스는 소피스트들에 비해 덕에 대한 보편타당한 지식을 요구한다. 소피스트들의 상대주의는 지식의 보편타당성이라는 요구에 부응할 수 없었다. 그들의 신념은 바로 나에게 해당되는 진리가 다른 사람에게는 해당되지 않을 수도 있는 주관적이고 상대적인 진리관이다. 그러므로 개별적인 지식을 넘어설 수 없었다. 다시 말하면 소피스트에게나 소크라테스에게 다 같이 '인간은 만물의 척도'였지만 전자의 경우에서의 인간은 개별적인 인간인데 반하여, 후자의 경우에는 보편적인 인간이다. 이렇게 하여 소피스트들을 향한 소크라테스의 공격이 시작된다. 소크라테스에 의하면 소피스트들은 가장 나쁜 사기꾼들이다. 그들은 덕에 대한 보편타당한 개념을 알지 못하면서 덕을 가르칠 수 있다고 주장하기 때문이다. 보편적인 덕은 개인의 궁핍과 국가의 궁핍을 동시에 구할 수 있다. 소크라테스는 정의, 용기, 선에 대한 보편타당한 개념이 확립되지 않고서는 용감하거나 정의롭거나 선한 행위를 할 수 없다고 주장한다. 보편성을 요구하는 덕은 개별적인 행위가 기본이 되는 기술이나 예술과는 다르다. 그러므로 철학의 과제는 이러한 개념들을 찾아내는 데 있는 것이다. 그것이 찾아진다면 모든 실천적인 문제는 해결된다. 왜냐하면 누구도 알면서 악한 일을 행하지 않고 또 알 때에만 정의를 행할 수 있다면 덕에 대한 보편타당한 지식이란 바로 덕 자체이기 때문이다. 이것은 철저한 합리주의적인 윤리설이었고 덕과 행복을 지식과 연관시키는 주지주의의 철학이었다. 그의 주지주의 철학은 우리에게 많은 것을 시사해 준다. 무식하고 사회적 규범을 익히지 못한 사람은 소크라테스가 말하는 것처럼 덕 있는 행동을 할 수 없다. 그러나 아는 것만이 덕을 보증해 주지도 않는다. 오늘날 얼마나 많은 지식인들이 부정을 행하고 있는가? 나라를 팔아먹은 이완용이 지식이 모자라서 인가? 올바르게 알지 못했기 때문이라고 말할 수 있다. 그러나 올바르게 안다는 것은 무엇인가? 바로 역사의식을 갖는다는 말이다. 지식은 올바른 역사의식으로 유도될 때 비로소 올바른 지식이 되는 것이다. 소크라테스가 아직 거기까지 나아갈 수 없었지만 개인주의를 극복하려는 노력에서 공적을 보여주고 있다.

소크라테스의 철학을 실천적인 측면에서 극단적으로 발전시킨 사람이 키니코스(Kynikos, 견유학파)학파의 거지 철학자 디오게네스(Diogenes, B.C. 400~324년경)이다. 나무통을 주거지로 삼고 살았던 그는 모든 향락을

디오게네스

거부하고 오직 자연이 요구하는 최소한 물질생활로 만족하였다. 그러나 최소한의 물질생활을 위해서 인간은 최소한의 일을 하지 않으면 안 된다는 생각을 그는 잊고 있었다. 누군가 최소한의 음식을 그에게 제공하지 않았다면 그는 굶어 죽었을 것이고 통속에서 개처럼 살 수 없었을 것이다.

6. 플라톤의 이데아론과 이상국가론

플라톤 이전의 그리스 철학은 계몽적이고 유물론적인 색채가 짙었다. 이오니아의 자연철학, 헤라클레이토스의 만물유전사상, 엠페도클레스와 아낙사고라스에서 출발하여 로이키포스와 데모크리토스에서 완성된 원자론이 그것을 말해준다. 물론 피다고라스 학파, 엘레아 학파, 소피스트 및 소크라테스의 사상에는 관념론적 해석을 가능하게 하는 몇 개의 요소들이 포함되어 있었다. 그러나 플라톤 이전의 철학에는 일반적으로 유물론적 색채가 우세하였다고 말할 수 있다. 플라톤에 의하여 관념론의 기초가 성립되고 양 방향의 상반성이 뚜렷이 드러나기 시작하였는데 플라톤도 이 두 방향의 상반성을 잘 의식하고 있었던 것 같다.

우선 플라톤의 철학이 발생한 시대적 배경을 살펴보자. 이 당시에 그리스의 도시국가들은 전성기를 지나 와해의 위기에 접어들고 있었다. 도시국가들을 번창하게 만들었던 요인이 다시 도시국가들을 쇠퇴하게 만든 요인이 되었다. 육체노동과 정신노동의 구분은 그리스의 도시국가들이 번창할 수 있는 계기가 되었다. 플라톤 자신도 노동의 구분에 대하여 많이 언급하고 있다. 노동이 구분되면서 사유재산이 발생하고 상품생산이 원활해졌으며 화폐경제가 수립되었다. 그 결과 한편으로 생산력이 증가되고 경제력과 군사력이 강화되어 그리스인들은 페르시아의 침공을 격퇴할 수 있었고 민주적인 국가형태가 발생하여 고전적인 예술과 철학이 꽃을 피웠다. 그러나 다른 한편으로 그리스인의 전통적인 결속이 무너지고 사회적인 격차가 발생하였으며 가치의 변혁이 일어났다. 그리스의 비극작가 소포클레스(Sophocles, B. C. 496년경~B. C.406년경)는 그의 비극 「안티고네」(*Antigone*)에서 전통적인 가치와 새로운 사회질서 사이에서 나타나는 갈등을 다음과 같이 묘사하고 있다.

"지금까지 인간에게 도입된 것 중에서 가장 나쁜 결과가 화폐이다. 그렇다. 돈이 여러분의 도시를 파괴하였고 돈이 남자들을 가정에서 몰아냈고 돈이 마음을 유혹하는 스승이 되어 용감한 사람들이 우둔한 짓을 하게 만들었다. 그렇다. 돈은 모든 술책을 인간에게 부여하여 범죄의 길을 열어 놓았다."17)

자연경제가 화폐경제로 바뀌고 이와 연관된 생산수단의 변화에서 오는 문제점, 부자와 가난한 자의 구분, 자유인과 노예사이의 갈등, 전통적인 가치와 새로운 가치사이의 마찰, 도시국가들의 정치적 변화 및 상호 경쟁의 극단화로 인하여 그리스 도시국가는 결국 와해의 위기에 놓인다.

플라톤이 태어난 연대가 바로 이러한 시기에 해당된다. 그의 아버지 쪽은 아테네 왕족이었고 어머니 쪽은 유명한 입법자 솔론의 집안이었다. 귀족가문 출신인 플라톤은 도시국가의 모순을 누구보다도 더 잘 알고 있

17) Sophokles, *Antigone*, Stuttgart 1978, S. 16f.

었다. 청년시절의 그의 이상은 모든 시민이 자유롭고 최선의 법에 따라 운영되는 국가의 실현이었다. 그러나 현실은 그의 이상과 철저하게 어긋났다. 펠로폰네소스 전쟁이 끝날 무렵 민주적 정치질서는 붕괴되었다. 크리티아스(Kritias, B. C. 460~430)가 주도적인 역할을 담당하였던 30인의 과두 공포정치도, 그리고 그 후에 복귀되어 소크라테스를 사형에 처한 민주정치도 그의 이상에 부합하지 않았다. 플라톤을 철학으로 이끌어준 최초의 스승이 크라틸로스(Kratylos)였다. 그러나 크라틸로스가 헤라클레이토스를 해석하면서 보여준 상대적인 태도는 젊은 플라톤의 궁금증을 해소시킬 수 없었다. 모든 것은 흘러가며 모든 것은 변화한다는 헤라클레이토스의 주장이 감각적으로 확실한 것 같지만 그러나 플라톤은 이에 만족할 수 없는 많은 체험을 겪는다. 플라톤은 우선 정치적 도덕적 관점에서 모든 것을 성찰하기 시작하였는데 항상 변화하여 정치 속에는 붙잡을 만한 근거가 없다는 것을 깨닫고 체념하게 된다. 이러한 체념과 더불어 플라톤은 시(詩)예술에 눈을 돌린다. 그러나 그가 철학자로 성장하게 되면서 시예술 또한 무의미하다는 결론을 내리게 된다. 그에게 있어서 시예술은 단지 그의 문체를 다듬어주는 데 공헌했을 뿐이다.

플라톤의 생애에서 새로운 장을 열어준 것이 소크라테스와의 만남이었다. 젊은 플라톤은 소크라테스의 철학 방식에 매료되었으며 플라톤은 그의 저서 대부분을 소크라테스의 철학 방식에 따라 저술하였다. 진술과 반대진술 그리고 이들 사이의 모순을 밝히는 대화가 주축이 되었다. 철학방법에서 뿐만 아니라 문제의식에 있어서도 플라톤은 소크라테스로부터 깊은 감명을 받았다. 다시 말하면 개인과 사회의 갈등이 진리의 문제에 얼마나 많은 영향을 미치는가를 묻는 일이다. 개인은 천성적으로 자기에게 선한 것으로 생각되는 것을 추구한다. 그러나 개별적으로 얻어지는 선은 사회 전체를 위한 보편적인 선이 될 수 없는 경우가 많다. 개인은 사회에 의존해서 살고 사회에 봉사해야 하기 때문에 개인을 넘어서는 보편적인 선이 정립되어야 한다. 당시의 사회가 와해될 위기에 빠진 것은 아무도 보편적인 선이 무엇인가를 깨닫지 못했기 때문이라고 플라톤은 결론짓는다. 무지의 지가 이러한 오류로부터 벗어날 수 있는 출구를 형성한다. 그러므로 플라톤에게 소크라테스는 진리의 길로 나아가는 길잡이가 되었다.

플라톤의 철학적 발전은 그의 외적 생애와 연관된다. 그러나 이러한 연관성을 하나하나 구체적으로 밝히는 일은 용이하지 않다. 근세 철학자들의 경우에는 저서의 발생시기나 출판 연대가 분명하다. 철학자의 외적 생활과 철학적인 이념의 발전이 일치된다. 그러나 고대 철학자들의 경우에는 자세한 자료가 없기 때문에 어떤 상황에서 어떤 철학이념이 발생하였는가를 구체적으로 해명하기가 어렵다. 물론 플라톤의 경우에서도 명백한 몇 가지 사실들이 그의 저술과 연관하여 제시될 수 있다. 예컨대 『소크라테스의 변명』, 『크리톤』, 『파이돈』은 소크라테스가 판결을 받은 뒤에 씌어졌다. 이 대화록은 소크라테스의 재판과정, 사형을 받기 위해 감옥에 갇혀 있는 모습, 죽는 장면을 묘사하고 있기 때문이다. 플라톤은 다른 소크라테스의 제자들처럼 소크라테스가 처형된 후 아테네에 등을 돌리고 방랑길에 들어섰는데 처음 찾은 정착지가 메가라(Megara)였다. 그 뒤 10여 년 간의 방랑생활이 시작된다. 그가 이집트와 키레네로 여행했다는 기록도 있다. 그의 서간문에는 이탈리아 하부와 시칠리아 지방으로 여행했다는 기록이 들어 있다. 그는 또 기원전 390년경에 타렌트(Tarent)와 사라쿠사(Syrakusa)를 여행한 것 같다. 이 첫 여행은 두 가지 면에서 플라톤의 철학적 발전에 중요성을 갖는다. 첫째, 그는 타렌트에서 피타고라스 학파인 아르키타스(Archytas)와 교우관계를 맺게 되는데 아르키타스는 그 당시 영향력 있는 정치가였고 유명한 수학자였다. 플라톤의 저서에 나타나는 피다고라스 학파의 영향은 이러한 체험과 연관된다. 둘째, 플라톤은 시라쿠사에서 한 유력한 군주와 관계를 맺는다. 플라톤은 그의 힘을 빌어 자신의 국가이상을 실현하려 했던 것 같다. 디오니시오스(Dionysios) 1세라고 불리는 이 군주와 이상에 가득 찬 플라톤의 관계는 그러나 오래 가지 못하였다.

이 여행에서 돌아온 후 기원전 389년경에 플라톤은 고향인 아테네에 '아카데메이아'(akademeia)라 불리는 학교를 설립하였다. 이 학교의 학문연구는 동로마제국위 황제 유스티아누스(Justianus)가 비기독교적인 학교를 모두 폐쇄하던 6세기 초까지 계속되었다. 플라톤은 여기서 완숙기 및 후기의 저서들을 완성하였다. 아리스토텔레스도 여기서 교육을 받았다. 이 시기에 과학적 수학적 연구들도 함께 진척되었다. 1459년에 이탈리아의 피렌체에서 아카데미가 설립되어 르네상스의 철학에 많은 영향을 미쳤는데 피렌체의 아카데미는 플라톤의 아카데메이아를 의식적으로 모방한 것 같다. 그 후 전 세계의 학문연구소는 아카데미라는 이름을 갖게 되었다.

플라톤의 아카데메이아는 주로 학문연구에 집중하였다. 철학 외에도 수학이 주요 연구과목이었고 아카데메이아의 정문에는 "수학을 이해하는 사람만이 출입이 허용된다"고 써 붙여졌다 한다. 물론 이 아카데메이아는 플라톤을 중심으로 하는 객관적 관념론의 본거지였지만 학문을 보편타당한 지식으로 들어 올리려는 노력도 나타났다. 플라톤은 대화록의 형태를 지닌 많은 저술을 남겼다.

'이데아론'(Ideenlehre)은 플라톤 철학의 핵심을 이룬다. '이데아'(Idea)라는 말을 우리는 보통 '관념' 혹은 '기발한 생각' 등으로 번역한다. 그런데 플라톤의 경우 '이데아론'을 우리는 단순히 '관념론'으로 번역하지 않는다. 물론 플라톤의 철학은 하나의 관념론이지만 그가 말하는 '이데아'는 인간의 머리 속에 담겨 있는 관념의 범위를 벗어나서 독자적으로 존재하는 독특한 성격을 지니고 있기 때문에 '이데아'라는 말을 그냥 사용하는 것이 적합하다.

플라톤은 우리 눈에 보이는 가시적인 변화의 세계는 참된 세계가 아니라는 가정에서 출발한다. 현상계와 대비되어 현상계의 근원이 되는 세계를 그는 '이데아계'라 부른다. 그는 현상계와 이데아의 관계를 『국가』에서 동굴에 비유하여 설명한다. 그것이 유명한 플라톤의 '동굴의 비유'이다. 인간은 동굴 안에 묶여 있는 죄수와 같다. 어렸을 때부터 동굴의 입구를 등지고 족쇄에 묶여 있기 때문에 고개를 마음대로 돌릴 수 없고 동굴 밖에 있는 사물을 직접 보지 못한다. 동굴 밖 먼 곳에서는 불이 타고 있다. 동굴의 입구 쪽에는 조그만 언덕길이 있고 갖가지 물건을 들고 이 곳을 지나가는 사람들의 그림자가 동굴의 창을 통하여 동굴의 안쪽 벽에 나타난다. 동굴이 갇혀 있는 사람들은 불빛에 비치는 이 그림자를 참된 세계로 착각하고 있다. 한 인간이 우연히 족쇄를 끊고 밖으로 나간다면 그는 처음에 진리의 빛 때문에 눈이 부시고 고통을 느낄 것이다. 그러나 차차 그곳에 익숙해져 진상을 확인하고 감옥으로 돌아와 그 사실을 얘기한다면, 감옥의 죄수들은 그의 말을 믿지 않고 파렴치한 사람으로 생각하며 그를 살해할 것이다. 인간도 마찬가지다. 참된 이데아의 세계가 있는데 그것을 깨닫지 못하고 현상세계에 얽매여 그것을 참된 세계로 간주하고 있는 것이다.

동굴은 인간의 육체 혹은 현상계와 같다. 영혼은 육체와 결합하여 현상계에 얽매인다. 결국 '육체는 영혼의 감옥이다.' 이러한 감옥을 벗어나 참된 세계인 이데아의 세계를 직관하게 하는 것이 철학의 과제이다. 그러면 '이데아'란 구체적으로 무엇인가?

'이데아'(Idea)라는 말 속에 플라톤은 ①보편적 개념 ②생성과 소멸을 모르는 영원히 변화하지 않는 것 ③그 자체로 존재하는 실체 ④영원히 스스로와 동일한 것 ⑤만물의 원인 ⑥만물의 원형 ⑦모든 것이 추구하는 목표 ⑧선의 이데아를 정점으로 하는 계층적인 질서 등을 이해한다.

문제는 절대로 변치 않는 자기동일자인 이데아의 세계와 생성소멸하는 현상계가 어떻게 연관을 맺느냐이다. 플라톤은 모방(模倣, mimesis), 분유(分有, methexis), 임재(臨在, parousia)에 의하여 이데아계와 현상계의 관계를 설명한다. 이데아는 원형이고 사물은 그 불완전한 모방이다. 사물은 다양하나 일정한 종류의 사물에 해당하는 이데아는 하나이다. 다시 말하면 이데아는 같은 유(類) 아래 속하는 개별물에 공통되는 일자이다. 하나의 동일한 이데아를 모방하는 사물은 다수이다. 그러므로 개별물은 이데아의 보편적 본질을 분유한다. 이데아의 보편적 본질을 개별물이 분유하면 개별물은 이데아의 형상을 띠고 분유가 끝나면 그 형상을 잃고 만다. 이데아의 입장에서 보면 그것은 이데아가 개별물 속에 임시로 머문다는 말이 된다. 이데아는 개별물 속에 임재한다. 그러나 이데아는 영원히 변하지 않는 자기동일자이다. 이러한 존재가 어떻게 개별물 속에 들어오는가? 스스로는 움직이지 않으면서 개별물로 하여금 이데아를 흠모하여 움직이게 하기 때문이라고 플라톤은 대답한다. 물론 충분한 대답이 되지 못한다.

우선 플라톤의 이데아론 자체에 대하여 몇 가지의 비판을 시도해 본다.

(1) 플라톤에 의하면 이데아는 일정한 사물에 공통되는 보편적인 일자이다. 사물에는 여러 가지 종류가 있다. 플라톤은 사물의 종류마다 하나의 이데아를 설정하는 것 같다. 예컨대 모든 사람을 포괄하는 '인간'이라는 종류에 해당하는 하나의 이데아가 있고 각각의 동물에 해당하는 하나의 이데아가 있다. 그러나 유(有)나 종(種)의 구분은 생물학상으로도 그렇게 엄격하지 않다. 하등생물에서는 종과 종의 구분이 매우 미세하며 또한 중간 종이 나타날 수도 있다. 그뿐만 아니라 같은 유 가운데서도 많은 구분이 나타난다. 예컨대 인간 가운데는 백인종, 황인종, 흑인종 등의 구분이 있으며, 또 황인종 가운데는 중국인, 일본인, 한국인 등의 구분이 있다. 한국인만 하더라도 지역에 따라서 차이가 나며 엄밀히 관찰한다면 모든 인간은 제각기 독창적인 요소를 지니고 있어서 이로 인해 서로 구분된다고 말할 수 있다. 플라톤의 주장에 의하면 인간이라는 하나의 이데아가 있는데 이러한 동일한 이데아를 모방한 인간이 도대체 어떻게 그러한 차이를 나타낼 수 있는가? 물론 완전한 '인간'이라는 이데아를 모방하는 개별적인 인간은 그 모방하는 정도의 차이에 따라서 구

분된다고 말할 수도 있다. 그러나 어떤 인종이 더 완전한 모방이고 어떤 인종이 더 불완전한 모방이라고 말할 수 있는 척도는 없다. 아니면 인간의 이데아가 있고 또 다시 황인종이라는 이데아가 있으며 한국인, 남도인, 북도인, 김 아무개 등의 이데아가 존재하는가? 그렇게 되는 경우 플라톤의 이데아는 아무런 의미가 없게된다. 이데아는 개별자를 연결하는 보편자로서만 의미가 있기 때문이다. 보편자에서 나오는 개별자의 차이를 설명할 수 없고 개별자마다 이데아가 있다면 이데아의 보편성과 모순된다.

(2) 플라톤에 의하면 이데아계가 실제로 존재하며 이 이데아계에서 이데아들이 서열을 이루고 있다는 것이다. 그 중에서도 가장 높은 위치에 있는 것이 선의 이데아로서 그것은 이데아의 이데아이다. 그 자체로 완전한 이데아가 어떻게 서열이 있을 수 있는지도 의심스럽다. 서열이 있다는 것은 결국 이데아가 불완전하다는 것을 의미하지 않는가?

(3) 모든 사물이나 사건에 공통되는 하나의 이데아가 있다면 악이나 악인의 이데아도 있어야 한다. 그러나 악의 이데아라는 것은 그 자체로 모순이다. 왜냐하면 이데아는 완전하고 동시에 선한 것이기 때문이다. 플라톤을 옹호하는 사람들은 악을 선의 부재로 해석하는 경향이 있다. 그러나 그것은 플라톤의 모순을 은폐하기 위한 하나의 눈가림에 지나지 않는다. 모든 다른 이데아가 적극적으로 그에 해당하는 어떤 사물이 존재하기 때문에 존재하는 것으로 규정되는 데 반하여 왜 악은 선의 부재라는 말을 내세워 소극적으로 규정되어야 하는가? 그렇다면 추는 미의 이데아가 부재하는 것으로, 백은 흑의 이데아가 부재하는 것으로 해석해야 될 것이다.

(4) 이데아가 불변이라면 고대의 존재했던 공룡의 이데아나 지금은 사라져버린 말라리아 균의 이데아는 어디로 갔을까? 아직도 어떤 허공에 존재하고 있으면서 다

만 현상계의 모방을 차단하는 것일까?

이렇게 볼 때 결국 플라톤의 이데아는 인간의 소원과 현실이 혼동된 것에 불과하다. 세계를 처음부터 고정되어 있는 불완전한 것으로 보고 이러한 세계를 넘어설 수 있는 완전한 것을 상상하다가 그것이 바로 참된 존재라고 주장하는 주객전도가 이루어진 것이다. 관념론은 대개 이러한 입장에 서 있다.

플라톤은 그 이데아론을 그의 정치문제에 적용하여 『국가론』 제1권에서 '이상국가론'을 제시한다. 플라톤의 국가관은 그의 영혼론과 관계된다. 플라톤에 의하면 인간은 영혼의 상태에 따라 평등하지 않고 차별이 있다. 영혼의 차이는 사회적인 위치의 차이를 결정한다. 플라톤은 인간의 영혼을 이성, 의지, 욕망으로 나눈다. 이성의 덕은 지혜이고, 의지의 덕은 용기이고, 욕망의 덕은 절제이다. 이 세 가지 덕이 서로 조화를 이룰 때 정의의 덕이 발생한다. 이것은 그리스의 4가지 주요 덕목이기도 하다. 국가도 이러한 영혼의 상태에 합당하는 세 계급으로 나누어져 서로 조화를 이루어야 정의가 실현된다. 이성에 해당하는 통치계급(철학자, 왕), 의지에 해당하는 수호계급(군인과 경찰) 그리고 욕망에 해당하는 생산계급(농민과 수공업자)이 각기 구분되어 스스로의 의무에 충실할 때 정의가 발생한다(플라톤은 지배계급과 수호계급을 합하여 수호계급이라 부르기도 한다). 영혼의 세 부분처럼 국가의 세 계급도 서로 같은 관계에 있어야 한다. 이성이 욕망을 지배하는 것처럼 통치계급이 생산계급을 지배해야 하고 의지가 이성과 우호관계에 있어야 하는 것처럼 군인과 경찰은 통치자의 명령에 따라야 한다. 태어난 신분에 의해서가 아니라 각자의 능력에 따라서 국가의 시민들은 세 계급으로 분리된다. 물론 노예는 여기서 제외된다. 그런데 세 계급으로의 선별이 구체적으로 어떻게 이루어지는가? 국가는 모든 아이에게 똑같은 교육을 공동으로 실시한다. 아동 교육의 기초과목은 체조와 음악이다. 체조는 건전한 신체를 통하여 용기와 강인성을 길러준다. 음악은 영혼을 부드럽게 만든다. 건전한 신체와 부드러운 영혼이 합하여 원만한 성격을 형성한다. 그 다음으로 부과되는 과목이 계산, 수학, 변증법 등이며 여기에 고된 신체훈련이 부과된다. 20세가 되면서 이들 중에서 우수한 자가 선발되어 다시 10년간에 걸친 전문교육을 받게 된다. 이런 모든 교육을 충분히 습득한 사람은 35세의 나이로 다시 15년간 실천 및 경험교육에 들어간다. 결국 이론과 실천을 겸비한 50세의 남자가 지배자 계급이 된다. 그러나 지배자 계급은 스스로의 이익이 아니라 국가의 이익에 모든 노력을 기울여야한다. 소유나 사랑과 같은 개인적인 욕망을 고려해서는 안 된다. 플라톤은 통치계급이 사유재산이나 가족을 갖지 않아야 된다고 강조함으로써 구체적으로 이들의 탈선을 억제하고 있다. 소유욕과 가족에 대한 배려가 때로 이기심을 조장하여 국사를 뒤바꿀 수 있기 때문이다. 생산계급의 노동에 의하여 만들어진 산물이 통치계급을 부양하고 통치계급은 공동생활을 하지 않으면 안 된다. 부인도 공동으로 소유해야 한다. 뛰어난 여자들이 20세의 적령기에 뛰어난 남자들과 가능한 한 자주 결합하여 훌륭한 아이를 많이 탄생시켜야 한다. 그러나 아이들이 누가 자기 아버지인지 또 수호자는 누가 자기의 자식인지를 구별할 수 없어야 한다. 구별이 가능해지면 다시 가족관념이 생겨 국사보다 개인적인 일에 관심을 쏟을 우려가 있기 때문이다. 이렇게 태어난 아이들은 다시 공동으로 양육되고 교육된다. 생산계급은 사유재산과 가족을 소유할 수 있으나 정치에는 참여할 수 없다.

통치계급이 사유재산을 갖지 않는다는 사실을 근거로 플라톤의 정치사상이 때때로 공산주의 사상의 시초로 해석된다. 이 경우의 공산주의는 문자 그대로 재산을 공동으로 관리하는 사회를 이상으로 하는 정치 이념이다. 예컨대 슈퇴리히(Störig)는 그의 『세계철학사』에서 플라톤을 비판하면서 "플라톤은 물질적인 소유나 부인과 연관된 남자의 소유욕을 과소평가한다. 그는 성적 영역이나 사유재산의 영역에서 한 계급이 철저한 공산주의(Kommunismus)에 만족할 것이라고 생각한다"[18]라고 말한다. 재산과 부인의 공동소유만을 생각한다면 플라톤이 공산주의 사상의 시초라고 생각할 수도 있다. 그러나 맑스(Karl Heinrich Marx, 1818~1883) 이후의 현대 공산주의는 재산의 공동소유뿐만 아니라 더 복잡한 정치관, 역사관을 포함하고 있으므로 우리는 여기서 사유재산 및 분업에 연관된 플라톤의 사상과 맑스의 사상을 비교 검토할 필요가 있다. 맑스의 이상은 사회적 분업, 계급, 착취 등이 소멸된 사회 속에서 개인의 모든 능력과 재능을 전면적으로 개발시키는 데 있었다면, 플라톤의 이상은 세 계급을 가능한 한 잘 유지하고 모든 사람이 자기의 신분에 따라 자기의 임무를 다하게 하는 데 있었다. 곧 철학자는 통치자로, 수호자는 전사로, 그리고 나머지는 생산자로 최선을 다해야 한다. 이런 의미에서 맑스와 플라톤의 이상은 서로 상반된다고 말할 수 있다.

---

18) J. Störig, *Kleine Weltgeschichte der Philosophie*, Stuttgart 1961, S. 113.

플라톤의 철학은 신플라톤주의자인 플로티노스(Plotinos, 205~270)에 의하여 유출설로 발전되고 유출설은 다시 중세의 기독교 교리에 간접적으로 이용되었다. 유출설에 따르면 태초에 이름 붙일 수 없는 일자(一者)가 있었고 이 일자로부터 정신, 영혼, 물질이 3단계를 거쳐 흘러나와 세계가 형성되었다. 그러므로 인간의 목표는 다시 일자로 되돌아가는 데 있다. 일자와의 합일은 신비적인 방법으로만 가능하다. 이처럼 유출설은 플라톤의 이원론을 신비적인 방법에 의해서 극복하려는 특색을 지닌다.

7. 유물론과 관념론을 조화시키려 한 아리스토텔레스

가장 훌륭한 제자는 스승을 능가하는 제자이다. 그것은 무술이나 기술에서 뿐 만 아니라 학문이나 철학에도 해당된다. 그리스 철학에서 스승을 능가한 위대한 철학자가 나타난다. 플라톤의 제자 아리스토텔레스이다. 그는 단순히 지식이라는 면에서 스승을 능가한 것이 아니다. 단순히 스승보다 더 많은 지식을 얻었기 때문에 스승을 능가한다는 것은 그렇게 어려운 일이 아니다. 제자는 스승의 지식에다 새로운 지식을 보충하기 마련이어서 모든 제자들은 어떤 의미에서 스승을 능가한다고 말할 수도 있다. 그러나 아리스토텔레스의 경우에는 지식의 범위에서만 스승을 능가한 것이 아니었다. 더 중요한 것은 스승의 철학방향을 철저하게 비판하고 바로잡으려는 그의 용기였다. 아리스토텔레스는 그러므로 지혜로운 철학자였을 뿐만 아니라 용기 있는 철학자였다. 어떻게 하여 아리스토텔레스는 스승의 철학을 극복할 수 있는 용기를 갖게 되었는가? 플라톤과 아리스토텔레스의 상반성은 어디에 있는가? 우리는 이러한 물음을 염두에 두면서 아리스토텔레스 철학을 이해해야 한다. 그럴 경우에만 플라톤 철학과 아리스토텔레스 철학의 참 모습이 밝혀질 수 있기 때문이다.

아리스토텔레스는 아테네 출신이 아니다. 그는 이오니아인이 건설한 마케도니아의 남쪽 칼기디키(Khalkidhiki) 반도에 있는 작은 도시 스타게이로스(Stageiros)에서 의사인 니코마코스(Nikomachos)의 아들로 태어났다. 아버지 니코마코스는 마케도니아의 왕 아만티스(Amantis) 2세의 궁정의(宮廷醫)였다. 양친의 직업은 아들의 정신세계에 많은 영향을 미친다. 조각가였던 소크라테스의 아버지가 소크라테스의 철학 방법에 미친 영향을 우리는 앞에서 살펴보았다. 아리스토텔레스의 아버지도 아리스토텔레스의 정신적인 성장에 큰 영향을 주었으리라 추측되는데 그것은 바로 의사라는 직업에서 오는 과학 정신이었다. 원래 이오니아지방에서는 자연과학적인 사고가 발달하였고 그것은 그리스 초기의 계몽 철학을 주도하였다. 아리스토텔레스의 어머니도 의사 집안 출신이었다. 그러나 양친은 일찍 죽었기 때문에 자비로운 양부가 천재적 재능이 있는 아리스토텔레스의 교육을 보살펴 주었다. 아리스토텔레스는 어려서부터 소피스트들의 수사학에도 관심을 기울였다. 그는 편견 없이 당시에 가능한 모든 구체적인 지식과 이론을 습득하였다. 당시 널리 애독된 아낙사고라스의 단편집과 엠페도클레스와 데모크리토스의 저술들을 어렸을 때 이미 숙지하고 있었으리라 추측된다. 그는 어려서부터 책을 수집하는 일에 남다른 열성을 보였다.

기원전 367년에 17세의 나이로 아리스토텔레스가 플라톤의 아카데메이아에 입학했는데, 그때 플라톤은 여행 중이었다. 플라톤은 스스로의 이데아론에 회의가 생겨 두 번째의 시라쿠사 여행을 떠난 것이었다. 그러나 학원은 계속 운영되고 있었으며 아카데메이아에서 종종 강의를 하였던 수학자 에우독소스(Eudoxos)가 동방 여행에서 돌아와 천문학, 지질학, 의학 등의 새로운 지식을 전파하였다. 그때까지 알려지지 않았던 사실들이 알려져 학문 연구에 많은 충동을 주었다. 소피스트들의 관심사에 불과하다는 이유로 경원시되었던 백과전서적인 지식들이 플라톤의 아카데메이아에 도입되었다. 플라톤의 조카인 스페우시포스(Speusipos, B. C. ?~B. C. 354)가 중심이 되어 학원이 운영되었고, 그는 『유사성』(*Homoia*)이라 불리는 저서를 준비하고 있었는데 이 저서는 모든 자연 영역에서 나타나는 유사성을 정리하는 것이었다. 크세노크라테스(Xenokrates,B. C. 430~354)는 『유와 종』이라는 저술을 펴냈다. 이러한 경향은 아리스토텔레스에게 귀납적인 방법을 암시해 주었다. 아리스토텔레스는 또한 스페우시포스와 교제하면서 플라톤의 이념에 대한 비판 정신을 갖게 되었다. 플라톤은 시라쿠사 여행에서 스스로의 이상이 현실과 부합할 수 없다는 체념을 안고 돌아온다. 그는 젊은 아리스토텔레스의 뛰어남을 인정하고 책으로 가득 찬 아리스토텔레스의 거처를 '독서가의 집'이라 부르기도 했다. 그러나 점차 아리스토텔레스의 비판 정신을 의식하고 "크세노크라테스에게는 박차(拍車)가 필요하고 아리스토텔레스에게는 고삐가 필요하다"[19]고 말하였다. 아리스토텔레스는 그의 재능을 인정받아 수사학 강의

19) E. Zeller, *Grundriß der Geschischte der Philosophie*, Leipzig 1920, 12. *Aufl.*, S. 183f.

를 하게 되었다.

아리스토텔레스는 기원전 348년에 크세노크라테스와 함께 아소스(Assos)로 여행을 떠난다. 이때 소아시아의 왕 헤르메이아스(Hermeias)와 친교를 맺게 되었다. 헤르메이아스는 노예 출신으로 플라톤의 아카데메이아의 학생이었으며 그 후 왕이 된 철학자로 전해진다. 아리스토텔레스는 헤르메이아스왕의 궁전 안에서 저술과 교수를 계속하였다. 왕의 중재에 의하여 왕의 질녀인 피티아스(Phythias)와 결혼하고 딸을 하나 낳았다. 그러나 피타아스가 곧 죽자 아리스토텔레스는 아테네로 돌아와 헤르필리스(Herphyllis)와의 사이에서 니코마코스(Nichomachos)라는 아들을 낳았다. 그 후 헤르메이아스가 페르시아군에 의하여 사로잡히고 처형되었기 때문에 아리스토텔레스는 아소스의 건너편에 있는 미틸레네(Mitylene)로 건너가 [기원전 345년] 거기서 2년을 보냈다. 여기서 그는 생물학 특히 해양 생물의 다양한 생태에 대한 연구를 계속하였다.

그 후 고향인 마케도니아로 돌아온 아리스토텔레스는 아버지와 관계를 맺고 있었던 마케도니아왕 필립 2세의 초청으로 수도인 펠라(Pella) 지방으로 가서 필립 2세의 아들 알렉산더의 교육을 담당하게 되었는데, 이때에 알렉산더의 나이는 13세였고 그는 장래 통치자로서의 덕을 닦고 있었다. 이러한 교육에서 정치학은 큰 비중을 자치하였는데, 이것은 아리스토텔레스의 정치학이 성장한 계기가 되었다. 필립 2세가 죽은 후에 알렉산더가 왕위를 계승하자 아리스토텔레스의 임무도 끝나 그는 고향 스타게이로스에 잠시 머문뒤 아테네로 돌아왔다. 이때 50세가 된 아리스토텔레스는 마케도니아의 정치가인 안티파트로스(Antiphatros)의 지원아래 소크라테스가 산책을 즐겼던 아테네 동쪽 리케이온(Lykeion)의 숲 속에 자신의 학원을 설립하였다. 이 숲의 수호신 이름을 본 따 이학교의 이름은 리케이온이었다. 플라톤의 아카데메이아보다 50년 늦게 설립된 이 학원은 그리스 말기의 대표적인 학문 기관이었다. 여기서 아리스토텔레스는 제자들과 함께 숲 속을 산책하면서 철학을 토론했기 때문에 이들은 '소요(逍遙)학파'(Peripatetikon)라 불렸다. 오전의 강의는 주로 제자들에게 그리고 오후의 강의는 일반 청중들을 상대로 행해졌다. 여기에 최초의 거대한 도서관이 세워지고 많은 원고, 지도, 동식물 표본이 소장되어 강의 도중의 예증으로 사용되었다. 알렉산더 대왕이 많은 자료를 보내주었다는 얘기도 전해진다. 또한 아리스토텔레스는 비교를 할 목적으로 모두 158개에 달하는 헌법을 수집했었다고 한다. 이 학원의 제자들은 자체내의 지도자를 선출하여 규칙적인 생활을 익혔으며 아리스토텔레스는 공동식사에 참가하였고 한 달에 한 번씩 향연을 베풀었다. 이 향연에서는 항상 철학적인 문제가 토론되었으며 한 사람이 스스로의 입장을 내세우고 여기에 비판과 논쟁이 뒤따르게 하는 토론 방식은 현대적인 심포지움의 모태가 되었다. 향연과 산책은 철학적인 분위기를 조성하는 특유한 그리스인의 방식이었다. 아리스토텔레스는 여기서 12년 간 학원을 이끌면서 저술에 전념하였다.

기원전 323년에 알렉산더 대왕이 죽은 후에 반(反)마케도니아 운동이 아테네에까지 밀려왔다. 알렉산더 대왕과 밀접한 관계를 맺고 있었던 아리스토텔레스도 박해를 받지 않을 수 없었다. 아리스토텔레스도 소크라테스처럼 무신론의 이유로 고발되었으나, "아테네 시민들이 철학에 대해 또 한 번 죄를 저지를 기회를 주지 않도록 하기 위해서"[20]라는 말을 남기며 칼키스(Chalcis)로 피신하였다. 그리고 거기서 기거하다가 기원전 322년에 오랜 지병이었던 위장병으로 사망하였다. 그의 나이 63세였다. 그는 죽음에 임박하여 소크라테스처럼 여유 있었고 자비로웠다. 친지들에 대한 배려를 보이며 노비들의 처우 문제를 상세히 언급한 유서를 남겼다. 몇 명의 노비를 해방시키라는 유언은 그가 인간의 존엄성을 저버리지 않았음을 보여준다.

아리스토텔레스는 100여 권의 저서를 기술하였다고 전해지지만 그 중에서 그의 제자들에게 강의하였던 전문적인 저술들만이 전해진다. 그의 초고는 기원전 1세기말 그의 제자인 안드로니코스(Andronikos)에 의하여 계통적으로 편찬되었다.

그것을 내용별로 묶어 보면 다음과 같다.

(1) **논리학에 관한 저술** : 범주론, 추리와 논증을 포함하는 분석론, 명제론, 변증론(Kanonik)등이 여기에 포함된다. 이러한 논리적 저술들은 올바른 철학적 사유를 가능하게 하는 '도구'(Organon)로 알려져 있다. 근세의 철학자 베이컨(F. Bacon)은 이러한 아리스토텔레스의 철학적인 도구에 대비되는 새로운 철학 방법을 『신 기관』(*Novum Organum*)이라는 저술 속에 제시하고 있다.

(2) **자연과학에 관한 저술** : 자연학, 기상학, 동물학, 영혼론 등을 포함한다.

(3) **형이상학에 관한 저술** : 아리스토텔레스는 원래 '제1철학'(prote philosophia)

---

20) J. Störig, *Ebd.*, S. 116.

이라는 이름 아래 '존재로서의 존재에 관한 학문'을 추구하였다. 그것은 존재를 존재로서 추구하는 철학을 의미한다. 안드로니코스는 아리스토텔레스의 저술들을 편찬하면서 이 '제1철학'을 자연학(physica) 다음에 배열하였다. 그러므로 '자연학 뒤에'(ta meta ta physica)라는 의미에서 '제1철학'이 '메타피지카'(metaphysica)라 불린다. 그런데 '메타'(meta)라는 말은 '뒤'라는 의미 외에 '초월'이라는 의미도 포함되어 있기 때문에 '형이상학'(形而上學)이라는 말로 번역되었고 그것은 자연학을 초월한, 곧 자연과학의 대상을 넘어서 있는 어떤 문제를 다루는 학문의 의미를 갖는다.

(4) **윤리학에 관한 저술** : 그의 아들인 니코마스를 위해서 저술된 것으로 아리스토텔레스의 사후에 아들이 편집하였다. 10권의 윤리적인 저술 중에서 가장 완전한 것이 바로 『니코마코스 윤리학』(*Ethica Nichomachea*)이다.

(5) **문학과 수사학에 관한 서술** : 가장 유명한 것이 부분적으로 전해지는 『시학』(*Poetica*)이다.

플라톤의 저술과 아리스토텔레스의 저술 사이에는 현격한 차이가 있다. 냉철한 분석과 논증을 밑받침으로 하는 아리스토텔레스의 저술방식과, 환상적이고 극적인 문제를 구사하는 플라톤의 저술방식이 보여주는 차이는 그들의 철학적인 차이와도 연관된다. 플라톤의 이상주의적 혹은 신비적이며 문학적이고 시적임에 반하여 아리스토텔레스는 현실주의적, 경험적, 실증적이고 보다 과학적이었다. 플라톤이 자연학을 신학적으로 논하였다면 아리스토텔레스는 신학까지도 자연학적으로 논했다고 평가된다. 플라톤의 중심 학문이 수학이었다면 아리스토텔레스의 중심 학문은 생물학이었다. 플라톤은 앞에서 언급한 것처럼 수학 특히 그 중에서도 기하학을 중시하며 언어를 소피스트적 궤변의 원천으로 생각하고 무시하였다. 이에 반하여 아리스토텔레스는 아카데메이아의 수학 중심적인 경향을 비판하고 언어에 대한 연구를 강화하여 명제·판단·추리를 중심으로 하는 형식논리학을 완성하였다. 동시에 생물학의 범주는 논리학 및 형이상학의 경험적 기초가 되었다. 플라톤이 귀족적이고 금욕적이었음에 비하여 아리스토텔레스는 중산 시민 층을 대변하며, 플라톤이 끝까지 독신을 지킨 반면 아리스토텔레스는 두 여인을 사랑한 현실주의적인 향유자였다. 플라톤이 내면을 강조하여 밖으로 향하는 감각을 모멸하고 이성과 영혼의 소리에 모든 것을 걸었다면 아리스토텔레스는 외향적이며 지칠 줄 모르는 호기심으로 경험의 영역을 개발하려 하였다.

르네상스시대의 화가 라파엘로(Sanzio Raffaello, 1483~1520)는 유명한 벽화 「아테네 학당」(Schlule von Athen)에서 그리스 철학자들을 모두 등장시켜 묘사하고 있다. 손가락의 방향이 하늘로 향하고 있는 플라톤은 천상적인 것에 관심이 있고 땅을 향하고 있는 아리스토텔레스는 지상적인 것에 관심이 있음을 보여준다. 그러나 이 두 철학자의 사상이 전적으로 초월적인 세계와 현실적인 세계로 양분되는 것은 물론 아니다. 플라톤은 후기 저서 속에서 변증법을 통하여 이원론적인 세계관에 대한 회의를 나타내고 있으며 아리스토텔레스도 근세의

플라톤과 아리스토텔레스

자연과학적 입장에서 본다면 아직 추상성을 채 벗어나지 못하고 있다.

여하튼 아리스토텔레스는 플라톤 철학의 비판에서 출발한 플라톤 철학의 적대자라는 사실에 변함이 없다. 그는 "진리도 벗도 모두 사랑해야 되지만 진리를 먼저 존중하는 것이 겸허한 태도이다"[21]라고 말하였는데 이 경우 벗이란 플라톤과 플라톤주의자들을 가리킨다.

논리학에서 나타난 것처럼 우리는 항상 어떤 일정한 존재를 지시하는 초시간적이고 보편적인 의미체를 필요로 한다. 그것이 곧 개념이며 이러한 개념은 학문의 연구에 필수적인 전제가 된다. 예컨대 우리는 주위에서 생활하고 있는 많은 사람들을 만난다. 그러나 이러한 사람들을 추상적으로 지칭하는 보편적인 개념인 '인간'을 염두에 둘 때만 인간의 본질이 무엇인가라는 것과 같은 인간과 연관된 학문을 추구할 수 있다. 그러나 앞에서 살펴본 것처럼 플라톤은 이러한 추상적인 개념을 마치 그것이 실재하는 어떤 것처럼 가정하고 그것을 이데아라 불렀다. 아리스토텔레스는 아카데메이아에서 플라톤에게 배우면서 처음부터 그의 이데아론에 회의를 갖기 시작했다. 아리스토텔레스도 특수한 개별자 속에 들어있는 어떤 영속적인 것을 추구하는 철학의 과제를 인정하였다. 생성 변화하는 자연계의 원리를 다루는 자연학에서도 보편적인 개념이 필요하며 존재자로서 존재자 일반의 원리를 다루는 제1철학은 보편적인 존재를 문제 삼기 때문이다. 그러나 보편적 존재가 개별물로부터 따로 분리되어 순수하게 그 자체로 존재한다고 하는 플라톤의 주장에 아리스토텔레스는 동의할 수 없었다. 만일 플라톤이 주장하는 것처럼 이데아계가 현상계를 떠

---

21) Aristoteles, *Nikomachische Ethik*, I, 6.

나 존재하는 독립된 세계라면 두 개의 세계가 양립하는 셈인데 이때 보편적인 이데아와 특수한 현상계와의 관계가 용이하게 설명되지 않는다. 이데아는 영원하고 완전하므로 그 안에 생성의 원인을 지니지 않기 때문에 사물의 운동과 변화가 설명될 수 없다. 현상계가 원형인 이데아계를 모방한다든가 분유한다고 플라톤은 설명하지만 그것은 '시적인 비유'에 지나지 않는다고 아리스토텔레스는 평한다. 또 플라톤은 개별물 속에 이데아가 임재한다고 생각하는데 그렇다면 동일한 이데아가 한편으로는 개별물 속에 있는 것으로 생각되고 다른 한편으로는 독립된 이데아계에 속하는 것으로 생각된다. 아리스토텔레스에 의하면 플라톤의 이데아는 일종의 감각물에 지나지 않는다. 이러한 감각물에 '영원'이라는 말을 붙여 '영원한 감각물'로 표현한 것이 바로 이데아다. 다시 말하면 플라톤은 감각물에 '자체'라는 말을 첨가시켰을 뿐이다. '인간' '말'(馬) 등의 개념에다 '인간 자체' '말 자체' 등의 표현을 붙여 그것을 이데아라 부른 것이다. 그러므로 '자체'란 말이 붙여진 이데아도 결국 감각적 사물속에 있는 형상과 똑같으며 그것을 감각적 사물에서 분리된 독립한 실체라고 생각하는 것은 부질없는 중복이다.

아리스토텔레스에 의하면 보편자는 개별물을 떠나 따로 존재하는 것이 아니라 개별물 속에 존재하지 않으면 안 된다. '인간'이란 보편적 개념은 항상 '구체적으로 살아 있는 인간' 속에 들어 있지 않으면 안 된다. 이와 같이 개별물 속에 들어 있는 보편자를 아리스토텔레스는 본질이라 부르고, 본질을 자기 속에 실현하면서 존재하는 개별물을 실체(ousia)라 부른다. 실체는 '주어는 되나 술어는 되지 않는 어떤 것'으로서 '술어는 되나 주어는 되지 않는' 개념에 앞선다. 그러므로 아리스토텔레스는 실체를 '제1실체'라 부르고 개념을 '제2실체'라 부른다. '제2실체'는 '제1실체'에 의하여 비로소 실체성을 획득한다.

개별물로서의 실체는 질료(hyle)와 형상(eidos)으로 이루어져 있다. 질료는 그것으로써 개별물이 만들어진 재료이고 형상은 개별물로 하여금 바로 그러한 개별물이 되게 하는 그 어떤 것이다. 예컨대 책상의 경우에 질료는 책상이 만들어진 재료에 해당하는 목재이고 형상은 책상의 본(本)이다. 목재라는 재료는 책상 외의 다른 실체, 예컨대 걸상, 흑판 등의 질료가 된다. 같은 질료로 하여금 어떤 것은 책상이 되게 하고 어떤 것은 걸상이 되게 하는 것이 형상이다. 개별물은 항상 질료와 형상의 결합으로 이루어진 실체이다. 형상은 플라톤의 이데아와 비슷한 개념이지만 그것은 질료를 떠나 독자적으로 존재하는 것이 아니라 실체 속에서 질료와 결합되어 있다는 점에서 구분된다. 아리스토텔레스는 플라톤의 '이데아-현상'의 대비를 '형상-질료'의 관계로 변화시키면서 이데아론을 극복하려 하였다. 그것은 플라톤의 관념론에 대한 비판을 의미하며 혹은 플라톤의 관념론을 데모크리토스의 유물론과 결합하려는 시도라고도 말할 수 있다.

그런데 질료와 형상의 관계는 종개념과 유개념의 관계에서처럼 서로 상대적이다. 예컨대 원목(原木)은 목재에 대하여 질료이며 목재는 원목에 대하여 형상의 관계에 있다. 그러나 목재는 책상에 대하여 질료이며 다시 책상은 책상을 모아서 만든 교실에 대하여 질료가 된다. 이러한 상대적 관계가 생물에서의 계통관계처럼 자연과 우주를 형성하고 있다. 최하의 질료, 그러니까 스스로 질료가 되면서 다른 것의 형상이 될 수 없는 가장 낮은 단계의 질료가 '제1질료' 혹은 '순수질료'이다. '제1질료'가 무엇인가를 우리는 구체적으로 상상할 수 없다. 그것은 형태를 갖지 않는 물질이기 때문이다. 반대로 다른 것의 형상이 되지만 그 자체로서 다른 것의 질료가 될 수 없는 최고 형상을 가정할 수 있는데 그것이 '제1형상' 혹은 '순수 형상'이다. 자연계는 '제1질료'로부터 '제1형상'에 이르는 계층 속에 존재한다. 그것은 생물의 계통이나 논리학의 개념처럼 피라밋형을 이루고 있다.

모든 사물의 생성·변화는 아리스토텔레스에 있어서 질료와 형상의 두 계기로서 파악된다. 여기서 질료는 필수불가결 하지만 수동적인 역할밖에 하지 못하고 형상의 작용을 통하여 비로소 실현되는 어떤 것이다. 형상은 질료를 움직이게 하는 목적인이다. 형상에 능동성을 부여하는 점에서 아리스토텔레스는 아직 플라톤의 영향을 완전히 벗어나지 못하였다. 그러나 플라톤이 가변적이고 불완전한 어떤 것으로 비하시킨 질료를 아리스토텔레스는 존재의 필수불가결한 요소로 규정한 점에서 플라톤의 관념론 철학을 이오니아의 자연철학방향으로 전환시킨다. 질료는 현실성을 갖지 못하지만 형상의 작용에 의하여 현실화될 수 있는 가능성을 내포하고 있다. 그러므로 질료는 아리스토텔레스에게 '가능태' 혹은 '잠세태'라 불리며 형상에 의해서 실현된 실체가 '현세태'(energeia) 혹은 '완성태'(entelecheia)이다. '완성태'를 의미하는 '엔텔레케이아'라는 말은 원래 '그 자체 안에 자기 목적을 갖는 것'을 뜻하였다. 아리스토텔레스는 질료가 실현되는 형상, 가능태를 현세태로 만드는 능동적인 원리를 엔텔레케이아라 불렀다. 육체의 엔텔레케이아는 그러므로 영혼이다. 생성계의 모든 운동은 결국 잠세태에서 현세태로의 운동이다. 예컨대 식물의 질료는 종자이고 종자는 잠세태의 식물이다. 아직 현실적인 식물은 아니지만 장차 일정한 식물로 성장할 가능성을 내포한 질료이다. 잠세태의 질료가 형상에 의하여 규정될 때, 다시 말하면 종자가 자라나 일정한 식물의 형태를 취할 때 그것은 현세태의 식물이 된다. 그러나 질료 속에는 어떤 형상이 실현되어 나올 것인가가 이미 결정되어 있다. 일정한 식물의 종자는 그 식물 이외의 것으로 될 수 없다. 그런 의미에서 질료와 형상을 구분하는 것은 플라톤이 이데아와 개별물을 구분하는 것처럼 또 하나의 부질없는 중복이라고 말할 수 있다. 아리스토텔레스도 이러한 사실을 예감했지만 아직 플라톤적인 사고의 잔재 때문에 그것을 철저하게 주장할 수 없었다. 예컨대 질료는 형상에 대하여 저항을 시도한다고 말한다. 그것은 질료의 능동성을 암시하는 말이다. "아리스토텔레스는 우선 그 자체로 존재하는 보편적인 이데아를 그의 체계로부터 철저하게 추방한 후에 이러한 이데아를 다시 뒷문으로 들여놓는다. 왜냐하면 그가 말하는 형상은 플라톤의 이데아와 유사한 성격을 갖기 때문이다."[22)]

질료와 형상의 관계를 더 자세히 설명하기 위해서 아리스토텔레스가 제시한 것이 '존재의 4원인설'이다. 어떤 것이 존재하기 위해서는 네 가지 원인이 있어야 한다.

첫째가 질료인(causa materialis)이다. 예컨대 책상이 존재하기 위해서는 우선 목재라는 질료가 있어야 한다.

둘째가 형상인(causa formalis)이다. 무수한 목재가 책상이 되는 것은

---

22) J. Störig, *Ebd.*, S. 121.

책상이라는 형상이 목재에 작용하고 있기 때문이다.

셋째가 동력인(causa efficiens)이다. 엠페도클레스는 사랑과 증오를, 아낙사고라스는 누스를 동력인으로 가정하였다. 아리스토텔레스는 우주의 총제적인 동력인보다 실체에 연관되는 개별적인 동력인을 들고 나온다. 목재가 책상으로 만들어지기 위해서는 목수라는 동력인이 작용해야 한다.

넷째가 목적인(causa finalis)이다. 목수가 책상을 만들 때는 어떤 목적을 갖고 있었다. 곧 책상을 사용하여 공부를 하게 할 목적을 책상에서 실현한 것이다.

아리스토텔레스는 네 원인을 구분하고 있지만 질료인을 제외한 다른 것은 모두 형상인에 포함된다고 할 수 있다. 특히 인공의 힘이 가해지지 않는 자연 속에서 동력인은 바로 형상인이고 목적인은 '제1형상'이다. 그러므로 모든 생성과 변화는 질료인과 형상인이 작용하는, 다시 말하면 질료가 형상을 향하여 움직이는 관계로 환원될 수 있다.

자연과 우주는 제1질료로부터 제1형상을 향하여 생성 변화하는 커다란 하나의 체계이다. 제1형상이란 무엇인가? 그것은 질료가 포함되지 않는 순수 형상이며 모든 운동의 원인이 되는 근원으로서 그 자체는 운동하지 않는 '부동의 원동자'이고 모든 질료가 그것을 향해 움직이는 최고의 목표이다. 그것은 순수한 사유이고 지고한 최고 존재이다. 다시 말하면 신에 해당하는 존재이다. 아리스토텔레스의 신은 그러므로 '활동하지 않는 불행한 존재'[23]라 불리기도 한다. 아리스토텔레스는 그러나 질료의 영원

23) J. Störig, *Ebd.*, S. 122.

성을 주장하면서 창조설을 배제한다. “감각을 만드는 것은 외부에 있다”[24]는 그의 인식론적 감각주의는 이러한 질료와 연관되는 것이다.

마지막으로 우리는 플라톤과 아리스토텔레스를 전체적으로 비교해 봄으로써 양자의 입장을 다시 한 번 밝혀보려 한다.

아리스토텔레스의 철학은 이오니아의 철학 전통에 반기를 든 플라톤의 도전에 대한 응답이었다. 먼저 플라톤의 이데아에 대한 아리스토텔레스의 비판은 관념론일반에 대한 비판의 의미를 갖는다. 왜냐하면 플라톤의 이데아론과 더불어 그리스 철학의 관념론이 절정에 달했기 때문이다. 관념론의 비판과 아울러 플라톤 철학에서 남아 있던 신비적 요소가 아리스토텔레스의 철학에서 사라진다. 플라톤의 보편자 대신에 질료와 형상으로 구성된 개별자가 들어선다. 그러나 아리스토텔레스는 플라톤을 완전히 극복할 수 없었다. 특히 논리학과 수학을 선험적인 과학으로 간주하고 경험적인 과학과 구분하는 오류를 범할 때 그러하다. 왜냐하면 객관적인 실재와 경험과 논리는 서로 분리될 수 없는 통일을 이루고 있기 때문이다. 플라톤의 영향을 받은 아리스토텔레스는 논리학으로부터 물질적 감각주의의 색채를 제거해 버렸다. 그러나 논리학과 수학의 공리도 실험과 실천에 의해서 얻어져야 한다. 학문이 선천적인 학문과 후천적인 학문으로 엄밀하게 구분될 때 학문의 발전에 저해를 가져온다.

질료가 형상을 목표로 운동하는 형이상학을 기초로 아리스토텔레스는 제1의 원동자인 신의 이념에 도달한다. 그러나 질료의 영원성을 강조함으로써 창조설을 부인한다. 창조가 없는 곳에 신의 전능도 의문시된다.

---

24) Aristoteles, *De anima*, II, 5.

혹은 신이 존재하지 않는다는 주장으로 나아갈 수 있다. 아리스토텔레스의 철학에는 질료의 영원성과 더불어 형상의 영원성을 주장함으로써 일종의 모순에 빠지고 그 관계를 역동적으로 파악하려는 변증법적인 사고도 엿보이지만 아리스토텔레스는 그것을 철저히 관철하지 못한다. 변증법적 사유에서 만년의 플라톤이 오히려 아리스토텔레스보다 더 많이 노력을 기울였다고 말할 수 있다. 한 마디로 말하면 플라톤이 철저한 관념론자이며 이상주의적인 이원론자인 반면에, 아리스토텔레스는 관념론과 유물론의 중간에 서 그것을 조화시키려한 경험론자이고 일원론적인 현실주의자이다.

아리스토텔레스 이후 헤겔에 이르기까지 서양철학의 흐름은 플라톤과 아리스토텔레스를 어떻게 수용하느냐에 따라 그 방향이 달라졌다고 말할 수 있다. 때로는 플라톤적인 관념론이 우세하기도 하고 때로는 아리스토텔레스적인 입장에서 경험과 구체적인 현실이 강조되기도 하며 때로는 중세에 스콜라철학에서처럼 아리스토텔레스가 플라톤적인 안목에서 해석되기도 한다. 특히 플라톤과 아리스토텔레스는 중세 스콜라철학 및 서양철학의 방향을 결정짓는 보편논쟁의 이론적 근거를 제공한다는 점에서 중요한 의의를 갖는다.

8. 쾌락과 행복의 관계

마케도니아의 알렉산더 대왕이 지중해를 지배하면서 그리스의 도시국가는 멸망했지만 그리스의 문화는 정복자를 오히려 정복해 간다. 기원전 323년에 알렉산더가, 322년에 아리스토텔레스가 죽고 로마의 시대가 시작된다. 이 시기를 우리는 '헬레니즘-로마 시대'라 부른다. 이 시기의 철학은 실천적인 문제에 눈을 돌렸고 그 가운데서도 가장 중요한 문제가 인간이 어떻게 행복해질 수 있는가의 문제였다. 3가지 방향이 나타나는데 에피쿠로스 학파, 스토아 학파, 회의학파가 그것들이다.

로이키포스와 데모크리토스의 원자론이 에피쿠로스(Epikuros, B. C. 342~B. C. 271년경)의 철학에 지대한 영향을 미치면서 아리스토텔레스가 죽고 난 뒤의 그리스 철학에서 다시 세력을 얻는다. 에피쿠로스의 생애에 관해서 디오게네스 라에르티우스(Diogenes Laertius)의 『철학사』 10장에 기록되어 있다. 에피쿠로스가 활동하기 시작한 시대에 그리스의 전통적인 종교가 인간의 의식 속에서 완전히 무너져 가고있었다. 다신론적인 사고 대신에 일신론적이거나 범신론적 혹은 무신론적 사고가 이 시대를 지배하기 시작하였다. 자연의 인식은 종교적인 환상이나 기적으로부터 인간의 눈을 자연 자체의 법칙에 돌리게 했다. 물론 알렉산더 대왕이 죽은 이후에 영토 분할을 둘러싼 다툼에서 야기되는 불안을 느낀 그리스인들이 다시 종교에 눈을 돌리는 일이 여러 곳에서 나타났지만 전반적으로 무신론적이고 유물론적인 사고가 주도하였다. 전통적인 그리스의 다신론에 대항하여 나타난 일신론적인 범신론도 무신론이나 유물론과 유사한 근원을 갖는다. 이들은 모두 지식의 진보와 연관되며 변화된 시대에 적응하려는 종교적인 응답이었다. 이러한 경향은 기독교화가 이루어지는 중세 초기에까지 계속되었다.

에피쿠로스의 저술은 『자연론』, 『헤로도토스(Herodotos)에게 보내는 편지』, 『메노이케우스(Menoikeus)에게 보내는 편지』 등인데, 그 중 일부를 『즐거움의 철학』이라는 제목으로 메발트(J. Mewaldt)가 편찬하였다. 그 밖에 『피토클레스에게 보내는 편지』는 에피쿠로스가 직접 저술하지 않고 다른 사람이 편집한 것으로 추정된다. 에피쿠로스의 사상은 민주적인 경향으로 나아갔기 때문에 사회적 지위를 향유하지 못했던 진보적인 노예나 부녀자들의 호응을 얻을 수 있었다.

에피쿠로스는 네오클레스(Neokles)와 카이레스트라테(Chairestrate)의 아들로 태어났다. 아테네의 군인들이 사모스(Samos)에 군사 식민지를 건설했을 때 그의 아버지는 에피쿠로스를 그곳으로 데리고 갔다. 그 후 아버지는 그를 다시 테오스(Teos)로 보냈고 여기서 그는 나우시파네스로부터 데모크리토스의 원자론을 배우게 되었다. 에피쿠로스의 청년 시절은 곧 알렉산더 대왕의 동방 원정으로 인한 그리스 문화의 동방 세계 진출,

곧 헬레니즘 시기에 해당한다. 마케도니아 왕은 그리스인들에게 자신을 신으로 섬기도록 명령하였다. 아테네인 데모스테네스(Demosthenes, B. C. 384~322)가 이를 비웃었다는 이유로 사형 선고를 받았다. 그는 신전에 도피하였으나 신전에까지 추격을 받아 독약을 마시고 자살하였다. 이미 그리스의 신들이 아무런 힘도 없었다는 사실을 암시해준다. 에피쿠로스의 성격과 인생관은 이러한 시절에 형성되었다. 그는 아테네로 돌아와 이와 비슷한 다른 사건들을 직접 목격하였다. 마케도니아에 대한 증오심이 그의 마음속에 자리잡았다. 18세에서 20세까지 군에서 복무하였다. 마케도니아의 알렉산더 대왕이 죽은 이후에 아테네인들이 사모스로부터 추방당하자 그는 에베소스(Ephesos) 근처에 있는 콜로폰(Kolophon)으로 아버지를 찾아가 그곳에서 철학을 가르치기 시작했다. 경제적인 어려움은 그를 레스보스(Lesbos)의 미틸레네(Mytilene)를 거쳐 헬레스폰트(Hellespont)의 람프사코스(Lampsakos)로 전전하게 된다. 이 시절에 제자들을 중심으로 하는 그의 학파가 구성되어 갔다. 그의 많은 제자들이 미틸레네나 람프사코스 출신인 것은 바로 그러한 이유에서이다. 기원전 306년 여름에 에피쿠로스는 아테네에서 거처를 정하고 유명한 정원을 사들여 학원을 설립하였는데 이것이 '에피쿠로스의 정원'이고 여기에 모인 사람들은 보통 '정원의 철학자들'로 불리웠다. 에피쿠로스는 여기서 30여 년간 학원을 주재하면서 300여 편의 저술을 완성하였는데 그 중의 일부만이 전해진다. 그의 주저 『자연론』은 37권으로 되어있다. 그의 제자 피소(Piso)의 기록에 따르면 15권은 기원전 299년경에, 28권은 기원전 295년경에 저술되었다. 1888년에 바티칸의 도서관에서 윤리적 내용이 담긴 그의 잠언들이 발견되었다.

'에피쿠로스의 정원'에는 노예와 부녀자도 철학 논쟁에 동등한 입장에서 참여하였는데 그것은 고대 그리스의 철학 전통에서 예외적인 일이었다. 특히 에피쿠로스는 그의 노예인 미스(Mys)를 항상 철학적인 대화에 끌어들였다. 알렉산더 대왕이 죽은 이후에 제국의 분할 전쟁이 일어나는 동안 에피쿠로스는 우정으로 결속되는 공동생활의 윤리를 실현하였다. 스승과 제자들이 소박한 생활 속에서 결합되었다. 그것은 시대적 혼란에 대한 간접적인 반격이라고도 할 수 있으며 동시에 이러한 윤리가 알렉산더의 제국에 확충되기를 그들은 바라고 있었다. 그리스의 신들이 발생하는 과정을 묘사하면서 태초에 세계는 혼돈(chaos) 상태였다는 헤로도토스의 주장을 에피쿠로스는 이론적으로 규명하려 했다. 그는 데모크리토스의 원자론이 이러한 사실의 규명에 가장 합리적이라는 지식을 전래시켜 종교적 신화에 대한 신뢰를 무너뜨렸다.

에피쿠로스의 철학은 철저하게 종교적인 세계관과 배치되었으며 그 때문에 많은 적대자들의 공격을 받았는데, 적대자들은 그의 이론을 공격하는 것이 아니라 주로 인격을 공박하는 피상적인 수준에 머물렀다. 예컨대 돈벌이에 눈이 어두워 조그만 돈을 받고도 철학을 가르쳐 주었고 성관계가 문란했다는 것이다. 보통 무신론자들에게 뒤집어씌우는 누명이 성적인 부도덕이다. 한 『연시집』(戀詩集)이 조작되어 에피쿠로스가 부인을 다른 사람에게 빌려주었고 제자들과 동성연애를 했으며 매일 음주를 즐겼다는 내용이 수록되었다. 이와 같은 현상은 당시 귀족들에게 통용되었던 노예 사회의 윤리를 단적으로 표현하는 것에 불과하다. 훗날 아테네시가 그의 동상을 세워주어 존경을 나타내었다.

에피쿠로스에 의하면 '자연의 현상을 전체적으로 인식할 때만'[25] 인간의 마음은 완전한 평온을 얻을 수 있다. 다시 말하면 그의 인식론이나 자연학은 행복한 삶을 약속해 주는 윤리학의 전제가 된다. 인간의 영혼

25) Epikur, *Philosophie der Freude*, Stuttgart 1973, S. 27.

을 불안하게 만드는 가장 큰 요인은 미신과 기적이며 이들은 자연법칙을 잘 이해하지 못하는 데서 나온다. 천체의 운동이 신의 의지에 따라 일어나는 것이 아니라 생성과 소멸이라는 자연법칙, 곧 원자의 운동에 의해서 일어난다고 에피쿠로스는 가르친다. 자연의 영원한 법칙과 질서를 연구하는 것이 자연과학자들의 임무이고 이들이 얻어낸 인식을 근거로 인간은 행복을 누릴 수 있다. 자연의 경과에 대한 단순한 역사적인 지식은 커다란 가치가 없다. 그 근본적인 원리를 알아야 한다. 단순한 지식은 인간을 공포와 미신으로부터 해방시킬 수 없다. 변화의 원인을 많이 찾아낼수록 인간은 안정된 마음으로 자연을 관찰할 수 있고 그것은 행복의 전제가 된다. 인간은 변화와 소멸에 대하여 가장 불안을 느끼기 쉽다. 사물의 변화를 자연의 필연적인 본질로 파악한 사람은 결코 불안을 느끼지 않는다. 인간의 가장 큰 불안은 결국 죽음에 대한 공포이다. 생의 불행과 죽음에 대한 공포를 느끼는 많은 사람들이 종교에 귀의한다. 죽을 수밖에 없는 존재인 인간은 비참하고 또 사후에 영혼이 살아있어 계속 고통을 받는다는 상상 때문에 인간은 더욱 죽음을 두려워한다. 이에 대하여 에피쿠로스는 인간은 죽음의 본질을 명확하게 인식해야 한다고 말한다. 결국 죽음이란 인간에게 아무 상관도 없는 것이다. 왜냐하면 죽음은 인간의 느낌을 완전히 빼앗아가기 때문이다. "죽음은 더 이상 두려울 것이 못된다. 그것은 우리에게 없는 것과 같다……. 죽음이란 유쾌하고 불쾌한, 기쁘고 고통스러운 모든 느낌을 없애 버린다. 우리가 살아 있을 때는 죽음이 존재하지 않으며 죽음이 왔을 때 우리는 더 이상 존재하지 않는다."[26] 그 자체로 아무런 두려울 것이 없는 어떤 것이 다가온다고 해서 두려워 할 필요는 없다. 죽음 자체보다도 오히려 죽음에 대한 생각이 인간을 더 불안하게 만드는데, 그것은 무지에서 나오는 쓸데없는 기우이다. 인간이 영원히 산다고 가정해 보자. 얼마나 무미건조하고 지루한 삶이 되겠는가! 죽음이 있기 때문에 오히려 삶이 더 값있는 것이 된다. 죽음의 본질을 통찰하고 삶의 유한성을 인정할 때 삶의 가치가 드러난다. 현재의 삶에서 얻지 못한 어떠한 행복도 훗날에 주어지지 않는다. 아무런 의미도 없고 아직 다가오지도 않은 죽음을 생각하며 현재의 쾌락을 흘려보내는 일처럼 바보짓이 또 있을까! 반대로 빨리 죽기를 바라는 것은 더 더욱 우둔한 생각이다.

에피쿠로스는 죽음과 신에 대한 공포로부터 벗어나 삶의 기쁨과 쾌락을 향유하도록 가르친다. 음울한 종교적 환상에서 벗어나 현세적 삶을 위축시키는 모든 것을 스스로의 이익을 위해 내던져 버려야 한다. 인간의 능력이나 정신을 제한하는 것, 수행의 기쁨이나 육체적 쾌락을 방해하는 것, 스스로의 운명을 스스로 엮어 가는 데 방해가 되는 모든 것을 과감히 떨쳐 버려야 한다. 이런 의미에서 그는 염세주의의 적대자였고 철저한 낙천주의자였다. 그러나 그는 동적인 쾌락과 개별적인 쾌락을 참된 목표로 생각하는 아리스티포스(Aristippos, B. C. 435년경~B. C. 366년경)와 의견을 달리한다. 격동적인 생활보다 조용한 정원 속의 삶을 더 중시하는 에피쿠로스는 육체적인 쾌락뿐만 아니라 정신적인 쾌락도 높이 평가하였다. 육체는 현재 직접 부딪치는 것만을 통해서 동요되지만 정신은 과거와 미래의 어떤 것에 의해서도 동요될 수 있기 때문이다. 그러나 근

26) *Ebd.*, S. 29.

본적으로 쾌락은 육체의 쾌락이다. 쾌락이란 원자 운동에서 유래하는 쾌감이기 때문이다. 인간의 육체와 영혼을 구성하는 원자들의 운동이 외부의 힘으로 교란되어 동요를 일으킬 때 느껴지는 감각이 고통이다. 육체에 고통이 없고 영혼에 불안이 없을 때 인간들은 쾌감을 느끼며 그것은 인간을 구성하는 원자들이 가장 정연한 상태에 있음을 의미한다. 이러한 상태가 바로 에피쿠로스가 이상으로 삼는 불혹부동의 상태, 곧 아타락시아(ataraxia)이다. 에피쿠로스는 덕과 쾌락을 일치시킨다. 쾌락과 덕은 서로 불가분의 관계가 있기 때문에 인간은 쾌락을 위해서 덕을 선택해야 한다. 그것은 마치 건강 때문에 의사를 찾는 것과 마찬가지다. 그러나 통찰이 없다면 인간은 불안을 떨쳐버릴 수 없고 불안이 있을 때 쾌락이 사라지므로 결국 덕도 통찰에 의해서 가능해진다. 통찰이란 근본적으로 자연법칙의 올바른 이해다. 그러므로 에피쿠로스에 있어서 자연학은 윤리학에 봉사하는 과제를 갖는다. 그러나 이러한 태도는 보다 적극적인 자연연구에 소극적인 영향을 미칠 수도 있다. 왜냐하면 자연 연구의 유일한 목적이 공포와 불안으로부터 인간을 해방시키는 데 있을 때 이러한 목적이 달성되자마자 자연연구는 더 진전되지 않기 때문이다.

스토아 학파의 창시자인 제논은 크리톤(Kriton) 출신으로 에피쿠로스와 비슷한 시대에 아테네에서 철학을 가르쳤다. 그는 채색된 전당(stoa poikile)에서 철학을 가르쳤기 때문에 스토아(전당)라는 이 학파의 이름이 생겼다. 제논은 원래 상인이었다. 항해 중에 배가 난파하여 그는 아테네에 오게 되었고 키니코스 학파에 속하는 크라테스(Krates)를 알게 되어 그의 철학을 배웠다. 그가 스스로 철학을 가르쳤을 때 그의 제자들은 소수였다. 이방인의 모습을 지니고 우아한 강의를 하지 못하던 그를 아테네의 전통철학이 쉽게 용납하지 못했던 것이다. 그러나 그의 엄격한 생활 태도는 점차 아테네 청년들에게 감명을 주었고 결국 금관을 받는 영광까지 얻게 되었다. 그의 저서는 대부분 전해지지 않는다. 기원전 264년에 노쇠한 제논이 금식을 통하여 스스로 목숨을 끊었을 때에 계승자인 클레안테스가 그의 학교를 인수했으며 그 다음의 계승자인 크리시포가 마침내 이 학파를 절정에 올려놓았다. 크리시포스는 날카로운 논리가였고 이전의 철학적인 저술들을 이해한 박학한 사람이었다. 그의 저술들은 다양한 철학자들을 인용하고 있는데 독창성은 없지만 포괄적인 성격을 스토아 철학에 부여하고 있다.

결국 스토아 철학은 감성을 억제하는 금욕주의로 기울어진다. 극단적인 금욕의 수단으로 이들은 자살까지 생각한다. 이러한 의무 개념이 후기의 스토아 철학자인 마르쿠스 아우렐리우스(Marcus Aurelius, 121~180)에서 실천적으로 강조된다.

아우렐리우스는 121년 4월 26일 로마 집정관인 마르쿠스 아니우스 베루스(Marcus Annius Verus)의 아들로 태어났다. 베루스의 아저씨와 인척관계에 있었던 황제 하드리안(Hadrian)이 소년 아우렐리우스를 눈여겨보았다. 아우렐리우스가 9세 때 아버지를 잃자 아이가 없었던 황제는 더욱이 이 아이에게 관심을 갖게 되었다. 아우렐리우스와 그의 여동생 코르니피키아(Cornificia)는 아무런 걱정 없이 자랄 수 있었다. 그러나 어려서부터 아우렐리우스는 아이답지 않은 신중한 생각들로 가득 차 있었다. 외할아버지의 권유에 따라 아우렐리우스는 어머니와 함께 외할아버지의 궁전으로 옮겨 동년배의 다른 아이들과 함께 개인교수를 받았다. 이 시기에 처음으로 그는 철학을 알게된다. 겨우 12세인 이 소년은 키니코스 학파의 거지 철학자가 되어 통나무 속에 기거하겠다고 말하여 어머니를 화나게 만들었다. 결국 그는 생각을 고쳐먹고 신분에 맞게 웅변공부에 전념하였다. 그러나 철학에의 사랑을 그는 항상 마음속에 지니고 있었다.

아우렐리우스가 15세 되었을 때 황제는 양자이며 왕위 계승자인 케사르(Aurelius Caesar)의 딸과 아우렐리우스를 약혼시켰다. 그러나 케사르가 2년 후에 죽자 황제는 아우렐리우스의 삼촌에게 아우렐리우스와 케사르의 8살 된 아들을 양자로 삼는다는 조건 아래 왕위 계승권을 물려주었다. 그러나 바로 이 해(138년)에 하드리안이 죽고 아우렐리우스의 삼촌인 피우스(Antonius Pius)가 왕권을 인수한다. 삼촌은 아우렐리우스를 차후의 왕위 계승자로 결정하고 정치에 참여시켰다. 145년에 아우렐리우스는 이전의 약혼을 파혼하고 피우스 딸 파우스티나(Faustina)와 결혼한다.

이때 젊은 왕위 계승자인 아우렐리우스의 가슴속에 다시 철학에의 향수가 되살아난다. 스토아 철학의 루스티쿠스(Rusticus)가 그의 교육을 맡았으며 그의 철학에 지대한 영향을 미쳤다. 아저씨가 죽은 후, 161년에 아우렐리우스가 로마 황제가 되었다. 그는 로마의 황제라는 어려운 의무를 거의 20년 동안 충실하게 수행하였다. 처음 9년 동안 그는 삼촌의 친자였던 베루스(Verus)를 양심적으로 정치에 참여시켰으며 170년 그가 죽자 단독으로 통치하였다.

로마제국을 통치한다는 것은 커다란 책임감을 요구하는 과제였다. 아우렐리우스는 정권을 인수받은 때부터 주위의 여러 민족들과 전쟁을 수

행해야 했다. 특히 게르만족의 침입이 가장 귀찮은 일이었다. 우선 침입의 격퇴에 성공했으나 분쟁의 요소가 완전히 없어진 것은 아니었다. 위장병에 의하여 아우렐리우스의 건강은 약화되었고 황후는 장군 카시우스(Avidius Cassius)와 모략을 꾸몄다. 아우렐리우스는 질병의 위험을 극복하고 이들을 징벌하기 위해서 국경으로부터 되돌아갔는데 다행히 카시우스가 살해되어 전쟁의 필요성이 없어졌다. 로마에 돌아왔을 때 병이 재발되었으나 다시 회복되었다. 그 사이에 도나우 강변에서 다시 이민족의 침입이 보고되었다. 아우렐리우스는 다시 전장으로 나갈 결심을 하게 된다. 179년의 전투에서 결정적인 승리를 거두지만 아우렐리우스는 페스트에 감염되었다. 180년 3월 18일 밤에 이 병으로 생애를 끝마쳤다. 그는 많은 고통을 체험한 철학자 황제였다. 그의 아들이 매우 나약하여 자기가 이루어 놓은 일들을 잘 유지할 수 없을 것이라는 예감이 그를 괴롭혔다. 아들을 사랑했기 때문에 고통은 더욱 컸다. 어렸을 때 싹텄던 키니코스 학파에 대한 동경을 황제의 의무 때문에 포기해야 했던 것도 고통스러운 일의 하나였다. 황제라는 직분이 고귀하지만 그러나 그에게 달가운 것만은 아니었다. 자기 방식대로 자기의 체질에 따라 살아갈 수 없게 하는 많은 의무를 부과하기 때문이다. 그는 무엇보다도 의무감에서 황제의 직분을 감당하고 수행하였다. 비도덕적이고 개성이 없었던 부인과의 결혼생활도 그에게는 행복보다도 불행 의식을 더 만들어 주었다. 또 경솔하고 무능했던 의붓동생을 정치에 참여시키는 일도 그에게는 괴로운 것이었다. 그러나 그는 이 모든 것을 자기의 의무로 생각하였다. 황제, 남편, 형제, 아버지로서의 의무를 그는 충실히 수행하려 했고 스스로의 감정을 억눌렀다. 이러한 인내심과 용기는 어디서 나왔는가?

그는 말한다.

> "모든 육체적인 것은 흐르는 물과 같고 모든 정신적인 것은 꿈과 환상이며 삶이란 투쟁이고 낯선 곳에 잠깐 머무는 것과 같으며 명예는 결국 잊혀지게 마련이다. 우리를 인도할 수 있는 것은 무엇인가? 다만 철학뿐이다!"[27]

아우렐리우스의 『명상록』은 모든 것에 흔들리지 않는 불혹부동의 인간상을 우리에게 보여준다. 이러한 인간상은 물론 키니코스 학파의 인간상이며 멀리는 소크라테스의 인간상에까지 거슬러 올라갈 수 있다. 그러나 모든 육체적인 것을 모멸하는 엄격한 윤리주의가 스토아 철학의 발전과정에서 다소 완화되고 지양된다. 아우렐리우스를 대표로 하는 후기 스토아 철학에서는 실천이성이 강조된다. 인간의 지성 및 양심에의 호소를 강조한다. 이전의 스토아 학파 철학자들이 주로 이론가였다면 아우렐리우스는 이론과 실천을 결부시키려는 점에서 두드러진다. 아우렐리우스는 세계가 아주 세부적인 곳에까지 세계이성에 의해서 지배되고 있으며, 세계이성의 의지를 스스로의 의지 속에 긍정적으로 받아들이는 것이 진리의 궁극적인 결론이라는 생각에 도달하였다. 이것은 스토아 학파의 이성철학을 최고도로 순화시킨 모습이다. 아우렐리우스는 스승인 스토아 철학자 에픽테토스(Epiktetos, 50~138)의 영향을 받아 지상의 것에 대해 상대적인 가치만을 인정하면서 삶의 여러 가지 문제점들을 통찰하였다.

---

27) M. Aurelius, *Selbstbetrachtungen*, Leipzig 1954, S. 20.

스토아 철학자들은 사회적, 인종적인 구분을 두지 않고 모든 인간들을 (노예나 야만인을 포함한)향한 정의와 사랑의 실현을 요구한다. 근세의 휴머니즘이 코스모폴리탄적인 스토아 철학에서 그 근원을 찾으려는 이유가 바로 여기에 있다. 이것은 스토아 철학의 진보적인 일면에 속한다. 그러나 이러한 장점도 전반적인 숙명론 때문에 커다란 기능을 발휘하지 못하게 된다. 그들의 이념은 추상적인 요구에 머물렀고 개인의 내면만을 강조하게 된다. 운명에 순종하라는 이들의 요구는 결국 현존하는 질서에 순응하라는 요구이기 때문이다. 그렇기 때문에 스토아 철학이 대부분 로마의 지배층에서 옹호되고 호응을 받았던 것이다. 노예나 하층 시민들이 사회적인 불평등에 항거할 수 있는 힘을 스토아 철학은 마비시켰으며 그것은 다음 세대의 종교가 성장할 수 있는 요인을 만들어 주었다. 스토아 철학은 인간의 이성이 자연의 법칙을 올바르게 포착할 수 있다고 주장하지만 그것은 다만 "움직일 수 없는 법칙에 자각적으로 순응함으로써 마음의 평온을 유지할 수 있다"는 사실을 설명하기 위해서 였으며 차츰 플라톤적 관념론에 접근하여 종교적 신비주의의 경향으로 빠져들거나 혹은 숙명론적 염세관을 기저로 하는 개인주의적인 도덕론에 빠져들었다.

스토아 철학은 에피쿠로스 학파가 철저하게 극복하려 하였던 미신과 기적을 용인하였다. 이들의 철학이 유물론에서 출발하였고 이성을 강조하면서도 숙명론에 빠진 이유는 인간의 실천적 능동성을 경시했기 때문이다. 다시 말하면 세계이성 자체는 인간생활에 대해 수동적이기 때문에 인간이 이성을 통하여 세계와 자연을 파악하고 이들을 인간의 목적에 맞게 실천적으로 변혁해갈 수 있다는 계몽정신으로부터 이들은 점점 더 멀어져갔다.

마지막으로 역사학자 벡커(C. Becker)와 던켈프(F. Duncalf)가 『문명사』에서 이들 철학에 내린 평가를 들어보기로 하자.

에피쿠로스 학파: "삶을 가능한 한 많이 즐기도록 여러분의 감정을 배양하라!"
(Cultivate your sensibilities so that you may enjoy life as much as possible!)
스토아 학파: "삶이 가능한 한 적게 상처를 받도록 여러분의 감정을 억누르라!"
(Steel your sensibilities so that life will hurt you as little as possible!)[28]

에피쿠로스 학파와 스토아 학파 이외에도 '판단중지'(epoche)를 모토로 내세워 행복을 추구하여 했던 피론(Pyrrhon)과 같은 회의주의 철학자도 있었으나 그것은 너무나 소극적인 철학태도였다.

28) C. Becker/F. Duncalf, *Story of civilization*, New York 1941, p. 183.

9. 중세의 보편논쟁과 교리

중세철학은 교부들에 의해서 기독교의 교리가 세워지던 교부철학(Patristik, 325~800) 시기와 스콜라철학(Scholastik, 9~14C) 시기로 나뉜다. 교부철학의 대표자는 아우구스티누스(Augustinus, 345~430)이고 스콜라 철학의 대표자는 토마스 아퀴나스(Thomas von Aquinas, 1225~1274)이다. 교부철학은 신의 존재, 창조, 악, 구원 등과 연관된 교리를 세우는데 전념하였다. 신앙과 지식의 문제, 변신론(Theodizee)의 문제도 교부들이 해결해야 할 중요한 과제였다. 교부철학을 이은 스콜라철학은 보편논쟁을 중심으로 전개되었다.

변신론은 악의 문제와 연관된다. 기독교에서는 신의 속성으로 전지, 전능, 전선을 들고 있다. 신은 세계를 무에서 창조했다. 그러므로 세계가 창조되기 전에 악은 존재하지 않았다. 그렇다면 지상에 존재하는 악은 어디서 나왔는가? 이에 대한 설명으로 신학자들은 인간의 자유의지를 들고 있다. 다시 말하면 만물을 창조하고 인간을 창조한 신은 인간을 사랑하여 인간에게 자유를 주었는데 인간은 이러한 자유를 잘못 사용하여 죄를 범했고 그러므로 세상의 악은 순전히 인간의 잘못으로 인하여 생겨났다. 그것이 바로 원죄이다. 그러나 철학자들은 이러한 해석에 만족하지 못한다. 인간에게 자유를 줄 때 이 자유를 결국 인간이 잘못 사용하리라는 것을 신이 미리 알았는가 몰랐는가의 문제를 제기한다. 몰랐다면 신의 속성인 전지와 어긋난다. 신은 과거나 현재뿐만 아니라 미래에 나타날 일도 모조리 알아야 한다. 알고도 주었다면 그것은 신의 특성인 전선과 어긋난다. 선한 신이 인간에게 장난을 했을 리 없다. 그리고 인간의 잘못으로 생겨난 악을 신은 전능으로 금방 없애버릴 수도 있었다. 여하튼 악의 문제는 쉽게 해결되지 않는다. 그러므로 페르시아의 어떤 종교에서는 악과 선을 주재하는 두 신이 믿어지고 있다.

보편논쟁(Universalienstreit)이란 중세철학에서 나타난 철학적인 논쟁으로 보편자가 실재하느냐 실재하지 않는가 혹은 보편자와 개별자의 관계가 어떠한가 등에 관한 논쟁이다. 보편자란 플라톤의 이데아처럼 개별적인 사물에 공통되는 일자이다. 예컨대 우리가 먹을 수 있는 감, 사과, 배 등의 개별적인 과일에 대하여 '과일'이라는 개념이 보편자이다. 또 피와 살이 있어 살아 움직이는 구체적인 인간에 대하여 인류를 나타내는 '인간'이라는 개념도 보편자이다. 보편논쟁은 보편자의 실재에 관한 인식론적인 문제였지만 동시에 신학적인 문제, 형이상학적인 교리의 체계와 깊은 연관을 맺는다. 왜냐하면 개별자에 앞선 보편자가 부정되는 경우 삼위일체설이 부정된다. 개별적인 세 개의 신에 앞서는 보편적인 신의 존재가 의문시되기 때문이다. 삼위일체냐 삼위삼체냐의 문제를 둘러싸고 교부들 사이에 많은 논쟁이 벌어졌으나 325년 니케아(Nicaea) 종교회의에서 삼위일체설이 채택된 것은 이미 알려진 사실이다. 또 '인간'이라는 보편자가 존재하지 않을 경우 원죄설이 성립되지 않는다. 아담의 죄는 아담 개인에게만 해당되고 그것이 '인류'의 죄로 환원되지 않는다. 또 예수의 죽음을 통한 인류의 구원도 실재하지 않게 되어 신앙의 기초가 허물어진다. 이와 같은 이유로 초기 스콜라철학에서는 플라톤에 의존하는 실념론이 우세하였다.

보편논쟁은 실념론(Realismus, 혹은 실재론)과 유명론(Nominalismus)으로 크게 양분된다. 실념론이란 보편자가 실재로 존재한다는 주장이다. 더욱이 플라톤의 이데아처럼 개별자에 앞서서 존재한다. 이에 반하여 유명론은 보편자란 공허한 이름에 불과하고 실제로 존재하지 않거나 개별자가 존재한 후에 존재한다는 주장이다. 이 경우 보편자란 인간이 머리 속에서 추상적으로 생각해내는 개념으로 귀착된다.

초기 스콜라철학자 안셀무스(Anselmus, 1033~1109)를 대표로 하는 실념론이 교회의 요구에 부응하는 사상이었다는 것은 두말할 필요가 없다. 그러나 중세가 끝나면서 점차 유명론이 우세해졌다.

유명론의 대표자는 로스켈리누스(Roscellinus, 1050~1112)와 옥캄(Ockham, 1300~1350)이었다. 로스켈리누스에 의하면 존재하는 것은 단순한 개별자뿐이다. 보편자란 인간에 의해서 사유된 이름에 불과하다. 곧 개별자의 공통적인 특징을 집합시키고 있을 뿐이다. '백'(白)이라는 보편자가 존재하는 것이 아니라 다만 하얀 물건이 있을 뿐이다. 구체적인 인간이 있을 뿐 인류는 존재하지 않는다. 결국 그는 보편논쟁을 교회의 삼위일체설에까지 끌고 나아갔다. 그는 이단으로 낙인찍히고 교회로부터 이론의 번복을 강요받았다.

엘로이즈(Heloise)와의 연애사건으로 유명했던 아벨라르두스(Abaelardus, 1079~1142)는 보편논쟁에서 유명론을 지지했지만 실재론과 어느 정도 타협하려 하였다. 그는 신에 있어서는 보편자가 개별자에 앞서고, 인간에 있어서는 보편자가 개별자의 뒤에 오며, 사물에 있어서는 보편자가 개별자 속에 들어 있다고 주장하였다. 그러므로 그는 삼위일체설을 인정했지만 원죄설을 부정하였다.

보편논쟁은 그 본질상 중세적인 토양에서 나타난 관념론과 유물론 사이의 논쟁이라고 말할 수 있다. 동시에 보수적인 사회세력과 진보적인 사회세력간의 논쟁이 되었다. 유명론은 인간사고 및 사회변동의 발전과 발을 맞추어 진보적인 작용을 하는 반면 실념론은 형이상학적이고 보수적인 세력의 이념으로 정초 된다. 봉건제도 및 중세의 스콜라철학이 무너지는 근세에 유명론이 다시 승리하기 시작한 것은 우연이 아니었다. 개별자가 보편자 보다 중시될 때만 경험적이고 구체적인 자연과학이 발전하며 자연과학의 성과를 도외시하지 않을 때만 사회가 진보적으로 발전할 수 있는 기틀이 마련되기 때문이다. 유명론의 주장은 중세 카톨릭 교회의 이념적 기초를 뒤흔들고 이 이념에 의존하는 봉건주의를 위협하게 되었기 때문에 교회로부터 이단으로 몰렸다.

중세의 봉건제도를 이념적으로 대변해 주었던 스콜라철학은 신플라톤주의의 형이상학적인 방법을 차용하여 신학적인 세계관을 구축하는 것을 목표로 하였기 때문에 본래적인 의미에서의 철학은 중세에서 '신학의 시녀'로 전락하게 된다. 그러나 무비판적인 신앙이 주축을 이루는 정신적인 암흑의

이 시기에도 드물기는 하지만 반발의 징후가 나타나기 시작했으며, 우선 스콜라철학의 초기에 나타난 에리우게나(J. C. Eriugena, 810~877)를 들지 않을 수 없다. 그는 엄격한 교회의 구속으로부터 해방된 최초의 철학자 중의 하나였다. 물론 그는 아직 중세인으로 사변적이고 신비적인 색채를 벗어날 수 없었다. 그러나 교회의 권위를 이성에 의하여 규명할 수 있는 한에서만 인정하려 한 그의 생각은 당시의 상황으로 미루어 보아 혁명적이었다고 할 수 있다. 이성의 진리가 초시간적인 진리인 데 반하여 교회의 진리는 전수된 진리일 뿐이라고 그는 말한다. 교회의 권위가 이성의 척도가 될 수 없고 반대로 이성이 권위의 척도가 되어야 한다는 것이다. 신앙의 불합리성을 강조하여 교부철학자 테르툴리아누스(Tertulianus, 160~220)는 "불합리하기 때문에 나는 믿는다"(Credo quia absurdum est)라 말했고 안셀무스는 "나는 알기 위해서 믿는다"(Credo ut intelligam)라 말하였는데 아벨라르두스는 신앙보다 인식을 강조하면서 "나는 믿기 위해서 안다"(Intelligo ut credam)고 말했다.[29] 에리우게나는 신과, 자연, 권위와 이성을 일치시키려는 범신론으로 나아갔으며 최후에는 전자보다 후자를 우위에 두었다. 결국 13세기 초에 그의 저서들은 교회에 의하여 이단으로 낙인찍힌다.

실념론의 대표자 안셀무스는 존재론적으로 신을 증명하려 하였다. 그는 오성 속에 존재하는 것은 현실 속에도 존재하며, 그러므로 개념은 필연적으로 사물에 앞선다는 결론을 이끌어낸다. 하나의 완전한 존재로서의 신의 개념을 우리는 사유 속에 갖고 있는데 그것은 존재라는 속성을

29) J. Störig, *Ebd.*, S. 166.

필연적으로 내포해야 한다. 이에 대하여 유명론자들은 안셀무스가 증명한 신은 단순히 언어 속에만 존재하는 '공허한 울림'이라고 반박한다(칸트 역시 후에 100달러라는 순수한 개념이 실재의 돈이 없이도 상상될 수 있다는 예를 들어 안셀무스의 증명을 반박한다). 그것은 실재론에 기초한 중세의 신관(神觀)에 대한 도전이었다.

스콜라철학은 왜 사변적 · 형이상학적으로 기울어지고 왜 중세 사회에 합당한 이념이 되었는가? 중세의 사회 구조를 살펴보면 그 해답이 나올 것 같다. 중세의 개인은 한편으로 엄격한 사회의 틀에 얽매여서 스스로를 하나의 보편적 본질로 이해하지 않으면 안 되었고 인간은 그의 의지에서 독립해 있는, 더 높은 세계 질서 속에 부속되어 있는 것으로 생각했다. 다른 한편으로 이러한 속박감은 형이상학적으로 파악되는 거대한 자연의 힘에 의하여 더욱 강화되었다. 인간이 합리성에 의하여 자연을 지배할 수 있고 사회를 개혁할 수 있다는 생각은 중세의 세계관에서는 전혀 허용될 수 없었다. 중세의 개인은 거대한 조직 속에 파묻혀 스스로의 힘에 의해서 세계를 파악하거나 변화시킬 수 없었다. 이러한 인간의 무력함이 기독교의 원죄설과 다시 결부된다. 동시에 사유재산은 죄악이라는 다시 말하면 인간은 신 앞에 모두 빈손이어야 한다는 교리가 첨가된다. 이는 근세 시민 계급이 자연권으로 내세우는 자본주의의 윤리와 거리가 멀었다. 부와 재산은 죄악에 의하여 나타나는 현상이고 죄악을 불러일으키는 원인이라는 교리가 민중에게 전파된다. 이러한 교리를 가능하게 해준 것은 역시 실념론이었으며, 중세의 사람들이 그들의 처지를 체념하고 적응하는 동안 실념론은 그들의 유일한 지주였다. 실념론은 가장 추상적이고 삼단논법적인 증명방식을 동원하여 현세와 인간의 무가치함을 제시할 수 있었고, 그 결과 눈앞에 보이며 개별적이고 자명한 것을 보이지 않는 추상적인 보편자 때문에 무화(無化)시킬 수 있었다. 그것은 현세의 모든 가치를 부정할 수 있는 이론적인 근거가 되었다. 그러므로 실념론과 상반되는 유명론에서 다가올 시민 사회의 이념에 대한 조짐이 나타난 것은 당연하며, 비록 아직 스콜라철학이라는 테두리를 벗어나지 못했지만 근세 르네상스 정신이 여기서 배태된 것이다.

스콜라철학과 병행해서 발전되었던 아라비아의 철학은 플라톤의 원전 및 아리스토텔레스의 철학을 유럽에 소개해줌으로써 르네상스 운동에 정신적인 기초를 제공하였다. 아비케나(Avicenna, 980~1037)는 신플라톤주의자들과는 달리 물질을 포함한 모든 것이 신으로부터 유출되었다는 사실을 부정하고, 물질을 영원히 존재하는 어떤 것으로 파악한다. 신은 아리스토텔레스의 철학에서와 유사하게 부동의 원동자이지만 신에게서 유래하는 형상은 그 자체로 독립해 있는 질료와 결합함으로써 세계가 형성된다. 아비케나는 보편논쟁에서 유명론의 입장을 취하고 아벨라르두스와 비슷하게 보편자가 신에 관해서는 개별물의 앞에 있으나 현실 속에서는 개별물 안에 있고 인간의 이성 속에서는 보편적인 개념으로 사물의 뒤에 있다고 생각했다.

아비케나를 계승하여 아라비아의 철학을 발전시킨 사람이 아베로에스(Averroes, 1126~1198)이며 그를 중심으로 아베로에스학파가 성립된다. 아리스토텔레스를 숭배했던 그는 영원한 질료 속에 이미 모든 형상이 잠재적으로 포함되어 있어 그것이 발전함에 따라 실체가 이루어지는 것으로 아리스토텔레스의 철학을 해석하여 물질의 독자성을 인정한다(아리스토텔레스에 의하면 가능태로 존재하는 질료에 외부로부터 형상이 결합되어 실체가 발생한다). 아베로에스의 입장은 신이 세계를 무(無)에서 창조했다는 중세의 우주관에 대한 결정적인 반격이다. 그는 철학자가 철학에서 파악하는 순수하고 더 높은 진리가 종교에서는 이해력이 부족한 보통 사람에게 맞는 형식으로 나타난다고 주장함으로써 철학과 종교의 관계에서 철학의 우위를 내세운다.

중세의 세계관 및 사회질서에 대한 회의와 더불어 새로운 사조가 후기 스콜라철학에서 더욱 뚜렷하게 나타난다. 여기서도 물론 개별자를 중시하는 아리스토텔레스가 플라톤보다 더 높이 평가된다. 중세철학에서 이용되었던 '삭발된 아리스토텔레스'가 점차 그 본래의 모습을 찾아가기 시작하였다. 후기 스콜라철학의 발생에 커다란 역할을 하게 된 것이 십자군의 원정을 통하여 전달된 아라비아 철학이었다. 특히 원전을 통해 직접 소개되는 아리스토텔레스가 여기서 중요한 역할을 하였다. 후기 스콜라철학을 대표하는 로저 베이컨(Roger Bacon, 1214년~1294년), 둔스 스코투스(Duns Scotus, 1291~1308), 옥캄 중에서 로저 베이컨이 두드러진다. 그의 사상 속에는 후기 스콜라철학의 특징과 근세를 지향하는 여명이 나타난다. 로저 베이컨은 여러 가지 면에서 자기 시대를 앞질러 가면서 토마스주의를 공격할 뿐만 아니라 스콜라철학의 원칙들을 전반적으로 뒤흔들어 놓음으로써 중세의 종말에 나타나는 서구 정신의 전회를 준비해 준 사람이었다. 그에게는 아리스토텔레스, 아비케나, 아베로에스가 가장 위대한 철학자였다. 그는 토마스 아퀴나스를 중심으로 하는 스콜라

철학을 3가지 점에서 비판한다. 첫째, 이들은 그리스어와 아랍어에 대한 지식이 없으므로 번역에 의존해야 하는데 번역은 오해를 낳을 소지가 많으며 둘째, 모든 학문의 기초가 되는 수학의 지식을 스콜라 철학자들은 충분하게 습득하지 못했고 셋째, 그들이 학문연구에서 사용한 방법은 교회나 성서와 같은 독단적인 권위로부터 논리적으로 연역하는 데 있었으므로 경험을 무시했다는 것이다.

스콜라철학에 반하여 로저 베이컨은 실험을 통한 자연의 관찰이라는 직접적인 경험 속에 모든 참된 학문의 근원이 있다고 주장하고 "경험 없이는 아무것도 충분히 인식되지 못한다"[30]고 말한다. 실험과 관찰은 스콜라철학의 방식에 어긋날 뿐만 아니라 교회의 권위 및 요청에도 어긋난다. 그것은 자연을 있는 그대로 탐구하고 지배하려는 근대 정신의 발생에 대한 뚜렷한 암시가 되었다.

---

30) J. Störig, *Ebd.*, S. 182.

10. 진리의 순교자 브루노

중세의 말기에 근세의 여명을 고지해준 두 철학자가 나타났는데 브루노와 베이컨이다.

이탈리아의 북서에 위치한 놀라(Nola)에서 태어난 브루노(G. Bruno, 1548~1600)는 14살 때, 한때 토마스 아퀴나스가 활동했고 사후 묻혀 있는 나폴리의 한 도미니코 수도원에 들어간다. 당시 이탈리아에서는 르네상스의 화가 미켈란젤로와 티치안이 활동하고 있었다. 또한 예수회수도회(Jesuitenorden)가 구성되어 반종교 개혁의 역할을 담당하고 있었다. 브루노는 우선 토마스 아퀴나스의 정신으로 지배되고 있는 정통적인 스콜라철학을 섭렵한 후에 최근의 동향들을 배우게 되었다. 수도원에서 그는 후기 르네상스의 전형적인 인물로 성장한다. 그러나 당시의 이탈리아는 그에게 정신적으로 너무 협소한 지역이었으므로 그는 로마 교황청으로부터 점점 독립되어 가기 시작한 대륙의 이웃 나라들에 시선을 돌리기 시작했다. 전하는 바에 의하면 그는 수도사로 있을 때부터 그의 침실에서 성화를 떼어냈다고 한다. 18세 때 삼위일체설에 대한 회의가 일어났고 결국 수도원의 체류가 점점 더 불가능하게 느껴져서 28세 때 수도원을 떠날 결심을 하게 되었다.

그는 게누아, 튜린, 베네치아, 파두아 등에서 뜨내기 생활을 하면서 연명하다가 곧 고국을 떠나게 된다. 1576년부터 1592년 그가 체포되어 종교재판에 회부될 때까지 그는 주로 스위스, 프랑스, 영국, 독일에서 살았다. 먼저 종교개혁의 중심지였던 스위스 쥬네브로 간다. 훗날 종교 재판에서 비록 그가 개신교로 개종한 사실을 부인하지만 이 도시의 이탈리아 개신교 종단의 기록에 그의 이름이 들어 있었다. 이탈리아를 방랑하는 동안 그는 수도사의 옷을 벗어 버렸다고 한다. 그는 쥬네브 아카데미 회원이 되었다. 얼마 후 칼빈 교도들이 그에게 성찬을 허용하지 않았기 때문에 그는 모욕을 느끼고 이 직위에서 사임한 후, 새로운 종교적인 독단이 지배하던 이 도시를 1578년 가을에 떠났다.

이어 프랑스로 간 그는 1580년까지 툴루스에서 가르치다가 1583년 파리로 간다. 그 사이에 박사 학위를 획득하고 교수 자격을 얻었기 때문에 아직 반종교 개혁이 영향을 미치지 못한 소르본느 대학의 교수 자리가 그에게 열려 있었다. 그는 데모크리토스와 에피쿠로스를 근원으로하여 에피쿠로스 학파인 루크레티우스를 유대 철학자 아비케브론과 연결시켜 연구하였고 이탈리아 초기 르네상스 철학자였으며 '반대의 일치'를 주장하고 신비주의적인 범신론을 제창한 쿠자누스(N. Cusanus, 1401~1464)의 영향 아래 들어선다.

1584년에 4권의 책이 그에 의해 저술되었는데 이 책의 내용 때문에 그는 정통적인 가톨릭교의 미움을 받았으며, 교수직을 계속하는 동안 매일 미사에 참석해야 된다는 의무 규정이 싫어서 엘리자베스가 통치하고 있던 런던으로 떠나간다. 하인리히 3세가 그를 영국 주재 프랑스 대사에게 추천했으므로 런던에서도 고위층 사람들과 교제할 수 있었다. 그는 옥스퍼드 대학에서 당시 성행하던 토론에 참가하여 코페르니쿠스의 우주관을 변호한다. 천동설을 주장한 프톨레마이오스(Ptolemaios, 90~160)의 천체론에 대한 그의 신랄한 비판은 결국 대학에서 강의를 그만두어야 하는 계기가 되었으며, 아예 강의하는 것 자체가 그에게 금지되었다. 그러나 그는 계속하여 코페르니쿠스를 넘어서는 우주론을 전개하였다. 활력에 넘치고 상규(常規)를 벗어난 듯한 영국의 정신이 이탈리아의 르네상스 정신과 결합되어 그에게서 광채를 띠기 시작했다.

당시 영국에서는 『유토피아』를 쓴 모어가 헨리 8세의 재상이 되어 그의 이념을 실현하려 하였다. 런던에 체류하던 짧은 기간 동안에 이 세기의 가장 훌륭한 그의 철학 저술이 나왔다. 이제야 비로소 그는 자신감에 넘쳤다. 그리하여 2년도 넘지 못한 이 짧은 행복한 시절에 6권의 철학적인 저술이 잇달아 이탈리아 말로 나왔는데 이 책들은 그를 당 세기의 가장 위대한 철학 저술가로 만들었다.

본국으로 귀환하는 대사를 따라 1585년 그는 다시 파리로 되돌아온다. 그것은 그의 불행이 시작되는 출발이기도 했다. 이제 그는 스스로의 세계관을 저술로 밝힌 입장이 되어 있었다. 당시의 상황을 잘못 판단한 브루노는 소르본느 대학의 학장 앞으로 우주관에 대한 공개 토론에 참석하겠다는 뜻을 밝힌 청원을 내고 허락을 받는다. 1856년 오순절의 공개토론에서 그는 제자 에네캥(J. Hennequin)의 지지 아래 교회, 아리스토텔레스 및 프톨레마이오스에 반하여 지구의 운동, 세계의 무한성, 자신의 일원론적 철학을 변호하기에 이른다. 결국 그는 이로 인하여 파리를 떠나지 않으면 안 되었고 개신교의 세력이 강했던 독일로 간다. 마인츠에서 그는 이전의 학구 생활을 계속하려 한다. 그러나 일자리를 얻지 못하고 마르부르크로 가서 아카데미 회원이 된다. 하지만 마르부르크 대학의 총장은 정치적 이유로 그에게 강의를 허락하지 않아 그는 다시 회원직을 사퇴하고 비텐베르크로 간다. 여기서 결국 아리스토텔레스, 결합법, 수학, 물리학, 형이상학에 관하여 강의를 할 수 있었다.

그는 독일 철학의 핵심을 쿠자누스, 파라셀수스(Paracelsus), 코페르니쿠스, 루터 등에서 찾았다. 그러나 무엇보다도 코페르니쿠스의 세계관이 그의 사상에 깊은 영향을 미쳤다. 그는 로마 교회와 캘빈주의를 다 같이 싫어했지만 종교 개혁의 정신 때문에 루터를 칭찬하면서 2년 간의 자유로운 연구와 교수 생활을 하다가 이 도시를 떠났다. 왜냐하면 아직 이 도시의 정치적인 상황이 그의 자유사상을 수용할 만큼 성숙해 있지 못했기 때문이다. 여기서 그는 프라하로 간다. 프라하에서 그는 과학과 실험을 중시하던 황제 루돌프 2세에게 「이 시대의 수학자 및 철학자에 반하여」라는 160개 조항의 건의서를 전달하고 보상으로 300달러를 받는다. 6개월 후에 당시 막 설립되었던 헬름스테트 대학에 초빙되어 신학과 동등한 위치에 있었던 자연과학을 가르치게 된다. 3개월 후에 그를 초청한 제후가 죽었으나 그 후계자 역시 브루노를 우대하여 그는 계속 자유로운 학문 생활을 할 수 있었다.

당시 이 지역에서는 많은 광맥이 발견되었고 대학이 기술적인 근거를 제공하였다. 또한 각지에서 몰려든 광부들이 많은 종파로 나뉘었기 때문에 종교적인 관용이 허용되지 않을 수 없었다.

그러나 정통을 자처하는 광신자들이 브루노에 반대하는 설교를 하였고 대학 총장도 결국 브루노에 반기를 들었으므로 그는 이 도시를 피하여 프랑크푸르트로 갔다. 그는 당분간 교수 생활을 포기하지 않을 수 없었다. 친구들의 충고에도 불구하고 1591년 다시 고국 땅 이탈리아에 들어갔으나 그를 초청한 베니스인의 밀고로 체포되어 이단자로 종교재판에 회부되었다. 1593년 로마로 이송되었고 로마 교황청은 그가 그의 철학적인 주장을 철회하도록 설득하기 위해 6년간 재판을 끌었으나 결국 그는 승복하지 않았다. 드디어 1600년 2월 9일 그에게 사형 언도가 내려졌다. 그가 그의 이론의 철회를 단호히 거부했기 때문이다. "판결을 내리는 그대들이 판결을 받는 나보다 더 두려움에 차 있다"[31]고 그는 대답했다 한다. 같은 해 2월 19일 브루노는 폼페이우스의 고대 극장 앞에서 화형을 당한다. 아무런 소리도 내지 않고 담담하게 죽음을 맞이했던 그에게 한 신부가 십자가를 갖다대자 비웃는 듯한 표정으로 찡그리면서 고개를 돌렸다 한다. 그는 진리의 순교자로서 즐거이 죽을 수 있으며 그의 영혼은 장작더미의 불꽃과 함께 천당으로 갈 것이라 말했다 한다. 그가 불타 죽었던 자리에 1889년 그를 추모하는 기념비가 세워졌다.

브루노에 의하면 우주는 한계도 없고 중심점도 없는 무한한 질료이다. 브루노는 우주의 유한성을 다음과 같은 이유에서 부정한다.[32]

---

31) H. Ley, *Geschichte der Aufklärung und des Atheismus*, Berlin 1978, *Band 3/1*, S. 284.

① 우주가 아리스토텔레스와 프톨레마이오스의 주장에 따라 천체로 파악되고 장소의 개념이 그것을 포괄하는 물체와의 연관에 따라 규정된다면 우주는 그것이 포괄되는 어떤 것을 갖고 있지 않기 때문에 장소가 없다.

② 우주의 한계점에 신이 있고 신이 모든 것의 위치라고 한다면 어떻게 비물질적인 존재가 물질적인 세계의 위치가 될 수 있는가가 이해되지 않는다.

③ 하나의 한계가 있고 그 한계 밖에는 무가 존재한다는 상상은 불가능하다. 왜냐하면 이 한계 밖으로 내밀어진 손이나 던져진 돌멩이는 공간 속에 있지 않고 어디에서도 존재하지 않는다는 결론이 나오기 때문이다. 세계 밖으로 던져진 돌멩이는 결국 끝없이 날아 가든가 혹은 정지 하든가 인데, 날아가는 경우에는 공간이 있는 것이며 정지하는 경우에는 그것을 정지시키는 어떤 물질이 가정된다.

④ 장소가 포괄적인 물체, 곧 가장 바깥에 있는 천체와의 관계에서 규정되면 가장 외면적인 천체의 정의가 불가능하다. 왜냐하면 그것은 다른 것으로 포괄되지 않기 때문이다. 같은 이유에서 다른 공간의 근거가 되는 어떤 공간은 스스로의 공간 개념으로 파악될 수 없다.

⑤ 가장 외면적인 천체 밖에 무가 존재한다면 이 무는 안으로는 한계선을 가지나 밖으로는 한계선이 없다. 그것은 상상될 수 없다.

⑥ 우주가 존재하는 공간이 무에 의해서 포괄된다는 주장은 모순이다. 세계의 밖

---

32) G. Bruno, *Heroische Leidenschaften und individuelles Leben*, Hamburg 1957, S. 127ff.

으로 무수한 세계가 존재하기 때문에 우주는 전체적으로 무한하다.

우주가 무한하다는 주장을 한 이유로 그는 화형을 당하였다. 그는 예수, 소크라테스와 마찬가지로 진리의 순교자였다. 진리 때문에 목숨을 바칠 수 있는 사람은 철학자이며 비슷한 입장에 있었던 갈릴레이와 구분되는 것도 이 때문이다. 갈릴레이는 과학자였기 때문에 진리를 위해서 죽을 필요가 없었다.

11. 베이컨과 자연의 지배

프란시스 베이컨(Francis Bacon, 1561~1626)은 “아는 것이 힘이다”라는 말과 더불어 근세를 열어준 철학자이다. 그는 영국이 스페인의 무적 함대를 격파한 후 해상의 주도권을 잡고 정치적·경제적 번영을 누리던 엘리자베스 여왕의 치세 때 궁내부 장관의 아들로 태어났다. 당시 영국은 경제적인 번영에 힘입어 학문과 예술이 번성했고 세계의 문호인 셰익스피어(Shakespeare, 1564~1616)가 활동하고 있었다. 베이컨은 12세에 명문 케임브리지 대학에 입학하였으나 당시 아리스토텔레스의 사상이 형식적으로 주도하던 이 학교의 교과서와 교수법에 회의를 느끼고 3년 후 이 학교를 떠났다. 철학을 공허한 스콜라적 논쟁으로부터 해방시켜 인간의 행복을 증진시키는 방향으로 이끌어야겠다는 결심을 그는 이미 이 시기에 하게 된다. 그 후 그는 파리주불영사관 직원으로 근무하면서 견문을 넓히고 실천적인 활동으로 정치에 관심을 갖게 되었는데 철학으로부터 정치로 전환하게 된 당시의 심정을 그는 다음과 같이 말한다.

"나는 인류에 봉사하기 위해 태어났다고 믿었고, 공공의 복리를 돌보는 것을 커다란 과제로 생각했다. 이 과제는 물과 공기처럼 만인에게 평등하게 개방되어 있는 공공의 권리이기 때문에 나는 무엇이 인류에게 가장 유익한가, 자연은 무슨 일을 위해 나를 탄생시켰는가를 자문했다. 그런데 숙고 끝에 나는 인간 생활의 문명화에 이바지할 발견, 예술의 발전, 발명 등이 가장 보람 있는 일이라는 결론에 도달했다. 어떤 특수한 발명을 하는 데 그치지 않고(그것이 아무리 유용하다 하더라도) 자연 속에 횃불을 밝혀 주어 처음에는 지금까지의 발견이 제한과 한계를 갖는다는 사실을 비춰 주고 나중에 그것이 더 높이 타올라 어둠의 모든 구석구석을 남김없이 비춰주는 일에 누군가가 성공한다면 이러한 발견자는 진정으로 인간의 지배를 우주에까지 확대하는 자, 인간의 자유를 위한 투사, 현재 인간을 속박하고 있는 억압을 근절시킨 자라 불릴 만한 가치가 있다고 나는 생각했다. 그뿐 아니라 나는 나의 본성이 진리를 관찰할 수 있는데 적합하다는 것을 깨달았다. 왜냐하면 가장 중요한 대상(유사성의 분별)에 대응할 수 있는 충분한 역동성이 나의 정신에 있었고 동시에 차이의 미묘한 뉘앙스를 간파하기에 충분한 집중력도 있었다. 나에게는 탐구의 정열, 끈기 있게 판단을 보류하는 힘이 있었다. 나는 즐겁게 명상을 하였고 조심스럽게 동의하였으며 잘못된 인상을 서슴지 않고 바로잡았고 세심한 노력으로 자기 생각을 정리하였다. 나는 신기한 것을 경박하게 뒤쫓거나 옛것을 맹목적으로 찬양한 적이 없었다. 나는 모든 형태의 기만을 철저히 싫어했다. 이러한 여러 가지 이유로 나는 나의 본성과 기질이 진리와 일종의 혈연관계를 갖고 있다고 생각했다. 그러나 나의 출신성분과 내가 받은 교육과 교양은 모두 철학이 아니라 정치를 지향하게 했다. 말하자면 나는 어릴 때부터 정치적 분위기에 젖어 있었다. 그러나 나는 청년들에게는 흔히 있는 일이지만 때때로 그와는 다른 세계관 때문에 번민했다……. 결국 나는 국가의 명예로운 관직에 오르면 나의 과제를 달성하는데 필요한 여러 가지 도움과 지지를 받을 수 있을 것이라는 기대를 갖게 되었다. 이러한 동기로 나는 정치에 몸담게 되었다."[33]

그는 1595년 하원의원이 되어 여왕이 요구하는 재정 지출 동의서에 반대하는 토론에 참여했다. 그것 때문에 오랫동안 여왕의 미움을 사게 되었으나 당시 영향력이 있었던 에섹스(Essex) 백작의 총애를 받게 된다. 에섹스 백작은, 엘리자베드 여왕이 사랑했으나 사랑을 이루지 못해 증오하게 된 미남으로, 후에 여왕을 가두고 왕위 후계자를 뽑으려는 음모에 가담한 인물이었다. 음모가 탄로 나고 그가 체포되자 베이컨은 그를 열심히 변호했으나 가석방된 그가 다시 군대를 동원하여 반란을 일으키려고 했을 때 베이컨은 그에 반대하고 후에 그의 재판을 맡아 그에게 사형선고를 내린다. 여왕이 물러가고 야곱 1세가 왕위에 오른 후에 1604년에 베이컨은 왕의 법률고문이 되어 45세 때 호화로운 결혼을 한다. 1613년에 대법관, 1617년에 궁내부 장관을 역임하고 베룰남 남작의 칭호를 받는다. 1621년에 알반스 자작의 칭호를 받았다. 그는 뇌물수수죄로 국회의 탄핵을 받고 기소되어 종신 징역과 고액의 벌금형을 선고받았으나 며칠 후에 사면을 받고 풀려난다. 실패로 끝난 그의 정치생활을 회고하면서 그는 다음과 같이 말하였다.

"고위직에 몸담고 있는 사람이란 3가지 의미에서 봉사하는 사람들이다. 곧 그들은 항상 국가의 원수와 스스로의 명성과 공무에만 봉사하기 때문에 사생활이나 자유로운 시간을 마음대로 누릴 수 없다. ... 그와 같은 지위에 도달하기까지에는 많은 어려움이 따르기 마련이거니와 그렇게도 많은 각고를 치르고 나면 다시 더 큰

33) W. Durant, *Die großen Denker*, Zürich 1947, S. 116f.

어려움이 기다리고 있다. 흔히 출세한다는 것은 추문과 연관되며 실제로 많은 사람들이 품위 없는 행동으로 영예를 누린다. 밑바닥은 미끄러워 넘어지기 쉬우며 되돌아가는 길이란 몰락이 아니면 적어도 무명인의 처지로 환원되는 것을 의미한다."[34]

그는 모든 관직으로부터 물러난 후 만년에 학문 연구와 저술에 전념하다가 1626년 4월 9일 하이게이트에서 영하의 온도가 부패에 미치는 영향을 실험하다가 얻은 감기로 세상을 떠났다. 그의 중요한 저술들을 연대순으로 살펴보면 다음과 같다.

1579년 『수필집』(*The Essays*)

1605년 『학문의 진보』(*The Advancement of Learning*, 원제는 『종교 및 인간사에 있어서 학문의 진보와 활동에 관해서』)

1620년 『신 기관』(*Novum Organum*)

1624년 『신(新)아틀란티스 섬』(*New Atlantis*)

베이컨은 그의 저서들을 일부는 라틴어로 일부는 영어로 저술하였다. 학문의 전 영역에서 '대혁신'을 이룩한다는 기치 아래 베이컨은 학문 전체에 대한 포괄적인 계획을 착상하였는데, 결국 미완성으로 끝났지만 학문연구의 부흥을 위한 획기적인 계기가 되었다. 그의 계획은 그리스 시대 이후로 학문이 정체 상태에 빠진 이유를 밝히고, 다음으로 학문과 그 문제 영역을 새로이 구분함으로써 자연 해석을 위한 새로운 방법을 도입하였다. 나아가서 자연과학을 개별적으로 연구한 후에 앞으로의 연구에

34) J. Störig, *Ebd.*, S. 210.

서 기대될 수 있는 발명이나 발견의 가능성을 제시하며, 마지막으로 자신이 시도한 학문의 발전을 통해서 나타날 미래사회의 모습을 응용 철학으로 설계하는 것이었다.

우선 학문이 침체된 이유로 베이컨은 학문이 개별적으로 엄밀하게 분리되지 못했을 뿐만 아니라 전체적으로 신학과 엄격하게 구분되지 않은 것, 학문의 연구 조직이 국제적인 기반을 갖지 못한 것, 학문연구의 목표가 정확히 설정되지 못한 것 등을 들고 있다. 학문연구의 목표를 정확히 설정하기 위해서는 개별과학자체에 머물러서는 안 되고 더 높은 차원으로 올라서야 하는데 과학적 인식의 목표를 확정해주고 보편타당한 방법을 제시해주는 고차적인 영역이 철학이다. 이러한 목표와 방법을 제시해주는 철학의 과제를 베이컨은 『신 기관』에서 자세히 다루고 있다. 그 목표는 진보, 과학의 실제 응용, 인간에 의한 자연의 정복이다. 그러나 자연의 지배는 인간이 자연의 법칙을 이해하는 한도 내에서 가능하다. 자연의 지배는 과학에 의하여 탐구된 자연의 법칙에 순종할 때만 가능하다. "자연은 복종함으로써만 지배할 수 있다. 자연의 법칙을 알아야 한다. 그러면 인간은 현재 무지 때문에 자연의 노예가 되고 있지만 자연의 지배자가 될 것이다. 과학은 유토피아에 이르는 길이다."[35] 인간에 의한 자연의 지배라는 목표를 달성하기 위하여 무엇보다도 옳은 방법을 적용해야 한다. 옳은 방법을 터득하기 위한 전제로 먼저 인간의 사유를 종래의 오류나 편견으로부터 정화해야 한다. 여기에서 베이컨의 유명한 우상론이 나타난다. 우상이란 편견이다. 우상처럼 신뢰해 온 편견으로부터 벗어

35) W. Durant, *Ebd.*, S. 126.

나는 일이 과학적인 성과로 나아가는 가장 최초의 전제이다.

베이컨은 4종류의 우상을 구분하고 있는데 '종족의 우상', '동굴의 우상', '시장의 우상', '극장의 우상'이 그것이다. 그는 당시의 사회적 제약 때문에 이러한 우상과 종교적 이념을 형식적으로 구분했을 뿐 내용상으로 분명하게 구분하지 않았다. 편견이 생기는 근거는 인간의 감각과 이성이 서로 분리되어 스스로 세계의 척도가 된다고 상상하는데 있다. 감각은 개인적인 특수성 때문에 인상을 왜곡할 수 있다. 인간 이성은 사물을 잘못 반영한다. 스스로의 성격을 사물의 본질 속에 집어넣는다. 이 두 요소에 비판적인 반성이 없을 때 회의가 뒤따른다. 회의는 참다운 인식에 금물이다. 그러므로 과학적인 올바른 방법을 위해서는 대상을 왜곡시키는 감정이나 이성의 독단적인 사용에 대하여 정확히 반성할 필요가 있다.

종족의 우상은 사물의 본질을 규명하는 대신 외적인 현상에 얽매이는 데서 오는 편견이다. 다시 말하면 인간 종족이 천성적으로 빠지기 쉬운 감정, 의지, 착각 등에서 오는 편견이다. 사물을 의인화하는 것도 여기에 해당하는 편견이다. 자연을 합목적적으로 관찰하는 것도 여기에 해당되는 오류이다.

그러므로 베이컨은 다음과 같이 말한다.

> "자연현상을 합목적적으로 판단하지 말고 형식적이고 기계적인 원인에서 설명하라. 세계를 협소한 정신에 한정하지 말고 정신을 광활한 세계로 확대하여 세계의 진상을 파악하라."36)

36) R. Flackenberg, *Geschichte der neueren Philosophie*, Leipzig 1902, S.

동굴의 우상은 개인의 습관에서 나오는 편견이다. 개인은 기질, 교육, 대화, 독서 등의 영향을 받아 때로 사태를 순수하게 파악할 수 없게 된다. 이러한 편견은 개인에 따라 다르기 때문에 상대방의 의견과 비교하면서 개선될 수 있다.

시장의 우상은 인간 상호간의 접촉이나 교제를 통하여 생기는 편견이다. 여기서는 언어가 중요한 역할을 한다. 언어는 때로 사실의 본질과 가상(假象)을 혼동할 수 있으며 또한 전통적인 언어의 오류에 분별 없이 매달리는 것이 인간의 성향이다. 언어 대신에 사물 자체를 파악하라고 베이컨은 요구한다.

"인간은 언어에 의해 의사소통을 하지만 언어는 사람들의 머리로 만들어진다. 불완전하고 부적합하게 만들어진 언어 때문에 정신에 커다란 장애가 생긴다. 철학자는 문법학자가 부정법(不定法)을 다루듯이 경솔한 확신을 갖고 무한을 다룬다. 그러나 이 '무한'이 무엇인지 또 도대체 '무한'이 존재해 왔는지 아는 사람이 있는가? 철학자는 원인이 없는 '제1원인' 또는 '부동의 원동자'라는 말을 하지만 이러한 말들은 적나라한 무지를 감추고 어쩌면 사용자의 양심의 가책을 드러내는 눈가리개 같은 말이 아닐까? 머리가 명석하고 정직한 사람이라면 누구든 원인 없는 원인이나 부동의 원동자 따위는 있을 수 없다는 것을 알고 있다."37)

극장의 우상은 권위나 전통을 맹목적으로 순종한 데서 오는 편견이다. 이러한 편견을 만들어내는 것은 주로 철학자와 종교인이다. "플라톤이

111.
37) *Ebd.*, S. 137.

묘사한 세계는 플라톤이 생각해낸 세계에 지나지 않으며, 현실적 세계를 그린 것이 아니라 플라톤 자신의 소원을 그린 것이다."[38] 베이컨은 극장의 우상을 4개의 우상 중에 가장 위험한 것으로 간주하고 진리나 권위에 대하여 맹종하기보다는 비판하는 것이 오히려 더 참다운 진리로 나아가는 길이라고 말한다. 의심이 진리로 나아가는 첫걸음이다.

베이컨은 진리를 찾아가는 포괄적인 방법으로 아리스토텔레스의 연역법에 대비되는 귀납법을 제시했다. 그것은 실험과 관찰을 통하여 구체적인 사실로부터 일반적인 진리를 이끌어 내는 방법으로 근세의 자연연구에 커다란 기여를 하였다.

---

38) *Ebd.*

12. 경험론의 출발과 종말

인간은 경험을 통하여 성장한다. 근세 영국의 철학은 특히 경험을 강조하였으며, 그 선구자가 로크이다.

로크(John Locke, 1632~1704)는 1632년 8월 29일 부리스톨 근처에서 청교도로서 혁명에 관여했던 한 법학자의 아들로 태어났다. 아버지는 혁명의 주역들과 친했고 아들이 왕정복고에 대항하기를 희망했으며 1688년 이후의 새로운 인물들과 사귀게 했다. 그것은 아들로 하여금 새로운 정부의 이론가로 성장하게 하는 계기를 만들어 주었다. 유물론자인 로크는 은밀하게 소치니(Sozini) 학파(폴란드로 망명한 이탈리아의 신학자 소치니가 주동이 된 이신론 운동으로 삼위일체설을 부정하고 성서를 합리적으로 해석하려 하였음)에 소속되어 급진적인 젊은 지식인의 이론적인 지주가 되었다. 당시 청교도적인 이념으로 재건된 옥스퍼드 대학에 들어가 데카르트를 공부했으며 이신론(理神論, Deismus)을 배우게 된다. 이 대학에서 그는 그리스어와 도덕철학을 강의하였다. 곁들여서 그는 화학, 실험 물리학, 의학을 연구했는데 그것 때문에 그는 의사 시험에 합격하여 개업할 수 있었다.

그는 자연과학적 방법으로 철학 공부를 보충해야 할 필요성을 느끼고 하비(Harvey)의 생물학과 보일(Boyle)의 물리학을 연구하였다. 1665년에 로크는 어떤 제후가 운영하던 연구 기관의 비서직을 맡게 되었다. 당시의 복고적인 영국 정부는 장래가 촉망되는 이 젊은이를 외교직에 수용하여 대사의 비서로서 스페인으로 파견하려 하였으나 로크는 거절하였다. 로크는 옥스퍼드로 돌아가서 의사 생활을 하다가 애슐리(Aschley) 경을 알게 되고 그 아들의 교육을 맡게 된다. 후에 샤프츠베리(Shaftesbury) 경으로 불려진 애슐리 경의 영향을 받아 로크는 정치에도 관여한다. 동시에 철학자 및 자연과학자들과의 교제를 통하여 인식론적·세계관적 지식을 넓혀가게 된다. 샤프츠베리 경이 내각 수반이 되자 로크는 상무성 등의 관직에 근무하게 되는데 그 사이에 폐가 나빠져서 관직으로부터 물러나 프랑스로 요양을 떠난다.

당시 정치적·종교적 문제가 얽혀 있는 영국의 상황을 벗어나 프랑스에서 로크는 각 종파간의 관계, 수공업 기술 및 소작 관계를 연구할 기회를 갖게 된다. 1679년 다시 귀국하자 샤프츠베리 경은 그를 반(反)가톨릭 정당에 가입시킨다. 내각이 붕괴되고 샤프츠베리가 네덜란드로 망명하여 1683년에 서거하자, 로크 역시 네덜란드로 망명하여 목숨을 유지하면서 반정부 활동을 계속하였다. 영국정부는 그의 신병을 인도해 줄 것을 네덜란드 정부에 요청하였다. 그가 머물고 있던 도시 우트레히트에서 위험을 느낀 로크는 암스테르담에 잠적한 후 마침내 로테르담으로 가게 되고 여기서 소치니 학설 신봉자들과 친분을 맺고 도움을 얻는다.

그는 히브리어가 인류의 최초의 언어가 아니라는 것, 원래 신의 이름

속에는 다신론적 색채가 많다는 것, 원죄는 별 의미가 없으며 뱀에게 내린 형벌은 뱀의 자연적인 생존방식이며 바벨탑을 짓는 동안에 나타난 언어의 혼란이나 홍해의 갈라지는 현상은 기적이 아니라 자연적인 원인에 의한다는 것 등의 합리적인 종교해석들을 발표하였다.

1670년과 1671년 사이의 네덜란드 망명 생활에서 그의 주저 『인간 오성론』(*An Essay Concerning Human Understanding*)이 기초되었다. 말년에 영국으로 귀국해서 다시 상무성 장관직을 맡았다. 그의 비판적 경험주의는 당시 시민 계급의 기호에 맞았기 때문에 인기가 있었고 그의 주저는 생전에 4판까지 나왔다. 그는 삶과 거리가 먼 사변가가 아니었으며 실천적인 지식을 늘 염두에 두었다. 성격은 항상 성실하고 다감했으며 여행기를 즐겨 읽었다.

1704년 10월 28일 서거한 그의 무덤에서 자신의 만든 비명이 있다.

> "여기 스스로의 운명에 만족했던 한 남자 죤 로크가 잠들다. 그의 덕은 근소하여 자랑할 수가 없었다. 그의 미오들이 그와 함께 여기 묻히기를!"[39]

주저 『인간 오성론』 외에 철학에 관계되는 것으로 『자연 철학의 기초』(*Elements of Natural Philosophy*)가 있으며 그 외에 『기독교의 합리성』(*The Reasonableness of Christianity*), 『정부론』(*Two Treatises of Goverment*), 『교육론』(*Some Thoughts Conerning Education*) 등이 있다.

로크의 인식론은 그의 주저에 나타나 있는데, 이 책은 4권 69장으로

---

39) H. Glockner, *Die europäische Philosophie*, Stuttgart 1960, S. 468.

구성되어 있다. 제1권에는 본유관념이 존재하지 않는다는 것을 증명하는 비교적 짧은 서술이 나타나고, 제2권에는 그의 인식론이 체계적으로 광범위하게 다루어졌으며, 제3권에는 언어의 의미와 오용에 관한 서술이, 제4권에는 지식, 신앙, 학문의 분류 등에 관해서 서술되어 있다.

인간의 표상이 어디서 나오는가의 물음에서 로크는 확고하게 대답한다. "생득관념은 결코 존재하지 않는다"(No innate idea in the mind). 논리적 법칙, 도덕적 법칙, 신의 존재 등의 문제에서 보편적인 타당성이 추구되고 그것이 인간의 마음속에 원래 존재한다는 주장은 근거가 없다. 그 이유는 첫째, 모든 사람이 수긍하는 인식이 존재한다 하더라도 그것이 인간의 마음 속에 미리 그렇게 정해져 있기 때문이라는 증명이 될 수 없다. 그 원인이 달리 설명될 수 없다. 무신론자가 없다고 해서 신의 존재에 대한 보편적인 확신이 생득적이라고 말할 수는 없다. 신의 개념이 후천적인 오성의 사용으로, 곧 사회적으로 얻어질 수 있으며 또 신의 개념이 모든 민족에게 존재했던 것은 아니다. 둘째로, 생득관념이 발 디딜 수 있는 사실성은 결코 존재하지 않는다. 모든 곳에서 타당한 도덕 법칙이란 존재하지 않는다. 도덕 법칙은 개인에 따라 다르고 민족에 따라 다르다. 행복 추구와 불행의 기피라는 사실은 끊임없이 인간의 행동을 규정하는 생득적인 원리라고 할 수 있으나 그것은 도덕 법칙이 아니다. 도덕 법칙은 그 자체로 자명한 것이 아니라 그것의 정당함을 밝히기 위한 증명이 필요하며, 그것이 용인되기 위해서 하나의 근거가 있어야 한다. 그런데 덕이란 유용하기 때문에 용인되는 것이다. 덕의 독자성이란 속인이나 아이들에게는 전혀 무관한 것이다. 또한 논리적인 동일률이나 모순율이 생득적이라면 모든 인식에 앞서 그것이 의식되어야 한다. 그러나 한 아이가 "어떤 사물은 동시에 그 자체이고 또 그 자체가 아닌 것이 될 수 없다"라는 원리를 터득하기 이전에 그는 벌써 "단 것은 쓰지 않고 흰 것은 검지 않다"는 사실을 알고 있다. 인간이 갖는 최고의 인식은 보편적인 문장이나 추상적인 개념이 아니라 감각적인 인상들이다. 본유관념이나 원리들이 습관, 교육 및 기타의 외적인 요인 때문에 가려지고 숨겨진다고 변명할 수도 있다. 그것이 점차 가려져 사라진다면 외부의 영향이 아직 작용하지 않는 순수한 상태에서는 명백히 나타나야 한다. 그런데 바로 아이들이나 무식한 사람들에게서 그것은 결코 나타나지 않는다. 또 인간은 본유관념을 갖고 있으면서도 의식하지 못한다고 변명할 수 있다. 다시 말하면 인간의 오성에 미리 새겨져 있으나 그것을 의식하지 못한다는 것이다. 그러나 그것은 모순이다. 이성이나 마음속에 존재한다는 것은 이해되거나 의식된다는 말과 같다. 의식되지 않는 표상은 모순이다. 또 인간이 옳은 이성을 사용하면서 시간이 지남에 따라 점차 획득하고 발견할 수 있는 모든 진리는 넓은 의미에서 생득적인 관념과 연관된다고 주장할 수 있다. 그렇다면 수학적 인식뿐만 아니라 모든 인식, 모든 학문, 모든 예술이 다 생득적이라고 말해야 한다. 지혜나 덕도 여기에 속한다. 그러나 시간이 지남에 따라 획득된다는 것은 생득적이라고 말할 수 없다. 결국 모든 표상 혹은 관념은 생득적이거나, 어떤 표상도 생득적이 될 수 없거나 이다. 이것은 중요한 양자택일이다. 로크는 물론 후자의 편에 서 있다. 본유관념을 인정한 라이프니츠와 정반대의 입장이다. 모든 표상이나 관념, 사유법칙 등이 장구한 인류의 발달 과정에서 훗날에 형성된 산물이며 내적 경험은 항상 외적경험에서 도출된다. 경험에 앞서 아무것도 포함하고 있지 않는 인간의 마음은 아무 글도 씌어 있지 않는 백지(tabula rasa)와 같다.

그러면 경험에서 연유하는 인간의 관념이 구체적으로 어떻게 형성되는가? 관념은 처음부터 인간의 오성 속에 존재하거나 오성에 의하여 만들어지는 것이 아니라, 지각으로부터 형성된다. 오성이란 백지와 같아서 그 위에 지각이 글씨를 써 간다. 그러므로 모든 인식은 경험에서 출발한다. 경험은 외감에 의해서 이루어지던가, 내감에서 의해서 이루어진다. 외부의 대상을 지각하는 외적경험이 감각(sensation)이고 내면적 작용에 의하여 자기 행위를 관찰함으로써 발생하는 내적 경험이 반성(reflexion)이다. 오성이 어두운 밀실로 표상이라는 광선이 흘러 들어가는 유일한 창구가 외적인 지각과 내적인 지각이다. 이 두 창구는 그러나 동시에 열려지는 것이 아니고 차례차례 열려진다. 물체의 감성적인 특성은 집중적인 주의력을 요하지 않기 때문에 반성적인 작용에 앞선다. 아이는 반성적인 관념보다도 감각적인 관념을 더 빨리 받아들이며, 내면적 지각은 외면적 지각을 전제로 한다.

모든 관념은 외감에 의한 표상이 아니면 내감에 의한 표상 혹은 양자의 결합에 의한 표상이다. 로크는 관념을 우선 단순관념(simple idea)과 복합관념(complex idea)으로 구분한다. 단순관념은 감각에 의하여 얻어지는 원시적 관념이다. 지각작용에 의하여 의식에 도입된 것은 사물자체가 아니라 사물의 성질인데 이 사물의 성질을 로크는 다시 2가지로 구분한다. 연장, 운동, 정지, 형태, 수, 고체성 등과 같이 외적대상 그 자체에 속하는 객관적 성질을 제1성질(primary quality)이라 부르고, 대상 그 자체에 속하지 않는 색, 맛, 냄새, 온도, 음 등과 같은 주관적 성질을 제2성질(secondary quality)이라 불렀다. 제1성질은 물체의 고유한 항구적 성질이고, 제2성질은 물체가 일시적으로 또는 일정한 관계 아래서만 지니는 성질이다. 제1성질은 물체의 속성을 직접 묘사한 것이고, 제2성질은 물체의 작용방식을 파악한 것이다.

로크는 도덕, 교육, 국가 등에 관한 많은 저술을 남겼기 때문에 우리가 그의 인식론만을 부각시키고 그의 실천 철학을 소홀히 해서는 안 된다. 실천철학에서 무엇보다도 그의 『정부론』이 주요한 역할을 한다. 이 책은 원래 샤프츠베리가 주도하고 있었던 프로테스탄트 지향적인 당파의 왕위계승 촉진운동을 옹호하고 보수적인 가톨릭 정당을 견제하기 위한 시국논문으로 집필하였다. 그러나 그의 날카로운 정치적·경제적 통찰은 『정부론』이 시민사회의 형성 이론으로서 중요한 위치를 차지하게 만들었다.

로크의 주목을 끈 첫째의 문제가 '사유 재산'에 관한 논쟁이었다. 당시 영국에는 가부장적 사회가 전통적으로 형성되어 한 가족의 소유권이 가장에게 위임되는 것이 보통이었으며 필머(R. Filmer, 1589~1653)와 같은 학자는 성서에서 그 역사적 기원을 찾으려 했다. 곧 소유권의 기원을 하나님이 아담에게 부여한 대지와 모든 생물에 대한 사적 지배권에서 찾으려 했으며 아담의 직계 자손만이 소유권을 물려받는다는 것이다. 국가는 가족의 위계체계가 연장된 것이며, 가족의 아버지가 자식에 대해서 갖고 있던 자연적 지배권으로부터 자연적 국가가 발생하고 여기서 아버지와 같은 역할을 담당하는 통치자가 그 국가의 소유권을 갖는 것이다. 이렇게 하여 정치적 의무를 아버지에 대한 복종의 의무와 일치시키고, 소유권이 가장에서부터 전수된다는 이론과 주장은 사적 소유의 근거를 관계자의 동의에서 구하고 따라서 국가 권력이 피치자의 동의에 의해서 발생되었다는 근세의 계몽적인 정치관에 대항하여, 통치자의 자의적인 전제 권력을 정당화하려는 복고주의적인 이데올로기였다.

로크는 이와 같은 주장에 대하여 '노동에 의한 소유'의 이론으로 맞선다. 그는 하느님의 증여가 아담에 국한된 것이 아니라, 모든 인간에게 공동으로 해당된다고 생각하며, 만인이 소유권의 주체가 될 수 있다는 것을 논증하려 하였다. 인간은 본질상 스스로에 합당한 소유권을 갖고 있기 때문에 스스로의 활동인 노동을 가한 것에 대해서 스스로의 소유권을 주장할 수 있고 그 노동의 산물은 그의 소유물이 될 수 있다는 것이다. 이렇게 하여 소유권이 전수되거나 독점될 수 없고 만인이 소유권의 주체이며 동시에 정치 권력의 주체가 될 수 있다. 왜냐하면 정치 권력은 만인의 동의에서 발생하기 때문이다.

소유권의 근거를 노동으로부터 찾으려는 로크의 사상은 봉건주의 사회로부터 근세 시민사회로 이행되는 사회 구조의 근본원리를 밝힌 것이라 할 수 있다. 왜냐하면 시민사회에서는 가부장적 경제구조가 붕괴되고 가족의 구성원이 가장의 경제적 지배권으로부터 해방되어 독립된 소유권의 주체가 되기 때문이다. 로크의 사상은 개인의 독립을 가능하게 하는 시민사회의 근본원리였다.

로크는 홉스(Thomas Hobbes, 1588~1679)와 달리 인간의 자연 상태를 '만인의 만인에 대한 투쟁'의 상태가 아니라, '만인이 자연법의 한도 내에서 자신이 적당하다고 생각하는 대로 자신의 행위를 결정하고 자신의 소유물을 처분하는 완전히 자유로운 상태'로 보았다. 이러한 자연 상태에서는 서로서로의 이해관계가 배치될 필요가 없고 전쟁도 불가피한 것이 아니다. 그러나 차츰 화폐 경제가 이루어지고 부의 축적이 가능하게 되었다. 그 결과 불평등이 나타나고 불평등한 소유를 둘러싼 투쟁도 격화된다. 결국 사람들의 '정직한 노동'의 산물을 보호하고 교환을 밑받침으로 하는 상업의 질서를 유지하기 위한 법과 그것을 시행하는 강제 기관으로서 '정부'의 구성이 불가피하게 되었다. 말하자면 정부는 시민의 사유재산 및 소유권의 보호를 목적으로 시민들의 동의에 의하여 발생한 것이다.

로크의 '정부론'은 시민 계급의 이데올로기인 자유민주주의 사상의 이론적 근거를 제공하였다. 그것은 홉스의 절대 군주제 및 필머의 가부장적 군주제에 반대하는 입헌제의 이상이었다. 국민주권, 입법권의 절대성, 삼권 분립, 상호견제, 국민의 저항권 등이 모두 포함되어 있다. 국가권력은 사회계약에 참가한 사람들이 어떤 특정한 사람들에게 권력을 위임하는 신탁행위에서 발생하므로, 정부가 국민의 의사에 반하여 정치사회의 목적인 국민의 소유권을 침해할 때 국민은 정부에 반하여 투쟁으로써 다시 권리를 되돌려 받아 다른 사람에게 위임할 수 있다.

로크의 자연권 사상이 갖는 특징을 다시 한 번 요약하면 ①자연권으로서의 인권에 생명, 자유, 소유의 권리가 속한다는 것 ②국가에 대하여 사회가 우위를 차지한다는 것 ③인간에 의한 지배 대신에 법의 지배가 보편화되어야 한다는 것 ④통치권력기구의 절대권을 인정하지 않는 것 ⑤국가권력의 남용을 저지해야 된다는 것 ⑥국가권력에 대한 국민의 저항권을 인정한 것 등이다.

그의 이론은 상업자본주의 사회를 옹호하고 발전시키는 원동력이 되었지만 아직 화폐 및 교환에 의존하는 사회 이론이었기 때문에, 분업이나 노동의 소외, 시민 계급의 착취와 같은 산업자본주의 사회의 분석에 관해서는 많은 한계를 드러낸다.

성직자 버클리가 로크의 경험론을 계승한다. 버클리는 로크가 사물자체에 속하는 것으로 규정한 제1성질마저 주관적 성질이라고 단정한다. 그에 의하면 물질은 공허한 언어에 불과하다. 우리가 물질이라고 부르는 것은 결국 인간의 정신이 만들어 낸 관념의 결합이다. 물체로부터 감각에 의하여 만들어지는 관념을 하나하나 제거하면 결국 아무것도 남지 않는다. "존재는 지각이다"(Esse est percipi). 이렇게 하여 버클리는 감각적 관념의 기초가 되는 물체라는 실체를 부정하고, 그 대신 정신이라는 실체를 내세운다. 실체는 인간의 의지로 만들어 낼 수 없는 실제적인 관념이다. 이러한 관념이 어디서 나오는가? 정신적인 존재인 신에서밖에 나올 수 없다. 버클리가 지금까지 공들여 물질적인 실체를 부정한 것은 결국 정신적인 실체로서의 신을 인정하기 위한 준비단계였다. 결국 마술의 지팡이를 돌리듯 버클리는 증명되지도 않고 증명될 필요도 없는 신을 갑자기 튀어나오게 하고 신의 도움을 받아 모든 난제를 해결하려 한다. 그러나 그것은 더 이상 철학이 아니고 어설픈 신학이다.

버클리를 이어 영국의 경험론을 파국으로 몰아넣은 사람이 흄(David Hume, 1711~1776)이다. 법학 공부에서 철학으로 넘어간 흄은 역사학자로서 오히려 명성을 날렸다. 그가 쓴 『영국사』(*History of Great Britain*)는 그에게 명성과 부를 가져다주었다. 그리고 철학적 저술인 『인간 오성론』(*Philosophical Essays Concerning Human Understanding*) 등에서 인식론을 다루었다.

흄은 무엇보다도 객관적인 인과법칙을 부정한다. 인과법칙과 함께 객관적인 실체도 부정한다. 원인과 결과 사이의 필연적인 연관성이 증명되지 않는다는 것이다. 예를 들어 당구공이 다른 공의 충격을 받아 움직이는 경우에도 공의 충격이 공의 움직임에 대한 원인이 될 수 없다. 운동의 선후관계가 파악될 뿐 인과관계는 파악되지 않는다. 우리는 먼저 일어나는 현상을 원인으로, 뒤에 일어나는 현상을 결과로 간주하기 쉬운데 실제로는 '이것보다 먼저'라고 할 수 있을 뿐이며 '이것 때문에'라고 할 수는 없다. 연속적으로 일어나는 현상을 목격하면 우리는 이 양자가 인과관계에 있다는 생각을 하게 되는데 그것은 습관에서 생기는 주관적 신념에 불과하다. 주관적 신념은 논리적인 확실성이 아니라 개연성을 가질 뿐이다. 습관적인 인상을 사물 속에 주입시켜 우리는 그것을 인과성이라 부른다. 모든 경험적인 인식은 주관적인 습관에 근거하는 일종의 신념이다. 실체란 쉴새없이 생겨나는 '지각의 묶음'(bundle of perception)에 불과하다. 태양이 동쪽에서 떠올라 서쪽으로 지는 현상도 필연적인 법칙에 의한 것이 아니다. 어제도 그랬고 오늘도 그러하니 내일도 그러할 것이라고 사람들이 믿을 뿐이다. 내일은 서쪽에서 떠 동쪽으로 질지 아무도 모른다. 이처럼 유물론적 기초 위에서 출발한 경험론을 주관적 관념론으로 변질시키면서 흄은 결국 불가지론과 회의론의 함정에 빠진다. 그는 모든 학문이 현상을 통해서 본질로 나아가며 필연적인 법칙을 발견하는 과정에 서 있다는 사실을 완강히 부정한다. 실체도 없고 인과법칙도 없고 보편적인 법칙이나 진리도 없다면 모든 과학은 불가능하다. 결국 그의 회의론이 붙잡을 근거는 버클리에서와 마찬가지로 신밖에 없다. 회의론자들은 기차도 탈 수 없고 시계도 볼 수 없고 음식도 먹을 수 없다. 기차가 언제 탈선할지 시계가 언제 뒤로 갈지 음식이 언제 코로 들어갈지 전혀 예측할 수 없기 때문이다. 가만히 앉아서 기도나 하는 수밖에 없다.

13. 인간은 생각하므로 존재하는가?

인간은 항상 생각하면서 살아간다. 생각을 인간의 근본특징으로 승화시킨 철학자가 데카르트이다. 데카르트는 1596년 3월 31일 프랑스의 투레느(Touraine) 지방에서 법률가의 세 째 아들로 태어났다. 이듬해 바로 어머니가 죽고 외롭게 자란 그는 당시의 유명한 예수회 학교에 들어가 교육을 받는다. 그는 특히 수학에 관심이 많았고 모든 것을 비판적으로 바라볼 수 있는 안목을 여기서 길렀다. 1612년 이 학교를 졸업하고 파리의 사교계에 드나들면서 청년 시절의 행복을 만끽하다가 싫증을 느끼고, 1615년 조용히 서재에 들어와 연구한 후 1616년에 법학 석사 학위를 받았다.

1618년에는 조그만 영지를 유산으로 물려받자 데카르트는 군사 교육을 받기 위해 네덜란드로 갔다. 이듬해 독일을 여행하면서 이상한 꿈을 꾸었는데, 그는 이 꿈을 수학에 기초한 통일된 자연과학을 창설하는 것이 자기의 숙명이라는 신의 계시로 받아들인다. 네덜란드에서 물리학자 베크만(Beckman)과 친교를 맺는다.

그 동안 군인의 신분으로 유럽 각지를 여행했으며, 30년 전쟁이 일어나고 얼마 후 독일 바이에른 제후의 군대에 들어갔으나 그 후 다시 가톨릭 황제인 페르디난드 2세의 군대에 들어가 프라하 전투에까지 참가한다. 그 후 제대하고 1621년부터 헤이그에 자리를 잡았다. 그리고 이탈리아를 여행한 후 1625년에 파리에 머물면서 시인 발자크(H. Balzac)와 친교를 맺고 1628년에 네덜란드 암스테르담으로 영구 이주한다.

그는 군복무 기간에도 계속 수학을 연구했으며 군 장교, 법관 등의 여러 가지 직업을 선택할 수 있음에도 불구하고 조용한 은거 생활에 들어가 철학에 전념하였다. 암스테르담이 그에게는 완전한 자유를 허용해 주는 가장 이상적인 곳으로 생각되었다. 이 기간 동안에 가진 외부 세계와의 접촉은 파리시절의 친구인 수도승 메르센(M. Mersenne)과의 서신교환뿐 이었다. 네덜란드에 머무는 20여 년 동안에 많은 그의 저술이 완성된다. 그 사이 3번 프랑스를 여행했었고, 1649년 스웨덴 여왕의 초청을 받아들여 스톡홀름에 갔으나, 익숙하지 못한 기후로 말미암아 이듬해인 1650년 2월 11일 거기서 눈을 감았다. 유골이 프랑스로 되돌아온 것은 1967년이었다.

그의 주요 저서로는 『방법서설』(*Discours de la méthode*, 1637), 『제1철학에 대한 성찰』(*Meditationes de prima philosophia*, 1641), 『철학의 원리』(*Principia Philosophiae*, 1644), 『정념론』(*Les passions de l'âme*, 1649)등이 있다. 물론 이에 앞서 『세계론』(*La monde*, 1643)이라는 책을 저술했으나 갈릴레이의 유죄 판결에 대한 소식을 듣고 친구의 권유에 따라 원고를 모두 불태워 버렸다. 왜냐하면 여기에서도 갈릴레이와 비슷한 우주론이 서술되었기 때문이다.

그의 저서들이 이탈리아에서는 1643년에, 네덜란드에서는 1656년에 금지되었다. 데카르트의 철학에 대하여 가장 신랄하게 비판한 사람은 정통적인 칼뱅주의자이며 우트레히트 대학의 신학 및 동방어 교수였던 보에티우스(G. Voetius, 1589~1676)였다. 당시 우트레히트 대학에서 르네리우스(H. Renerius, 1589~1676)가 데카르트를 소개하는 강의를 시작했으며, 르 로이(Le Roy)가 그를 뒤따랐다. 보에티우스가 이들에 대한 공격을 시작했기 때문에 르로이는 강의를 중단해야 했다. 보에티우스의 주동으로 대부분의 교수들은 데카르트의 원칙들을 거부하기로 결정하였다. 논리학자이며 물리학자였던 쇼크(M. Schook)는 『데카르트의 철학』(1643)을 출간하여 데카르트를 공격하였고, 이에 대하여 데카르트는 응답하였다. 보에티우스는 데카르트를 위장한 예수회 신도라 칭하고, 우트레히트 대학 당국은 데카르트를 사이비 이론의 전파자로 낙인찍었다. 드디어 1645년 6월 2일 대학 당국은 찬반을 불문하고 데카르트에 관한 모든 논쟁을 금지시켰다.

데카르트에 의하면 오늘날 학문이라는 이름으로 존속하는 것은 서로 연관 없는 모순된 의견들의 불완전한 결합에 불과하다. 통일성과 확실성을 줄 수 있는 원리가 결여되어 있다. 학문에서 어떤 지속적인 것이 나타나려면 진리라고 생각되는 모든 것이 재구성되어야 한다. 왜냐하면 인간은 아이로서 세상에 태어나 오성의 능력을 완전히 소유하기 전에 사물을 판단하고 평가하는 방법을 배우기 때문이다. 그러므로 인간은 늘 편견에 사로잡혀 있고 이러한 편견을 벗어나기 위해 모든 것을 의심해야 한다. 첫째, 인간의 감각을 의심해야 한다. 감각은 불확실하고 착각의 경우에서처럼 때로 인간을 속인다. 우리의 감각적 경험은 마음속에 생긴 심상에 불과하므로 우리의 마음밖에 있는 사물과 일치하는지 확인 할 수 없다. 그 결과 감각적인 대상의 존재까지도 의심해야 한다. 둘째, 확고한 원리와 논증을 제시하는 것 같은 수학의 진리도 의심해야 한다. 왜냐하면 인간의 오성은 때로 오류를 범하며, 어떤 전능한 자가 인간으로 하여금 그러한 오류를 범하게 만들어 놓았는지도 모르기 때문이다. 그러므로 나는 세계가 내 눈앞에 나타나는 것처럼 실제로 만들어져 있는가, 신이 존재하는가, 나 외의 어떤 물체가 존재하는가, 내가 육체를 갖고 있는가, 2×2=4인가, 나라는 것이 도대체 존재하는가 등의 모든 것을 의심하고 부정할 수 있다. 그러나 한 가지 의심할 수 없는 사실이 있으니 그것은 내가 지금 의심하고 있다는 사실이다. 의심하면서 내가 존재한다는 사실은 의심하면 할수록 더욱 확실한 것으로 나타난다. 모든 것을 의심할 수 있어도 지금 내가 의심하고 있다는 것, 의심하면서 존재한다는 사실만은 의심할 수 없다. 어떤 지고한 존재가 있어서 내가 상상하는 모든 것에서 나를 속인다 할지라도 내가 존재하지 않는다면 나를 속일 수 없고 내가 생각하는 동안 내가 존재하는 것을 막을 수 없다. 속는다는 것은 그릇된 것을 상상한다는 것이다. 상상 자체는 속는 것이 아니다. 모든 것이 존재하지 않을 수도 있지만, 이 사실을 생각하는 존재는 존재하지 않을 수 없다. 모든 것이 오류일 수 있지만 잘못 생각한다는 자체는 오류가 아니다. 모든 것이 부정될지라도 부정하는 사람은 남아 있다. 의식의 모든 내용이 사라질지라도 사유자의 존재인 의식은 무너질 수 없다. 이렇게 하여 모든 지식의 출발점인 확고부동한 진리가 발견되었으니, 그것은 사유하는 자아의 의식이다. 의심한다는 것은 생각한다는 것이고, 생각한다는 것은 존재한다는 것이다. "나는 생각한다, 그러므로 나는 존재한다"(Cogito, ergo sum)—이것이 모든 인식 중에서 가장 최초의 인식이고 가장 확실한 인식이다.

이렇게 아무런 논리적 증명이 필요 없는 자명한 직접적인 인식을 데카르트는 명석·판명(clare et distincte)하다고 말한다. 명석은 애매하지 않는, 판명은 혼동이 없는 개념을 말한다.

데카르트는 관념을 3가지로 나눈다. 곧 외부의 사물에 의하여 주어지는 외래관념, 우리 스스로가 만들어내는 인위관념, 태어날 때부터 갖고 있는 본유관념(생득관념)이다. 본유관념의 대표적인 것이 신이다. 신은 무한하고 전지 전능한 관념을 본질로 한다. 이러한 관념은 외부의 사물에 의하여 주어질 수 없다. 왜냐하면 외부의 사물은 모두 유한하기 때문이다. 그렇다고 유한하고 불완전한 인간이 만들어낼 수도 없다. 그러므로 결국 그것은 본유관념에 속한다. 결국 무한성과 완전성의 관념은 무한하고 완전한 존재에서 나와 인간의 마음 속에 주어지는 것이라는 결론을 내리지 않을 수 없으며, 이렇게 하여 신의 존재가 증명된다. 이 증명은 안셀무스(Anselmus)의 존재적 증명을 기초로 하고 있다.

신의 존재가 증명되고 다시 그것으로부터 물체의 존재가 증명된다. 물질적이며 우리의 감각을 자극하는 사물의 존재는 어떻게 증명되는가? 어떤 것을 우리가 접할 때 항상 다르게 지각한다는 것은 감성적인 지각이 우리 자신으로부터 나오지 않는다는 증거이다. 신이 지각을 직접 인간에 주입시켜 작용하게 한다는 것은 불가능하다. 왜냐하면 완전하고 진실한 신이 때로 착각을 일으키는 지각의 근원이 될 수 없기 때문이다. 지각의 근원은 물체 자체에 있다. 신은 완전한 존재이므로 반드시 진실해야 한다. 신은 진실하기 때문에 우리를 기만하지 않는다. 감각이나 오성의 오류는 인간의 책임이다. 세계는 신이 만든 것이며, 인간은 신이 부여한 능력인 오성을 사용하여 세계를 올바로 인식할 수 없다. 이렇게 하여 데카르트는 사유하는 정신의 존재를 인정하고, 본유관념으로서의 신의 존재를 증명한 다음 신의 성실성으로 보증되는 물체의 존재를 긍정한다. 물론 그의 이러한 논증은 일종의 순환 논증이라고 비난을 받는다. 왜냐하면 관념으로부터 신의 존재가 증명되고, 신의 존재는 다시 인간의 관념을 보증해주는 역할을 하기 때문이다.

데카르트는 '존재하기 위하여 다른 어떤 것도 필요로 하지 않는 것'을 실체(substantia)라 부르고 신, 정신, 물체를 3실체라고 하였다. 그 중에서도 신은 무한 실체이고 나머지는 유한 실체 혹은 2차적 실체이다. 실체가 갖고 있는 성질 가운데서 본질적인 성질이 속성(atributum)이며 2차적인 성질이 양태(modus)이다. 정신의 속성은 사유이며 그 양태는 감정, 의지, 표상, 판단 등이고 물체의 속성은 연장(延長)이며 그 양태는 위치, 형태, 운동 등이다. 정신과 물체는 이렇게 하여 서로 독립된 실체가 된다. 결국 정신과 물체가 대립하는 이원론적인 세계관으로 나아가지 않을 수 없다.

데카르트의 철학에 대한 최초의 비난이 신부인 카테루스(Caterus)에서 나타났다. 메르센에게 보낸 데카르트의 편지에 카테루스의 이름이 언급

된다. 카테루스는 데카르트의 "나는 생각한다, 그러므로 나는 존재한다"라는 명제와 연관하여 오성 속에 존재하는 이념을 객관적 존재로 간주하는 것이 정당한가를 묻는다. 다시 말하면 오성 속에 관념적으로 존재하지만 실제로 존재하지 않는 일이 가능하다는 것이다. 왜냐하면 인간의 관념은 많은 경우 상상과 연관되기 때문이다. 이와 비슷한 방향에서의 비난이 그의 친구였던 메르센과 홉스에게서 나타난다. 전자의 비판은 일원론적 관념론에 관한 것이었다. 왜냐하면 데카르트는 물체와 정신의 이원론적으로부터 결국 정신과 신을 우위에 두는 관념론으로 나아갔기 때문이다.

개념으로부터 존재를 증명하는 그의 실체 개념에 대한 비판과 더불어 그의 이원론적인 세계관에 대한 논쟁은 더 심화된다. 물체와 정신은 인간의 의식 속에서는 상반되지만 실제로는 상반되지 않기 때문에 문제가 발생한다. 육체와 영혼이 서로 다른 실체라면 어떻게 조화를 이루는가? 이들의 상호작용을 해명하기 위해서는 둘 중의 하나가 다른 것에 의존하는 것이 되지 않으면 안 된다. 그러므로 홉스는 정신의 독자성을, 버클리는 물체의 독자성을 인정하지 않았다. 또한 기회원인론자(Occasionlist)들은 심신 상호작용을 아예 부정하고 나선다. 대표적인 사람이 겔링크스(A. Geulincx, 1624~1669)와 말브랑슈(N. Malebranche, 1638~1715)이다. 육체와 정신이 독자적인 실체로 되어 있다면 내가 어떤 글자를 쓰려고 마음먹을 때 어긋나지 않게 글씨가 육체인 손에 의해서 쓰여지는 이유는 어디에 있는가? 또 날아가는 새를 보고 그에 대한 관념을 갖게 되는데, 왜 새의 운동이라는 물체에 속하는 실체가 나의 관념이라는 정신의 실체에 대하여 일정한 관념을 갖게 만들어 주는가? 이러한 물음에 대하여 기회원인론자들은 이 양자의 결합 속에는 신의 의지에서 나타나는 기적이 개입되어 있다고 대답한다. 다시 말하면 신이 나의 의지의 방향을 알아차리고 내가 원하는 '기회'를 포착하여 거기에 일치하는 결과를 만들어 준다는 것이다. 신은 내가 글씨 쓰기를 원할 때 글씨가 쓰이도록 손을 움직이고, 또 새가 날아갈 때 그에 대한 표상을 마음속에 만들어 준다. 이러한 해답은 일종의 상상에 지나지 않는다. 왜냐하면 이 경우에 신은 세상에서 일어나는 모든 일들을 일일이 간섭해야 하고 쉴새없이 손을 움직여야 하기 때문이다.

데카르트와 동시대인인 종교 철학자 파스칼(B. Pascal, 1623~1662)은 데카르트의 명석·판명한 원리 및 그것을 기초로 하는 수학적 인식방법을 절대적 이상으로 삼았으나, 데카르트와는 정반대인 종교적 신비주의로 나아간다. 그는 데카르트처럼 회의와 이성적인 입장에서 규명할 수 없는 여러 가지 문제들을 결국 신의 비밀로서 해결해 버린다.

스피노자(Baruch de Spinoza, 1632~1677)가 신의 인식을 통해서 신의 사랑을 배우도록 가르쳤다면, 파스칼은 신이 이성으로 파악되는 것이 아니라 가슴으로 느껴진다고 가르침으로써 신앙의 불합리성을 강조한다.

14. 라이프니츠와 낙천주의

악은 그 내용뿐 만 아니라 그 영향이나 근원 때문에도 철학의 관심을 끌어 왔다. 악의 문제를 진지하게 해명하려한 철학자중 하나가 라이프니츠이다.

라이프니츠(Gottfried Wilhelm Leibniz, 1646~1716)는 독일을 황폐하게 만든 30년 전쟁(1618~1648)이 끝나기 직전인 1646년 6월 21일 독일 라이프치히에서 법학 교수의 아들로 태어났다. 법률가 출신이었던 어머니는 아버지의 세 번째 부인이었다. 6세 때 아버지가 죽고 여동생 베로니카(Veronika)가 유복녀로 태어났다. 그는 독립심이 강하고 굳은 의지를 소유하였던 만큼 열심히 공부하여 15세 때 라이프치히 대학에 입학하였다. 여기서 법학과 철학을 공부하고 17세 때 「개체의 원리」(*Deprincipio individui*)라는 논문을 썼는데, 이 논문에서 그는 유명론을 지지하였다. 그 해 여름을 그는 예나에서 보내면서 유명한 수학자 바이겔(Weigel)로부터 수학을 배웠고 수학은 그의 철학에 지대한 영향을 미친다. 바이겔은 수학적인 방법을 모든 학문에 적용해야 하며 스콜라 철학자들에 의하여 망가진 논리학을 유클리드의 기하학으로 재건해야 된다고 주장하였다. 라이프니츠는 '보편적인 학문으로서 수학(mathesis universalis)이라는 원리를 바이겔로부터 받아들였다. 또한 그는 새로운 철학자들, 곧 베이컨, 홉즈, 가상디, 데카르트 등에 관해서 배우게 되었다. 그 해 가을 라이프치히로 돌아왔으며 깊은 사색을 통해 스콜라 철학 대신에 기계론적 사상에 동의하기로 결심했다고 그는 말한다.

"어릴 때부터 나는 아리스토텔레스를 배웠다. 스콜라 철학자들도 결코 혐오를 주지 않았으며 오늘날까지도 그러하다. 플라톤과 플로티노스는 나에게 많은 즐거움을 주었으며 다른 고대의 철학자들에게서도 나는 차례로 충고를 얻는 즐거움을 느꼈다. 그러나 니콜라이 학교를 졸업할 때쯤 나는 근세의 철학자들에 빠졌다. 라이프치히의 로젠탈이라는 숲 속을 거닐면서 스콜라 철학자들의 실체개념을 받아들일 것인가를 곰곰히 생각하던 때가 기억난다. 그때 내 마음속에서 기계론이 승리를 하고, 그때부터 나는 수학적인 학문을 연구하였다."[40)]

18세 때 당시 43세였던 어머니가 죽자 다소 침체되었으나 계속 열심히 공부하였다. 20세 때 박사 학위를 받을 수 있는 모든 자격을 갖추었으나 당시 라이프치히 대학에서는 라이프니츠가 너무 어리기 때문에 몇 년을 더 기다려야 한다고 결정하자 라이프니츠는 뉴른베르크로 떠났다. 고향을 떠나면서 그는 아버지의 직업을 결코 이어받지 않기로 결심을 하였다. "나는 여행을 하고 수학을 배우려 했다. 왜냐하면 말뚝박은 듯이 고향에 집착하는 것은 젊은이에 어울리지 않는다고 생각했기 때문이다.

40) Glockner, *Ebd.*, S. 495.

나의 마음은 학문에서 커다란 명예를 얻고 세상을 알아보고 싶은 호기심에 불탔다."[41] 뉴른베르크 근처의 알트도르프 대학에서 그는 20세의 나이로 법학 박사 학위를 받았다.

그는 연금술에도 흥미를 느껴 연금술 연구회에도 가입하였으며, 마인츠의 장관을 지낸 보이네부르크(C. von Boineburg)를 알게 되었다. 보이네부르크는 라이프니츠의 재능을 인정하고 마인츠로 그를 선제후 쉔보른(P. von Schönborn)에게 소개했다. 26세 때 그는 프랑스 왕 루이 14세를 독일과의 전쟁으로부터 이집트로 눈을 돌리도록 설득하기 위해 파리에 파견되었으나 그의 임무를 성공리에 수행하지 못하였다. 그의 제안은 기독교를 신봉하는 유럽의 국가들이 서로 다툴 것이 아니라 단합하여 비기독교 국가들을 분쇄해야 된다는 내용을 골자로 하고 있는데, 많은 사람들은 이 제안이 시대에 뒤떨어진 생각이며 십자군의 전쟁을 재현시키는 비인도적인 것이라고 일축하였다. 그러나 개인적으로 그의 여행은 큰 성과를 거두었다. 그는 1672년부터 4년 간 파리와 런던을 왕래하면서 수학 공부에 전념하였고 아르노(Antoine Arnauld, 1612~1694), 뉴턴 등 많은 철학자들을 만났으며 1676년 헤이그에서 스피노자를 알게 되었다. 1667년에 라이프니츠는 미분 계산법을 발견하였는데 뉴턴도 그에 앞서 비슷한 계산법을 발견하여 1687년에 발표하였다. 누가 최초의 발견자인가라는 문제를 둘러싸고 많은 논쟁이 일어났다. 그러던 중 그를 후견하던 보이네부르크가 죽었고, 라이프니츠는 하노버의 공작 프리드리히의 초청을 받아 그곳에 가서 사서직을 담당하면서 여생을 보냈다. 그의 주

---

41) *Ebd.*, S. 496.

장에 의하여 1700년경 베를린에 학술회가 설립되었고, 그것은 그후 프리드리히 대왕의 치세 때 베를린 학사원으로 개편되었다. 러시아에도 비슷한 연구원을 설립하도록 자극했으며 러시아의 황제인 피터 대제와도 여러 번 만났다. 라이프니츠는 러시아의 비밀 법관에 임명되었으며, 1690년에 귀족의 칭호를 받았다. 가톨릭과 개신교의 재결합을 위해 노력했으나 성공하지 못했다. 1712년부터 빈에 머물면서 사보이의 오이겐(Eugen) 공주를 위해 자신의 철학 체계를 요약하였는데 그것이 그 유명한 단자론이 되었다. 다시 하노버로 귀국하였으나 공작과의 불화로 유쾌하지 못한 생활을 보내다가 1716년 11월 4일에 죽었는데 장례에 참석한 궁정의 인물들은 아무도 없었다.

라이프니츠는 주로 당시의 학술어인 라틴어와 궁정어인 프랑스어로 저술하였다. 그러나 독일어에 대한 사랑은 결코 버리지 않았다.

> "나는 영국과 프랑스에서 스콜라적인 사고방식이 빨리 사라진 이후로 이 나라의 국민들이 오래 전부터 모국어로 철학을 하기 시작했다는 사실을 들고 싶다. 그리하여 이 나라에서는 성직자가 아닌 사람이나 여인들까지도 철학적인 문제에 대하여 판단할 수 있는 가능성을 가졌다. 스콜라적인 신학자들이 철학자들을 제어하지 않았더라면 이탈리아에서도 사태는 비슷했을 것이다. 반대로 독일에서는 독일어로 철학을 시작하지 않았기 때문에 강단 철학이 아주 보수적인 색채를 띠게 되었다. 그러나 나는 철학적인 시도에서 독일어보다 더 적합한 언어는 전 유럽에 존재하지 않는다고 감히 말하고 싶다."[42]

라이프니츠는 실제로 독일어를 개선하기 위해 많은 노력을 기울였다.

---

42) *Ebd.*, S. 50.

그의 주요 저서로는 『자연의 신체계』(*Neues System der Natur*, 1695)와 『단자론』(*Monadologie*, 1714), 『자연과 은총의 원리』(*Prinzipien der Natur und Gnade*, 1714), 변신론』(*Essais de Theodicee*, 1717) 및 『인간 오성에 관한 새로운 시론』(*Neue Versuche über den menschlchen Verstand*) 등이 있다.

라이프니츠는 세계를 구성하고 있는 근본 실체가 단자(Monade)라고 생각하며, 이러한 실체 개념을 데카르트의 철학과 유물론에 반대하고 이 양자를 조화시키려는 의도에서 전개하였다. 그는 원래 성격상으로도 상반성을 피하고 조화를 모색하는 경향을 갖고 있었다. 가톨릭과 개신교를 융합하려 했던 그의 노력이 그것을 말해 준다. 리이프니츠는 실체개념을 형이상학의 축으로 삼는 데카르트가 물질이라는 실체개념을 독립된 자족한 어떤 것으로 가정하고 그 속성을 다만 연장으로 규정하여 그로부터 활동하는 힘의 개념을 배제해 버리는 오류를 범했다고 평가한다. 왜냐하면 운동은 힘의 개념과 결코 분리될 수 없기 때문이다. 라이프니츠는 모든 존재자는 내적인 활동성을 통해서 다른 존재자와 구분되는 개별자라고 주장한다. 실체는 힘을 소유하고 있는 개체이다. 데카르트는 물질의 속성을 연장으로 생각하여 그것이 무한히 분할될 수 있음을 암시하였다. 원자론에서 그는 데카르트와는 달리 더 이상 쪼갤 수 없는 원자를 세계의 근본 요소로 가정한다. 그러나 더 이상 쪼갤 수 없는 원자는 물질이 아니어야 한다. 물질적인 점인 원자는 더 쪼개어질 수 있기 때문에 점이 아니며, 더 이상 쪼개어질 수 없는 것은 수학적인 점인데 그것은 실제로 존재하지 않는다. 더 이상 쪼갤 수 없으면서 실제성을 갖는 점이란 결국 단자뿐이다. 그러므로 참된 원자는 단자이다. 라이프니츠는 기계론적인 원자 개념과 아리스토텔레스의 엔텔리히(Entelechie), 곧 영성을 띠는 형상 원리인 힘의 개념을 결합시키면서 단자의 개념에 도달했는데 어원상으로 '단일성'(Einheit)을 뜻하는 이 말을 브루노로부터 차용한 것 같다.

라이프니츠에서 단자의 특성은 다음과 같다.

첫째, 단자는 점(Punkt)이다. 그것은 비물질이며 그러므로 더 이상 쪼개질 수 없는 점이다. 그러나 그것은 공간상의 단순한 가정에 불과한 기하학적인 점이 아니라 형이상학적인 점이다. 곧 사방으로 힘의 작용을 발산하고 있는 실체적인 점이다. 힘의 중심점인 단자로부터 어떻게 공간 속의 물체가 발생했는가? 실제로는 단자의 결합밖에 존재하지 않는데, 인간의 잘못된 상상력이 실체의 연속성, 곧 연장을 갖는 실체가 실제로 존재하는 것처럼 생각한다고 라이프니츠는 대답한다. 감성적인 직관은 공간과 물질의 연속성을 상상한다. 오성만이 이러한 연속성이 연장이 없는 단자들의 집합에 불과함을 간파한다.

둘째, 단자는 힘(Kraft)이다. 모든 결합물, 다시 말하면 물체는 단자의 복합체에 불과하다. 물질은 결코 정적인 연장을 갖는 것이 아니라 능동적인 힘으로 구성되어 있다. 그것은 팽팽하게 당겨진 활줄이나 밧줄에 매여진 돌처럼 움직여 밖으로 나아가려 한다. 이러한 능동적인 힘을 방해하는 것을 라이프니츠는 수동적인 힘이라 부르며, 그것은 다른 단자의 저항에 의하여 나타난다.

셋째, 단자는 영혼(Seele)이다. 단자는 하나의 점이지만 모두 어떤 정신적인 능력을 갖고 있다. 최하위의 단자는 몽상과 같은 혼미한 상태에 있고 상위 층의 단자는 인간의 정신처럼 의식을 소유하고 있다. 최상위의 단자인 신은 무한한 의식, 곧 전지 전능한 힘을 갖는다. 모든 단자는 표상의 세계를 잠재적으로 내포한다. 그것은 우주의 거울이다. 그러나 단자는 그가 갖고 있는 표상 세계를 주위 세계의 경과에 따라 발전시킨다. 단자의 표상도 능동적인 힘과 수동적인 힘으로 규제된다. 능동적인 힘은 점점 더 광범위한 지각으로 나아가려 하는데 그것이 욕망이다. 모든 의지 활동이 표상과 관계된다.

넷째, 단자는 '개체'(Individium)이다. 동일한 2개의 단자란 있을 수 없다. 단자의 내부는 외부 세계에 대하여 폐쇄되어 있다. 라이프니츠의 말을 빌리면 "단자는 창이 없다"(Die Monade hat keine Fenster). 단자는 내면생활에 국한되어 있으며, 이러한 내면 생활은 무의식적인 표상으로부터 의식적인 표상에 이르기까지 많은 단계가 있다. 내면 세계와 외부 세계가 단절되어 있기 때문에 창이 없는 단자들 사이에는 서로 연관이 있을 수 없다. 그런데 어떻게 하여 세계는 전체적으로 조화를 이루어 움직이고 있을까?

이러한 물음을 라이프니츠는 신을 가정하면서 해답하였다. 곧 모든 단자는 신이라는 가장 높은 단자에게 흘러나왔다. 다시 말하자면 신에 의해서 창조되었다. 물론 라이프니츠가 말하는 창조란 무에서 모든 것이 신의 의지로 창조되었다는 성서의 창조설보다는 플로티노스의 유출설에 더 가깝다. 여하튼 세계는 신에 의하여 창조되었고, 신은 단자가 서로 조화로운 관계를 유지하도록 미리 예정해 놓았다. 이것이 바로 라이프니츠의 '예정 조화설'(die prästabilierte Harmonie)이다. 영혼과 육체 사이에도 직접적인 상호 작용은 일어나지 않으며 신에 의해서 중재된 작용이 일어날 뿐이다. "정확하게 같은 시간을 보여주는 2개의 시계를 가정해 보자. 그 원인은 3가지 작용으로 추론될 수 있다. 첫째는 두 시계가 서로 연결되어 있는 것이다. 둘째는 노련한 기술자가 서로 꼭 맞게 돌아가도록 순간마다 조정하는 것이다. 셋째는 두 시계가 아주 정교하게 만들어져 어떤 경우에도 그것이 일치한다고 우리가 확신하는 것이다. 영혼과 육체의 관계도 두 시계와 같다. 이들의 일치도 셋 중의 한 원인에 의한다."[43] 라이프니츠는 결국 세 번째의 원인을 영혼과 육체의 관계에 적용하고 정교하게 만든 주인공으로서 신을 내세운다. 이들이 서로 완전히 일치하도록 신에 의하여 사전에 계획되었다는 가정이다.

예정 조화설에 덧붙여 우리는 라이프니츠의 변신론과 낙천주의를 설명할 수 있다. 변신론이란 세상에 존재하는 악의 근거로서 비난받는 신을 변호하는 논리이다. 라이프니츠는 우선 악의 문제를 세계의 창조 문제에 포함시켜 묻는다. 세계가 최선의 것이 아니고 불완전한 것이라면 최선의 세계가 어떤 것인가를 신이 알지 못했거나 알면서도 창조하지 못한 것이 된다. 전자의 경우 신의 전지에 위배되고, 후자의 경우는 전능에 위배된다. 또 그것을 알고도 원하지 않았다면 전선에 위배된다. 라이프니츠는 악을 세계의 불완전을 근거로 하는 형이상학적인 악, 물리적인 악, 도덕적인 악의 세 종류로 구분한다. 세계가 존재하기 위해서는 형이상학적인 악은 불가피하다. 세계가 완전하고 제한을 모른다면 그것은 세계가 아니

---

43) P. Deussen, *Die neuere Philosophie von Descartes bis Schopenhauer*, Leipzig 1917, S. 147f.

라 신 자체가 되기 때문이다. 창조의 개념은 바로 불완전성을 내포한다. 자연의 재앙 혹은 신체적 고통이라는 물리적 악은 선의 실현에 쓰이는 소극적인 악이다. 밝음이 있기 위해서는 어둠이 있고 따뜻함이 있기 위해서는 추위가 있어야 되는 것과 마찬가지이다. 전체적으로 볼 때 세상에는 고통이나 비참 보다 즐거움과 행복이 더 많다.

마지막으로 도덕적인 악을 라이프니츠는 다른 두 악의 경우와 비슷하게 설명한다. 도덕적인 악도 그 총화는 도덕적인 선의 총화에 비하여 매우 적은 것이며, 창조적인 인간이 도덕적으로 완전히 선할 수는 없다. 그 대신 완전히 도덕적으로 불완전하다거나 원죄설에서처럼 철저하게 죄로써 태어난 인간도 존재할 수 없다. 여하튼 악이란 그 자체로 존재하는 어떤 것이 아니라, 선의 부재에 불과하다는 중세의 플라톤 해석으로 되돌아간다. 곧 선하고 완전한 이데아에서 어떻게 불완전하고 악한 현상계가 발생하였는가의 문제에 대한 중세적인 해답이다. 결론적으로 세계 속에는 악의 총화보다도 선의 총화가 절대적으로 우세하며 악은 선을 위한 소극적인 수단에 불과하기 때문에 세계는 최선이라는 낙천주의에 도달한다. 그러나 그의 해답도 결코 충분하게 만족을 주지 못한다는 것을 우리는 직감할 수 있다. 인류의 역사를 되돌아볼 때 악보다도 선이 더 많았다고 누가 장담할 수 있는가? 또 그것을 수긍한다 할지라도 세상에는 선의 수단으로 간주하기에는 너무나도 잔인한 악이 얼마든지 존재한다. 선과 악의 문제는 결코 추상적인 개념으로 해결할 수 없는 것이다. 인간의 의지, 활동, 사회 생활 등의 구체적인 사물로부터 해명되지 못할 때 이 문제는 가정과 사변 속에 머물지 않을 수 없다.

15. 스피노자의 범신론과 괴테

자연은 아름답다. 인간도 아름답다. 이러한 아름다움 자체 속에 진리가 들어있는가?

이러한 물음에 대답하려 했던 스피노자는 1632년 11월 24일 네덜란드의 암스테르담에서 태어났다. 그의 가족은 포르투갈에서 종교적인 탄압을 피하여 좀 더 관대했던 네덜란드로 이주해 온 유대 계통이었다. 아버지는 상당히 부유한 상인이었다. 총명한 스피노자는 유대인의 법률 박사인 랍비가 될 목적으로 암스테르담에 있는 유대 계통의 학교에 보내졌다. 이 학교의 모르테이라(Morteira)라는 랍비는 스피노자의 재능을 인정하고 장차 그가 유대교의 빛이 될 것이라는 희망을 갖게 되었다. 스피노자는 여기서 히브리어를 습득한 후에 모세의 율법과 유대의 경전인 『탈무드』(*Talmud*)를 연구하였다. 그러나 15세의 스피노자는 벌써 그가 해결할 수 없는 모순과 문제를 구약성서에서 발견하고 신앙에 회의를 느꼈다. 그는 라틴어 학교에서 라틴어를 공부한 후 플라톤, 아리스토텔레스, 데모크리토스, 에피쿠로스, 루크레티우스 등을 거쳐 브루노와 데카르트의 철학에 전념하였다. 라틴어 학교의 선생이었던 엔데(Franz van den Ende)는 유능한 라틴어 교사였을 뿐만 아니라 자유 사상가였기 때문에 스피노자의 가슴에 무신론의 씨앗을 심어 주었다. 후에 그의 스승 엔데는 네덜란드를 빠져나가 파리에 가서 프랑스 왕에 대한 음모에 가담하였고 반역죄로 붙들려 교수형을 받았다.

유대교의 의식에 참여하기를 꺼려했던 스피노자의 신앙에 대한 회의는 유대 교회로부터 의심을 받기 시작했고, 교회는 두 젊은이를 스피노자에게 보내어 그의 의중을 염탐하였다. 대화 가운데서 스피노자는 천사는 환상이며, 영혼은 생명체 안에서만 존재한다고 말하였다. 이 대화 때문에 스피노자는 유대교의 장로 앞에 소환되어 청문을 받았다. 증인으로 두 젊은이가 나왔을 뿐만 아니라 그를 아끼던 모르테이라도 나와 스피노자를 설득하려 하였다. 또한 장로들은 1,000 굴덴의 연금을 주는 조건으로 스피노자를 다시 유대교에 복귀시키려 하였으나 실패하였다. 드디어 1656년 7월 27일 스피노자는 유대 교단으로부터 저주를 받으면서 파문되었다.

> "저주의 말을 읽는 동안 때때로 큰 호른의 느리고도 비통한 듯한 곡조가 들렸다. 식이 시작할 때 환하게 켜 있던 등불은 식이 진행됨에 따라 하나씩 차례로 꺼지고 드디어 파문 당한 사람의 영적 소멸을 상징하는 듯이 마지막 등불이 꺼졌다. 장내는 칠흑 같은 어둠에 파묻혔다."[44]

유대 교단의 파문은 종교적인 이유뿐만 아니라 정치적인 이유도 포함

44) W. Durant, *Ebd.*, S. 156.

되어 있었다. 기독교의 근거를 손상하는 이단자를 스스로의 종파로부터 추방함으로써 유대교는 정부의 미움을 받지 않으려 하였다. 파문은 다음과 같은 내용을 담고 있다.

"천사의 충고와 성령의 판단에 따라 우리는 스피노자를 파문하고 저주하며, 성서에 들어 있는 613개의 율법에 따라 유대 교단으로부터 축출한다, ……그에게 밤낮으로 저주가 있을지어다. 신은 결코 그를 다시 용서하고 받아들이지 말아 주소서. ……이후부터 아무도 그와 이야기해서는 안 되고 서신 왕래도 해서는 안 된다는 것을 모두에게 경고한다. ……아무도 그를 도와주어서는 안 되고 그와 함께 같은 지붕 아래 기거해도 안 되며 아무도 그가 쓴 글을 읽어서도 안 된다."[45]

유일한 정신적 지주인 교단으로부터 파문되는 일이 방랑하며 살고 있는 유대인에게 얼마나 쓰라린 고통이라는 것을 스피노자도 잘 알고 있었지만 스피노자는 진리를 위하여 이러한 고통과 거기서 오는 고독을 용감하게 받아들였다. 그러나 유대 교단의 박해는 파문으로 그치지 않았다. 아버지는 아들을 쫓아내었고 누이동생과 친구들로부터 외면당한 스피노자는 어느 날 밤 쓸쓸하게 암스테르담의 골목길을 거닐고 있었다. 이때 어떤 광신적인 젊은이가 스피노자를 죽임으로써 자신의 신심을 증명할 목적으로 칼을 들고 스피노자를 공격하였다. 스피노자는 목에 가벼운 상처를 입고 암스테르담 교외의 조용한 다락방에 숨어 살게 되었다. 그리고 바루후라는 이름을 베네딕트로 바꾸었다.

그의 우수 어린 온화한 얼굴은 주인 부부의 마음에 들었고(커다란 고통

45) *Ebd.*, S. 157.

을 겪은 사람은 매우 표독해지거나 아주 온화해지는 법이다), 그들은 스피노자가 때때로 밤에 아래층으로 내려와 파이프 담배를 피우며 그들의 소박한 얘기에 끼어 드는 것을 매우 기뻐했다. 그는 처음에 반 덴 엔데의 학교에서 가르치는 수입으로 생계를 유지하였다. 그는 유대인 사회에서 살 때 안경렌즈 가는 솜씨를 익혔었다. 연구와 성실한 가르침이 생계 유지에 충분하지 못할 뿐만 아니라 노동은 인간을 유덕하게 하고 "기술을 못 배운 학자는 결국 놈팽이가 되기 쉽다"는 교훈 때문에 유대 법전에는 모든 학자가 한 가지 수공을 익혀야 된다는 규정이 들어 있었다. 5년 후인 1660년에 집주인을 따라 라이덴 근처에 있는 린스부르크로 이사하여 1663년까지 기거하였다. 린스부르크에 머무는 동안 스피노자는 틈나는 대로 젊은이들에게 개인적으로 철학을 가르쳐 주었고 저술도 하게 되었다. 『오성의 완성에 관하여』(*Über die Vervollkommung des Verstandes*), 『기하학적으로 서술된 윤리학』(*Ethik nach geometrischer Methode dargestellt*), 『데카르트의 철학 원리』(*Die Prinzipien der Cartesianischen Philosophie*) 등이 이 시기에 쓰여졌으나, 생존시에 스피노자의 이름으로 출간된 것은 『데카르트의 철학 원리』(1663)뿐이었다. 자기와 비슷한 내용의 저술을 출간하였다가 형을 받은 사람이 나타났기 때문이다. 1663년에 스피노자는 헤이그 부근의 보르부르크로 이사하였으나 안경렌즈를 갈아서 얻은 그의 수입이 하숙비를 충당하지 못하자, 1671년에 조그만 방으로 옮겨 근근히 생활을 하였다. 친구들로부터 재정적인 원조를 제안 받았으나 거절하였으며, 아버지가 죽자 누이들이 그를 유산의 상속에서 제외시켰으며 그는 침대 하나만을 얻는 것으로 만족하고 상속권을 포기하였다.

1673년 독일 팔츠의 선제후 루트비히가 완전한 교수의 자유를 보장한다는 조건 아래 스피노자를 하이델베르크 대학의 철학과 정교수로 초청했으나 거절하였다. 왜냐하면 "자유를 남용하여 국가가 공인한 종교에 이론을 제기하지 않아야 된다"는 단서가 붙어 있는 이 초청을 수락함으로써 자유로운 그의 저술이 방해를 받을 수 있다는 걱정과 익명으로 출간된 『신학 정치론』(*Die theologische-politische Abhandlung*)이 그의 저서임이 알려지면 하이델베르크에서도 다시 박해를 받을지도 모른다는 생각에서였다.

스피노자의 대답은 다음과 같았다.

> "각하, 학부에서 교수직을 맡는 것이 나의 소원이었다면 팔츠의 선제후인 귀하를 통해 영광스럽게도 나에게 제안된 이 자리가 바로 내 소원에 적합한 자리였을 것입니다. 무엇보다도 선제후께서 허용해 주신 철학 하는 자유 때문입니다.··· 그러나 나는 어떤 한계 안에서 자유를 지키는 것이 국가에 의해서 공인된 종교에 방해되지 않는가를 알지 못합니다.··· 그러므로 각하도 아시다시피 나는 더 큰 명예를 바라면서 마음의 동요를 일으키고 싶지 않으며 내가 지금 누리고 있는 안정을 사랑하기 때문에 포기하지 않을 수 없습니다······."[46]

1677년 나이 44세를 갓 넘어 스피노자는 죽음을 바라보게 되었다. 먼지가 많은 골방에서 안경렌즈을 갈면서 얻은 폐병으로부터 그는 결국 회복할 수 없게 되었다. 그의 임종은 그의 삶처럼 조용하고 안정되었으며 죽음의 모든 공포로부터 벗어나 있었다. 그는 소크라테스처럼 평소의 태

46) *Ebd.*, S. 164.

도대로 아무런 변화도 없이 조용하게 그의 마지막 시간을 기다리고 있었다. 그는 생전에 출판하지 못한 저술들이 사후에 분실되거나 파손될 것을 걱정하여 책상 서랍에 넣고 자물쇠로 잠근 다음 사후에 출판업자에게 열쇠를 전해 주기를 주인에게 부탁한 후, 일요일인 2월 23일 친구인 의사 마이어(Meyer)박사의 팔에 안겨 세상을 떠났다. 순박한 민중은 그의 온화한 성품을 사랑하였다. 철학자들과 관리들이 민중과 함께 그를 최후의 휴식처까지 전송하였다.

1880년 암스테르담에서 스피노자의 기념비가 세워지려 할 때 유대교와 기독교 성직자들은 하늘의 분노가 세속화된 이 도시에 내려올 것이라는 비판을 퍼부었으며, 경관들이 동상을 보호해야 되었다. 그러나 1882년 헤이그의 동상 제막식에서 르낭(J. E. Renan)은 기념사에서 다음과 같이 말하였다.

> "이 온화한 사상가의 동상에 모욕을 던지며 지나가는 자에게는 재난이 있으리라. 이러한 자들은 모든 천한 영혼들처럼 스스로의 비속함 때문에 그리고 신성한 것을 이해하는 능력이 없기 때문에 벌을 받을 것이다. 이 분은 화강암 대좌 위에서 그가 찾아낸 행복의 길을 만인에게 제시해줄 것이다. 그리고 앞으로 이곳을 지나가는 교양 있는 나그네는 마음속으로 생각하리라 : 아마도 신의 참된 모습이 여기서 가장 잘 나타나 있다."[47]

스피노자의 형이상학은 과학적 · 역사적 방법에 의하여 성서를 비판한 초기 저서 『신학 정치론』에서 시작한다. 스피노자도 홉스처럼 종교는 진

---

47) *Ebd.* S. 195.

리의 인식을 근거로 하는 것이 아니라, 사람들을 복종시키기 위한 국가의 한 기능에 불과하다고 생각한다. 그러므로 성서는 문학적으로 과장된 서술 형식을 사용하여 대중을 현혹시킨다. "성서는 사물을 자연의 원인에 따라 설명하지 않는다, 특히 교양이 없는 계층의 사람들에게 공포를 주어 신을 받아들이는 방식으로 성서는 기술되었다. ……성서는 이성을 설득시키려 하는 대신 인간의 상상력과 감정을 자극하고 장악하려 한다."48) 이러한 방법의 대표적인 예가 소위 기적이다. "지금까지 자연에 관해 만들어 온 개념과 어긋나는 어떤 불가사의한 일이 자연 속에서 일어날 때 신의 전능과 섭리가 분명하게 드러난다고 대중은 생각한다. ……그들은 자연이 평소의 질서에 따라 움직이는 한, 신은 활동하지 않으며 반대로 자연적 힘과 자연의 원인은 신이 활동하는 한 작용하지 않는다고 생각한다. 이렇게 하여 그들은 신의 힘과 자연의 힘이라는 서로 다른 두 힘을 가정한다."49) 그러나 이러한 생각은 오류와 무지에서 나오는 것이다. 신의 활동은 결코 자연의 질서와 어긋나지 않는다. 모세가 홍해를 건널 수 있었던 것은 신의 기적에 의해서가 아니라 동풍의 작용 때문이었다. 바다가 갈라지는 현상은 종교와 무관하게 때로 일어난다.

그러나 사태를 냉철하게 판단하는 과학자나 철학자와 달리 우매한 대중은 환상에 의존하여 기적을 바라보고 거기서 신의 힘과 공포를 느낀다. 기적과 미신은 항상 대중에게 무한한 힘을 발휘하였다.

철학자가 냉철한 지성으로 파악한 자연 현상의 근거는 도대체 무엇인가?

48) *Ebd.*, S. 165.
49) *Ebd.*

이에 대한 해답이 1677년에 나온 그의 『윤리학』(*Ethica*)속에 들어 있다. 스피노자도 아리스토텔레스, 데카르트 등과 마찬가지로 실체(Substanz)라는 개념을 사용했다. 세상에는 단 하나의 실체만이 존재하는데 이 실체의 특성은 첫째 유일하고, 둘째 무한하며, 셋째 독자적이다. 독자적이라는 말은 실체가 다른 어떤 것의 도움이 없이 그 자체로 존재하고 파악된다는 말이다. 완전히 독자적인 본질은 다른 것에 의하여 제한되지 않는다. 독자성으로부터 무한성이 나오고 무한성으로부터 유일성이 나온다.

실체는 스스로 어떤 것에 의존하지 않으면서 모든 다른 것이 의존하고 있는 본질이며 모든 다른 것의 원인이 된다. 다시 말하면 실체는 순수한 존재(das reine Sein)이다. 그러나 실체는 사물의 밖이 아니라 사물의 안에 존재하는 어떤 것이며, 그러므로 스피노자가 실체와 자연을 일치시키고 동시에 그것을 신이라 부를 때 신을 기독교에서처럼 세계를 초월한 인격적인 신이 아니라 사물의 핵심으로 이해하는 것이다. 사물은 결코 신에 의해서 창조된 것도 아니고 또 플로티노스의 경우에서처럼 신으로부터 유출된 것도 아니다. 사물은 신의 필연적인 본성의 결과에 불과하다. 내각의 합이 2직각이라는 결과가 삼각형의 본성에서 필연적으로 나타나는 것과 마찬가지다. 스피노자는 그러나 자연을 2가지 측면에서 이해하려 한다. 포괄적 의미에서 능동적이고 생동하는 자연은 '능산적 자연'(natura naturans)이고 유한한 사물의 세계를 총괄하는 개념으로서 자연은 '소산적 자연'(natura naturata)이다. 전자의 의미에서 자연은 실체 및 신과 일치되나, 후자의 의미에서는 구분된다. 능산적 자연은 외부의 간섭 없이 그 자체의 법칙에 따라 움직인다. 여기서 자유와 필연이 일치한다.

스피노자는 이렇게 하여 실체=신=자연이라는 명제에 도달하고 근세 범신론의 기틀을 마련한다. 여기서 스피노자가 말하는 신은 비인격적이고 내재적인 신성의 의미로 사용되었으며 그렇기 때문에 종교에서 말하는 인격적이고 초월적인 의미의 신과 불화를 일으킨다. 신과 실체의 일치는 이미 데카르트가 주장하였으며, 신과 자연의 일치는 이미 브루노가 주장한 적이 있다. 스피노자는 그의 범신론에서 둘의 사상을 결합하고 완성하려 하였다.

스피노자의 범신론(Pantheismus)은 괴테((Johann Wolfgang von Goethe, 1749~1832)의 세계관에 지대한 영향을 미쳤다. 가장 두드러진 예가 괴테의 소설 『파우스트』(*Faust*)이다. 그레첸(Gretchen)과의 대화에서 파우스트는 말한다.

"누가 감히 신을 이름할 수 있을까?... 만물을 포섭하는 자, 만물을 보존하는 자, 그는 너 도 나 도, 그 자신까지도 포섭하고 보존하고 있지 않는가? ……이름은 하늘의 빛을 안개처럼 덮어 버리는 소리이며 연기에 불과하다."50)

---

50) Goethe, *Werke in 12 Bänden*, Berlin 1981, *Band 4*, S. 277f.

16. 종교적 관용과 휴머니즘

서양 근세철학은 봉건주의로부터 자본주의로 옮아가는 사회발전과 맞물려 발생하였다. 그러므로 이 시대를 대변하는 참다운 철학은 관념론의 성격을 지니는 경험론과 합리론이 아니라 1789년의 프랑스 대혁명을 준비해 준 프랑스의 유물론 철학이었다. 가상디(Pierre Gassendi, 1592~1655), 베일(Pierre Bayle, 1647~1706), 멜리에(Jean Meslier, 1664~1729), 콩디악(Etienne Bonnot de Condillac, 1715~1780), 라메트리(J. O. La Mettrie, 1709~1751), 디드로(Denis Diderot, 1713~1784), 달랑베르, 엘베시우스, 돌바하, 콩도르세, 볼테르, 루소(Jean Jacques Rousseau, 1712~1778) 등이 프랑스 혁명의 이념적인 무기를 제공하였다. 우리는 사회문제를 특별히 부각시킨 마지막 두 사람에 관해서 살펴보기로 하자.

볼테르의 생애는 대단히 다양하고 적극적인 것이었기 때문에 우리는 그의 생애와 사상을 구분하여 설명하기 어렵다. 둘은 서로 얽혀져 있다고 말할 수 있다.

볼테르의 원명은 프랑스와 마리 아루에(Francois Marie Arouet)였으며 1694년 11월 21일 파리의 세느 강가에서 한 공증인(후에 경리직으로 전직)의 아들로 태어났다. 아버지는 직업에 충실한 대단히 실용적인 사람이었으며, 어머니는 교양이 풍부한 귀족 출신이었다. 다섯 아이 중에서 셋이 자랐는데 프랑스와가 제일 막내였다. 그는 몸이 허약하게 태어났기 때문에 산파는 그가 얼마 살지 못할 것이라 예언했지만 이 예언은 어긋났다. 왜냐하면 프랑스와는 84세까지 살았던 것이다. 오래 살기 위해서는 몸이 허약해야 된다는 속담이 들어맞았다. 그의 약한 육체는 그를 늘 괴롭혔지만 그의 정신은 이에 굴하지 않고 99권의 방대한 책을 저술했을 뿐만 아니라, 18세기 프랑스를 정신적으로 이끌어갔다.

1701년에 어머니가 죽자 아버지는 7살된 프랑스와를 직접 교육시킨 후 10살이 되자 루이 르그랑이라는 예수회 학교에 입학시킨다. 여기서 그는 주로 시와 연극에 재능을 보인 모범 학생이었다. 그는 우연한 기회에 불구자를 위한 자선을 호소하는 시를 써서 학교 밖에까지 알려지고 니농(Ninon de l'Enclos)이라는 지성 있는 노부인이 이 소년에게서 위인이 될 조짐을 발견하고, 죽을 때 책값으로 2천 프랑을 물려주었다. 그의 아버지는 시를 짓는 아들에 대해서 실망하고 아들의 장래에는 기대할만한 것이 없다고 확신하였다. 그러나 어린 프랑스와는 다른 애들이 밖에서 뛰어 놀고 있을 때 방안에서 박사들과 신학을 토론하였다. 16세 때 이 학교를 졸업하고 직업을 선택해야 되었을 때, 그는 문학에 일생을 바치겠다고 아버지께 털어놓았다. 실용적인 사람이었던 아버지는 화가 나서 대답하였다. "사회의 무용지물이 되어 가족에게 누를 끼치다가 결국 굶어 죽는 자가 선택하는 직업이 문학이다."[51] 아버지의 뜻에 따라 프랑스와는 법과대학에 들어간다. 아버지는 아들이 학교를 졸업하면 적당한 관직을 돈을 들여 얻어 주려고 생각하였다. 그러나 여기서도 아버지의 기대는 어긋난다. 프랑스와는 스스로의 능력으로 출세를 할 결심을 하였고 그 길이 문학이라고 생각되었기 때문에 학교 공부를 소홀히 하고 재사나 문인들과 어울려 종교와 도덕을 비웃는 일에 열중하였다. 화가 난 아버지는 아들을 캉에 있는 친척집에 보내어 감독을 부탁하였다. 그러나 감독자들이 그의 재치에 반하여 그를 곧 풀어놓았으므로 아버지는 그를 잘 아는 프랑스 대사의 수행원으로 하아그에 딸려 보냈다. 여기서 프랑스와는 펭페트(Pimpette)라는 소녀와 사랑에 빠졌는데 그녀의 어머니가 방해하고 대사에게 이 사실을 일러바치자 프랑스와는 깊은 상처를 받고 프랑스로 되돌아왔다. 아버지는 다시 화가나 아들에게 유산을 물려주지 않는 일, 혹은 체포되게 하여 섬으로 유배시키는 일을 고려하였다. 프랑스와는 아버지에게 용서를 빌고 사무실에서 일하게 된다. 일을 하면서도 스스로 뜻한 바를 굽히지 않고 학교 시절부터 구상해 온 희곡에 손을 대면서 파리의 문인들과 교제를 계속한다. 아버지는 다시 화가 나기 시작했는데 다행히 한 백작이 프랑스와가 마음에 들어 그를 데려갔기 때문에 부자간의 불화는 다시 발생하지 않았다. 프랑스와는 그 영지에서 훗날의 「앙리아드」(*La Henriade*)라는 장편 서사시의 구상을 하게 된다.

1715년 프랑스의 루이 14세가 죽자 왕위를 계승한 루이가 너무 어려서 오를레앙의 필립 공이 섭정을 한다. 이때 파리는 환락과 부도덕의 도시로 변한다. 동시에 루이 14세의 악정 및 그 후의 섭정에 대한 비난과

---

51) W. Durant, *Ebd.*, S. 199.

조소가 퍼지기 시작했다. 필립 공이 경비를 절약하기 위해 왕실의 마구간에 있는 말들을 반쯤 팔았을 때, 프랑스와는 궁전에 득실거리는 당나귀(바보)들을 반쯤 쫓아내는 것이 훨씬 현명했을 것이라고 평했다. 여하튼 프랑스와는 재담이 능한 청년으로 소문이 나 당시에 유행한 모든 재담의 출처를 그에게서 찾을 정도였다. 섭정이 왕위를 찬탈하려 한다고 비난하는 시가 나타났는데, 프랑스와는 혐의를 받게 되고 한 밀정에게 잘못 말한 것이 화근이 되어 1717년 4월 16일에 바스티유 감옥에 구금되었다. 감옥에 있는 동안 프랑스와는 볼테르라는 필명을 사용하기 시작하였고 진짜 시인이 되었다. 여기서 그의 장편시 「앙리아드」가 완성되었고, 섭정은 그의 무죄를 인정하고 석방한 후 연금까지 지급하였다. 감옥에서 나온 그는 무대로 덤벼들었다. 그의 비극 「외디푸스」(*Oedipe*, 1718)가 상연되어 45일 동안 계속 갈채를 받았다. 아버지도 특등석에 앉아 박수갈채가 터질 때마다 "아, 이 녀석이! 이 녀석이!"[52]라고 중얼거리며 기뻐했다고 한다. 1720년에 그의 두 번째 희곡 「아르테미르」(*Artémire*)를 상연하기 위해 파리로 되돌아올 수 있는 허락을 얻는다. 그러나 이 희곡은 성공을 거두지 못했다.

1722년 1월 1일 그의 부친이 사망했다. 생전에 그의 아버지는 두 바보 아들을 가지고 있는데, 하나는 산문에 빠진 바보이고, 다른 하나는 시에 빠진 바보라고 말했다 한다. 볼테르의 형 아르망(Armand)은 종교적인 광신자로서 산문에 능했던 것 같다. 볼테르는 형보다도 바로 위의 누나를 더 좋아했다. 동년 7월 볼테르는 어떤 부호의 젊은 미망인 뤼펠몽드

52) *Ebd.*, S. 201.

(Ruepelmonde)와 함께 북구 여행을 떠난다. 이 부인은 대단히 유쾌한 성품의 소유자이고 철학에 관심이 많았는데, 볼테르의 장점을 발견한 것이다. 가을에 다시 파리에 돌아온 후 당시 파리에 머물고 있던 영국의 철학자 볼링브로우크(Bolingbroke)를 사귀게 된다. 그 후 몇 년 동안 파리의 상류 사회에서 환영과 대접을 받아가며 재치 있는 문인의 영광을 누렸다. 그는 학문과 문학적인 성공뿐만 아니라 사회적인 지위도 얻으려 노력했다. 많은 고위 관리들과 어울리기를 좋아했다. 그러나 귀족들은 허풍선이와 같은 이 청년을 질시하기 시작하였다. 1725년 12월 어떤 만찬회에서 볼테르가 기고만장하게 떠들어대자 어떤 후작이 "저렇게 떠드는 젊은이는 도대체 누구지?"라고 물었다. 이에 대하여 볼테르는 "각하, 그는 위대한 이름을 계승하지 못했으나, 그의 이름 때문에 존경받는 자입니다"[53]라고 대답했다. 이러한 무례한 대꾸에 화가 난 후작은 깡패들을 고용하여 밤에 볼테르를 습격하게 하였다. 이때 후작은 한가지 주의를 주었다. "그 녀석의 머리를 때리지 말라. 아직도 그 머리로부터 뭔가 좋은 것이 나올 수 있다."[54] 그후 볼테르는 이 사건을 관청에 고발하였으나, 관청은 평민 출신인 볼테르보다 귀족 출신인 후작의 편을 들었고 친구들은 볼테르에게 등을 돌렸다. 볼테르는 이 일을 스스로의 힘으로 해결하지 않으면 안 되겠다고 생각하고 집에서 검술을 연습하였다. 그리고 어느 날 후작 앞에 나타나 결투를 청하였다. 그러나 후작은 경찰을 불러 볼테르를 체포하게 하고 볼테르는 1726년 4월 17일 다시 바스티유 행을

53) *Ebd.*, S. 202.
54) *Ebd.*

하지 않으면 안 되었다. 볼테르는 영국으로 추방된다는 조건아래 곧 석방되어 도버해협을 건널 때까지 호송되었다. 복수심에 불타 변장을 하고 다시 도버해협을 건너왔으나, 친구들의 권유로 다시 영국에 건너가 3년 동안 머물면서 영국의 사회 제도와 이념을 배운다.

영국에서의 체험은 32세의 볼테르를 더욱 성숙한 인간으로 만들었다. 영국에서 그는 이미 친분이 있었던 볼링브로우크의 도움으로 뉴턴, 로크, 샤프츠베리, 포프, 스위프트 등의 사상을 익히게 되고 소치니주의자들의 이념을 받아들인다. 영국에서 쓰여진 『철학 서한』은 일명 『영국통신』이라고 알려져 있는데 몽테스키외의 『페르시아 서간문』 다음으로 프랑스 철학에 혁명을 일으킨 저술이다. 이 통신에서 그는 영국의 지식인들이 자유롭게 의견을 발표할 수 있다는 사실을 강조하고 영국의 자유와 정신적 자주성을 프랑스의 폭정 및 속박과 대조시켰으며, 바스티유의 힘으로 지탱하고 있는 프랑스의 게으른 귀족과 수입의 10분의 1이라는 세금을 징수하며 살아가는 프랑스의 성직자를 날카롭게 비난했다.

볼테르는 당시 임종에 가까웠던 뉴턴과 교제는 할 수 없었으나 이 물리학자의 장례식을 목격하고 큰 감동을 받았다. 12명의 대공과 백작들이 뉴턴의 유해를 웨스트민스터 장지에까지 운반하였다. 단지 정신적인 업적 때문에 한 과학자가 이렇게 존중된다는 것은 영국의 문화적 우수성을 입증하는 것이다. 프랑스에서는 그때 데카르트의 철학이 지배하고 있었던 반면 영국에서는 물질과 공간만을 인정한 뉴턴의 세계관이 지배하고 있었다. 프랑스에서는 본유관념이 경건한 사람들의 신조였는데, 영국에서는 자유 사상가들이 그로부터 해방되어 가고 있었다. 이제 볼테르는 자기의 조국을 속박하고 있는 모든 종류의 편견을 파괴하는 것이 자신의 임무라고 확신하게 되었다. 『철학 서한』은 구질서에 대하여 폭탄과 같은 것이었다. 베일(Bayle)이 그의 『역사적 · 비판적 사전』에서 무신론자들로서 결합되는 사회의 가능성을 이론적으로 제시했다면 볼테르는 이와 유사한 세계를 구체적으로 묘사한 것이다. 『철학 서한』에는 ①자유로운 종파로 나뉜 영국의 종교적 상황(특히 퀘이커 교도에 관한 보고) ②의회, 정부, 상업, 천연두 등의 사회 정치 문제 ③베이컨, 로크, 뉴턴 등의 영국 철학 ④영국의 문학 등이 다루어지고 있다.

볼테르가 영국에서 체류하는 동안 가장 관심 있게 연구한 철학은 뉴턴의 자연 철학과 로크의 인식론이었다. 뉴턴의 자연 철학 중에 가장 중요한 것은 전체를 포함한 모든 물체의 운동을 그 물체 속에 내재하는 역학 법칙에 의하여 설명하려는 것과 자연의 원인을 규명하는 것보다 자연의 특성을 해명하는 것이 더 가치 있는 과제라는 신념이었다. 사물에 대한 개념보다도 사물 자체의 법칙이 더욱 중요하다. 로크는 인간의 영혼이 물질로 되어 있고 사후에 소멸한다고 생각했다. 볼테르는 이와 연관하여 물질도 사유하며 이 사유의 능력을 신이 부여했다고 해설한다. 물체로부터 사유의 특성을 제거한다는 것은 진부한 철학의 결론이라고 생각한다. 진부한 철학은 물체가 면적, 견고성, 운동, 형태의 4요소밖에 갖지 않았으므로 물체로부터 관념이나 영혼이 발생할 수 없다고 주장한다. 이에 반하여 볼테르는 창조자가 물질에 사유와 감각의 능력을 주지 않았을 이유가 없다고 반박한다. 베일은 인간이 살아가는데 신의 도움이 필요하지 않으며 과학만으로 충분하다고 주장한 데 반하여, 볼테르는 무신론적 유물론 자체가 더 신성한 종교라고 생각한다. 이런 점에서 볼테르는 소치니 학설 신봉자 혹은 이신론자에 가깝다. 그 자신이 조국의 종교적 상황과 마찰을 피하려 하였으므로, 그의 『철학 서한』이 조국에서 출판되는 것을 원하지 않았다.

1729년 볼테르는 귀국 허가를 받고 파리로 돌아온다. 이제 많은 것을 체험한 그는 영국에서 발간된 『철학 서한』에서 얻은 수입을 투자하여 막대한 이익을 얻었다. 그는 철학을 하기 전에 먼저 밥을 먹어야 한다는 교훈을 깨달은 것이다. 5년 동안 다시 파리의 생활을 즐겼으나, 그 동안 어떤 악덕 출판업자가 『철학 서한』을 입수하고 몰래 인쇄하여 팔기 시작했을 때 사태는 돌변하였다. 파리 의회는 이 책을 '종교와 도덕과 국권의 존엄성을 해치는 해괴한 책'이라 규정하고 공개적으로 불태우도록 명령했다. 볼테르는 도피하지 않을 수 없었다. 그는 1734년 샤틀레후작 부인(Marquise du Châtelet, 1706~1749)과 함께 파리에서 멀리 떨어진 그녀의 성(城) 시레로 도피하였다. 이 부인은 볼테르보다 12세가 적은 28세의 젊은 나이였다. 그녀는 라틴어, 이탈리아어, 영어에 능숙했고 라이프니츠에 관한 책을 저술했으며, 뉴턴의 『자연학의 수학적 원리』를 번역한 지성적인 여자였다. 라이프니츠의 단자론이 프랑스에 알려지게 된 것은 이 부인의 덕분이었다. 또 불의 본질을 주제로 하는 프랑스 학사원의 현상 논문을 써서 학계의 높은 평가를 받았다. 당시 그녀의 남편은 늘 군대에 있으면서 사냥을 즐겼으므로 부인의 정신적인 욕구를 만족시켜 줄 수 없었다. 박식하고 재담 있는 볼테르가 이 부인의 마음을 사로잡은 것은 우연한 일이 아니었다. 그녀에게 남편은 너무 답답했고, 볼테르는 너무 재미있었다. 그녀는 볼테르를 '모든 점에서 사랑스러운 사람'이라 불렀다. 이미 연로한 그녀의 남편은 그녀가 천재를 애인으로 갖는데 대하여 반대하지 않았다.

볼테르와 에밀(샤틀레 부인의 이름)이 자리잡은 시레는 이제 학문과 사교의 중심지가 되었다. 많은 사람들이 이곳을 찾아와 술과 학문과 문학과 재담을 즐겼다. 유명한 수학자 모페르튀(P. L. M. Maupertuis, 1698~1759)가 에밀에게 기하학과 물리학을 가르쳤고, 에밀은 볼테르와 함께 뉴턴의 이론을 연구하였다.

에밀과 동거하던 15년 사이에 여러 편의 문학 작품과 철학 및 역사에 관한 저술들이 나왔는데 『뉴턴 철학의 기초』(*Éléments de la philosophie de Newton*, 1738)도 그 중의 하나이다. 같은 해에 완성된 『퓌셀』(*Pucelle*)은 오를레앙의 소녀를 테마로 한 서사시로서 시대의 기호에 맞는 성공적인 작품이었다. 4편의 비극과 1편의 희극이 완성되었다. 비극 『메로프』(*Mérope*, 1737)는 대단한 성공을 거두어 독일의 작가 레싱(G. E. Lessing)이 그의 『함부르크 연극론』에서 이에 관해 언급하고 있다. 희곡 『마호메트』(*Mahomet*, 1742)에서는 모든 종교의 창시자들이 인류의 가장 위대한 사기꾼이라는 테마가 다루어진다. 소설 『쟈디그』(*Zadig*, 1747)에서는 바빌로니아의 철학자 쟈디그의 운명이 묘사된다.

1746년 볼테르는 프랑스 학사원 회원이 되었다. 사회적으로 많은 물의를 일으켰던 그가 학사원 회원이 되는 데는 장애가 따랐으나, 그는 모든 수단을 다 사용하여 목적을 달성하였다. 착한 가톨릭 신자로 자처하기도 하였고 예수회 회원들에게 쉴새없이 경의를 표하기도 했다. 그러나 그의 학사원 회원 취임 연설은 프랑스 문학의 고전으로 손꼽힌다. 세월이 흐름에 따라 에밀과의 사이도 조용해졌다. 1748년 에밀은 10년 연하의 젊은 미남 장교 생 랑베르(J. F. Saint-Lambert)와 사랑에 빠진다. 볼테르는 이 사실을 알고 격분했으나 랑베르가 용서를 빌자 마음을 진정하고 그들의 사랑을 축복해 준다. 52세의 볼테르는 이미 인생의 정상에 도달하여 이제 황혼을 바라보게 되었으므로 자기보다 젊은 여인을 스스로의 굴레 속에 붙잡아 둘 수 없음을 깨달았다. 그것은 지난날 그가 에밀과 사랑에 빠졌을 때 에밀의 남편인 샤틀레가 보여준 관용이기도 했다. 이듬해 에밀은 랑베르의 아이를 출산하는 중에 사망하였다. 그녀의 남편과 볼테르와 랑베르가 그녀의 임종에 자리를 같이 하였다. 그러나 서로 한 마디의 비난도 없이 공동의 손실을 느끼면서 우정을 두텁게 한 것은 당시 프랑스 사회의 관용성을 잘 보여준다.

1736년 8월 8일 볼테르는 24세의 프로이센 황태자 프리드리히(Friedrich der Große, 1712~1786)로부터 찬사가 가득한 첫 편지를 받는다. 이 편지에서 프리드리히는 볼테르를 '프랑스 최고의 위인, 언어에 영광을 부여하는 사람'이라 부르고, "나는 귀하처럼 빛나는 업적을 이룩한 사람과 같은 시대에 태어난 것을 내 생애의 최대 영광으로 생각한다"[55]고 말했다. 프리드리히는 상당히 진보적인 인물이었다. 젊은 시절에 그는 프랑스 예술과 문학에 심취하였으며 프랑스적인 교양을 쌓았는데 볼테르는 그가 좋아하는 작가 중의 하나였다. 물론 당시의 절대 군주라는 한계를 그도 벗어날 수 없었지만, 다른 군주들에 비하면 계몽화된 편이었다. 그는 왕위에 오르

---

55) *Ebd.*, S. 201.

자 당시의 유럽에서 이름을 날리던 사상가들, 예컨대 볼프(Christian von Wolff, 1679~1754), 볼테르, 라 메트리, 모페르튀 같은 사람들을 그의 궁정으로 초청하여 뒤떨어진 독일의 정치성을 학문을 통해 극복하려 하였다. 볼테르는 그의 계몽 정신을 프리드리히에게 심어주어 정치적인 영향력을 얻을 수 있다는 생각에서 그와 서신 왕래를 계속하였다. 이 서신 왕래는 볼테르가 죽을 때까지 42년 간 지속되었다. 볼테르가 원래 그의 『철학 서한』에서 비판한 것은 국왕이 아니라, 모순에 가득 찬 사회 상태였다. 물론 이러한 사회 상태에 대한 근본적인 분석을 그가 시도한 것은 아니지만 정치와 연관된 계몽주의 철학을 그가 지향한다는 점에서 '왕을 국가의 봉사자'로 생각하는 프리드리히와의 교제가 가능할 수 있었다. 프랑스 정부는 프로이센과 프랑스 사이의 동맹을 촉진시키라는 임무를 주어 한 번은 볼테르를 대왕이 된 프리드리히 2세에게 보낸 일이 있었다. 그러나 대왕은 동맹을 거절하였다. 그것은 프랑스 왕 루이 14세의 무능력을 프리드리히 대왕이 간파했다는 것을 의미하며, 여기서 볼테르는 프리드리히 대왕의 현명함을 인정하게 되었다.

1750년 볼테르가 에밀을 잃고 슬퍼하고 있을 때, 다시 프리드리히 대왕으로부터 당시 프로이센의 문화가 꽃피던 베를린으로 와달라는 초청을 받았다. 여비 3천 프랑이 첨가된 이 초청을 볼테르는 거역할 수 없었다. 프리드리히의 궁정에서 호화로운 거실이 제공되었고 공로 훈장과 충분한 봉급을 받았다. 그러나 가장 즐거운 시간은 대왕이 소수의 문인들과 어울려 대화를 나누는 만찬회였다. 볼테르는 독일어를 배우려 했으나 숨이 막히는 것 같아 포기하였다. 물론 당시 궁중의 대화나 만찬회에서는 프랑스어를 사용하였다. 만찬회의 화제는 어떤 제한도 없이 자유롭게 진행되었다. 대왕의 위트는 볼테르에 필적할 만큼 날카로웠다. 대왕을 화나게 하지 않고 그 위트에 응수할 수 있는 사람은 볼테르뿐이었다. 볼테르는 기쁨에 넘쳐 "여기서는 누구나 대담하게 생각하고 자유롭다"[56]고 말했다.

그러나 이러한 기쁨도 오래가지 못했다. 프리드리히의 금지에도 불구하고 볼테르는 자신의 재정 상태를 개선하기 위하여 국채에 투자했기 때문이다. 여기서 그는 다소의 이익을 얻었지만 이 일에 연관되었던 독일의 유대인 히르쉘(Hirschel)과의 불미스러운 소송이 벌어져 세속적인 일에 시간과 정력을 낭비하였다. 이 사건이 프리드리히에게 알려지자 왕은 격노했다. 왕은 프랑스의 또 다른 철학자 라 메트리에게 "나에게 그가 필요한 것은 기껏해야 1년쯤일 것이다. 오렌지는 즙을 짜고 난 다음에는 껍질을 버려야 한다"[57]고 말했다. 라 메트리는 당시 프로이센의 궁정에서 볼테르와 경쟁을 하는 상태에 있었다. 그러나 볼테르는 변명하지 않았다. 고향으로 되돌아가고 싶은 향수가 느껴졌는지도 모른다. 1752년 드디어 결정적인 사건이 일어났다. 당시 프리드리히는 프랑스의 수학자 모페르튀를 궁중에 데려 왔었다. 모페르튀는 한 때 에밀의 수학 교사로서 볼테르와는 달갑지 않은 사이였었다. 어느 날 그는 한 독일의 수학자와 뉴턴의 해석을 둘러싼 논쟁을 벌이고 있었다. 프리드리히는 모페르튀 편을 들고 있었다. 자연히 볼테르는 젊은 독일의 수학자 편을 들었다. 다소 이성보다 감정이 앞선 볼테르의 이런 태도는 프리드리히를 실망시켰

---

56) *Ebd.*, S. 212.
57) *Ebd.*

다. 볼테르는 볼테르대로 결코 물러서지 않고 후에 이에 연관되는 논문 『아카키아』(*Akakia*, 1752)를 써서 프리드리히 대왕에게 보여주었다. 대왕은 이 글을 보고 밤새도록 웃다가 제발 출판하지 말아 달라고 부탁했으나 원고는 이미 포츠담의 한 인쇄소로 넘어간 뒤였다. 말하자면 저자는 그의 펜이 낳은 갓난애를 마음대로 죽이지 못하는 것이다. 이 책이 출판된 것을 알자 프리드리히는 격노하여 모든 책을 불태우라는 명령을 내렸다. 이에 볼테르는 왕에게 거실의 열쇠와 훈장을 돌려주면서 베를린을 떠나겠다고 간청하였다. 여러 번 화해가 이루어질 것 같았으나 드디어 볼테르는 떠나기로 결심했고, 왕은 화가 나서 볼테르에게 시집을 되돌려주고 마음대로 떠나라고 말하였다. 이 시집 때문에 볼테르는 고타에서 왕의 대리인에게 체포되었으나 간신히 풀려나 프랑스 국경을 넘으려 할 때 프랑스로부터 그의 추방 명령이 전달되었다. 그는 프랑스 국경 근처에서 이곳저곳으로 전전하다가 스위스 쥬네브 근처에 있는 낡은 별장을 구입하여 은거하면서 정원을 가꾸고 건강 회복에 전심하였다. 그의 나이 61세인 1755년이었다. 그는 인생의 노년기에 접어들었으나, 그의 고상하고 위대한 활동기가 그곳에서 시작되었다.

볼테르가 베를린에 머물던 시절에 이룩한 성과는 『루이 14세의 시대』(*Le siécle de Louis XIV*, 1751)이다. 또한 그가 시레에서 쓰기 시작했던 단편소설 『미크로메가』(*Micromégas*, 1752)가 이 시기에 출판되었다. 우선 매우 흥미 있는 그의 『미크로메가』를 대강 살펴보자. 이 소설은 스위프트의 『걸리버 여행기』를 본뜬 해학적인 이야기를 담고 있다. 천왕성이라는 별에서 온 거인 하나가 지구를 방문한다. 키가 12만 피트나 되는 이 우주인은 오는 동안에 만난 키가 6천 피트인 토성인과 동반한다. 토성인은 자기의 키가 6천 피트밖에 되지 않는 것을 한탄한다. 지중해를 횡단할 때도 천왕성인은 뒤꿈치가 물에 젖었을 뿐이다. 천왕성인은 1,008개의 감각을 가졌다고 말하며 그는 토성인에게 몇 가지 감각을 갖고 있느냐고 묻자 토성인은 72개라고 대답한다. 몇 살까지 사느냐고 묻자 겨우 1만 5천년도 못 산다고 대답한다. 그들은 바다 가운데서 배 한 척을 집어 든다. 배속에 타고 있던 인간들은 일대 소동을 일으킨다. 목사들은 신의 이름으로 악마를 쫓으려하고 선원들은 바다의 신을 저주하고 철학자들은 중력의 법칙으로 이 현상의 근원을 해명하려 한다. 천왕성인은 인간들을 향하여 인간들은 물질의 방해를 받지 않고 순수한 영혼으로 살아가기 때문에 정신의 참된 기쁨과 쾌락을 향유하는 존재라고 칭찬한다. 이에 대하여 한 철학자가 인간은 많은 악행을 하면서도 물질적으로 살아가고 있다는 것, 지금 이 순간에도 수십 만의 기독교 신자들과 마호메트 신자들이 서로 죽이기 위해 전쟁을 하고 있다는 것, 죽이지 않으면 죽는다는 것이 고대부터 내려오는 인간의 생존원칙이라는 것을 설명한다. 천왕성인은 화가 나서 지금 당장 전쟁을 하는 살인자들의 소굴을 짓밟아버리겠다고 말한다. 철학자는 그것을 만류한다. 왜냐하면 그렇게 하지 않아도 곧 그들은 서로를 죽이기 때문에 살아남을 사람이 얼마 되지 않을 것이기 때문이다. 오히려 궁정에 앉아 100명의 인간을 죽이라고 명령을 내리고 엄숙하게 신에게 승리를 감사하고 있는 앉은뱅이처럼 게으른 야만인들을 처벌해야 한다고 주장한다. 여기서 볼테르는 독선적인 정치가와 종교라는 이름으로 전쟁까지 감행하는 종교적인 광신주의에 대한 날카로운 비판을 가하고 있다.

파도와 같은 소용돌이의 시기가 지나고 볼테르는 이제 쥬네브 근처의 조그만 시골 별장에서 호수의 물처럼 조용한 생활에 잠긴다. 그러나 노년의 이 시기에 그의 정신 활동은 더욱 왕성해졌는데, 그 중에 하나가 역사 철학에 대한 그의 업적이다.

평소부터 역사에 관심이 있었던 볼테르로 하여금 역사 연구에 더욱 관심을 갖게 만든 계기는 시레에 기거하는 동안 에밀이 종래의 역사서에 대한 비판적인 글을 쓴 일이었다. 정치적인 인물들을 중심으로 쓴 역사가 일반 사람들에게 무슨 관심이 있겠느냐고 반문한 에밀의 의견에 동조하여 볼테르는 철학을 역사에 적용하고 정치적 사건의 흐름 속에서 인간 정신의 발전 과정을 추출하여야 된다고 생각했다. 철학이 결여된 역사는 우화와 사실이 무비판적으로 뒤섞여있는 이야기에 불과하다. 그는 이미 스스로 역사를 기술한 바 있다. 예컨대 『러시아사』, 『샤를르 12세전』, 『루이 14세의 시대』, 『루이 13세의 시대』 등이다. 그러나 이러한 역사 기술과 더불어 모든 역사에서 공통적인 하나의 발전 요소를 찾으려 하였다. 다시 말하면 유럽 문명사 전체를 한 가닥의 실로 꿰뚫을 수 있는 통일 원리를 추구하였다. 이러한 원리를 추구하면서 기술되는 역사란 제왕들의 역사가 아니라 민중을 기반으로 하는 사회 세력의 역사이며, 한 나라의 국민보다 인류를 안목에 두고, 전쟁이 아니라 인간 정신의 진전을 다루는 역사다. 이렇게 하여 볼테르의 역사 철학적인 저서 『각 민족의 도덕 및 정신에 대한 연구』(*Eessai sur les moeurs et l'esorit des nations*, 1756)가 나오게 된다. '역사 철학'(Philosophie de l'Historie)이라는 말을 그는 처음으로 사용하였으며, 오직 철학자만이 역사를 쓸 수 있다고 말하였다. 그는 역사의 발전에서 신의 개입이나 기적 또는 우화 같은 요소를 완전히 배제하고, 역사 발전을 철저하게 이성적이고 자연적인 방식으로 규정할 수 있다는 사실을 암시하였다. 역사는 자연과 마찬가지로 항상 어떤 법칙에 따라 변화한다. 역사를 변화시키는 주요 요인은 자연, 제도, 인간의 이성이다. 종교는 정치와 마찬가지로 인류의 문화가 발전되면서 나타난 일종의 사회적 산물이다.

그때까지 서구에서는 아우구스티누스의 역사신학에 기초를 둔 보쉬에(J. B. Bossuet)의 보편 역사론이 지배하고 있었다. 볼테르의 역사 철학은 이에 대한 정면도전이었다. 볼테르는 모든 민족의 갈등과 몰락을 신의 섭리로 보는 기독교 중심의 역사관에 반대하여 인류의 발전을 유대인 이전부터 설명하고, 종교의 기원을 고대 동양 민족에서 구하였다. 신에 의해서 선택된 유대 민족이 역사의 시발을 이루는 것이 아니라, 고대 동양, 곧 중국이 역사의 시발점이 되며 서양은 중국으로부터 많은 것을 배웠다는 것이다. 종래의 역사관에서 주(註)로 격하되었던 중국, 인도, 페르시아의 역사와 종교가 이제 역사 고찰의 중심적인 텍스트로 들어선다. 이에 따라 상대적으로 모든 교리와 기독교 역사관은 빛을 잃었으며, 유럽 문화는 갑자기 세계 문화의 한 요소로 전락되었다. 중국에 대한 볼테르의 서술에는 성서적인 창조사의 신뢰를 무너뜨리려는 의도가 간접적으로 들어 있었다. 이러한 엄청난 시도를 감행하는 데 있어서 그 자신이 내세운 논거는 그가 야만 대신에 문명의 편을 든다는 것이다. 그의 견해에 의하면 중국의 역사가 구약성서에 나타나는 사건들보다 더 오래되었다. 그는 훨씬 더 방자한 유대인의 역사에 대하여 중국 역사의 우월성을 강조한다. 볼테르는 유대 민족의 역사를 더없이 잔인하고 야만적인 역사로 낙인찍었다. 잔인했던 유대민족의 역사에 비하여 중국의 역사는 말할 수 없이 고귀한 것이다. 볼테르는 침실에 공자의 초상화를 걸어 놓고 유대인의 선지자보다 훨씬 더 위대한 현인으로 존경하였다. 이러한 볼테르의 역사관에 대하여 유럽인은 용서할 수 없었다. 파리의 학자들과 성직자들의 증오는 날로 높아갔다. 볼테르에 의해서 서구중심 사상의 치부가 들어난 셈이다.

볼테르가 쥬네브에 도착했을 때 처음부터 쥬네브에 머물 생각을 한 것은 아니었으나, 호숫가의 아름다운 경치, 사람들의 소박한 생활 방식이 마음에 들었다. 또한 무엇보다도 프랑스어를 사용하는 이 스위스 도시가 프랑스에 인접해 있으면서도, 프랑스의 정치적 힘이 미치지 않아서 좋았다. 그는 원래 스위스 로산의 몽리옹이라는 시골집 그리고 쥬네브의 교외에 있는 쉬르 쌩 장이라는 농지를 구입하였다. 이 농지는 조그만 별장이 딸려 있는 아주 아름다운 곳이었다. 쥬네브 시와 호수를 끼고 있었으며 멀리서는 알프스 산의 눈들이 반짝이는 곳이었다. 볼테르는 이 성의 이름을 레 델리세(Les Délices, 감미로운 곳)로 바꾸었다. 이곳은 곧 볼테르의 정신과 기호가 스며든 유명한 장소가 되었다. 그러나 볼테르는 두 개의 거처로 만족할 수 없었다. 이전에 익힌 재산 증식의 솜씨를 이제 아름다운 시골 땅을 구입하는데 발휘하였다. 그러나 그가 여러 개의 거주지를 물색한 것은 어느 땐가 그를 추적하러 오는 적을 피하여 빨리 숨을 수 있는 피난처를 찾으려는 목적도 포함되어 있었다. 볼테르는 "철학자는 그를 추적하는 개들을 피하기 위하여 항상 두서너 군데에 숨을 곳을 마련해 두지 않으면 안 된다"[58]고 말했다. 1758년 그는 세 번 째로 프랑스와 스위스의 국경인 젝스 지방의 페르네에서 정착지를 발견했다. 여기서는 프랑스의 권력도 염려되지 않았고 스위스 정부가 간섭하는 경우에는 프랑스로 도피하기도 쉬웠다. 결국 이곳이 볼테르의 마지막 고향이 되었다. 이때부터 이름도 없었던 조그만 시골 페르네가 유럽의 정신적 중심지로 변하였다. 당시의 학자들과 계몽 군주들이 직접 또는 서신으로 볼테르에게 경의를 표하였다. 회의적인 성직자, 자유 사상을 가진 귀족, 지식층의 여인들이 이곳을 찾아왔다. 영국의 역사가 기본(E. Gibbon)이 방문했는가 하면, 백과전서 학파들의 발길이 끊이지 않았다. 덴마크와 스웨덴의 국왕, 러시아의 황제 카타리나 2세도 불테르를 흠모하였으며, 지난날의 프리드리히 대왕도 화해의 편지를 띄워 다시 접근해 왔다. 훗날의 보고에 의하면 볼테르는 이곳에서 6,210권의 책을 소장한 조그만 도서관까지 만들었다. 또한 그는 이 조그만 마을에 시계 공장을 건립하여 마을의 경제적 번영에도 힘썼다.

볼테르가 쥬네브에 도착한 1755년 11월 1일 유럽의 지성인에게 커다란 충격을 던진 사건이 발생하였다. 그것은 3만 명 이상의 인명을 앗아간 리사본의 지진이었다. 이 지진은 공교롭게도 성인의 영혼을 기리는 날에 일어났다. 그때 교회는 신도로 붐볐었다. 지진은 그 때문에 더욱더 많은 희생자를 내었다. 프랑스 성직자들은 이 재난을 리사본 주민들의 죄에 대한 신의 형벌이라고 해석하였다. 그러나 이러한 해석을 전해 들

58) D. F. Strauß, *Voltaire*, Bonn 1895, S. 128.

고 볼테르는 분노를 터뜨렸다. 볼테르는 "신은 재난을 방지하고 싶지만 방지할 능력이 없는가?"[59]라는 테마로 시를 지어 성직자들의 해석을 반박하였다. 당시 6세의 괴테도 이 소식을 듣고 한순간 어린 신앙이 흔들렸다고 말하는데, 60세의 볼테르는 새로운 그의 신념에 대한 확신을 여기서 얻은 것이다. 다시 말하면 모든 것이 좋다는 낙천주의는 하나의 기만이다. 모든 것이 좋았으면 하는 것이 인간의 소원이지만 이러한 희망은 불확실하다. 그렇다고 모든 것을 신의 섭리로 돌리는 비합리적인 세계 해석은 더욱 부당하다. 그는 시에서 "리사본은 가라앉는데 파리는 탐욕적으로 춤추고 있구나!"[60]라는 표현을 사용하였다.

페르네에서 멀지 않는 곳에 프랑스의 도시 툴루스가 있었다. 당시 프랑스는 가톨릭이 우세했으므로 이 도시에서도 가톨릭 신부들이 모든 권리를 장악하고 있었다. 이 도시에 칼라(Jean Calas)라는 선량한 신교도가 살고 있었다. 그의 딸은 가톨릭으로 개종하였다. 1761년 10월 어느 날 밤 그의 큰아들이 아버지의 가게에서 목매어 자살하는 불행이 일어났다. 당시 자살은 죄악으로 취급되었기 때문에 자살자는 벌거벗겨 수레에 매어 거리로 끌고 다니다가 교수대에 매달아 놓는 법률이 있었다. 이 처벌을 피하기 위하여 아버지는 친척과 친구들에게 아들이 자연사한 것으로 증언해 달라고 부탁했다. 그 결과 아들이 가톨릭 쪽으로 개종하는 것을 막기 위하여 아버지와 다른 아들이 이 큰아들을 살해했다는 소문이 퍼지기 시작했다. 칼라와 그 아들은 체포되었다. 살인에 대한 아무런 증거가

59) *Ebd.*, S. 133.
60) *Ebd.*

없었지만, 당시는 툴루스 사람들이 신교도를 증오하고 있었던 때이기 때문에 유죄의 판결을 받았다. 재산은 몰수되었으며 아들은 추방당하였고, 칼라 자신은 고문을 당한 후 바퀴에 매달려 으깨져 죽는 가장 처참한 형벌을 받았다. 살아남은 그의 아들은 박해를 받다가 페르네로 도망쳐 볼테르의 도움을 청하였다. 볼테르는 이러한 비인간적인 박해의 이야기를 듣고 경악과 함께 분노를 금치 못했다. 그는 이 사건의 정당한 해명을 위해 투쟁하기로 결심했다. 그는 이제 단순한 학자가 아니라 행동하는 지식인이 되었고, 그의 투쟁을 위하여 이론적인 철학을 과감히 던져버렸다. 그는 이 사건에 대한 명쾌한 전말서를 인쇄하여 친구들에게 돌렸고 영향력 있는 친구들의 도움을 요청했다. 칼라의 부인을 파리로 보내어 청원하게 하였다. 교회는 볼테르의 마음을 회유하려 하였으나 그는 결코 거기에 굴복하지 않고 오히려 친구들에게 쓰는 모든 편지를 "파렴치를 분쇄하라!"(Ecrasez l'imfâme!)[61]는 말로 끝맺는 대단한 투쟁을 전개하였다. 결국 3년 간의 각고 끝에 이 사건이 파리에서 다시 취급되어 지난날의 판결이 번복되었다. 칼라의 아이들은 자유를 얻었고, 볼테르는 친지들로부터 거두어진 성금으로 이 가족들의 장래를 보살펴 주었다. 칼라의 사건은 전 유럽을 통해 알려지고 볼테르는 겨우 만족한 미소를 떨 수 있었다. 그러나 이와 비슷한 사건들이 프랑스에서 계속 일어났다. 예컨대 신교도 시르방(Sirven)의 딸 하나가 가톨릭 개종을 종용받고 정신 착란을 일으켜 우물에 빠져 죽자, 시르방이 일부러 빠뜨려 죽였다고 죄를 뒤집어씌운 일, 17세의 소년 라 바르(La Barre)가 다리 위에서 나무 십자

61) W. Durant, *Ebd.*, S. 228.

가를 부러뜨렸다 해서 혀를 잘라내는 고문을 가한 뒤 사형시킨 것 등이다. 그때마다 볼테르는 지치지 않고 뛰어들어 사실을 규명하려 노력했다. 그는 '사법살인'에 대한 철퇴를 가하는 동시에 종교적 광신이 얼마나 인류의 행복에 재앙을 가져오는가를 확신하고 성서의 확실성과 신빙성을 비판하는데 까지 나아갔다. 미신, 신학, 교회뿐만 아니라 이데올로기적인 제도로서 기독교 전체를 그는 '파렴치한 것'으로 간주하였다. '파렴치한 것'은 불관용과 광신을 나타내는 말로서 관용과 이성을 모토로 하는 계몽주의의 적이다. 불관용과 광신을 타도한다는 것은 구체적으로 그것을 유지하고 있는 기독교를 타도한다는 의미를 지니고 있었다. "기독교를 만들어 내기 위해 열두 사람이 필요했다는 얘기를 신물이 나도록 들었다. 그러나 나는 기독교를 파괴하는 데에 한 사람만으로 충분하다는 것을 증명하고 싶은 의욕을 갖는다"[62]고 그는 말하였다. 물론 볼테르는 무신론자로 자처하지는 않았다. 이성을 강조하면서 종교의 모순을 비판하는 그의 입장은 오히려 이신론적이라 할 수 있다. 그는 "만약에 신이 존재하지 않는다면 우리는 신을 발명해 내야한다"[63]고 말한 적이 있으며 그가 거주하던 페르네에 자기 돈으로 교회를 설립하고 "신을 위해 볼테르가 세웠다"[64]라는 말을 새겨 놓았다. 이런 점에서 그는 철저한 무신론자들이었던 백과전서파들과 구분된다.

쥬네브로부터 북서쪽으로 약 1시간가량 걸어가면 볼테르가 마지막으로 18년을 살았던 프랑스의 페르네에 도착한다. 1758년 그가 처음으로 이

62) D. F. Strauß, *Ebd.*, S. 189.
63) W. Durant, *Ebd.*, S. 233.
64) D. F. Strauß, *Ebd.*, S. 192.

곳의 성과 영지를 구매했을 때 페르네는 50여 명의 농부가 살고 있던 조그만 시골이었다. 약 20년 후 그가 죽을 무렵 이곳은 인구 약 1,200명을 가진 아름다운 마을이 되었으며, 볼테르가 건설해 놓은 시계공장이 활발히 돌아가고 있었다. 개인적으로 연관이 있었던 러시아의 여왕은 페르네로부터 시계를 수입해 주었으며, 볼테르는 프랑스 정부로부터 공장 운영에 관한 많은 혜택을 받았다. 그는 인류에 봉사한다는 자부심을 갖고 여기서 만년의 고통과 즐거움을 친지 및 주위 사람들과 나누었다.

볼테르는 이곳을 구매하자마자 새로운 교회를 짓게 하였다. 물론 그 근본 이유가 종교심 때문인 것은 아니었다. 옛 교회가 바로 성 앞에 있어서 전망을 가렸기 때문에 성 왼쪽 편으로 옮기려는 것이었다. 물론 처음에는 반대와 항의가 있었으나 결국 교황청은 허락하게 되었다. 교회와 함께 아름다운 극장도 세워졌다. 이 극장에선 그의 희곡들이 친지들 앞에서 공연되었으며 많은 유럽의 정치가와 학자들이 이 극장을 방문하였다. 물론 대부분 아마추어들이 배우로 등장하였다. 주역은 주로 볼테르 누나의 딸인 드니(Denis)가 맡았는데, 그녀는 볼테르의 모든 생활을 뒷바라지 해주었던 여자로 볼테르가 죽었을 때 대부분의 유산을 물려 받았다. 파리에서 당시의 유명한 배우들이 왔었다. 클레롱(Clairon) 양과 르카인(Le Kain) 등이었다. 쥬네브의 시민들도 이 연극을 보러 왔으나 보수적인 시민들은 불평을 털어 놓았다. 왜냐하면 연극의 내용들이 대부분 전통적인 종교에 의존하는 윤리와 도덕을 공격하고 비꼬는 진보적인 것이었기 때문이다.

볼테르의 연극을 비판하는 사람 중의 하나가 볼테르 보다 17년이나 어렸던 루소였다. 정신적으로 볼테르를 존경하는 제자라고 말한 바 있던 루소와의 세계관의 차이는 점점 깊어져서 결국 서로 용납할 수 없는 적대 관계에 빠진다. 볼테르에 대한 루소의 가장 큰 비난은 볼테르가 철저한 무신론자라는 것이었다.

이 시기에 연극과 연관하여 말해야 할 또 하나의 인물이 있다. 코르네이유(Corneille) 양이다. 프랑스 극작가 코르네이유의 손녀로 알려진 이 소녀가 파리에서 고생하고 있다는 소문을 들은 볼테르는 이 소녀를 도와주기로 결심한다. 이 소녀가 결국 코르네이유의 친손녀가 아니고 집안 친척 중의 하나임이 드러났지만, 볼테르는 코르네이유라는 이름만으로도 충분하다고 생각하여 이 소녀를 데려다 자신이 교육시키고 보살펴 주는 아버지 역할을 한다. 코르네이유 양은 그렇게 명석한 두뇌를 갖지 못했으나 연극에 재능을 나타내 차차 페르네 극장의 주역을 맡게 되었고 결국 그녀는 볼테르의 주선으로 지참금까지 마련하여 결혼까지 하였다. 볼테르는 말한다. "내가 행한 조그만 이 선행은 나의 최고의 업적이다. ……나는 공격을 받으면 악마처럼 싸운다. 나는 누구에게도 굴복하지 않는다. 그러나 나는 근본적으로 마음씨 고운 악마이어서 결국 웃음으로 끝맺는다."65)

볼테르는 매우 부지런한 사람이었다. 그렇지 않고서는 그렇게 많은 저술을 남기지 못했을 것이다. 하루 평균 18~20시간씩 일했다. 잠을 적게 잤으며 한밤중에도 비서를 깨우는 일이 있었다. 낮에도 침대에 누워 있는 일이 많았는데 잠을 자는 것이 아니라 독서를 하거나 떠오르는 생각

65) W. Durant, *Ebd.*, S. 240.

들을 비서에게 불러주었다. 희곡을 쓸 때는 열병 환자 같았다. 마치 몸속에 악마가 들어있는 것 같았다. 작품을 쓰기 시작하면 곧 끝을 맺어야 하고 곧바로 인쇄를 해야 마음이 안정되는 성미였다. 그에게 일을 하지 않는 것과 존재하지 않는 것은 같은 것이다.

그의 기질은 명랑하고 친절했지만 다소 성급한 감이 있었다. 불의와 모순을 보면 참을 수 없이 분노를 나타냈지만 이성적인 분별력을 항상 모토로 하였다. 다혈질이며 별로 규칙 생활을 좋아하지 않았던 그는 철학 내용과 마찬가지로 성격상으로 칸트와 대조되는 인물이었다. 그는 페르네의 지주가 되어 성과 마을을 새로운 모습으로 단장했을 뿐만 아니라 이러한 사람들의 처우 개선에도 힘썼고 불쌍한 사람이거나, 가난한 예술가들에 대한 자선도 많이 베풀었다.

1770년 파리에 있는 볼테르의 팬들이 당시의 유명한 조각가 피갈르(J. B. Pigalle)에게 볼테르의 흉상을 만들도록 주문하였다. 프랑스인의 영예를 목표로 한 것이기 때문에 프랑스 사람 외에는 이 흉상의 제작에 필요한 경비의 모금에 가담하지 못하게 했다. 부자도 소액밖에 기부하지 못하도록 제한되었다. 수천 명이 기부의 영광을 누리려고 했기 때문이다. 그러나 볼테르는 유럽의 다른 곳에서도 이일에 가담하는 영광을 누리기를 은근히 기대하였다. 결국 프리드리히 대왕도 여기에 참여할 뜻을 보이며 얼마나 내면 되겠느냐고 문의해 왔다. 이에 대하여 '은전 한 닢과 귀하의 이름'이라는 회답을 프랑스인들로부터 받았다고 한다.

1778년 2월 5일 83세의 볼테르는 파리의 여행길에 올랐다. 물론 의사들은 그의 건강을 고려하여 힘든 여행을 그만두도록 권유했으나, 젊은 시절의 추억이 얽힌 파리를 그는 잊을 수 없었다. 그는 열심히 일하며 살아왔기 때문에 파리에서 죽을 권리가 있다고 생각하였다. 물론 여행을 떠날 때는 사정에 따라 다시 페르네로 돌아올 것을 고려하였다.

지루한 여행 끝에 2월 10일 오후 4시에 그는 드디어 파리에 도착하였다. 많은 파리의 시민들은 옛 시민이며 유명한 철학자이고 동시에 칼라의 사건으로 유명해진 의리의 사나이를 환영하기 위해 몰려들었다. 그 중에는 파리 주재 미국 대사로 와있던 벤자민 프랭클린도 끼여 있었는데 그는 손자를 데리고 와서 볼테르의 축복을 받았다. 볼테르는 이 아이의 머리에 손을 올려놓고 '신, 자유, 관용'이라 말했다 한다. 이러한 환영에 대하여 베르사유 궁전에서는 다소 못마땅한 질시의 태도를 보였으며 성직자들은 그들대로 볼테르를 마지막으로 회개시키고자 노력했으나 볼테르는 모두 거절하였다. 모든 것이 다 좋았으나 유감스럽게도 볼테르의 나이가 너무 많았다. 시골의 맑은 공기 속에 익숙한 고목이 도시의 혼잡한 공기를 견뎌낸다는 것은 어려운 일이었다. 파리에 도착한 지 2주일만에 병이 들었다. 안정과 휴식을 취하라는 의사의 권고에도 불구하고 그는 계속하여 병상에서 방문객을 받아들였다. 한 번은 신부가 그를 방문하고 고해를 들으려 했다. "누가 당신을 보냈소?"라고 볼테르가 묻자 "신께서 보냈습니다"라고 신부는 대답하였다. 이에 대하여 볼테르는 "좋아요, 그런데 신부님, 신임장은 갖고 왔소?"66)라고 다시 묻자 신부는 화가 나서 되돌아갔다. 그러나 볼테르는 자기가 죽은 후에 이교도처럼 처리될 것을 생각하고 골티에(Gaultier) 신부를 불러 타협하려 하였다. 그

66) W. Durant, *Ebd.*, S. 241.

러나 신부는 볼테르가 가톨릭 교리를 믿는다는 고백서에 서명하기 전에는 고해를 받지 않겠다고 말했다.

볼테르는 서명하는 대신 비서를 통해 성명서를 쓰게 하였다.

"나는 신을 숭배하고 벗을 사랑하고, 적을 미워하지 않고 미신을 혐오하면서 죽도다. 1778. 2. 28. 볼테르."[67)]

볼테르는 약간 회복되어 아카데미 극장으로 갔다. 아카데미에서는 많은 학자들의 환영회가 벌어졌고 볼테르를 아카데미 원장에 추대하려는 움직임이 나타났다. 극장에서는 그의 연극이 공연되었는데 어디나 초만원이었다. 특별 입장권을 가진 여왕도 입장할 수 없었으며 장내는 터져 나오는 환성 때문에 배우의 말은 들리지도 않았다. 그 후 볼테르는 노쇠한 몸에도 불구하고 그에게 위임된 학사원장직을 맡으면서 학사원에서 발행하는 사전의 개조 작업에 손대다가 1778년 5월 30일 눈을 감았다. 임종시에 신부가 와서 엄숙한 목소리로 인류를 구원하신 신을 믿느냐고 묻자 볼테르는 고개를 돌리며 조용하게 죽도록 놓아두라고 말하였다. 파리에서 기독교식 장례가 거부되자 친구들이 시체를 살아 있는 것처럼 마차에 얹히고 교외로 빠져나가, 셀리에르에서 천재에게는 규칙이 통용되지 않는다는 것을 인정한 신부를 만나 성지에 안장하였다. 프랑스혁명 후 1791년 국민의회는 그의 유해를 팡테옹에 이장하였다. 이장할 때 10만 명의 남녀가 호송하였고, 60만의 시민이 거리를 메웠다고 한다. 영구

---

67) D. F. Strauß, *Ebd.*, S. 220.

차에는 "그는 인류의 정신에 위대한 자극을 주었다. 그는 우리들을 위해 자유의 길을 개척하였다"라고 쓰여 있었으며 그의 묘비에는 "여기 볼테르가 잠들다"라는 간단한 말이 새겨져 있을 뿐이다.

"이성의 시대가 동이 텄다. 오, 자연이여! 그대에게 영원한 감사를 드린다"라고 외치던 볼테르는 그러나 위대한 프랑스 혁명을 보지 못하고 눈을 감았다. 그는 18세기 프랑스를 대표하여 서양 계몽주의를 정상에 올려놓았다. 당시 이탈리아에 르네상스가, 독일에 종교개혁이, 영국에 시민혁명이 있었다면, 프랑스에는 볼테르가 있었다고 말할 수 있다.

볼테르가 죽자 그가 건설했던 페르네도 빛을 잃어 버렸다. 여 조카 드니는 물려받은 이곳을 얼마 안 가서 매각해 버렸고, 비서는 볼테르의 서재를 송두리째 러시아의 여왕에게 매각하였다. 일설에 의하면 볼테르를 매장할 때 신부들이 회를 뿌렸기 때문에 유골이 흔적도 없이 사라졌다고 한다. 신부들은 이렇게 하여 무심코 반기독교인을 예수와 동등하게 만들어 버렸다. 왜냐하면 예수도 땅 속에 아무런 흔적을 남기지 않았기 때문이다.

17. 문명의 진보와 인간의 불행

볼테르와 비슷한 시기에 비슷한 역할을 했으면서도 독특한 개성을 보여준 철학자는 루소이다. 그는 1712년 6월 28일 쥬네브에서 시계공의 아들로 태어났다. 태어난 지 며칠 안 되어 어머니가 죽자 주로 삼촌 집에서 정상적인 교육을 받지 못한 채 자라났다. 라틴어를 약간 배웠고, 조각과 음악을 다소 이해했으며, 식물의 연구에 커다란 관심을 가졌다. 어렸을 때 무계획적으로 소설과 『플루타크 영웅전』을 읽었으며 여러 가지 작업에 손을 대었으나, 침착하지 못하여 하나의 목표를 꾸준히 추구할 수 없었던 그의 변덕스러운 성품 때문에 번번이 실패하였다.

15세 때 동판 조각가 밑에서 일하다가 체벌이 두려워 도주한 후 사보이앙 지방을 떠돌아 다녔다. 이때 한 가톨릭 신부의 주선으로 안시 지방에 있는 바렌스(de Warens) 부인 집에 머물게 되었다. 처음에는 농장 일을 거들어 주었다. 이 부인은 가톨릭으로 개종한 지 얼마 안 되는 과부로서 루소 역시 가톨릭 신자가 되기를 바랬다. 이 부인의 도움으로 루소는 튀랭에 있는 교리 학교에 입학하여 가톨릭 신자가 된 후 하인으로 일하다가 안시로 돌아와 세미나에 참석시켰다. 그러나 그를 성직자로 만들려는 시도는 실패한다.

루소는 이곳에서 가출하여 이곳저곳을 방랑하다가 바렌스 부인에게 돌아온다. 그녀는 루소를 브장송에 있는 음악 학교에 보냈으나 성과를 거두지 못한다. 리용에서 잠정적으로 음악 개인 교사를 하다가 샹베리로 집을 옮긴 바렌스 부인 집에 되돌아온다. 1732년 20세의 루소는 이제 이 부인의 애인이 되어 부인의 지도에 따라 학문을 연구한다. 이 시기가 늘 불안정한 루소의 생애 중에서 가장 행복한 시절이었다. 그러나 부인의 재정적인 어려움과 농장 관리인에 대한 질투심 등이 작용하여, 그는 1741년 파리로 갈 결심을 한다. 파리에 도착하여 그는 스스로 고안한 악보 기술법을 학사원에 제출했지만 인정을 받지 못한다. 그후 베니스 주재 프랑스 대사관 서기로 임명되었으나 대사가 봉급을 주지 않았기 때문에 그만두고 파리로 되돌아온다. 여기서 디드로를 비롯한 백과전서파들과 교제한다. 이 시기에 그는 교육도 받지 않았던 평범하고 무식한 호텔 여급 테레스(Thérèse le Vasseur)와 사귀게 되어 25년간 동거한 후 결혼한다. 그 사이에 다섯 아이를 낳았지만 결혼전의 아이였고 경제상의 문제로 모두 고아원에 보냈다.

1746년에는 뒤팽(Dupin) 부인의 비서가 되었다. 백과전서파들은 그들이 펴내려 한 『백과전서』에 음악에 관한 항목을 루소가 기술하도록 요청했다. 백과전서파들과 친분이 많은 여류 작가 에피네(d'Épinay) 부인을 알게 되는데, 이 부인은 후에 경제적으로 루소를 도와준다. 무명의 루소를 갑자기 유명하게 만든 것은 1750년 디종 아카데미에서 모집한 현상

논문 때문이었다. 이 현상 논문의 논제는 예술, 학문, 기술의 진보가 인류의 도덕에 미치는 영향을 논하는 것이었다. 루소는 「학문 예술론」(*Discours sur les sciences et les arts*)으로 응모하여 당선되는데, 그것은 그의 이름을 세상에 알리는 계기가 되었을 뿐만 아니라 당시의 학계에 커다란 동요를 일으켰다. 왜냐하면 예상과 달리 루소는 부정적인 입장에서 문명의 영향을 논했기 때문이다. 같은 기관에서 1754년 두 번째 모집한 현상 논문에서도 루소는 「인간 불평등 기원론」(*Discours sur l'inégalite parmi des hommes*)으로 응모하였다. 두 편의 저술로 유명해진 루소는 곧 쥬네브를 방문하여 열렬히 환영받는다. 여기서 그는 다시 개신교로 개종한다.

1756년 루소는 파리로 돌아와 데피네 부인이 주선해 준 파리 가까이의 몽모랑시에 있는 '은자의 집'이라 불리는 집에서 살게 되었다. 그러나 2년 후에 이 부인의 친척과 엉뚱한 사랑으로 불화가 생겨 이 부인과 결별한다. 동시에 오래 전부터 계속되어 온 백과전서파들과의 친교가 무너지고 그들로부터 이탈하여 그들과 대립한다. 이 시기에 그의 많은 저술들이 나왔는데 『신(新) 엘로이즈』(*Julie, ou la Nouvelle Héloise*, 1759), 『사회 계약론』(*Contrat social*, 1762), 『에밀 혹은 교육에 관하여』(*Émile ou de l'éducation*, 1762) 등이다. 『에밀』은 파리 의회로부터 무신론적이라 지탄을 받고 소각되었다. 루소는 다시 쥬네브와 이페르동으로 피신하였으나, 거기서도 무신론자라는 지탄을 받자 프로이센 왕의 초청을 수락하여 베를린으로 갈 것을 고려하였는데, 마침 영국에서 흄이 그를 받아들여 1766년부터 영국에 거주하게 되었다. 그러나 초청자인 흄에 대한 불신과 부인 테레스와의 관계에서 오는 영국 사회의 지탄 때문에 1년 후 다시 프랑스로 돌아와 얼마 동안 방랑생활을 하던 중 1770년 다시 파리 거주가 허락되었다. 파리에서 그는 생애의 마지막 8년 간을, 오늘날 그의 이름을 본떠 루소가 된 어떤 거리의 집에서 기거하면서 주로 악보를 베껴주는 일로 연명하였다. 1778년 5월에 쥐라뎅(M. de Giradin) 후작의 초청을 받고 파리 교외에 에머농빌에 있는 별장에서 기거하다가 동년 7월 20일 세상을 떠났다. 그의 유해는 1794년 볼테르의 유해와 함께 팡테옹에 안장되었다.

루소는 『학문 예술론』에서 문화의 발전과 인류의 행복이 어떤 연관성을 갖고 있는가를 규명한다. 한적한 시골에서 방랑한 사색을 하던 젊은 루소에게 문화란 별로 중요하지 않았던 것 같다. 아니 그보다 더 그는 문화의 발전이 인류의 행복을 망쳐 놓았다는 대담한 주장을 하게된다. 당시까지 서양의 중심 사상은 인간이 그의 자연적인 욕구를 건설하고 학문, 예술, 기술 등의 발전을 촉진시킴으로서 문화를 건설하고 행복을 증가시켜 왔다는데 거의 일치하였다.

이에 반하여 루소는 훗날의 니체(Friedrich Wilhelm Nietzsche, 1844년~1900)나 프로이트(S. Freud, 1856~1939)처럼 '문화의 가치'에 대한 근본적인 물음을 제기한다. 그렇게도 많은 사람들의 입에 오르내리는 문화의 혜택을 어디서 찾을 수 있는가? 문화를 발전시킨 인간이 자연 상태의 동물보다 더 행복하다고 누가 장담할 수 있는가? 문화가 발전된 모든 사회에서 도덕의 퇴폐가 뒤따르고 그것을 힘으로 규제하려는 법률이 발달되는 것으로 미루어 보아 인간은 오히려 문화가 발전되지 않았던 자연 상태에서 더 행복하지 않았을까? 인간은 태어날 때 선하지만 문화에 오염되어 사악해지는 것이 아닐까? 이러한 물음에서 그는 확고하게 문화의 발전은 오히려 인류의 행복을 저해했다고 대답한다. 인간의 선과 덕과 순수함이 학문과 예술의 발전 때문에 사라졌고 따라서 인간의 행복도 사라졌다. 문화가 번성함에 따라 도덕의 퇴폐화가 수반되었으며, 그것은 결국 국가를 망하게까지 만들었는데 그 예가 아테네의 문화였다. 문화는 인간을 도덕적으로 타락시킬 뿐만 아니라 본성에 따라 스스로의 가치를 실현시킬 수 있는 힘을 박탈함으로써 인간을 소외시킨다. 문화가 사회적 소산이라면 덕은 인간 본성에서 오는 자연적 소산이므로 서로 대치된다. 사회는 인간에게 이기적인 목적을 실현하는 수단으로서 위선과 기만의 위장을 강요하는 반면, 덕은 자기 자신을 꾸밈없이 내보일 수 있는 영혼의 힘이며 덕을 통해서 인간은 삶의 안정성과 통일성을 얻는다.

『인간 불평등 기원론』에서 루소는 '문화의 발전과 인류의 행복'이라는 테마를 더욱더 심오하게 추구한다. 여기서 그는 거꾸로 인간의 원시 자연 상태로부터 출발하여 불행의 근원인 불평등의 발생을 추적한다. 우선 루소는 두 가지 종류의 불평등을 구분한다. 그는 "자연에 의해 정해지며 연령이나 건강, 체력, 정신, 혹은 영혼의 상태에서 생기는 자연적 혹은 신체적 불평등과 일종의 약속 혹은 사람들의 동의에 의존하는 도덕적 혹은 정치적 불평등을 구분했다."[68] 정치적 불평등은 사람들이 다른 사람들의 희생의 대가로 얻은 모든 특권, 예컨대 다른 사람들보다도 부유하다 든 가, 존경받고 있다 든 가, 권력을 갖고 있다 든 가, 더 나아가서 사람들을 자신에게 복종시키고 있다는 등의 특권으로부터 생겨난다. 계

68) J. Störig, *Ebd.*, S. 258.

속해서 루소는 사회적 불평등이 반자연적 성격을 지닌다는 것을 구체적으로 규명하려 하였다. 자연적 불평등과 더불어 태어난 인간은 그 능력이 서로 다르다. 그러나 사유 재산이 발생하지 않았던 자연 상태에서 모든 인간은 선하므로 소박한 덕이 지배하였다. 자기 자신에 대한 참된 욕구가 충족되면 인간은 만족하였고 타인의 지배를 고려하지 않아도 되었다. 이때는 만인이 만인에 대하여 투쟁하는 상태가 아니라 누구나 독자성을 갖고 어느 누구에게도 예속되지 않는 낙원의 상태였다. 그러나 인간의 이기심은 이해관계에 눈을 뜨게 하여 소유의 개념을 낳게 한다. 물론 이러한 이기심은 인간과의 교제에서 오는 2차적인 것이며, 인간의 본성에서 나오지 않는다고 해석해야 좋을 것 같다. 왜냐하면 인간은 원래 선하고 이기적인 존재가 아니라는 것이 루소의 출발점이기 때문이다. 원래 선한 인간으로부터 어떻게 이기심이 발생하였는가의 문제는 루소가 해결해야 할 상당히 어려운 문제였다.

여하튼 인간의 이기심은 소유의 개념을 만들어 낸다.

"어떤 사람이 제일 먼저 어떤 토지에 울타리를 쳐 놓고 '이것은 내 것이다'라고 주장했을 때, 그의 말을 믿는 고지식한 사람들이 있었으니 그가 바로 시민 사회를 만들어 낸 장본인이다. 이에 대하여 누군가가 꽂힌 막대기를 뽑아내고 제멋대로 파헤쳐진 도랑을 메우고 이웃 사람들에게 '이 사기꾼의 말을 믿지 말라. 그대들이 만일 여기서 자라는 모든 열매는 우리들 모두의 것이며 한 조각의 토지도 어떤 개인의 것이 아니라는 사실을 잊어버린다면 그대들은 스스로의 무덤을 파는 꼴이 되리라'고 외치는 사람이 나타났더라면, 그는 인류가 겪은 얼마나 많은 범죄, 전쟁, 살인, 빈곤 및 불의를 예방할 수 있었겠는가!"69)

루소의 이 말은 다음 세기에 "재산은 장물이다"라고 외친 프루동(P. J. Proudhon, 1809~1865)의 말과 비슷하게 사유 재산의 근거가 불법이라는 것을 예리하게 지적해 준다. 이렇게 하여 어떤 개인의 이기심과 이에 동조하는 무력한 인간들의 방관에 의하여 토지가 분할되고 토지에 대한 소유권이 인정되면서 인간이 행복했던 자연 상태는 종식되었다. 어느 누구도 남을 희생시키지 않고 독자적으로 자기 분수를 지키며 살아갈 수 없게 되었다. 주인과 노예가 발생하고 폭력과 약탈이 자행되었으며 인간은 소유욕과 공명심에 눈이 어두워져 간악한 존재로 변질되고 말았다. 홉스가 말하는 '인간의 인간에 대한 늑대'의 상태가 비로소 시작한 것이다. 그러나 재빨리 토지를 점거한 부자들은 투쟁의 상태를 종식시키기 위해 묘안을 만들어 내었다.

"우리는 뭉쳐야 한다. 그래야만 억압받는 것을 막을 수 있고 공명심에 눈이 어두운 자를 견제할 수 있으며, 누구나 소유권을 행사할 수 있도록 도와줄 수 있기 때문이다. 우리는 우리의 힘을 우리 자신들에 대한 투쟁에 사용하는 대신 하나의 최고 권력 속에 통합함으로써 현명한 법령을 통하여 이러한 통합에 동의한 모든 구성원들을 보호하고 공동의 적에 대처하며 우리 모두의 영원한 화목을 유지해 나갈 수 있다."[70]

이것은 언뜻 보기에 만인의 권리를 보호하기 위한 제안처럼 생각되지만 실은 소유권을 획득한 사람들의 자기 보호에 더 큰 목적이 있다는 것

69) J. Störig, *Ebd.*, S. 258f.
70) *Ebd.*, S. 259.

을 루소는 지적한다. 순진한 사람들이 이 제의에 동의함으로써 국가와 법률이 발생하였고 마침내 약자에 대한 새로운 올가미가 씌워졌으며, 반대로 부자들은 그나마 처음에는 법적인 근거아래 점유한 지배권을 어느덧 하나의 자의적인 지배로 변질시킴으로써 마침내 인간불평등을 영구화시킬 가능성을 마련했던 것이다. "이렇게 부자와 빈자를 갈라 놓은 재산의 발생이 최초의 화근이었다면, 지배자와 피지배자를 갈라놓은 주종관계의 발생이 제2의 화근이며, 권력이 자의로 변질되는 것이 제3의 화근이다"[71] 이렇게 하여 사회적 불평등이 발생하고 인류의 재앙이 시작되었다. 기아선상의 대중이 최소한의 생활 여건도 갖지 못할 때 극소수의 부자가 풍요를 누리는, 자연권과는 너무나도 모순된 결과가 나타나게 되었다. 소유권의 확립에 의하여 '부자의 교묘한 도둑질은 취소될 수 없는 하나의 권리'로 되어 버렸다.

로크를 중심으로 하는 대부분의 계몽주의 철학자들이 사유 재산을 자기 노동에 기초한 소유로 생각하고 자연권이라는 이름으로 정당화한 데 반하여 루소의 입장은 하나의 커다란 예외에 속한다. 『불평등 기원론』은 불평등의 기원을 규명함과 동시에 이러한 불평등이 자연법(혹은 자연권)에 의해서 정당화될 수 없다는 것을 밝히는 데 목적이 있었다. 우리는 이미 로크가 자기 노동에 기초한 소유를 만민의 자연권이란 이름으로 정당화하여 시민 사회 형성의 이념을 제공하였다는 것을 알고 있다. 봉건 제도의 해체기에 발생한 대부분의 자연권 사상은 새로운 사회 형성의 원리를 내포하고 있었다. 국가는 신의 제도도 아니며 본래적인 불평등에 의해서

---

71) *Ebd.*

구성된 것도 아니고, 자유롭고 평등한 개개인의 합의에 의해서 만들어졌다는 원리다. 국가는 각 개인에 대한 자연권의 보호만을 목적으로 각 개인의 자유로운 협약에 의해서 만들어졌으며, 사회 제도는 인간이 만든 상대적인 소산물이기 때문에 인간의 의사에 따라 항상 개조될 수 있는 것이다.

이러한 계몽주의의 자연권 사상에서 자연권에 속하는 가장 중요한 범주가 생명, 자유, 소유 등이었다. 그러나 루소는 단호하게 자연권 속에 소유의 권리를 포함시키지 않고 생명과 자유의 권리만을 인정하였다. 물론 자기 노동에 기초한 소유권의 정당성을 전혀 부정한 것은 아니지만 그것이 부자의 강탈에 의한 정당화라는 것을 강조하고 로크와는 다른 방향에서 자연권 사상을 전개한다. 우선 루소는 자연권 사상의 핵심 개념인 '자연'에 대한 새로운 정의부터 시작한다. 소유의 개념은 인간의 이기심에서 발생한다. 그런데 이 이기심은 다시 사회 속에서 발생하는 것이다. 사회 생활을 하다보면 인간은 자기 능력과 타인의 능력을 비교하는 성찰을 하게 되고, 타인을 경쟁의 대상으로 생각하여 타인보다 앞서려는 생각을 하게 되는데 바로 그것이 이기심의 근원이다. 그런데 이 이기심이란 상대적이고 인위적인 억견이며 무제한한 추상적인 욕망이다. 이기심은 경멸, 오만, 증오, 경쟁심, 복수심 등을 일으키는 원동력이다. 그러나 이러한 이기심은 인간의 원시적인 자연 상태에는 존재하지 않았으며, 재산이 축적되면서부터 발생한 것이다. 인간의 자연 상태에서는 이기심 대신 자기애(amour de soi)가 있었을 뿐이다. 자기애는 자신의 일에만 관심을 가지기 때문에 자신의 참된 욕구가 충족되면 그것으로 만족한다.

그러므로 이기심과 대립된다. 이기심은 타인과 비교해 보기 때문에 만족하는 일이 결코 없다. 타인과의 비교는 인간의 사고가 있는 곳에는 어디서나 존재한다. 그러므로 루소는 인간의 사고능력 까지도 저주한다. "전능하신 하느님이여 우리를 우리 조상들의 깨달음으로부터 해방시켜 주소서. 그리하여 우리의 행복을 증진시키는 유일한 자산인 단순하고 솔직하고 가난한 상태로 우리가 되돌아가게 해주소서……."[72]

이기심과 대치되는 자기애야말로 인간의 올바른 본성이고 자연이다. 그러므로 시민사회에서 말하는 소유권이 있는 자연인이란 참다운 자연인이 아니라 본래적인 인간의 타락한 형태다. 참다운 자연인은 이기심과 소유욕이 형성되지 않은 순수한 자연 상태의 인간이다.

그러나 인간은 사회적 동물이다. 순수한 자연인이란 불가능하며 어느 때나 사회적 인간으로 존재한다. 루소는 인류사가 시작하기 전에 순수한 자연 상태가 존재하였다는 것을 가정하고, 이 자연 상태의 퇴화로서 문명 사회가 발생했다고 주장함으로써 인간의 존재 방식으로부터 사회성을 박탈해 버리는 모순에 빠진다. 루소의 자연인은 문명인이 가지고 있는 모든 사회성이 배제된 오로지 대상적 자연에만 의존하는 하나의 고립자이기 때문이다.

그러나 인간은 그가 만들어 놓은 사회를 되돌려 미개인으로 되돌아갈 수는 없다. 이제 사회적인 자연인이 나타나야 한다. 이러한 문제를 다룬 것이 그의 『사회계약론』 및 『에밀』이다.

인간은 자연으로부터 주어진 양도할 수 없는 자유와 이 자유를 조정하

72) *Ebd.*, S. 258.

는 국가 질서를 분리해서 생각할 수 없게 되었다. 국가 질서는 정당한 지배권을 기초로 하여 이루어진다. 정당한 지배권을 가능하게 해주는 것은 개개인의 자유로운 동의를 바탕으로 하는 합의이며, 이 합의가 바로 사회계약이다. 여기서 사회의 구성원은 자기가 소유한 일체의 사물과 기능 그리고 권리를 공동 재산으로 간주하고 어떤 '일반 의지'(volonté generale)에 종속시켜야 한다. 이 전면적 양도 행위의 조건은 만인에게 평등하며 각자는 공동체의 성원 모두에게 스스로를 전면적으로 양도하기 때문에 어떠한 유보도 있을 수 없으며, 어떤 특정 사람이나 집단에게 자신을 양도하는 것이 아니다. 전면적 양도에 의하여 공통의 상위자로서 '일반 의지'가 형성되어 각자는 이 일반 의지에 대한 복종에 의해서 정치 체제를 구성하는 불가분의 성원이 된다. '일반 의지'를 이념으로 하고 각자의 자유로운 합의, 곧 '사회 계약'에 의해서 이루어지는 자연 상태로부터 문명 상태로의 이행은 이기심에 의해서 이루어지는 문명화와는 차이가 있다. 루소가 말하는 사회계약에 의한 전면적인 양도는 홉스의 경우와 달리 각 개인이 실제적으로 어떤 것을 포기한다는 의미가 아니다. 각자는 자신들이 양도한 것을 결국 되찾아 오기 때문이다. 자연적, 사회적으로 불평등한 인간은 사회 계약에 의해서 정신적 · 합법적으로 평등을 승인 받는다. 각 개인은 주권자의 일원으로서 능동적인 시민인 동시에 법에 복종하는 수동적인 시민이다. 지배와 복종이라는 대립물의 통일로서 정치 체제가 구성된다. 국민에 대한 정부의 지배를 나타내는 행정권과 정부에 의한 국민의 지배를 나타내는 입법권이 절대적으로 동등한 균형을 유지해야 한다. 집행자가 주권자를 억압한다면 자유로운 사회 계약은 파기되는 것이고, 국민은 다시 '일반 의지'에 따라 정부를 구성해야 한다. 그것은 구체적으로 인민의 정기 집회를 통하여 주권자가 현 정부에 만족하며 계속 통치를 위임할 것인가를 투표로 결정하는 것이다. 동시에 이 집회는 만족스러운 사회 계약을 다시 실현하기 위하여 '임시 정부'를 구성한다.

루소의 주장은 계몽주의에 의해서 경시되어 왔던 인민에 의한 자기통치의 사상을 제기하고 로크의 저항권을 비판적으로 계승했다는 데 의의가 크지만 그 실현 가능성에 있어서 다분히 낭만적인 이상에 머물렀다. 예컨대 각자가 투표권을 행사하여 자기의 입장을 표시하고 이 투표수를 계산함으로서 일반의지가 확인되고 나와 반대되는 의사가 우세한 것으로 나타난다면 내가 착각하였다는 사실이 입증된다고 루소는 말하지만 그것은 모든 사회에서 투표라는 방식에 의한 결정이 많은 모순을 내포하고 있다는 사실을 간과한 견해이다.

교육 소설로 일컬어지는 『에밀』에서 루소는 모든 인간은 선하게 태어났지만, 자라면서 악하게 되기 쉬우므로 인간의 선한 천성을 자연스럽게 개발시켜야 한다는 그의 신념을 구체적으로 묘사하고 있다. 다시 말하면 자연 상태로 살고 있는 자연인이 아니라, 사회 상태 속에서 살고 있는 자연인의 교육을 문제삼는다. 주인공 에밀은 스스로의 욕망이 인위적인 규제를 통하여 제한되지 않게 그러나 동시에 자기 자신의 힘에 의해서 실현 불가능한 욕망을 갖지 않도록 교육된다. 욕망이 비대해지면 그것을 채우기 위해서는 타인의 힘이 필요하며 상호 의존과 인간에 의한 인간의 지배가 필연적으로 발생한다. 욕망과 능력 사이의 불균형이 불행의 씨앗이다. 참으로 자유로운 인간은 자신이 할 수 있는 것만을 바라며 자신의 필요와 욕망을 충족시키기 위해서 노동을 배워야 하며 노동은 사회적 인간의 의무이다. 그렇기 때문에 순박한 인민은 교육을 별로 필요로 하지 않으며 부자나 지배자가 가장 많은 교육을 받아야 한다. 상호의존과 지배를 벗어나 본연의 인간으로 환원하는 것이 교육의 목표이기 때문이다. 인간은 태어나면서부터 국왕이나, 궁정인이나, 귀족이나, 지주인 것은 아니다. 모두 벌거벗은 가난한 인간으로 태어난다. 모든 인간은 어느 땐가 한 번 죽는다. 고통을 감수하는 존재로서 자신을 자각하고 타인의 고통 속에 자신을 동일화시켜 함께 고통을 느끼는 인간이 루소가 생각한 보편적인 인간상이다.

교육자의 역할은 아동들이 가능한 한 외부의 영향을 받지 않고 스스로의 능력을 개발하도록 도와주는 소극적인 것에 머물러야 한다. 모든 악과 오류는 인간의 제도를 통하여 외부로부터 오는 것이기 때문이다. 아동들의 성향은 이성보다 감정이나 정열에 의존하기 쉬우며 조급하게 이성적인 사고를 강요해서는 안 된다. 나쁜 정열과 좋은 정열의 구분은 없다. 정열이 인간을 지배할 때는 나쁘지만 인간이 정열을 억제할 때 모든 정열은 좋은 것이다.

아동들의 심리 상태를 잘 파악하여 상처받지 않도록 자연적으로 개발하라는 루소의 교육론은 얼핏 별로 유해한 것 같지 않다. 그런데 왜 이 『에밀』 때문에 루소의 정부와 종교계로부터 지탄을 받고 도피 생활을 해야 했던가? 그것은 만인이 선하게 태어난다는 그의 인간관이 기독교의 원죄설과 일치하지 않으며, 이성에 의한 추리보다 감정과 정열을 억제하는 것을 이상으로 하는 인간관에 반기를 들었기 때문이며, 마지막으로 인간의 절대적인 자유와 평등을 구가함으로써 당시의 지도층에 대해 불안감을 안겨 주었기 때문이다. 더욱 그의 '사회 계약설'은 인민의 주권행사를 최대한으로 옹호하고 정당화시켜 주었기 때문에 시민 사회와 절대 군주제의 지배 이념을 위태롭게 만든 것이다.

루소는 그의 철학과 종교관을 주로 『사봐이야르 교구 보좌 신부의 신앙 고백』(*Confessions de foi du vicaire savoyard*)에서 서술한다. 그는 감각주의, 유물론, 무신론, 이기적인 도덕, 그리고 계시 신앙을 모두 비판한다. 그는 우선 로크와 마찬가지로 가장 근원적으로 주어지는 것은 지각이라고 생각한다. 지각은 외적인 요인에 의하여 발생한다. 인간의 내면에는 외적 요인을 어느 정도 움직일 수 있는 원리가 있는데 그것이 의지이다. 이 의지의 근원은 신이다. 자연의 합목적적인 질서가 신적인 오성에 의하여 설명되어지는 것처럼 우주를 움직이는 원인도 신의 의지라고 할 수 있다. 두 사람이 서로 다툰다는 것은 인간이 2개의 원리를 갖고 있다는 것을 증명한다. 곧 진리와 정의를 추구하는 영혼과 감성 및 정열의 지주인 육체이다. 영혼은 자유로우며 육체로부터 독립해 있다. 이성이 부재중이더라도 감성은 양심의 소리에 따라 선·악을 판단할 수 있다. 교회란 신을 믿는 인간의 마음일 뿐이다. 모든 종교 의식과 교리는 쓸모없다. 자연상태의 인간은 죄가 없다. 그러므로 원죄란 있을 수 없다. 모든 교리와 교파는 옳지 않으며 신은 자연 속에서도 나타난다. 인간의 구원도 쓸데없는 얘기다. 그의 소설 『신 엘로이즈』에서 루소는 이성보다 감성 혹은 영혼, 교리나 의식보다 자연 속의 신앙을 구체적으로 잘 묘사하여 당 시대에 많은 영향을 주었다.

끝으로 같은 시기의 계몽주의 철학에 속하면서도 서로 적대적인 관계에 있었던 볼테르와 루소를 비교해 보는 것은 매우 흥미 있는 일이다.

볼테르가 페르네에 소극장을 만들어 자기 연극을 공연하였을 때, 칼뱅교가 지배적이었던 쥬네브에서는 그것이 눈의 가시처럼 생각되어 쥬네브에서는 아예 연극이 법적으로 금지되어 있었다. 더구나 볼테르의 연극 내용들은 대부분 종교를 비꼬는 풍자적인 것들이었다. 루소는 연극이란 인간의 덕을 파괴하는 유해한 것이라고 말하며 볼테르를 비판하기 시작했다. 이때부터 두 사람의 사이는 벌어지기 시작했다. 루소의 『인간 불평등 기원론』을 반인간적인 책으로 볼테르가 평가했는가 하면 리사본의 지진에 대한 볼테르의 시를 읽고 루소는 그것이 무신론적이라 혹평했다. 루소는 볼테르와는 달리 이 지진을 인간에 대한 신의 징벌로 해석한 것이다. 결국 루소는 볼테르를 증오하고 있다는 편지를 직접 볼테르에게 보냈으며, 볼테르는 루소를 단순한 바보가 아니라 악의에 찬 바보라고 생각하기 시작하였다.

볼테르와 루소는 그들의 철학에 있어서도 서로 대치되는 점이 많았다. 물론 그들은 다 같이 18세기 프랑스 사회의 산물로서 중세의 봉건제도와 거기서 유래하는 정치적 · 사회적 · 종교적 · 철학적 이념들에 대한 투쟁을 전개하는 점에서 일치한다. 그러나 그것은 하나의 출발점에 불과했다. 그들의 사상이 성숙함에 따라 그들의 사상적 차이는 더욱 커진다. 루소가 이상으로 삼는 인간은 자연을 배경으로 하는 감성적인 인간이라면, 볼테르가 이상으로 삼는 인간은 문화에 발맞추어 전진해 가는 이성적인 인간이다.

루소는 원시 자연 상태를 인간의 낙원으로 보고 문명의 발전과 더불어 점점 더 인류가 타락했다는 역사관을 드러냈다면, 볼테르는 문명의 발전에 의하여 인류는 진보하고 행복을 증가시킬 수 있다는 진보주의적 신념에 젖어 있었다.

언제나 감정과 정열을 억누를 길이 없어 안정을 잃었던 루소가 시민사회의 생활을 견디어낼 수 없었던 반면, 인간이 이룩한 현재의 문화 속에서 최대의 긍지를 느끼는 볼테르는 평민 출신이면서도 귀족 사회에 어울려 물 속의 고기처럼 유연하게 움직여 나갔다.

인간의 이성과 교육의 역할을 별로 신뢰하지 않았던 루소가 무식한 평민 출신의 여인과 결혼하면서 모든 인간의 평등을 부르짖고 민중의 힘을 가장 근본적인 요인으로 승화시킨 반면, 대중의 힘을 과소 평가한 볼테르는 군주제와 계몽화된 군주 속에서 민중을 이끌어 가는 역량을 기대하였다.

사유 재산을 소유하는 권리를 자연권으로부터 배제하고 철저하게 인간의 자유를 구가한 루소와는 달리 볼테르는 사유 재산의 소유권을 포함한 인간의 자유와 질서를 강조하였다.

'일반의지'에 전권을 부여함으로써 다음에 나타날 혁명의 바탕에 대한 기본 정신을 루소가 제공해 주었다면, 볼테르는 제도의 변혁 자체는 아무런 효과도 이룰 수 없다는 신념 아래 급진적인 사회 제도의 변혁보다 계몽을 통한 인간 본성의 개조를 부르짖었다.

루소가 형식적으로 개신교와 가톨릭 사이를 우왕좌왕하면서 그러나 내용적으로는 무신론과 유물론을 철저히 반대하고 이신론적인 종교관을 나타낸 반면, 볼테르는 외형적으로는 이신론자이고 종교를 인정하지만 내용적으로는 철저한 무신론자였다.

그러나 많은 차이에도 불구하고 이들은 다같이 18세기 프랑스 사회의 모순들을 들추어내어 가차없이 비판한 선구적 역할을 담당하였다. 감옥에서 볼테르와 루소의 저서를 읽어 본 루이 16세는 "바로 이 두 사나이가 프랑스를 망쳐 놓았다"[73]라고 말했다고 한다.

루소의 삶이 항상 모순에 차 있었던 것처럼 그의 사상도 이질적인 두 요소가 혼합되어 있었으니, 그 하나는 사회 혁명적인 요소이고 다른 하나는 낭만주의적인 요소다. 프랑스 대혁명과 훗날의 사회 사상은 루소의 불평등 기원론, 자연권 사상 및 사회 계약설로부터 많은 영향을 받았으며 이성과 문명을 불신하는 그의 낭만적이고 이상적인 사상은 독일의 '질풍 노도 운동', 낭만주의 그리고 반주지주의적인 쇼펜하우어(Arthur Schopenhauer, 1788~1860)와 니체의 철학에 직접·간접적으로 많은 영향을 주게 된다. 혁명적인 면을 고려하면서 판단한다면 루소가 볼테르보다 사상적으로 더 진보적이라고 할 수 있지만, 낭만주의와 연관해서 판단한다면 볼테르가 루소보다 훨씬 앞서 있다고 말할 수 있다.

73) W. Durant, *Ebd.*, S. 198.

18. 칸트와 독일 관념론의 출발

독일은 18세기에 다른 이웃 나라에 비해 정치적, 경제적으로 후진 상태에 있었다. 다시 말하면 시민사회가 성립되지 못하고 아직도 군주국으로 분산되어 봉건주의의 흔적이 계속 나타났다.[74] 이러한 후진성을 철학적으로 만회하려는 시도가 독일 관념론 철학이었고 그 선구자가 칸트이다.

칸트는 1723년 4월 22일 지금은 러시아의 도시가 되어 있는 동프로이센의 쾨니히스베르크(Königsberg)에서 마구공의 아들로 태어났다. 칸트의 생애는 외적인 활동에서는 커다란 변화 없이 조용하게 흘러갔으나, 내면적으로는 강렬한 폭풍과 정열이 가득한 삶이었다. "칸트의 생애는 기술하기가 어렵다. 왜냐하면 그는 생활도 이력도 갖지 않았기 때문이다. 그는 기계적으로 구성된 그의 추상적인 옹고집 생활을 독일 북동쪽 경계에 있는 한 옛 도시 쾨니히스베르크의 한적한 골목길에서 보냈다"[75] 라

---

74) 발터 슈미트 외 지음, 강대석 옮김, 『독일근대사』, 한길사 1994 참조.
75) H. Heine, *Beiträge zur deutschen Ideologie*, Frankfurt am Main 1972, S. 74.

고 독일의 시인 하이네(Heine)는 말한다. 칸트는 11남매 중에서 네 번째로 태어났다. 어머니의 정신적인 기저는 소위 경건주의(Pietismus)였다. 경건주의는 교리보다도 개인의 경건심을 고양하고 도덕적 생활과 사회생활을 강조하는 당시의 종교적 경향이었으며, 가난과 검소와 근면을 중시한 소시민의 생활 태도에 부합하였다. 경건주의의 대표적 인물로 목사 겸 교수였던 슐츠(Schultz)의 의견에 따라 칸트의 양친은 칸트를 프리드리키아눔이라는 학교에 보낸다. 여기서 칸트는 1732년에서 1740년까지 열심히 라틴어와 고전을 공부하였다. 이 당시에 그는 철학에 관심을 별로 갖지 않았다. 1740년부터 1746년까지 쾨니히스베르크 대학에 다니면서 비로소 철학, 수학, 신학을 공부하였다. 신학에서는 주로 슐츠의 강의를 들었으며 철학에서는 크누첸(Knutzen) 교수의 강의를 들었는데, 크누첸은 칸트에게 뉴턴의 자연 과학을 소개해 주었다. 1746년에 아버지가 죽자 가정교사를 하면서 생계를 유지하였다. 1755년에 학위를 얻고 모교에서 15년 동안 사강사(私講師)생활을 계속하면서 두 번이나 교수직을 신청했으나 거부된 후 드디어 1770년 46세의 나이로 논리학과 형이상학의 교수가 되었다.

칸트의 생애는 단조로웠다. 잠시 이웃 소읍에서 가정교사 생활을 했던 것 외에 여행을 한 번도 떠나지 않았다. 생활도 매우 규칙적이었다. 그는 언제나 새벽 5시에 일어나 일하기 시작하였다. 7시부터 9시까지는 강의를 하였다. 자신의 연구를 위한 시간은 주로 9시부터 1시까지였는데, 이 시간에 그의 많은 학술저서들이 쓰여졌다. 점심시간에는 대부분 손님을 맞이했는데 그는 학자들보다도 사회인을 더 좋아했다. 완전히 긴장을 풀 수 있는, 상당히 긴 시간을 할애했던 식사시간 중에 그는 다양한 주제를 놓고 대화를 나누었다. 그리고는 엄밀한 일과배정과 규칙에 따라 산책을 한 뒤 다시 연구에 몰두하다가 정확히 밤 10시에 잠자리에 들었다. 칸트는 정해 놓은 일과를 매우 정확하게 지켜나갔기 때문에 이웃 사람들은 칸트의 일상 거동에 따라 시계바늘을 맞추었다고 한다. 잠자리에서 일어나 커피를 들고 저술을 하고 강의를 하고 식사를 하고 산보하는 것 등 모든 것이 정해진 시간에 따라 행해졌으므로 이웃 사람들은, 회색 코트를 입고 스페인 지팡이를 손에 들고 대문을 나서서 오늘날 그 사람 때문에 철학자의 길이라 불리는, 보리수가 늘어선 작은 길을 산보하는 것을 보면 그때가 바로 오후 6시라는 것을 분명히 알 수 있었다. 그는 사계절 어느 때나 똑같은 산책길을 여덟 번 왔다갔다했으며, 날씨가 흐리거나 먹구름이 끼어 비가 내릴 듯하면 그의 하인인 늙은 람페(Lampe)가 큰 우산을 옆에 끼고 조심스럽게 그의 뒤를 따라 가는 것을 볼 수 있었다. 다만 루소의 『에밀』을 읽을 때 이 책을 단숨에 읽기 위해서 일과로 삼고 있던 산보를 걸렀을 뿐이다.

칸트의 키는 157㎝에 불과하였고 뼈대가 작아 양복이 맞지 않았다.[76)] 가슴이 작아서 호흡에 지장을 받았으며 오른쪽 어깨가 왼쪽보다 더 높았다. 그의 눈은 가까운 곳을 보기에 지장이 없었으므로 결코 그는 안경을 끼지 않았다. 몸체가 작았으므로 얼굴은 약간 크게 보였다. 얼굴은 젊었을 때 예쁠 정도였으며 항상 호감을 갖게 하였다. 머리는 갈색이었고 눈

---

76) U. Schulz, *Kant*, Hamburg 1965, S. 44.

은 푸른색이었다. 그는 몸이 약했으므로 엄격한 식이요법을 하였고, 정신적인 안정을 중시하여 80세까지 건강하게 살았다. 그는 입을 다물고 코로 숨쉬는 것을 원칙으로 삼았으며 산보하는 도중에 누구와 말하지 않았다. 다른 사람과 같이 산보하면 걸음을 빨리 해야하고 그러면 땀이 나서 감기에 걸림 위험이 있으므로 싫어하였다.

칸트의 성격은 매우 꼼꼼했고 절약과 절제가 몸에 배었다. 경제적인 자립이 내면의 행복과 자유의 감정을 가져올 수 있다고 어려서부터 확신하였다. 얼마 안 되는 봉급과 저작료를 갖고 그가 말년에 많은 돈을 저축할 수 있었던 것은 그의 검소한 생활에서 나온 결과였다. 사람들에게는 다소 냉담한 편이었으며, 가족들에게도 무심하여 같은 도시에 살고 있었던 여동생들과 25년 동안이나 이야기를 하지 않았다고 한다. 그러나 그것은 불화에서 나온 것이 아니라 성격 때문이었다. 어렸을 때 양친의 종교적 분위기가 칸트를 압도했으므로 마음속에 반발을 느껴 칸트는 성인이 된 후 한 번도 교회에 나가지 않았다. 그러나 내심에는 독일 청교도의 음울한 특징이 자리잡아 있었고 어머니가 심어 준 신앙의 근본을 보존하려는 열망도 갖고 있었다. 경제적인 여유가 있었지만 칸트는 끝까지 독신으로 머물렀다. 청년 시절에 사랑을 한 적은 있었다고 한다. 나이가 들어서도 결코 결혼을 반대하지 않았으며 두 번인가 결혼할 의사를 가졌었는데 너무 오랫동안 고려했기 때문에 한 번은 여자가 더 대담한 남자와 결혼해 버렸고, 한 번은 기다리다 못해 여자가 떠나 버렸다. 그는 결코 그의 독신 생활을 불평하거나 후회한 적이 없었다. 70세 때에도 칸트는 결혼할 생각이 있었으나 목사의 만류로 포기하였다. 친구들이나 친구의 아이들에게는 늘 결혼의 유용성을 강조하였다고 한다. 여자들과의 대화를 아주 명랑하고 활발하게 전개하면서 특히 요리 문제를 많이 논했으므로 그의 친구는 칸트에게 『요리의 비판』이라는 책을 쓰도록 졸라대었다고 한다. 칸트는 친척보다도 친구를 더 좋아했으며, 친구도 학문을 하는 대학의 동료가 아니라 주로 사업가들이 많았다. 가장 친한 친구가 영국의 상인 그린(Green)이었다.

1804년 2월 12일 11시에 칸트가 죽자 쾨니히스베르크의 모든 시민은 이 철학자의 죽음을 애도하여 장례식에 참석하였고 그의 묘비에는 『실천이성 비판』의 끝말인 "내가 여러 번 그리고 깊이 생각하면 할수록 내 마음을 항상 더 새롭고 더 강렬한 경탄과 경외심으로 채워 주는 두 가지 사실이 있으니, 내 머리위로 별이 가득한 하늘과 내 마음속에 들어 있는 도덕률이다"라는 문구가 적혀져 있다.

칸트의 주요 저서를 연대순으로 나열하면 다음과 같다.

1755년 『일반 자연사와 전체 이론, 곧 뉴턴 원리에 입각한 대우주의 구조와 역학적 근원에 관한 시론』(*Allgemeine Naturgeschichte und Theorie des Versuchs von Verfassung und dem mechanischen Ursprung des ganzen Weltgebäudes, nach Newtonischen Grundsätzen abgehandelt*)

1770년 『감성계 및 예지계의 형식과 원리에 관한 논문』(*Dissertation über die Form und Prinzipien der sinnlichen und der intelligiblen Welt*)

1781년 『순수이성비판』(*Kritik der reinen Vernunft*)

1783년 『학문으로서 대두될 수 있는 모든 미래의 형이상학을 위한 프롤레고메나』(*Prolegomena zu einer jeden künftigen Metaphysik, die als Wissenschaft auftreten können*)

1784년 『세계 시민적 견지에서 본 일반 역사의 이념』(*Idee zu einer allgemeinen Geschichte in weltbürgerlicher Absicht*)

1785년 『도덕 형이상학 원론』(*Grundlegung zur Metaphysik der Sitten*)

1788년 『실천 이성 비판』(*Kritik der praktischen Vernunft*)

1790년 『판단력 비판』(*Kritik der Urteilskaft*)

1793년 『단순한 이성의 한계 내에서의 종교』(*Die Religion innerhalb der Grenzen der bloßen Vernunft*)

1795년 『영구 평화론』(*Zum ewigen Frieden*)

1797년 『도덕 형이상학』(*Metaphysik der Sitten*)

1798년 『학부의 논쟁』(*Der Streit der Fakultäten*).

모든 철학은 그 시대의 산물이며 이미 이루어진 철학과의 논쟁에서 출발한다. 칸트도 예외가 아니었다. 칸트의 출발점은 근세 자연 철학과의 논쟁이었고, 이에 대한 관심은 그의 전 사상에 영향을 미친다. 그의 비명에 담긴 '별이 가득한 하늘'이란 바로 자연 철학적인 관심을 단적으로 표현한 것이며, 만일 누군가 칸트를 '내 마음속에 들어 있는 도덕률'에만 국한하여 해석한다면 칸트의 양면을 무시한 올바른 해석이 되지 못 할 것이다. 칸트의 가장 최초의 저술은 1747년의 대학 졸업 논문이었다. 「활력의 참된 측정에 관한 고찰」(*Gedanken von der wahren Schätzung der ledendigen Kräfte*)이라는 제목을 지닌 이 논문에서 칸트는 아직 학생으로서 근세의 위대한 두 철학자인 데카르트와 라이프니츠의 논쟁에 끼어들어 이들을 조화시키려 했다. 힘을 어떻게 측정하느냐가 논쟁의 초점이었다. 데카르트는 질량(m)과 속도(v)에 의하여 측정하려 하였고, 라이프니츠는 질량과 속도의 제곱(mv^2)에 의하여 측정할 수 있다고 생각하였다. 칸트는 이 두 이론을 조정하여 스스로 움직이는 물체의 힘은 라이프니츠의 이론에 따라서, 외부의 힘에 의하여 움직여지는 물체의 힘은 데카르트의 이론에 따라 측정되어야 한다고 주장하였다. 물론 칸트는 1743년에 이미 달랑베르가 $\frac{mv^2}{2}$이라는 형식으로 이 문제의 옳은 해답을 제시했다는 사실을 알지 못했다. 칸트의 시도는 한 젊은이의 대담성으로만 평가될 수 있지만 여하튼 모든 권위를 벗어나 독자적으로 진리를 찾아가려 했던 그의 태도는 높이 평가되었다.

『일반 자연사와 천체 이론』에서는 그의 자연철학적인 입장이 훨씬 더 확고하게 그리고 학술적인 근거 위에서 기술되었기 때문에 현대까지도 그 중요성이 인정되고 있다. 우주의 신비화를 거부하고 오성에 합당한 법칙으로 자연을 해석하려는 근세의 자연철학적인 경향이 칸트에게까지 넘어온다. 코페르니쿠스는 신의 거주지인 하늘이 지구를 포함한 무수한 천체들의 집합장소에 불과하다고 주장했지만 그러나 아직도 천체운동의 원인을 신의 힘으로 돌렸다. 갈릴레이와 케플러는 천체 운동마저 수학적인 법칙으로 환원하여 계산하려 하였다. 뉴턴은 이러한 이론들을 근거로 우주는 스스로에 내재하는 필연적인 법칙에 따라 움직이기 때문에 신의 간섭을 전혀 받지 않는다는 결론에 도달하였다. 그러나 아직 뉴턴도 우주의 법칙이 어디서 왔는가에 대한 철저한 물음을 제기하지 않음으로써 그것을 신이 만들어내었다고 가정하는 그 시대의 종교적 권위와 타협하였다. 칸트는 이제 뉴턴이 숙제로 남겨 놓았던 우주의 역학적인 근원을 과학적으로 증명하려 하였다. 신에 의한 우주의 창조라는 종교적 신화 대신에 이성적인 추리에 의하여 세계의 발생을 이해하려고 하였다. 질서 정연한 우주인 코스모스(Cosmos)는 결국 혼돈 상태의 우주(Chaos)로부터 진화되었다는 것이 칸트의 결론이다. 그는 "나에게 물질만 다오, 그러면 나는 그대들에게 물질로부터 세계를 만들어 보이겠다"[77]라 말했다. 세계의 발생이라는 비밀을 칸트는 역학적인 과정으로 설명한다. 우주의 근원인 최초의 상태를 칸트는 '영원의 심연'(Abgrund der Ewigkeit)이라 불렀는데, 그것은 바로 무한한 우주의 공간을 의미한다. 이 '영원의 심연'은 다양한 밀도를 갖는 물질적인 원자로 가득 차있는 무질서의 세계였다. 물질과 공간의 세계에서 작용하는 두 힘이 있는데, 그것이 인력과 척력이다. 이 힘은 원자에 내재되어 있다. 인력의 힘은 밀도가 낮은 원자들이 밀도가 높은 원자들의 궤도 안으로 끌려가게 한다. 이렇게 하여 물질의 핵이 형성되고 더 큰 원자들은 더 작은 원자들을 끌어당기며, 개별적인 원자들은 이 궤도로부터 벗어나려 한다. 핵은 불어나고 운동도 빨라진다. 거대한 물질의 핵이 형성되고 운동도 빨라지면서 서로의 마찰을 통해서

77) I. Kant, *Allgemeine Naturgeschichte und Theorie des Himmels*, Berlin 1955, S. 47.

열이 발생하고 빛이 나게 되었는데, 그것이 바로 우주에서 가장 먼저 태어난 태양이다. 태양이 회전함에 따라 다시 원심력의 작용으로 물질들이 튕겨 나와 인력과 척력에 의하여 질서 있게 태양의 주위를 돌기 시작하였으니 그것이 유성이다. 유성으로부터 다시 물질이 분리되어 유성의 주위를 돌기 시작했으니 그것이 달이다. 이런 방식으로 지구를 포함한 전 태양계가 형성되었다. 그 원리는 물질에 내재해 있는 기계적인 법칙이다. 칸트의 우주론은 영국의 천문학자 허쉘(Herschel)의 관찰을 통하여 입증되었고 프랑스의 천문학자 라플라스(Laplace, 1749~1827)의 실험을 통하여 증명되었기 때문에 자연과학에서 '칸트-라플라스 이론'(Kant-laplace'sche Theorie)으로 알려졌다.

칸트의 천체이론이 갖는 철학적인 중요성으로서 첫째, 그때까지 아리스토텔레스의 철학을 밑받침으로 주장되었던 운동의 제1원인에 대한 가정이 무너지게 되었다. 물체의 운동은 외부의 충격에 의한 것이 아니라, 물체 속에 내재하는 인력과 척력의 작용에 의하여 일어난다. 둘째, 진화의 개념이다. 천체뿐만 아니라 지구, 그리고 지구 위의 모든 존재가 '영원의 심연'으로부터 진화되어 질서를 이루게 되었다. 칸트에 의하면 자연은 스스로를 불태우고 다시 그 잿더미 속으로 소생하는 불사조와 같은 것이다. 셋째, 우주의 전체적인 조화를 근거지운 점이다. 자연의 질서는 우주의 전체적인 체계 속에 포함된 일부이다. 이러한 조화의 원인도 역시 인력과 척력의 균형 때문이다.

칸트의 다음 과제는 근세의 인식론을 재구성하는 것이었다.

우리는 이미 앞에서 근세의 인식론이 두 방향에서 나타났음을 살펴보왔다. 하나는 영국의 경험론에서 대두된 것으로 모든 본유 관념을 부정하고 경험에 의한 지식만을 확고한 것으로 받아들이는 방향이다. 로크에 이르기까지 영국의 경험론은 유물론적인 요소와 관념론적인 요소를 동시에 내포하고 있었다. 그러나 로크에서 출발한 이 방향은 버클리와 흄으로 발전되면서 주관적인 관념론으로 극단화된다. 세계의 본질은 주관의 작용에서 나온 결과 외에 아무 것도 아니라는 주관주의다. 그러나 경험론은 다른 한편으로 프랑스의 계몽주의에 유물론의 기초를 제공하면서 주관주의를 극복하는 방향으로 나아갔다. 그러니까 전자의 방향에서는 경험론이 주관적 관념론이라는 형이상학과 결부되고, 후자의 방향에서는 기계론적 유물론과 결부된다. 주관적 관념론이냐 기계적 유물론이냐의 문제는 물질적 대상이 실재하느냐 안 하느냐의 존재론적인 문제이다.

인식론의 다른 한 방향은 데카르트에서 출발하여 스피노자, 라이프니츠, 볼프 등과 연관되는 합리론이었다. 여기서는 인간이 태어날 때부터 갖고 있는 본유관념으로 세계를 확고하게 인식할 수 있다는 주장이 나타난다. 그러나 합리론도 일종의 관념론이다. 세계의 본질이나 인간의 본질이 물질과 분리된 독자적인 정신구조를 갖고 있는 것으로 해석되기 때문이다.

칸트의 인식론을 간단하게 요약해 보자. 칸트에 의하면 인식은 2가지 요건으로 성립된다. 하나는 재료이고 다른 하나는 형식이다. 합리론에서처럼 외부에서 오는 대상 없이 인간의 순수한 형식 혹은 오성만으로 인식이 가능하다는 것을 거부하고 칸트는 우선 우리의 감각기관에 외부에서 오는 자극이 재료로서 주어져야 된다고 생각한다. 마치 라디오가 음파를 받아들이는 것처럼 우리의 감각기관이 외부의 자극을 받아들여야 한다. 이런 점에서 칸트의 입장은 영국의 경험론과 일치한다. 모든 인식은 주어진 재료와 더불어 시작된다. 그러나 재료만으로는 인식이 성립하지 않는다. 그것을 파악하고 결합하는 인간의 능력이 첨가되어야 한다. 감관에 의해서 느껴지는 외부의 자극이 감각(Empfindung)이다. 감각은 개별적이며 5관에서 발생한다. 감각을 밑받침으로 전체적인 지각(Wahrnehmung)이 발생한다. 의식과 무의식 사이의 구별이 아직 불분명한 지각에 반해 통각(Apperzeption)은 분명한 의식영역에 들어선 지각이다. 칸트는 감성을 통하여 주어지고 오성에 의해서 질서가 잡혀 종합되는 대상을 사고하는 주관의 통일적인 파악작용을 통각으로 불렀다. 이러한 통각은 개인적·경험적 의식을 초월한 의식일반의 작용이며 그런 의미에서 '선험적 통각'이다. 칸트는 인식의 선천적인 형식, 곧 인식의 재료를 받아들이고 구성하는 인간의 능력을 3가지로 구분한다. 감성(Sinnlichkeit), 오성(Verstand), 이성(Vernunft)이다. 감성은 '선험적 감성론'에서, 오성은 '선험적 분석론'에서, 이성은 '선험적 변증론'에서 다루어진다. 감각을 수용하는 능력이 감성이고 개념과 판단을 형성하는 능력이 오성이며 추리를 이끌어내는 능력이 이성이다. 지각을 가능하게 하는 감성의 선천적인 형식이 공간과 시간이다. 공간은 외감 형식이고 시간은 내감 형식이다. 공간과 시간의 형식 속에서 정리된 재료가 표상(Vorstellung)이다. 다시 말하면 표상이란 대상을 그 성질 및 관계와 함께 감각적, 전체적으로 모사한 것이다. 그러나 지각과 달리 표상은 현재 감각기관에 작용하는 대상을 직접 모사한 것이 아니라 먼저 지각된 대상을 재생한 지각상이다. 감성에 의하여 구성된 직관(Anschauung)도 아직은 인식의 한 단계에 불과하다. 직관이란 감각, 지각 및 표상들 속에서 이루어지는 감각적 인식의 과정 또는 그 형태들을 포괄적으로 가리키는 말이다. 직관의 단계는 어렴풋이 안개 속에서 우리가 대상을 바라보는 단계와 유사하다. 이 직관이 결합되어 명확한 개념이 이루어진다. "내용없는 사유는 공허하고 개념없는 직관은 맹목적이다(Gedanken ohne Inhalt sind leer, Anschauungen ohne Begriffe sind blind)."[78] 감성이 다양한 재료를 제공해 준다면 오성은 이 재료에 통일적인 형식을 부여한다. 감성에는 형식과 질서가 없다면 오성에는 재료가 없다. 두 영역이 결합하지 않으면 인식은 발생하지 않는다. 물론 직관의 단계에도 공간과 시간 형식에 의한 어느 정도의 질서가 나타나지만 그것은 개별적이고 미약하기 때문에 오성의 도움 없이는 완전히 인식되지 못한다. 오성은 감성이 제공한 직관이라는 재료를 결합하여 개념을 형성하는데 오성의 무기라고 할 수 있는 선천적 형식이 범주(Kategorie)이다. 여기에 추리를 가능하게 하는 이성이 작용하여 인식이 완성된다. 그러나 세상에는 인식될 수 없는 이념이 존재한다. 이러한 이념을 다루는 인간의 능력이 넓은 의미의 이성이다. 그러므로 인식에 관계하는 오성과 달리 인간의 이성은 인식의 한계를 넘어서 있는 대상과 관계한다. 이러한 이념의 예로서 칸트는 영혼, 세계, 신을 들고 있다. 영혼의 불멸성, 세계의 무한성, 신의 존재 등에 관해서는 인간의 오성이 해답할 수 없다. 곧 이들은 인식의 한계를 벗어나 있다. 그러나 인식될 수 없을지라도 인간

---

78) I. Kant, *Kritik der reinen Vernunft, hrsg.* von B. Erdmann, Leipzig 1889, S. 79.

의 사유 대상이 될 수 있다. 이들은 인간 앞에 대상으로 주어지는 것이 아니라 과제로 주어지며, 이성은 인식할 수 없는 어떤 것을 계속하여 추구하는 운명을 지니고 있다.

칸트의 인식론과 더불어 부언해야 할 2가지 문제가 나타난다. 하나는 '코페르니쿠스적 전회'(die kopernikanische Wendung)이다. 코페르니쿠스가 종래의 지구 중심적인 우주관에서 태양 중심적인 우주관으로 방향을 180도 전환시킨 것처럼 칸트도 인식론에서 대상 중심적인 객관적 인식론으로부터 주관의 구성적인 능력을 강조하는 주관적 인식으로 뒤바꾼 사실을 비유하여 이렇게 말하여진다. 그러나 이러한 방향 전환이 과연 코페르니쿠스의 우주관처럼 계몽적이고 진보적인 결과를 가져왔느냐, 아니면 인식론의 후퇴를 가져왔느냐의 문제가 음미되어야 한다. 둘째는 칸트의 '물자체'(Ding an sich) 개념이다. 칸트에 의하면 인간의 인식 과정에서 재료로서 외부로부터 주어지는 것은 다만 대상의 현상(Erscheinung)에 불과하고 대상의 본질이 아니다. 현상의 배후에 숨어 현상을 가능하게 해주는 미지의 존재를 칸트는 '물자체'라 일컫는다. 이것은 칸트의 인식론과 결부된 존재론을 암시해주는 주요한 개념이다. 칸트는 다소 진보적인 입장에서 제시한 '물자체'의 개념을 수미일관하게 관철하지 못하고 결국 불가지론으로 후퇴한다. 칸트를 정당하게 이해하기 위해서는 역시 칸트의 '물자체' 개념에 대한 정당한 평가가 이루어져야 한다. 물자체를 인정하는 점에서 칸트는 유물론에 접근하지만 그것의 인식가능성을 부정하는 점에서 회의론에 빠진다.

칸트는 도덕적 행위의 근거로서 신의 존재를 요청하는 것 같은 인상을 주지만 그의 저술들을 자세하게 분석해보면 그이 신 개념이 도덕적인 요청의 한계 안에 머물러 있다는 사실을 알 수 있다. 칸트에서 "신은 그러므로 최고의 도덕적 이념으로 해석되고 있다. 신은 세계의 창조주도 아니고 도덕의 창시자도 아니다. 신은 인간이 접근해가야 하는 최고의 도덕이념을 유지할 수 있게 하기 위한 하나의 이상일 뿐이다."[79]

79) M. Thom, *Immanuel Kant*, Leipzig 1974, S. 107.

19. 헤겔과 역사철학

칸트에서 출발하여 피히테(Johann Gottlieb Fichte, 1762~1814)와 셸링(Friedrich Wilhelm Joseph von Schelling, 1775~1854)을 거쳐 헤겔에 이르는 철학을 우리는 '독일 관념론'이라 부른다. 피히테는 자아(Ich)가 모든 것을 정립한다는 주관적 관념론을, 셸링은 자연과 정신, 비아(非我)와 자아가 절대자에서 통일된다는 동일 철학을 제시하였다. 독일 관념론을 정상에 올려놓은 헤겔에 관하여 살펴보기로 하자.

헤겔(Georg Wilhelm Friedrich Hegel, 1770~1831)은 슈투트가르트(Stuttgart)에서 1770년 8월 27일 재무관이었던 아버지 게오르크 루드비히(Georg Ludwig)와 어머니 마리아 막달레나(Maria Magdalena Fromm) 사이에서 태어났다. 동시대의 철학자 셸링에 비해서 비교적 재능이 늦게 나타났던 헤겔은 이른바 대기만성형의 철학자였다. 셸링은 조숙하였고 넘쳐흐르는 재능을 조금도 억제하지 않고 발휘하였으며 방약무인한 그의 태도는 마치 하늘을 나는 천마(天馬)와 같았다. 그러나 천재에게서 보통 엿보이는 것처럼 지속성이 결여되어 있었다. 이에 반하여 헤겔은 우직하고 성실하였으며 한번 마음먹은 것을 집요하게 추적해 갔다. 헤겔은 고향에서 중·고등학교를 마친 후 1788년 겨울 학기부터 장학생으로서 튀빙겐 대학에서 철학과 신학을 공부하기 시작했다. 그 사이에, 그러니까 헤겔의 나이 열세 살이 되었을 때 어머니가 돌아가셨다.

헤겔은 1790년 겨울 학기부터 튀빙겐 대학에서 동년배인 시인 휠덜린, 그리고 5살 아래인 철학자 셸링과 깊은 우정을 나누었다. 이들의 우정은 휠덜린의 병세가 악화되었을 때까지 그리고 헤겔과 셸링의 사이가 소원해진 1807년까지 계속되었다.

헤겔은 특히 루소에 관심이 많았던 것 같다. 그는 루소의 연구에 완전히 몰두하였다. 튀빙겐 시절부터 이미 헤겔에게는 이론적이고 형이상학적인 것에 비하여 실천적인 관심이 우세하였다는 사실은 주목할 만하다. 휠덜린이나 셸링에 비하여 헤겔은 현 상태의 개선을 목표로 하는 정치적인 문제에 관심이 많았다. 1789년 프랑스 대혁명이 일어나자 '정치클럽'에 속해 있었던 헤겔은 다른 회원들과 함께 들에 나가서 '자유의 나무'를 심은 후 '자유 만세!' '루소 만세!'를 외치기도 했다.

헤겔은 1790년에 석사학위를 받았으며 1793년에 대학공부를 끝마치고 일단 고향으로 내려가 그 동안의 공부 때문에 허약해진 건강을 회복하는 데 주력하였다. 이해 10월부터 스위스 베른(Bern)에서 가정교사를 하면서 많은 철학자들의 저서를 탐독하였다. 개인과 사회가 조화를 이루었던 고대 그리스에 비하여 이러한 조화가 깨어지고 그것 때문에 생겨나는 '불행한 의식'이 기독교가 중세를 지배하는 근원이 되었다는 것을 밝힌 『기독교의 실증성』(*Die Positivität der christlichen Religion*)이 이 시기에 나온 가장 유명한 헤겔의 저술이다. 그는 1797년에 프랑크푸르트로 가정 교사직을 옮겼으며 「체계단편」(*Systemfragment*)에서 이미 변증법적인 방법에 대한 윤곽을 만들었다. 그러나 이 시기에는 프랑스혁명의 결과에서 오는 실망 때문에 정신적 위기를 맞는다. 1799년에 아버지가 돌아가시고 헤겔은 아버지의 얼마 되지 않은 유산을 근거로 대학 교수직을 준비하였다.

1801년 당시 23세의 나이로 예나 대학의 교수자리를 얻었던 셸링의 도움으로 헤겔은 예나 대학에서 교수자격을 인정받았다. 이때 이미 그의 철학저서인 『피히테와 셸링의 체계의 차이』(*Differenz des Fichteschen und Schellingschen Systems*)가 나왔다. 1801년 겨울 학기부터 헤겔은 예나 대학에서 사강사로 강의를 시작했는데 논리학과 형이상학에 관한 첫 학기의 강의에는 겨우 11명의 청강생이 있었을 뿐이다. 그는 자연법이나 수학에 관한 강의를 거쳐 차차 철학사 및 철학체계 전반에 관한 강의로 나아갔다.

1802년에 헤겔은 셸링과 함께 잡지 「철학비판」(*Kritische Journal der Philosophie*)을 창간했다. 1805년에 괴테의 추천으로 예나 대학 철학과 조교수로 임명되었다. 강의와 관련하여 이 시절의 재미있는 우화가 전해진다. 1806년 여름학기에 헤겔은 오후 3시에서 6시 사이에 강의를 하였다. 어느 날 책상에 앉은 채 잠이 든 그는 갑자기 눈을 뜨고 2시를 알리는 시계의 종소리를 들었다. 그는 3시가 되었다고 생각하며 급히 강의실로 들어갔다. 그 강의실에서는 2시부터 시작되는 신학교수 아우구스티(Augusti)의 강의를 기다리는 학생들이 앉아 있었다. 헤겔은 강의에 열중하여 한 학생이 2시라고 말해주는 것조차 알아차릴 수 없었다. 그 사이에 신학교수가 와서 강의하고 있는 헤겔의 목소리를 듣자 자기가 1시간 늦게 왔다고 생각하며 돌아갔다. 3시에 다시 헤겔의 강의를 듣는 학생들이 나타났다. 헤겔은 스스로의 실수를 알아차리고 다음과 같은 말로 강의를 시작하였다.

"여러분, 자신에 관한 의식의 경험 가운데 가장 먼저 나타나는 것은 감각적 확신의 진리 혹은 비진리입니다. 이러한 사실을 우리는 논하고 있지만 실은 한 시간 전에 나 자신이 이에 대한 독특한 경험을 했습니다."[80]

헤겔이 1808년 예나를 떠날 때까지 세 가지의 중요한 사건이 그에게 일어난다. 그 하나는 하숙집 아주머니인 부르크하르트(Christina Charlotte Burkhardt)와의 사이에 사생아인 루드비히(Ludwig)가 출생한 일이다.

헤겔은 이 부인의 남편이 얼마 후 죽자 결혼을 약속했는데 예나를 떠난 후 약속을 잊어버렸다. 후에 헤겔은 41세의 나이로 귀족가문이며 20세 아래인 마리(Marie von Tucher)와 결혼하였는데 부르크하르트는 루드비히를 헤겔에게 넘겨주었다. 루드비히는 헤겔과 새어머니와의 사이가 좋지 않아 생을 불행하게 보냈다. 그는 네덜란드의 식민지군에 입대하여 헤겔이 죽은 해에 자카르타에서 열병으로 죽게 된다.

또 하나의 사건은 1806년 10월 13일 프랑스의 황제 나폴레옹이 예나에 입성한 것을 헤겔이 목격한 일이다. 헤겔은 말을 타고 들어오는 나폴레옹을 창 너머로 바라보면서 그를 '세계정신'이라 불렀다. 헤겔의 나폴

---

80) 게오르크 비더만 지음, 강대석 옮김, 헤겔, 서광사 1999, 80쪽 이하.

레옹에 대한 경탄은 조국의 패전과 관계없이 이후에도 계속되었으며 '역사철학'의 이념에 대한 실마리가 되었다.

마지막으로 중요한 사건이 전투 중에 씌어진 그의 대표작 『정신현상학』(*Die Phänomenologie des Geistes*)이었다. 그는 이 책에서 인간의 정신이 '감성적 확신'에서 출발하여 지각 및 오성의 단계를 거쳐 어떻게 절대적인 자기의식에 도달하는가를 논리적 · 역사적으로 규명하고 있다. 특히 이 책의 내용 중 '자기의식'의 항목에서 나타나는 '주인과 노예의 변증법', '정신적인 동물왕국과 기만 혹은 사실 자체'의 항목에서 나타나는 자본주의비판, '절대적 자유와 그 공포'의 항목에서 나타나는 프랑스혁명에 대한 평가 등은 사변적인 논리체계를 역사적인 사례를 들어 보충하려는 헤겔의 현실감각을 잘 보여준다.

1808년에 헤겔은 친구 니트하머(Niethammer)의 주선으로 뉘른베르크(Nürnberg)의 고등학교 교장으로 부임한다. 물론 바로 이전에 밤베르크(Bamberg)에서 그곳 신문 편집장으로 일하면서 현실을 보는 안목을 넓힌 적이 있었다. 헤겔은 항상 현실과 대결하였기 때문에 관념론적 철학자였지만 관념적인 철학자는 아니었다. 헤겔은 교장직을 성실히 수행하면서 스스로의 철학이념을 교육에서 실현하려 하였다. 그는 바쁜 교육활동 가운데서도 틈을 내어 『대논리학』(*Wissenschaft der Logik*) 세 권을 준비하고 있었다. 1811년 그는 결혼을 하고 행복한 생활을 맞는다.

1816년에 헤겔은 독일 최초로 1386년에 설립된 하이델베르크대학 철학과 교수로 초빙된다. 그는 여기서 논리학, 형이상학, 자연법 이외도 미학, 철학사 등에 관한 강의를 하였다. 1817년에 『엔치클로패디』(*Enzyklopödie der philosophischen Wissenschaften*)가 나왔다. 이것은 '철학적 학문들의 백과전서'라는 의미를 갖지만 내용상으로는 헤겔의 철학체계의 집대성이다. 『엔체클로패디』는 3단계 발전이라는 헤겔의 변증법에 의거하여 전체가 질서정연하게 삼분되어 있다. 크게 논리학·자연철학·정신철학으로 나누어지고 『논리학』은 존재론·본질론·개념론으로 나누어지며 이들은 또다시 각각 삼분된다. 자연철학은 역학, 무기적 자연학, 유기체학 등으로 나누어지며 이들도 또다시 각각 삼분된다. 정신철학은 주관적 정신·객관적 정신·절대적 정신으로 나누어지며 주관적 정신은 영혼·의식·정신으로, 객관적 정신은 법·도덕·인륜으로, 절대적 정신은 예술·종교·철학으로 나뉘어진다.

1818년 헤겔은 피히테의 후임으로 베를린 대학 교수가 된다. 1820년에 브란데부르크 왕립 과학검정위원회의 정회원을 역임하고 1821년에 일반적으로 '법철학'이라고 불려지고 있는 『법철학개요』(*Grundlinien der Philosophie des Rechts*)를 저술한 후 브뤼셀, 네덜란드, 프라하, 빈, 파리 등을 여행하였다. 1829년에 그의 명성은 절정에 달하고 '교수 중의 교수'로서 그의 영향력은 독일 전 대학에까지 미쳤다. 이해에 베를린 대학의 총장으로 임명되었다. 1831년 11월 14일에 콜레라에 감염된 헤겔은 눈을 감았고, 그의 죽음은 세계철학사에 하나의 전환점을 만들어 놓았다. 그는 베를린의 도르텐슈태터 공동묘지(Dortheenstädter Friedhof)에 있는 피히테의 무덤 옆에 묻히게 되었다.

헤겔은 역사의 변증법적 발전과정을 그의 역사철학에서 체계화시킨다. 그의 역사철학은 역사적인 사건들을 경험적으로 나열하는 역사주의나 과

거의 현상들을 이상화하는 낭만주의를 벗어난다. 헤겔은 볼테르처럼 잡다한 사건 속을 꿰뚫고 있는 통일적인 끈을 찾아내려 했으며, 역사적인 사건의 전체적인 연관성과 발전경향을 분석하였다. 그에게서 역사는 발전과 구체성의 통일이었다. 발전은 구체성을 통한 단계적인 상승이며 구체성은 상이한 규정들의 통일이다. 역사의 모든 단계는 질적으로 상이하며 이러한 상이성이 인정되어야 한다. 그러나 이러한 차이에도 불구하고 연관성과 통일성이 존재한다. 과거가 미래의 발전에 영향을 미치며 현재와 미래는 과거와의 연관 아래 이해되어야 한다. 과거의 사상은 부정의 부정이라는 측면에서 이해되어야 한다. 역사는 스스로의 부정을 통해서 나선형의 발전을 계속한다.

헤겔의 역사철학을 이해하기 위해서 우리는 먼저 그의 철학을 간단하게 살펴볼 필요가 있다. 대부분의 철학은 세계의 근거인 존재(Sein)가 무엇인가라는 물음과 이에 대한 해답에서 시작된다. 예컨대 노자(老子)는 만물의 근원인 존재를 도(道)라 불렀고 플라톤은 이데아(Idea)라 불렀다. 현상의 배후에서 스스로 인식되지 않으면서 현상을 가능하게 하는 존재를 칸트는 물자체(Ding an sich)라 불렀고 쇼펜하우어와 니체는 세계를 움직이는 근본존재를 각각 '맹목적 의지'와 '권력의지'로 파악하였다. 종교에서는 바로 신(神)이 존재하고 세계의 모든 현상들은 신에서 파생된 존재자(Seiendes)로서의 가치가 있을 뿐이다.

헤겔은 존재를 '절대정신'(세계정신 혹은 세계이성)으로 파악하였다. 헤겔이 말하는 '절대정신'(der absolute Geist)은 우리가 보통 의미하는 인간의 정신과 근본적으로 다르다. 절대정신은 인간의 두뇌 속에 들어 있는 개별적인 정신이 아니라 그 자체로 존재하는 객관적 정신이다. 이런 의미에서 헤겔의 철학은 '객관적 관념론'이다. 헤겔의 절대정신은 훗날 포이어바흐가 지적한 것처럼 합리화된 신일지도 모른다. 왜냐하면 절대정신은 그 성격이나 역할에서 신과 비슷하기 때문이다(신도 절대자이고 순수한 정신적 존재이다).

그러나 기독교에서 말하는 신이 영원히 불변하는 고정된 존재라면 헤겔의 절대정신은 끊임없이 변화되어 가는 존재이다. 절대정신은 스스로의 내적인 힘에 의해서 항상 발전해 간다. 헤겔은 존재의 이러한 발전법칙을 변증법(Dialektik)이라 불렀다.

변증법적 발전은 일회적인 지양과 통일로 끝나는 것이 아니라 무한히 계속된다. 지양되어 나타난 종합명제는 다시 그에 모순되는 반명제에 부딪힌다. 헤겔은 우주의 시원과 근원으로 절대정신을 가정하고 그것의 변증법적 발전에 의해서 세계를 설명하려 한다. 자연, 사회, 인간의 사고 등 모든 세계의 현상은 절대정신의 표현이며 절대정신으로부터 파생된 것에 불과하다. 절대정신은 논리적 단계(Ansichsein, 즉자적 존재)에서 출발하여 자연적 단계(Außersichsein, 탈자존재 혹은 타재존재**Anderssein**)를 거쳐 정신적 단계(Fürsichsein, 대자적 존재)로 발전한다. 논리적 단계에서는 자연계가 아직 출현하지 않고 정신·이성·사유만이 존재한다. 여기서 절대정신은 순수한 논리적 개념으로서(가능성으로서) 존재한다. 자체운동과 발전을 계속하지만 아직 추상적인 범주들인 존재, 무, 변화 등의 단계에 머물러 있다. 이러한 단계를 거치면서 '절대이념'에 도달한다. 절대이념에서 모든 모순은 조화되고 통일되어 그 자체의 발전이 더 이상 불가능하게 된다. 여기서 절대이념 자체가 부정되고 순수한 사유의 범위를 벗어나 자연계로 외화(Entäusserung)된다. 절대이념은 그러므로 자연이 발생하기 이전의 세계정신이다. 자연적 단계의 최후에 인간이 출현하였고 사회 속에서 활동하는 인간의 의식을 매개로 하여 절대정신은 다시 자연적 단계를 극복하고 정신적 단계에 도달한다. 개념의 능동성과 창조성이 수동적이고 무력한 자연을 극복함으로써 정신으로 복귀한다. 정신은 순수개념과 자연의 통일이고 양자의 결합이며 절대정신이 발전해 가는 최후의 단계이다.

헤겔철학의 진수는 변증법이다. 변증법적 철학에는 종국적 의의를 가지는 것, 절대적인 것, 신성한 것이 존재하지 않는다. 모든 것이 반명제를 만나 지양되는 운명에 처하기 때문이다. 발생과 소멸, 낮은 곳으로부터 높은 곳으로서의 무한한 상승 이외는 아무것도 없다. 그러나 헤겔은 스스로의 철학적 핵심인 변증법과 모순되게 거대한 철학체계를 세워놓았다. 체계란 과도적인 것이 아니라 종국적인 어떤 것을 의미한다. 특히 국가문제나 법의 문제가 포함된 헤겔의 철학체계(관념론 철학)를 절대 신성한 것으로 해석하려는 보수적인 헤겔 해석자들에은 변증법보다 체계를 더욱 중시한다. 그러나 헤겔의 철학체계가 헤겔 자신의 변증법에 의해서 지양되지 않을 수 없다는 사실을 우리는 파악해야 한다. 이상과 같은 헤겔의 절대적 관념론을 중심으로 그의 역사철학을 몇 가지로 요약해보자.

첫째, 헤겔은 『법철학개요』 서문에서 "이성적인 것은 현실적이고 현실적인 것은 이성적이다"[81]라고 말한다. 헤겔의 철학에서는 자연과 역사가

81) G. W. F. Hegel, *Werke in 20bänden*, Frankfurt am Main, *Band 7*, S.

모두 절대정신의 자기발전에서 나오는 부수적 현상이다. 그러므로 인간의 눈에 비이성적으로 보이는 모든 사건들이 결국 이성적인 것과 일치한다.

이성은 현실을 통해 모습을 드러내고 현실은 이성을 등에 업고 있다. 현실적인 모든 사건과 역사를 이성이 배후에서 규정하고 있다. 세계는 이성과 현실이 일체가 되어 나타나며 자체 내에서 모순을 산출하고 그것을 극복하면서 발전한다. 인간, 자연, 역사 등 모든 것에 이성이 관여하고 지배한다는 철학을 이른바 범논리주의(Panlogismus)라 불린다. 헤겔의 철학은 바로 범논리주의이며 그러므로 역사도 논리적인 영역을 벗어날 수 없다.

둘째, 절대정신은 스스로의 필연적인 발전을 위하여 인간을 교묘하게 이용하고 있다. 헤겔을 그것을 '이성의 교지'(List der Vernunft)라 부른다. 역사를 만들어 간다고 생각하는 위대한 인물들도 결국은 이성의 심부름꾼에 불과하며 이성은 교묘한 지혜를 발휘하여 그 시대에 부합하는 인물을 선택하고 이용하며 이용가치가 사라질 때 다시 폐기해버린다. 어떤 인물이 스스로 뛰어나서 영웅이 되는 것처럼 착각하지만 결국 절대이성의 조종에 봉사할 뿐이다. 그러므로 헤겔은 나폴레옹을 '세계정신'으로 간주하였다.

셋째, 절대정신의 심부름밖에 하지 못하는 인간, 역사의 발전에서 주역을 담당하지 못하고 조역으로 밀려난 인간은 도대체 어떤 역할을 하는가? 이에 대한 해답으로 헤겔은 "미네르바의 부엉이는 황혼이 깃든 무렵에야 날기 시작한다"[82]는 말을 사용한다. 미네르바(Minerva)는 지혜의

24.

여신이며 미네르바의 부엉이는 인간의 지혜를 가리킨다. 인간의 지혜 혹은 의식은 결국 절대정신이 만들어 놓은 역사를 뒤늦게 파악하는 일밖에 하지 못한다. 한낮 동안 절대정신이 만들어 놓은 역사를 날이 저무는 황혼에서야 인간의 의식은 파악할 수 있다.

넷째, 헤겔은 '세계사는 세계법정'이라는 쉴러(Schiller)의 표현을 빌려 목적론적인 역사관을 더욱 강화한다. 세계 내에서 이성의 실존형태인 국가들이 상호관계가 우연에 의해 방치되는 것을 막기 위해 국가간의 투쟁을 조종하는 하나의 원칙이 제시되지 않으면 안 된다. 이 원칙이 헤겔이 '세계법정'(Weltgericht)이라 부르는 세계사이다. 다른 말로 말하면 세계사는 절대정신에 의하여 위임받은 어떤 민족이 다른 민족들을 심판하고 조정하는 무대이다. 세계사 안에서 나름대로 특수성을 가진 국가 혹은 민족정신들이 이성의 중재에 의하여 조정되고 통일된다. 민족정신들이 서로 투쟁하면서 펼치는 세계사가 이성적인 계기들의 전개과정으로 파악된다.

다섯째, 헤겔의 역사철학은 그의 국가론에서 구체화된다. 헤겔의 국가론은 이전의 독일철학이 젖어 있었던 주관주의적 환상을 무너뜨리려는 시도이다. 가족, 인륜, 법, 국가 등에서 구체화되는 이성의 객관적인 실현 대신에 이전의 철학자들은 주관적이고 선험적인 이성을 통하여 이들에 대한 개념을 추출하려 하였다. 헤겔은 국가를 자연의 산물이나 인간의 동의에서 만들어진 결과로서가 아니라 절대이성의 산물로서 파악하려 한다. 절대이성은 스스로의 목적을 의식하고 있기 때문에 국가는 결코 사

82) *Ebd.*, S. 28.

회계약에 의해서 구성된 것이 아니다. 사회계약은 개인적이고 이기적인 이성에 의하여 가능할 뿐이다. 국가는 개인의 이성이나 의지를 넘어서서 영속성을 갖는다. 그러므로 국가는 절대적이고 근원적인 현실이다. 이렇게 하여 헤겔은 당시 프로이센이라는 국가형태를 이성이 만들어 놓은 최종적인 이상으로 옹호하는 결과를 낳았다. 헤겔이 안목에 둔 국가는 군주국이었다. 국가는 독자적인 권력의 근원이며 개인이 복종해야 하는 신성한 제도이다. 결국 세계사의 과정에서 자유를 가장 높은 단계에서 실현한 것이 게르만 세계이다. 이런 의미에서 헤겔은 게르만 정신을 자유라는 절대적 진리의 실현을 목적으로 하는 새로운 세계정신으로 표현하였다. 그의 역사철학이 프로이센의 국가정신을 대변하는 보수적인 정치사상으로 넘어갈 수 있는 가능성이 여기에 들어 있다.

마지막으로 우리는 헤겔의 『정신현상학』에서 나타나는 '불행한 의식'과 '주인과 노예의 변증법'에 관해서 살펴보자.

'자기의식'은 역사적으로 스토아철학과 회의주의에서 처음으로 나타난다. 헬레니즘-로마시대에 나타난 이 두 철학은 개인과 사회가 조화를 이루는 고대 그리스사회가 무너지고 봉건제사회로 나아가는 과정에서 발생했으며 현실로부터 '주관의 내면성으로 도피'라는 특징을 지닌다. 이 두 철학은 다시 '불행의식'을 대변하는 기독교 안에서 지양된다. 기독교에서는 인간의 의식이 현세와 내세로 분열되기 때문에 불행하다. 이와 연관하여 헤겔은 노동의 개념을 분석한다. 인간의 노동은 주인과 노예의 관계를 규정하고 변화시킨다. 우선 노예는 주인의 명령에 종속된다. 그러므로 주인이 본질적인 의식을 나타내는데 반하여 노예는 비본질적인 의식을 나타낸다. 노예는 주인의 의식에 의존하기 때문이다. 그러나 주인은 노동을 하지 않고 노예의 노동에 의지하기 때문에 인간존재의 근본조건인 노동의 본질을 통해서 주인과 노예의 관계가 역전된다. 노예의 비본질적인 의식이 본질적인 의식이 되고 주인의 의식이 노예의 의식에 의존하는 비본질적인 의식이 된다.

헤겔은 노동의 본질을 아직 추상적인 정신활동으로 파악하기 때문에 '주인과 노예의 변증법'도 사회적인 혁명의 단초로까지 발전되지 못하였지만 인간의 본질을 노동과 연관시켜 파악하려한 점에서 중요한 문제를 제기하였다.

20. 철학자의 애인은 자연이다

독일 관념철학의 정상을 이루었던 헤겔이 1831년에 죽자 헤겔철학의 해석 및 비판을 둘러싸고 많은 논쟁이 일어났다. 우선 헤겔학파가 노년헤겔파(Althegelianer)와 청년헤겔파(Junghegelianer)로 양분되었다. 전자는 헤겔우파로, 후자는 헤겔좌파로 불리기도 한다. 이러한 구분은 1837년에 독일의 철학자 슈트라우스(David Friedrich Strauss, 1808~1874)가 프랑스 의회의 정치적 성향에 비견하여 처음으로 사용하였으며 그 후 미헬레트(Michelet)는 1838년에 나온 『독일철학의 마지막 체계역사』(*Geschichte der letzten Systeme der Philosophie in Deutschland*)에서 양 방향의 철학내용을 자세하게 기술하였다.

괴쉘(Göschel), 가블러(Gabler), 다우프(Daub), 레오(Leo), 호토(Hotho), 헤니히(Hennig), 푀르스터(Förster), 미헬레트(Michelet), 로젠크란츠(Rosenkranz) 등이 속하는 헤겔우파는 헤겔철학의 보수적인 측면을 계승하려 하였다. 헤겔의 사변적인 철학체계를 수용하면서 철학과 종교를 화해시키고 종교를 기반으로 하는 국가를 철학적으로 옹호하려 하였다. 이들은 헤겔철학의 근본과제가 현실과의 타협에 있다고 주장하고 진보적인 의미에서 강조되는 철학의 사회적·정치적 실천(변증법적 발전)을 거부하고 나섰다. 이들은 '역사적으로 이미 이루어진 것'(das historisch Gewordene)의 권리(기득권)를 철저하게 옹호하며 정치적으로 보수적이고 반동적인 노선을 추종하였다.

이에 반하여 소장학파들을 중심으로 나타난 것이 청년헤겔파이다. 청년헤겔파는 헤겔의 철학적인 사변체계에 강한 회의를 나타내면서 종교 및 국가와 타협하려는 헤겔철학을 신랄하게 비판하였다. 비타협적이고 진보적이며 반종교적이고 무신론적이었던 이들의 철학은 당시 독일의 정치적·사회적 상황을 비판하고 개선하려는 방향으로 기울어졌다. 그러나 정치적으로 후진상태에 있었던 당시의 독일에서 직접적인 정치비판은 위험을 가져왔으므로 이들의 1차적인 공격은 우선 정치와 야합하고 있다고 생각되었던 종교에 집중되었다. 청년헤겔파는 기독교 자체의 비판에서 출발하여 국가 특히 프로이센의 비판으로 나아갔다.

이러한 국가비판이 1848~49년의 독일혁명에서 구체적으로 표현되었다. 이들은 혁명전야에 독일의 진보적인 지식인을 대변하였다.

청년헤겔파의 방향을 대표하는 사람으로 『예수전』(*Das Leben Jesu*)에서 기독교 복음이 역사적인 사실성을 갖지 못한 신화 혹은 창작에 불과하다고 주장한 슈트라우스, 『유일자와 그 소유물』(*Der Einzige und sein Eigentum*)에서 철저한 개인주의를 표방하고 나선 슈티르너(Max Stirner, 1806~1856), 『기독교 본질』(*Das Wesen des Christentums*)에서 기독교의 신과 그 교리가 어떻게 인간에 의해서 창작되었는가를 논리적으로 철저하게 규명한 포이어바흐(Ludwig Andreas Feuerbach, 1804~72)가 있다. 이외에도 쾨펜(Karl Friedrich Köppen, 1803~63), 바우어(Edgar Bauer, 1809~82), 헤스(Moses Hess, 1812~75), 프루츠(R. E. Prutz, 1816~72) 등이 여기에 속한다. 일반적으로 청년헤겔파는 관념론 철학의 비판과 종교비판에 주력하였으며 역사의 철학적인 고찰에는 직접적인 노력을 기울이지 않았다.

헤겔은 그의 『정신현상학』에서 의식의 발전과정을 논한다. 헤겔은 노동에 의한 인간의 자기산출을 '대상화'(Vergegenständlichung)의 과정으로 파악하였다. 헤겔이 이해한 노동은 물론 추상적이고 정신적인 노동이었지만 인간의 참된 본질을 스스로의 노동에서 오는 결과로 파악하려 한 노력이 여기서 엿보인다. 청년헤겔파는 이러한 헤겔의 이념을 철저하게 발전시킨다. 헤겔철학으로부터 절대정신을 배제하면서 이들이 도달한 결론은 인간이 스스로 역사를 만들어가며 역사 속에서 인간에게 객관적인 것으로 다가오는 것은 결국 스스로의 활동에서 온 결과라는 것이다. 이들은 노동을 통한 스스로의 '대상화'가 종교·예술·학문·도덕·법률·국가 등의 사회적 제도와 일치하며 경제생활 등 물질적 생산은 객관적인 대상화의 영역에 속하지 않는다고 생각하였다. 그러므로 계급투쟁을 중심으로 하는 물질적인 이해관계에 이들은 별로 관심이 없었다. 이들에게 정치적, 예술적, 종교적 발전과정이 역사의 주류를 이루었다.

포이어바흐는 1804년 7월 28일 독일의 남쪽 바이에른(Bayern) 주에 있는 작은 도시 란츠후트(Landshut)에서 태어났다. 포이어바흐의 아버지 파울 요한 안젤름 포이어바흐(Paul Johann Anselm Feuerbach, 1775~

1833)는 정열적이고 결단력이 강한 형법학자였다.

고등학교를 졸업한 후 포이어바흐는 우선 하이델베르크 대학에서 신학을 공부했으나 헤겔철학에 흥미를 느끼고 베를린 대학으로 옮겨갔다. 첫 학기에 그는 철학 강의의 청강에만 열중하였다. 특히 논리학, 형이상학, 종교철학에 관한 헤겔의 강의를 열심히 들었다. 그러나 헤겔주의자가 될 생각은 처음부터 없었다. 강의를 듣는 기쁨이 점차 충만될 무렵 포이어바흐는 하나의 뜻하지 않는 사건에 부딪힌다.

그는 5월 중순경 공안청에 불려갔다. 학생운동과 민주운동을 탄압하기 위해 설치된 공안위원회에 포이어바흐의 형제들이 비밀단체 회원이라는 정보가 들어갔기 때문이다. 그는 신분증을 빼앗기고 등록을 보류하지 않으면 안되었으나 강의는 계속 들을 수 있었다. 포이어바흐가 조사를 받게 된 또 다른 계기는, 그가 1823년 6월에 학생조합 회원인 헤르프스트(Herbst)에게 보낸 편지가 경찰에 입수되었기 때문이다. 편지에서 포이어바흐는 '유능한 학생들'의 모임에 관해서 썼다. 경찰은 포이어바흐가 학생조합의 대표자급에 속하며 거기서 적극적으로 활동하고 있다고 생각하였다.

또 1824년 5월 13일에 에어랑겐 대학 수학 교수였던 그의 형 칼이 길거리에서 경찰에 의해 체포되어 다른 젊은이들과 함께 뮌헨으로 이송되어 구금되었다. 그의 다른 두 형들도 체포되지는 않았지만 프로이센-바이에른 조사위원회의 조사를 받았다. 강심장을 지니지 못했던 칼은 감옥에서 두 번이나 자살을 기도하였고, 결국 정신이 쇠약해져 34세의 나이로 감옥에서 사망하게 된다.

포이어바흐는 조사위원회에서 학생조합과의 연관성을 부인하고 편지에서 언급한 '유능한 학생들'이란 독자적으로 생각하며, 흥청거리는 학생생활을 거부하는 사람들을 가리킨다고 해명하였다. 결국 포이어바흐의 무죄가 증명되었고 그의 생일인 7월 28일에 그는 신학부에 등록할 수 있었다.

포이어바흐는 헤겔의 강의를 열심히 들었고 시간이 허락하는 대로 철학과 연관된 다른 과목의 강의도 들었다. 예컨대 그는 헤겔의 제자 헤닝(Henning)의 물리학 강의에서 괴테의 색채론을 흥미있게 배웠다. 헤겔로부터는 1824년부터 1826년 사이에 '논리학과 형이상학', '종교철학', '역사철학', '자연법과 국가학', '자연철학' 등을 들었다. 신학과에서는 슐라이허마허와 네안더의 강의를 이따금 들었는데 커다란 감동은 받지 못했다. 자유와 종속, 이성과 신학을 뒤죽박죽으로 섞어놓은 이들의 강의는 통일과 결단을 원하는 그의 정신에 결코 만족을 줄 수 없었다고 훗날 그는 고백한다.

포이어바흐는 강의를 열심히 들으면서 스스로 심오한 연구를 계속하였다. 밥 먹고 학교에서 강의를 듣고 도서관에 가는 일이 전부였다. 그 결과 짧은 시간에 그는 미학을 제외한 헤겔의 철학적 기초를 거의 습득하였고 철학과 신학 사이에서 갈등하다가 최종적으로 철학 쪽으로 넘어가는 결정을 하게 되었다.

1826년에 포이어바흐는 베를린에서 헤겔 철학에 관한 연구를 거의 끝마쳤다. 그는 이제 너무 사변적인 논리학이나 형이상학을 해부학이나 자연과학으로 보충해야 될 필요성을 느끼고 바이에른에 있는 에어랑겐 대학으로 옮겼다. 바이에른 당국은 타지역에서 공부하려 온 학생들에게 장학금의 지급을 허용하지 않았는데 그것은 포이어바흐가 에어랑겐 대학을 택한 중요한 이유 중의 하나였다.

2년 후인 1828년 7월 25일에 그는 여기서「이성의 무한성, 통일성, 보편성」(*De infintate, unitate atque communitate rationis*)이란 논문으로 철학박사 학위를 받았다. 그의 목표는 교수가 될 때까지 이 대학에서 사강사 생활을 시작하는 것이었다. 교수 자격을 인정받을 목적으로 그는 11월말에 그의 논문을 수정하여『유일하고 보편적이고 무한한 이성』(*De ratione, una, universali infinita*)이란 제목으로 책자를 만들어 철학부에 제출하였다. 그 해 12월 14일에 그것이 통과되었고, 1829년 2월에 그는 에어랑겐 대학에서 강사로 강의할 수 있는 자격을 얻었다. 이 논문을 그는 스승인 헤겔과 셸링에게 보냈다.

일반적으로 포이어바흐의 유년시절과 청년시절에는 종교적인 권위가 지배하고 있었으나, 포이어바흐는 이성적인 생활을 통해 그것을 벗어나려는 노력을 게을리 하지 않았다.

포이어바흐는 인간의 표상을 자연의 반영으로 해석하면서 헤겔 철학과 질적으로 다른 유물론에 접근한다. 헤겔이 존재와 사유를 일치시키는데 반하여 포이어바흐는 그것을 철학적으로 분리시키고 사유가 존재에 의존하는 것으로 해석한다.

포이어바흐는 1825년부터 이미 불멸성의 문제를 다루기 시작하였다. 영혼의 불멸성에 관한 문제는 그에게 기독교적인 삶과 비기독교적인 삶, 현세와 내세, 현재와 과거를 가늠하는 한계점이 되었다.

포이어바흐는 독일의 경제성장을 가속화시킨 1834년의 '독일관세동맹'이 구축되기 이전에 이미 기독교적인 영혼불멸성을 비판함으로써 독일 시민계급에게 낙관적인 자신감을 부여하였다. 그는 귀족과 부르주아지, 종교와 철학 사이를 화해시키려는 헤겔의 형이상학적인 철학체계에 가차 없이 비판을 가한 가장 중요한 철학자였다. 또한 무의식적으로 헤겔학파의 와해를 이끈 선구자였다. 그는 종교적인 소외의 원인을 제시하면서 내적인 종속으로부터 해방될 수 있는 새로운 시대를 준비하였다.

1830년에 내놓은 그의 저서 『죽음과 불멸성에 관한 고찰』(*Gedanken über Tod und Unsterblichkeit*)이 그것을 증명해준다. 그는 이 책을 익명으로 출간하였다. 무신론적인 투쟁정신으로 점철되어 있는 이 책은 곧 바이에른 정부에 의해 금지되고 압류 당했다. 죽음과 불멸성의 범주를 날카롭게 분석하면서 포이어바흐는 이 책에서 3개의 명제를 전개하였다.

첫째, 기독교적인 영혼불멸 신앙은 이론적이고 실천적인 이기주의가 낳은 산물이다.

둘째, 인간을 둘러싼 주위세계에 대한 인간의 유일한 참된 태도는 범신론적 사고에서만 가능하다.

셋째, 무한한 영혼은 현세적인 삶 속에서만 가능하다.

포이어바흐는 영혼의 불멸성, 곧 사후에 다시 개인이 천국에서 살아간다는 종교적 견해를 반박한다. 자연 속에서는 죽음이 철칙이고 모든 자연적 본질의 핵심이다. 유한성이란 시·공간 속의 존속을 의미한다. 인간이 죽은 후에도 계속 살아간다면 그는 그러한 삶을 위해 일정한 공간과 시간을 필요로 한다. 시간 속의 존속 없이는 공간 속의 존속도 불가능하다.

영원한 삶이란 그러므로 다시 시간적인 삶을 의미한다. 시간을 떠난 삶은 무와 같다. 삶은 그러므로 현세에서만 가능하며 사후에는 불가능하다.

포이어바흐의 의도는 분명했다. 무와 같은 내세에 눈을 돌리지 말고 현세 속의 삶을 인간적으로 충실하게 살아가라는 것이다. 삶은 일회적이며 두 번 다시 돌아오지 않는다. 참된 불멸성은 유한한 지상의 삶 속에만 있다. 인간은 무한한 유적 본질의 일부로서 일정한 목적을 성취한다. 인간의 불멸성은 개체와 영혼 속에 있는 것이 아니라 유적 본질 속에 있다. 인간은 총체적으로 불멸이다. 그러한 불멸성이 사멸하는 개체를 통해서 이어진다.

그러나 이 책은 저자에게 커다란 재앙을 가져왔다. 책이 출간되자마자 곧 저자가 포이어바흐임이 알려졌다. 그가 평소에도 종종 그런 생각을 표현했기 때문이다. 특히 포이어바흐의 아버지는 매우 노하여 아들을 용서할 수 없다고 말하며, 이 책 때문에 아들이 결코 교수직을 얻지 못하리라고 예고하였다. 아버지의 예언은 적중하여 포이어바흐는 1832년에 강의를 그만두어야 했다.

1841년 3월에 에어랑겐 대학은 바이에른 정부의 지시로 그의 이름을 강의 안내서에서 삭제하였고 그는 영영 교수직을 떠나야 했다.

다른 곳에 교수직을 얻기 위해 아니면 잡지사에서 편집을 맡으려고 일거리를 찾아 노력하는 가운데 맞은 아버지의 죽음은 그에게 많은 충격을 주었다. 그것은 1833년 5월 29일의 일이었다. 또 1834년에 수학 교수였던 형이 죽었다.

아버지의 죽음으로 인하여 아버지의 명성과 영향을 통하여 직업을 구하는 데 도움을 얻을 수 있는 가능성이 사라졌다. 포이어바흐의 슬픔은 컸지만 그 가운데도 젊음은 그에게 행복을 가져다주었다. 1833년 봄에 포이어바흐는 변호사인 친구의 소개로 브루크베르크(Bruckberg)에 있는 도자기 공장을 방문하였다. 이때 포이어바흐는 공장을 운영하고 있는 이 집주인 아가씨 뢰브(Bertha Löw, 1803~1883)를 알게 되었다. 처음 본 순간부터 포이어바흐는 이 아름답고 자존심이 강한 아가씨에게 마음이 끌렸다. 포이어바흐는 낭만적이거나 미사여구로 장식되지 않은 철학적인 사랑의 편지를 그녀에게 보냈다. "내가 마음에 품고 있는 대상은 이성과 인식충동입니다. 그 안에서 당신에게 특별한 관심을 불러일으키고 우리를 영원히 결합시키는 하나의 보물이 나타날 것인데—바로 사랑입니다."[83)]

포이어바흐는 이 편지에 브루노의 사진을 끼어 넣었다. 1837년 11월 12일에 둘은 결혼하였다. 젊은 부부는 브루베르크에서 살림을 차렸다. 공장 옆 주택에다 포이어바흐는 서재를 꾸몄다. 공장 수입의 3분의 1을 생활비로 쓸 수 있었다. 조용한 자연환경은 저술생활에 이상적이었다.

1839년 9월 6일에 첫 딸 엘레노레(Elenore)가 태어났다. 1년 뒤에 둘째 딸 마틸데(Mathilde)가 태어났다. 포이어바흐는 행복에 젖었다. 번잡한 강의를 떠나 조용히 안주하기를 바라는 그의 꿈이 이루어졌기 때문이다. 새로운 활력을 갖고 그는 작업을 시작하였다.

프랑스 철학 교수이며 무신론과 부도덕이 결코 일치하지 않는다는 것을 강렬하게 주장했던 유물론적인 종교비판가 벨(Pierre Bayle, 1647~1706)

---

83) S. Feuerbach, *Gesammelte Werke, hrsg.* von W. Schuffenhauer, Berlin 1984, Band 17, S. 216.

의 사상은 포이어바흐에게 많은 영향을 미쳤는데 그 핵심은 다음과 같다.

첫째, 신학에 대한 부정적인 태도를 통하여 신학의 독단적인 사고방식으로부터 자유로운 철학의 사고방식으로 넘어갈 수 있게 해준다.

둘째, 과학과 신앙의 모순에서 신학에 대한 회의가 생긴다(물론 베일은 당시의 종교적 위세 때문에 다소 후퇴했다).

셋째, 무신론과 도덕은 결코 상반되지 않으며, 국가도 무신론자들에 의해서 통치될 때 더 자유로워질 수 있다. 그것은 과학에 대한 깊은 통찰을 밑받침으로 하는 휴머니즘이다.

무엇보다도 포이어바흐는 무신론과 도덕이념 사이의 조화가 독일 고전 철학에서 암시되었다는 사실을 규명하려 하였다. 칸트나 피히테의 윤리학이 형식상으로는 종교적이지만 무신론적인 경향을 담고 있다는 확신 아래 포이어바흐는 우선 피히테의 철학, 특히 실천적 자아를 철저하게 연구하였다.

실천적 자아는 절대적이다. 어떤 다른 절대자에 의존하지 않는다. 포이어바흐는 피히테의 철학과 함께 당시의 자연과학적 결과를 체계적으로 습득하였다. 해부학, 생리학, 식물학, 곤충학, 발생학, 광물학 등의 새로운 지식을 그의 세계관의 기초로 이용하였다.

포이어바흐는 "철학자는 자연을 애인으로 삼아야 한다"[84)]고 선언하였

84) L. Feuerbach, *Ebd.*, S. 289.

다. 그는 자연과학에 대한 연구와 습득을 통하여 범신론적인 세계관으로부터 유물론적인 세계관으로 넘어갈 수 있었다. 철학자는 자연 속에서 객관적으로 일어나는 것을 머릿속에서 반영하고 사유한다. 이러한 유물론적인 세계관은 헤겔의 관념론이 극복될 때에만 철저하게 실현될 수 있다.

포이어바흐는 헤겔 철학의 한계로서 근본적으로 두 가지 점을 지적하고 비판하였다.

첫째, 헤겔 철학의 추상적이고 삶과 유리된 절대적 진리 체계이다. 둘째, 정신과 자연, 사유와 존재의 절대적 동일성을 내세우고 절대정신이 모든 것의 근원이 된다고 주장하는 관념론적 전제이다.

우선 포이어바흐는 헤겔의 진리관을 비판한다. 헤겔철학이 절대적 진리라면 그것은 이성과 시간의 정지를 의미한다. 시간의 정지는, 그러나 모든 역사와 발전의 종말이다. 실제로 시간은 끊임없이 움직이며 어떤 인간이나 철학자도 시간과 더불어 왔다 간다.

헤겔 철학 자체도 일정한 시간 속에서 발생했다. 모든 철학은 시간과 더불어 시작한다. 곧 어떤 전제를 갖는다. 헤겔의 논리학이나 형이상학도 예외가 될 수 없다.

포이어바흐는 헤겔의 방법이 결국 피히테의 방법을 발전시킨 것에 불과하다고 지적하였다. 두 철학자의 체계에는 현실과의 가교가 차단되어 있다. 피히테에서는 순수자아와 현실적 자아 사이에 모순이 드러나는 반면 헤겔에서는 순수존재와 현실적 존재 사이에 모순이 드러난다.

헤겔 철학은 많은 발전에도 불구하고 발생적·비판적 철학의 수준으로 올라설 수 없다. 오성의 분석적 기능에도 불구하고, 결국 대상의 독단적인 제시나 파악에 머물러 있다. 포이어바흐는 스스로의 발생적·비판적 방법을 통하여 대상을 그 근원에 따라 열거하려 한다. 그는 사변의 독백을 벗어나 사변과 경험의 대화로 나아가려 한다. 그것은 이론과 실천의 결합이기도 하다.

1841년 1월 5일에 그는 라이프치히에 있는 비간트(Wigand) 출판사에 지금까지 준비한 원고를 내놓았다. 포이어바흐는 이 책을 칸트의 『순수 이성 비판』에 대응하여 『순수 비이성 비판』이라는 제목으로, 그리고 익명으로 출간하려 하였다. 그러나 출판업자 비간트와 루게는 포이어바흐를 설득하여 내용에 적합한 이름을 선택하도록 하였고, 5월 5일에 포이어바흐는 최종적으로 『기독교의 본질』로 결정을 하였다.

이 책의 근본사상을 포이어바흐는 대강 다음과 같이 요약하였다.

> "종교는 무한한 것(das Unendliche)에 대한 의식이다. 종교는 인간이 자기의 본질, 곧 유한하고 제한된 본질이 아니라 무한한 본질에 대해 갖고 있는 의식에 불과하다."85)

전 저서를 관찰하고 있는 이러한 이념을 포이어바흐는 크게 두 부분으로 나누어 전개하였다. 하나는 종교를 인간의 본질과 일치시키는 관점 아래에서이고, 다른 하나는 두 범주의 모순을 안목에 두면서이다.

우선 포이어바흐는 종교는 우연히, 자의적으로 발생한 것이 아니며, 인간 자신 속에 필연적인 근거를 갖는다는 명제에서 출발한다. 원칙적으로

---

85) 루트비히 포이어바흐 지음, 강대석 옮김, 『기독교의 본질』, 한길사 1992, 51 쪽.

종교는 인간과 동물의 근본적인 차이에 의존한다. 왜냐하면 동물은 종교를 갖지 않으며, 사유하고 의식을 갖는 인간만이 종교를 갖기 때문이다. 여기서 의식은 물론 동물도 갖고 있는 감성적인 근본능력이 아니고, 하나의 존재가 스스로의 유나 본질을 대상으로 할 수 있는 의식을 말한다. 더 쉽게 말하면 인간만이 인간 전체를 의식하고 인간이 무엇인가를 의식할 수 있다. 동물에게는 유개념이나 자아개념이 존재하지 않는다. 동물은 유와 개체의 차이를 인식할 수 없다. 이러한 자의식은 그러나 데카르트의 "나는 생각한다"와 동일하지 않다. 또한 피히테의 선험적 자아와도 구분된다. 포이어바흐가 의미하는 의식은 인간의 상상력을 통해서 인격적인 신으로 변화된 인간의 유적인 의식이다. 인간은 인간 자체를 대상으로 하기 때문에 신을 대상으로 한다. 스스로를 생각하기 때문에 신을 생각한다.

신을 상상하면서 인간을 그러므로 스스로의 본질을 생각한다. 이러한 본질은 개별적인 인간의 제한성을 벗어나 독자적인 본질로 객관화된다. 다시 말하면 인간은 종교 속에서 소외되고, 스스로의 본질을 천상으로 옮겨놓으며, 이러한 낯선 본질을 바라보면서 스스로도 신처럼 될 수 있다는 깊숙한 소원으로 가득 차 있다. 신 개념은 결국 개인의 느낌에 의존한다.

신적인 본질은 스스로를 향유하고, 스스로를 승화시키는 인간의 이기적인 주관성이다. 인간은 인간에 대해서 신이며 신학의 본질은 인간학이라고 포이어바흐는 결론짓는다.

포이어바흐는 유물론적인 세계관의 입장에서 출발하여 신에 대한 상상이 인간 본질의 환상적인 반영임을 증명하고, 이러한 증명을 통해 인간의 종교적인 소외에 대한 심리적 근원을 밝혀 냈다. 성찬이나 다른 종교적 행위, 예컨대 기도, 세례, 찬송 등은 영원한 행복을 추구하는 인간학적이고 심리학적인 근원임을 밝힘으로써, 종교를 신부들의 기만으로 해석하는 계몽주의적인 종교비판을 넘어선다. 그는 부르주아적인 무신론을 완성하였다. 물론 그는 아직 종교의 사회적 원인을 파악하지 못했다는 점에서 한계를 보인다. 그는 종교의 원인을 심리적으로 분석하고, 자연을 제1원리로, 인류의 새로운 삶이 시작되는 발판으로 삼으면서도 아직 종교를 철저하게 벗어나지 못했다. 그는 인간의 본질을 종교와 연관하여 규명하면서, 이러한 본질, 곧 인간의 유적 본질이 이성과 의지와 사랑 속에 분화된다고 생각한다. 참된 본질은 그러므로 이성과 의지와 사랑의 통일이다.

포이어바흐에게 종교는 인간의 이성과 더불어 발생하고 인간의 이성과 더불어 존재한다. 그가 파악하는 인간은 구체적 · 역사적 개인이 아니라 추상적이고 보편적인 본질이었다. 그에게 인간은 일정한 사회계급의 소속자가 아니라 인간 일반이었다.

이러한 한계에도 불구하고 무신론적인 종교비판을 기초로 한 포이어바흐의 철학은 인간을 종교적 소외로부터 해방시킬 수 있는 중요한 길을 열어놓았다. 그는 기독교를 슈트라우스(Strauß)나 바우어(Bauer)와 달리 관념론의 입장에서가 아니라, 유물론의 입장에서 비판하였다. 그는 청년 헤겔파 중에서 유일하게 헤겔 철학의 관념론적 체계를 뿌리째 뒤흔들어 놓은 사람이다.

엥겔스(Friedrich Engels, 1820~1895)는 포이어바흐의 『기독교의 본질』을 통해 일순간 모든 독일 지식인들이 '포이어바흐주의자'가 되었다고 말한다. 이 책에 대한 당시의 열광은 대단한 것이었다. 그러나 이 책이 어디서나 환영을 받는 것은 아니었다. 할레의 신학 교수 뮐러(Julius Müller)를 대표로 하는 독단적인 신학자들은 이 책이 피상적이고, 무지에 가득 차 있으며 기독교를 왜곡한다고 비난하였다. 이에 대하여 포이어바흐 자신뿐만 아니라 당시의 진보적인 독일 시인이었던 헤르베크(Herwegh)가 반격을 가하였다. 헤르베크는 이 책을 '사상가의 날카로운 검'으로 상징화시키는 시를 발표하였다.

그 사이에 포이어바흐는 출판사의 요청으로 『기독교의 본질』 제2판을 준비하였다. 여기서 그는 『기독교의 본질』이 확실한 지식을 근거로 기술된 것이며 결코 피상적이 아니하는 사실을 서문에서 밝혔다. 또한 헤겔의 종교철학과 스스로의 종교비판이 질적으로 상반된다는 사실을 주지시켰다.

1830년 이후의 철학적 저술들을 통하여 포이어바흐는 매우 박식하고 창조적인 그의 품성을 잘 보여주고 있다. 그러나 그는 일상 대화에서는 말이 적었다. 조용히 은거하며 검소한 학자생활로 충실하게 살아갔다. 그럼에도 불구하고 『기독교의 본질』은 진보적인 시민계급 지식인들의 정치적인 투쟁을 이념적으로 표현하고 있었다.

포이어바흐는 1848~1849년의 독일 시민혁명에 동참하지 않았다. 이 혁명과 연관하여 포이어바흐가 기여한 것은 무신론적 계몽이었다. 그는 1848년 12월 1일부터 하이델베르크 대학 학생회의 초빙으로 하이델베르크 시청에서 '종교의 본질에 대한 강의'를 하였다. 이 강의 내용이 1851년 초에 책으로 출간되었다. 이 책의 서문에서 그는 1848년을 회고하면서, 그가 공적으로 행한 유일한 활동이 이 강의였다고 고백한다. 당시의 혁명적인 정치운동을 그는 비판적 방관자로 주시했을 뿐이다. 그는 이러한 혁명이 성공하지 못할 것이라고 처음부터 체념하였다.

포이어바흐는 1848년 5월 18일 프랑크푸르트의 국민의회에 주위의 권유로 대의원이 되어 참여한 적이 있었는데, 그는 여기서 벌써 부르주아 계급의 무능력과 의도를 간파하였다. 부르주아지는 결코 독일의 참된 정신적 발전을 실현할 의도가 없었다. 포이어바흐는 물론 그가 이상으로 하는 공화국이 독일 혁명을 통해서 실현되고, 민주정신이 승리할 것이라는 것을 확신했지만, 부르주아지의 무능력이나 무의지 때문에 장기간의 세월이 필요할 것이라고 생각하였다.

포이어바흐는 그 후(1870년)에 뉘른베르크의 사회민주노동당에 가입했는데 그것은 그의 견해가 변했다는 표시이기도 하다. 그는 회갑을 맞으면서 정치적으로 발전한 것이다.

포이어바흐는 1864년 7월 28일에 60회 생일을 맞았다. 그의 철학을 존경하고 추종하던 러시아 지식인들이 은컵을 선물로 보내왔다. 그는 매우 기뻤다. 독일 친구로부터도 비슷한 선물을 받았다. 이미 1년 전에 브루크베르크 출신의 조각가 슈라이트뮐러(Schreitmüller)가 그의 흉상을 만들어 보내왔다. 포이어바흐는 초청을 받고 1864년 8월 중순에 딸과 함께 4주간 베를린으로 여행하였다. 이때 그는 학생으로 공부하던 옛 시절의 추억을 더듬어 곳곳을 둘러보았다. 여행에서 돌아온 후 그는 더 이상 작업을 할 수 없었다. 나이에서 오는 피로를 느끼기 시작하였다. 전집의 출간으로 너무 많은 정력을 쏟았기 때문이었다.

1867년 봄에 처음으로 심장마비 증세가 나타났다. 병을 치유한 후 친구의 권유로 8월 11일에 딸과 함께 고이제른(Goisern)에 가서 1개월 동안 휴양하였다. 병은 완쾌되었으나, 집에 돌아온 후 작업을 계속할 수는 없었다. 1870년 여름에 다시 심장마비가 나타나 수주일 동안 포이어바흐는 침대생활을 했다. 병과 더불어 경제적으로 어려움이 따랐다. 1866년부터 작업을 하지 못했던 그에게 수입은 거의 없었다. 이때 사회민주파들이 뷔르츠부르크(Würzburg)에서 '용감한 사상가의 곤궁'을 신문에 발표했다. 많은 성금이 독일, 오스트리아, 벨기에, 영국, 미국 등에서 들어왔다. 가난은 사라졌으나 병은 계속 남았다. 포이어바흐는 때때로 책이나 신문을 읽으면서 보냈다.

1871년 겨울에 기력이 현저하게 쇠잔해진 포이어바흐는 1872년 9월 13일에 생을 마쳤다.

"위대한 단테처럼 그대는 천국과 지옥을 걸어다녔다"[86]고 시인 헤르베크는 이 위대한 철학자이자 휴머니스트에게 마지막 인사를 보냈다. 이틀 후에 포이어바흐는 많은 사람들, 특히 노동자들이 모인 가운데 뉘른베르크의 요하니스(Johannis) 공동묘지에 묻혔다. 이곳에는 화가 뒤러(Dürer)와 시인 작스(Sachs)도 묻혀 있다.

---

86) G. Biedermann, *Ludwig Andreas Feuerbach*, Jena 1986, S. 140.

21. 참된 철학은 세계를 변화시킨다

문학가들이나 철학자들 사이에는 깊은 우정이 맺어지기 어렵다. 각자 자존심이 강하여 독불장군처럼 행동하기 때문이다. 그러나 여기에도 예외가 있다. 독일의 문학가 괴테와 쉴러, 독일의 철학자 맑스와 엥겔스는 보기 드문 우정을 유지하여 후세 사람들을 감동시킨다.

맑스는 1818년 5월 5일 독일의 작은 도시 트리어(Trier)에서 법률가인 아버지와 유대계통의 어머니 사이에서 태어났다. 여러 형제 중에서 맑스와 3명의 누이만이 살아남았다. 아버지의 소원에 따라 그는 본(Bonn) 대학에서 법학 공부를 시작하였다. 그러나 헤겔의 철학, 특히 변증법에 흥미를 느낀 맑스는 철학으로 전공을 바꾸고 예나 대학에서 철학 박사 학위를 받았다. 맑스는 고교 동급생의 누나였던 예니(Jenny von Westphalen, 1814~1881)와 결혼하였다. 4살 위이며 귀족 가문 출신인 예니는 일생동안 맑스의 반려자로서 맑스의 사상과 이념이 실현될 수 있도록 헌신적인 노력을 기울였다. 맑스는 24살의 나이로 「라인신문」의 편집장을 맡으면서 사회생활을 익혔으나 진보적인 내용 때문에 신문이 폐간되고 프랑스로 추방되었다. 여기서 루게(Ruge)와 함께 「독불연감」이라는 비판적인 잡지를 발간했으나 다시 벨기에의 브뤼셀로 추방되었다. 그는 파리에서 친구 엥겔스와 함께 저술을 하였고 사회활동에도 참여하였다. 최초의 중요한 공동 저술이 1848년의 『공산당 선언』(*Manifest der kommunistischen Partei*)이며, 『독일 이데올로기』(*Deutsche Ideologie*)와 『신성가족』(*Die heilige Familie*)도 이들의 주요한 초기 저술에 속한다.

맑스는 만년에 런던에 머물면서 브뤼셀에서 1868년에 개최된 「국제 노동자 협회」(제1인터내셔널)의 임시 위원으로 활동하였고 이 협회의 창립 선언문과 임시 규약을 작성하였다. 경제적인 어려움 속에서도 엥겔스의 도움을 받아가며 정치·경제를 연구하고 특히 자본주의의 분석에 심혈을 기울였다. 그 결과로 『자본론』(*Das Kapital*) 1권을 완성했으며 기획했던 2, 3권은 유고로써 출판되었다. 저서를 집필하는 일 외에도 그는 국제적인 노동운동의 조직에 참여하다가 1883년 1월 11일에 눈을 감았다. 맑스의 묘는 런던의 교외에 있는 하이게이트(Highgate) 공동묘지에 있으며 그의 묘비에는 "만국의 프롤레타리아여, 단결하라!"는 말이 쓰여져 있다.

맑스보다 2살 아래인 엥겔스(F. Engels, 1820~1895)는 맑스가 태어난 곳에서 180Km쯤 떨어져 있는 부퍼탈(Wuppertal)에서 공장주의 아들로 태어났다. 아버지의 강요에 의하여 엥겔스는 대학진학을 포기하고 아버지 회사의 견습생으로 들어갔다. 그러나 그는 고등학교 시절에 이미 사회의 부조리와 모순을 예리하게 통찰하기 시작했다. 고향의 아름다움은 날품팔이꾼뿐만 아니라 대부분의 직물직공, 직조공, 염색공과 표백공들이 꾸려나가야 하는 비참한 생활과 뚜렷한 대조를 이루고 있었다. 종종 집도 없는 가난한 일꾼들이 술을 마시고 현실을 잊으려 하는 모습을 보았고 적은 임금을 받고 혹사당하는 부녀자와 아이들의 비참한 모습도 보았다. 자기들은 편안히 살면서 아이들을 혹사시키고 노동자를 착취하는 공장주들이 주말에는 평온한 모습으로 교회에 간다. 엥겔스는 이러한 위선적인 공장주들을 보고 분개했으며 이러한 인상은 지워지지 않고 평생 그를 따라 다녔다.

장남을 유능한 상인으로 만들려는 의도에서 아버지는 아들을 1838년에 자유도시 브레멘(Bremen)으로 보냈다. 엥겔스는 아버지의 사업상 친구인 로이폴드(Leupold)의 회사에서 그의 교육을 마무리해야 했다. 엥겔스는 점원으로 고용되었고 그의 일자리는 회계실이었다. 여기서 그는 틈틈이 헤겔 철학을 공부했고 사회를 비판하는 글을 썼다.

1841년에 엥겔스는 병역의무를 마치기 위해 베를린(Berlin)으로 갔다. 베를린 대학에서 셸링의 강의를 들은 그는 셸링의 '계시철학'에 실망하고 셸링을 비판하는 글을 썼다. 엥겔스에 의하면 셸링은 스스로의 이익을 위해 헤겔 철학을 격하시켰다. 엥겔스는 기독교를 합리화시키려는 셸링의 시도를 단호하게 반박하면서 헤겔의 변증법을 옹호하였다. 헤겔의 변증법을 왜곡하는 셸링의 시도를 준엄하게 비판하였다. 그는 셸링의 철학이 스콜라주의와 신비주의에로의 후퇴임을 폭로하고, 그것은 철학을 다시 신학의 시녀로 만들고 기독교를 절대적인 진리로 선언하려는 시도임을 밝혀냈다. 셸링에 대한 엥겔스의 단호한 투쟁은 청년헤겔파의 열렬한 환영을 받았고, 철학계의 진보적인 신문에서 주목을 받았다.

베를린에서 엥겔스는 청년헤겔파와 교제하고 포이어바흐의 『기독교의 본질』을 읽은 후 완전히 종교와 관념론으로부터 해방되었다.

1842년에 엥겔스는 영국의 맨체스터로 가서 아버지의 공장 일을 돌보게 되었다. 영국으로 가면서 엥겔스는 쾰른(Köln)에 들려 맑스를 처음 만났다.

영국에서 엥겔스는 두 가지 중요한 체험을 하게 된다. 하나는 독일에서와 마찬가지로 노동자들의 비참한 생활을 목격한 것이고 다른 하나는 아일랜드 출신의 메리(Mary Burns)를 알게 된 것이다. 메리는 소박한 공장 처녀였으며 계급의식을 갖기 시작한 노동자였다. 메리를 통해 엥겔스는 많은 노동자 가족을 알게 되었다. 메리에 대한 엥겔스의 사랑은 그가 결국 노동자들의 처지를 과학적으로 탐구하고 노동자 혁명을 위한 이론가로 성장하게 되는 계기를 만들어 주었다. 이렇게 하여 나온 저술이 『영국 노동계급의 상태』(*Die Lage der arbeitenden Klasse in England*, 1845)였다.

말년에 맑스가 경제문제의 연구에 집중했다면 엥겔스는 철학문제에 집중하였다. 엥겔스의 철학적인 주저는 『자연 변증법』(*Dialektik der Natur*, 1873), 『반뒤링론』(*Anti-Dühring*, 1876), 『루트비히 포이어바흐와 독일 고전 철학의 종말』(*Ludwig Feuerbach und der Ausgzng der klassischen deutschen Philosophie*, 1886) 등이다.

엥겔스는 맨체스터에 기거하는 20년(1850~1870) 동안 아버지 회사에 회계일을 보고, 학문적인 연구를 계속하고, 열심히 기사를 써야 했다. 그것은 엄청난 정신력과 체력을 요하는 일이었다. 그러나 엥겔스는 그것을 거뜬히 해냈다. 그는 매우 정력적인 기질과 체격을 소유하고 있었다. '장군'이라는 별명에 어울릴 정도로 체격도 좋고 건강하였다. 또한 그는 항상 운동을 게을리 하지 않았다. 무엇보다도 승마를 좋아하였다. 여행도 즐겼기 때문에 덴마크, 벨기에, 룩셈부르크, 독일 등으로 여행을 했다.

1860년에 그는 아버지가 위독하다는 소식을 받았다. 부자간의 관계가 원만하지 못했지만 엥겔스는 즉시 고향으로 달려갔다. 그러나 공적으로 엥겔스는 독일에 갈 수 없었다.

엥겔스의 어머니는 엥겔스가 2주간 아버지를 방문할 수 있는 허가를 내주도록 당국에 신청하였다. 신청 허가가 나왔을 때는 이미 아버지가 돌아가셨다. 아버지는 3월 20일에 운명하였고, 22일에야 엥겔스는 바르멘으로 갈 수 있었다. 외국에 있었던 관계로 유산을 거의 물려받지 못했다. 그는 4월 6일까지 고향에 머물렀다.

1863년 1월 7일에 그의 동반자인 메리가 갑자기 사망하였고 1864년 5월 9일에 그의 절친한 친구 볼프가 사망하였다. 이러한 갑작스러운 운명의 충격에도 불구하고 엥겔스는 결코 마음이 약해지지 않았다.

1864년에 엥겔스는 맑스와 함께 국제노동자연합인 「제1인터내셔널」의 창립에 적극 가담하였다. 이들은 이 조직을 프롤레타리아트의 계급의식을 발전시키고 투쟁의 구체적인 목적과 수단을 명확하게 할 수 있는 중요한 수단으로 간주하였다.

메리가 죽은 후 엥겔스는 그녀의 여동생 리디아(Lidia)를 반려자로 맞았다. 그녀도 언니 못지않은 혁명적 기질을 가진 여자로서 당시 맨체스터의 한 공장에서 일하고 있었다. 그녀는 아일랜드 독립을 위한 어떤 운동단체의 일원이었다.

1869년 초에 엥겔스는 리디아와 함께 아일랜드를 방문하였다. 리디아도 언니처럼 매우 명랑하고 정열적인 성격의 소유자였다. 1870년 9월 20일 경에 엥겔스는 회사를 그만두고 리디아와 함께 맑스가 살고 있는 런던으로 이사하였다. 엥겔스는 리디아가 죽기 하루 전인 1878년 9월 11일에 그녀와 공식적으로 결혼하였다. 엥겔스는 그때까지 부르주아적인 결혼을 멸시하고 있었다. 그러나 종교 신자였던 리디아의 마지막 소원을 엥겔스는 들어주었다.

70세가 넘어서도 엥겔스는 몸과 마음이 매우 건강했다. 죽을 때까지 엥겔스는 맑은 정신을 가지고 있었다. 특히 기억력과 집중력이 뛰어났다. 굳건한 정신력과 검소한 생활은 국제적인 노동자를 후견해주는 '장군'의 면모를 잘 보여주었다.

혁명적인 노동자들은 엥겔스로부터 지식과 경험뿐만 아니라 강인한 투쟁정신, 역사적 낙관주의, 필승의 신념 등을 배웠다. 그들은 엥겔스에게 항상 조언을 구했을 뿐만 아니라 급한 경우 물질적인 도움을 요청하였다. 엥겔스는 검소하게 살면서 절약하였지만, 당이나 운동가들에 대해서는 돈을 아끼지 않았다. 특히 친구 맑스에 대한 경제적인 지원은 상상을 초월하였다.

1894년 10월초에 엥겔스는 리전트 공원가(Regent's Park Road) 122번지에서 41번지로 이사하였다. 그의 비서 역할을 하고 있었던 카우츠키(Kautsky)의 첫째 부인 루이제(Louise)가 의사 프라이베르거(Freyberger)와 재혼하여 출산이 가까웠기 때문이다. 엥겔스는 원래 살던 자신의 집을 이들에게 양보하였다.

새집으로 이사간 엥겔스는 일요일 점심 때 많은 동지들을 초청하여 대화를 나누었다. 74번째 생일 때 맑스의 『자본론』제3권을 펴냈고 많은 사람들이 생일과 출판을 함께 축하해 주었다.

1894년이 지나면서 엥겔스는 점점 쇠약해졌다. 1895년 5월초에 그는 편도선염과 불면증으로 고생하였다. 그러나 6월초에는 다소 회복되어 그가 사랑했던 이스트번(Eastbourne)으로 가 친구들을 만났다. 엥겔스는 자신의 고통을 차분함과 유머로 이겨냈다. 엥겔스는 7월 23일에 이스트번에서 맑스의 장녀인 라우라 라파르그(Laura Lafargue)에게 마지막 편지를 썼다. 다음날 그는 건강상태가 악화되어 런던으로 옮겨졌다. 엥겔스는 1895년 8월 5일 오후 10시 30분 경에 눈을 감았다. 위대하고 화려한 삶을 살았던 엥겔스는 유물론자답게 죽음을 매우 침착하고 안정되게 맞이하였다. 물질로부터 온 인간의 생명이 다시 물질로 돌아가는 것이 죽음이기 때문이다.

엥겔스는 주기 2년전에 이미 1893년 7월 29일 취리히로 여행을 떠나기에 앞서 유언장을 만들어 놓았다. 1894년 11월 14일에 그는 유언 집행자에게 편지를 썼고, 1895년 7월 26일에 유언을 보충하였다. 유언 집행자로 그는 무어(S. Moore), 베른슈타인(E. Bernstein), 루이제 카우츠키 등을 지목했다. 그는 전 재산을 라우라 라파르그, 엘레노르 맑스-아벨링과 루이제 카우츠키에게 유산으로 물려주었다. 그는 또한 맑스의 딸 제니 롱게(Jenny Longuet)의 아이들도 고려를 하였다. 그는 1894년 11월 14일에 라우라와 엘레노르에게 보낸 편지에서 이들이 물려받은 8분의 1에 해당하는 엥겔스의 재산 중에서 3분의 1쯤은 이 아이들을 위해 사용해주도록 부탁하였다. 또 부인의 질녀인 메리 엘렌 로셔를 위해서도 상당한 액수의 현금을 남겨놓았다. 그의 저술과 관련하여 엥겔스는 그가 보관하고 있던 맑스의 친필 원고, 편지들을 맑스의 법적인 유산 집행자인 엘레노르 맑스-아벨링에게 넘겨주었다. 또한 자신의 원고와 맑스와 교환한 편지들을 베벨(Bebel)과 베른슈타인에게 넘겨주었다. 라파르그, 아벨링, 프라이베르거 및 친지에게서 온 편지는 이들 발신인에게 되돌려주었다. 그의 모든 책과 저작권 및 천 파운드의 돈을 엥겔스는 베벨과 징거(Singer)가 대표로 되어 있는 독일사회민주당에 기증하였다. 1894년 11월 14일 유언 집행자에게 보낸 편지에서 엥겔스는 자신의 유해를 화장하여 바다에 뿌려주도록 부탁하였다. 엥겔스의 소원대로 엥겔스의 장례식은 조용히 거행되었다.

1895년 8월 10일에 그의 장례식이 워털루 철도 정거장 대합실에서 거행되었으며, 그 곳 노동단체들로부터 온 화환으로 뒤덮였다. 세계 각국으로부터 조전(弔電)이 몰려왔다. 모어, 리프크네히트, 라파르그, 베벨, 벨기에의 대표 안젤레(Anseele), 네덜란드 대표 판 데어 고스(Van der Goes), 러시아 대표 골덴베르크(Goldenberg) 등이 조사를 읽었다. 엥겔스의 친척 대표로 그의 조카 슐라하텐달(Schlachtendahl)이 마지막으로 말을 하였다. 장례식이 끝나자 엥겔스의 유해는 런던의 한 화장터에서 화장되었다. 8월 27일에 엘레노르와 아벨링, 레스너(Lessner), 베른슈타인이 엥겔스의 유골을 들고 이스트번으로 가 바다에 뿌렸다. 이렇게 하여 한 철학자의 영혼이 오늘날까지 푸른 파도 속에서 넘실거리며 외치고 있다.

"만국의 노동자여! 단결하라!"

맑스와 엥겔스가 공동으로 혹은 제각기 작업하여 만든 사회주의 철학 이론을 우리는 맑스주의(Marxismus)라 부른다. 맑스주의는 그러나 맑스와 엥겔스의 천재적인 영감에 의해서 만들어진 것이 아니고 이전에 나타난 사상들을 이들이 창조적으로 발전시켜 만들어 낸 것이다. 맑스주의가 형성되는데 근원이 되는 3가지 요인으로 아담 스미스(Adam Smith, 1723~1790)가 중심이 되는 영국의 고전경제학, 프랑스의 공상적 사회주의, 칸트에서 포이어바흐에 이르는 독일 고전철학을 들 수 있다. 영국의 고전경제학과 독일의 고전철학에 관해서는 이미 앞에서 소개했으므로 공상적 사회주의에 관해서 알아보자.

공상적 사회주의란 일반적으로 맑스주의의 과학적 사회주의에 대한 대비되어 사용되는 말이다. 그러므로 그것은 맑스주의의 이전의 사회주의, 공산주의 이론을 포괄적으로 지칭한다. 자유·평등·박애를 기치로 내건 시민혁명(프랑스 혁명 등)이 진행되면서 시민사회가 이상으로 하는 자유와 평등이 사유재산제를 기초로 하는 정치적 평등만으로 실현될 수 없다는 사실이 점차 드러나기 시작했다. 왜냐하면 경제적 불평등이 존재하는 한 참된 인간의 자유는 실현될 수 없기 때문이다. 농민, 노동자 등 경제적 부를 소유하지 못한 계층의 고뇌를 해결하려는 노력은 인류의 양심이 살아 있는 한 모든 곳에서 나타났다. 근세 초기에 이미 영국의 모어(Thomas More, 1478~1535)가 『유토피아』(*Utopia*)라는 소설에서, 이탈리아의 캄파

넬라(Thomas Campanella, 1568~1639)가 『태양의 국가』(*Civitas Solis*)에서 사유재산이 폐기된 공상적인 이상사회를 구상하였다. 18세기에는 프랑스 유물론자 멜리에(Jean Meslier, 1664~1729), 모렐리(N. Morelly, 1717~1769), 마블리(Gabriel de Bonnot Mably, 1709~1785) 등이 비슷한 이념을 제창하였고 19세기에는 푸리에(Jean Baptiste Joseph Fourier, 1768~1830), 생 시몽(Saint-Simon, 1675~1755), 오언(Robert Owen, 1771~1858) 등이 '공상적 사회주의 이념'을 이론적으로 체계화하였다.

공상적 사회주의는 사회의 모순을 밝혀내며 하층민중을 계몽시키는 진보적 역할을 수행했지만 자본주의 사회의 모순, 노동계급과 자본계급간의 모순이 아직 전면에 드러나지 않았을 때의 사회관계를 반영하였다. 이들은 관념론의 입장에서 자본주의 사회의 모순을 무지와 몽매의 산물로, 이성과 지혜가 발달하지 못한 데서 오는 결과로 설명하였다. 그렇기 때문에 사람들이 계몽되고 이성이 발달하면 사회주의가 어디서나 실현될 수 있다고 믿었다. 다시 말하면 이들은 경제개혁을 통한 점진적인 사회 개조를 주장하고 그것을 이상으로 삼았다.

맑스주의의 두 핵심은 변증법적 유물론과 사적 유물론이다. 변증법적 유물론은 헤겔의 변증법과 포이어바흐의 유물론이 창조적으로 지양되어 나타난 인식론과 존재론이며 변증법적 유물론을 역사와 사회문제에 적용시킨 것이 사적 유물론 혹은 유물사관이다. 변증법적 유물론에 의하면 세계의 근원은 물질적인 것이고 이것이 계속 변증법적인 발전을 하고있다. 변증법적인 유물론은 한편으로 관념론에 대한 거부이고 다른 한편으로 기계적이고 형이상학적인 유물론에 대한 거부이다. 여기서는 변증법의 반대개념이 형이상학으로 이해된다. 그러므로 포이어바흐와 같은 유물론이 헤겔의 관념론 못지않게 비판된다. 변증법적 유물론은 물질이 변증법적으로 발전해 가는 3가지 법칙을 설정한다. 첫째, 대립물의 통일과 투쟁, 둘째, 양적 변화에서 질적 변화로의 이행, 셋째, 부정의 부정이 그것들이다.

이제 사적 유물론에 대해서 좀 더 자세히 살펴보자. 우리가 역사에 눈을 돌릴 때 거기에는 많은 사건들이 혼합되어 있다. 개인 · 국가 · 민족의 흥망성쇠가 나타난다. 역사철학은 이러한 사건들이 우연히 일어나는가, 어떤 법칙에 따라 일어나는가를 밝히려 한다. 역사의 발전법칙이 없거나, 그것이 있다 할지라도 인식이 불가능하다면 인간사회나 역사에 대한 학문이 성립될 수 없다. 왜냐하면 학문은 자연이나 사회 혹은 인간의식의 영역에서 나타나는 법칙과 경과를 연구하는 것이기 때문이다. 이러한 법칙을 기반으로 우리는 미래를 예견할 수 있다. 역사의 발전법칙이 존재할 때만 우리는 사회와 연관된 어떤 목표를 세울 수 있고 합리적인 행동을 할 수 있으며 계획을 실현할 수 있다.

역사 속에는 우연이 지배하는 것 같다. 클레오파트라의 코가 조금만 낮았더라면 세계사가 변했을 것이라고 말한다. 개인이나 민족, 국가의 운명에 우연이 작용하는 것 같으며 사람들은 그것을 운명 혹은 숙명으로 받아들이고 체념한다. 많은 철학자들이 자연 속에는 법칙이 있다고 인정하지만 역사 속에서는 그것이 불가능하다는 입장으로 기울어진다. 자연 속에 법칙이 존재한다는 것을 의심하는 철학자들(예컨대 영국의 경험론자, 회의주의자 등)도 있지만 과학자를 포함한 대부분의 철학자들은 그것을 의심하지 않는다. "콩 심은 데 콩 나고 팥 심은 데 팥 난다"는 속담도 있다. 과학적으로 고찰해 볼 때 자연의 법칙에는 '의지'가 들어있지 않다. 한강 둑을 무너뜨린 홍수는 중력의 법칙에 따라 작용했을 뿐이다. 그러나 인간의 사회에서는 다르다. 인간은 스스로의 역사를 만들어간다. 인간은 생각과 소원과 의지를 갖고 행동한다.

모든 인간의 개별적인 활동은 정신력을 기초로 하며 그러므로 자연변화와 구분된다. 역사의 형성에는 인간의 의식이 항상 작용한다. 그러나 인간의 행동동기는 각각 다르다. 노동자는 더 많은 임금과 더 짧은 노동시간을 원하고 자본가는 그것을 허용하지 않으려 한다. 민주주의를 원하는 사람이 있는가 하면 그것을 교묘하게 방해하려는 사람이 있다. 헌신적인 사람이 있는가 하면 이기적인 사람도 있다. 그렇다면 인간사회에서 질서나 법칙을 생각하는 것은 잘못이 아닌가? 법칙이 있다면 인간의 자유로운 의지가 어떻게 가능한가? 맑스주의도 자연과 역사에 나타나는 변화와 법칙이 동일하지 않다는 것을 인정한다. 자연변화는 그 자체의 법칙에 따라 이루어지지만 역사는 인간의 행위를 기초로 한다. 인간 자신이 역사를 만들어간다. 그러나 인간의 행위는 마음대로 선택할 수 없는 외부의 조건 아래서 이루어진다.

인간은 일정한 자연적·사회적 단계 안에서 탄생하며 인간의 행위도 이와 결부된다. 여기서 중요한 역할을 하는 것이 인간의 행동동기이며 이러한 동기를 지배하는 것이 인간의 의식이다. 옳은 의식도 있지만 잘못된 의식도 있다. 잘못된 의식 때문에 수많은 조선인이 일제시대에 친일행각을 했다. 인간의 의식은 이기적인 본능, 교육, 편견, 선전, 반성 등의 많은 요인에 의하여 형성된다.

관념론 철학자들은 인간의 사회와 역사에 나타나는 법칙과 그 작용을 이해하지 못한다. 기계적인 유물론 철학자들은 사회법칙을 기계적인 인과법칙으로 파악하려 한다. 그러나 이들도 모두 자연에 대한 인간의 힘이 커져가고 기술이 점점 발전한다는 사실에 의심할 수 없었다. 인류의 역사는 점차 발전해왔다. 이러한 발전 속에는 분명히 어떤 법칙이 들어있다.

인류의 역사는 일반적으로 원시사회→고대사회→중세사회→근세사회→현대사회로 발전해왔다. 그리고 이 시대에 부합하는 사회제도가 세계 곳곳에서 비슷하게 만들어졌다. 고대에는 동·서양을 막론하고 노예제도가, 중세에는 봉건제도가, 근세에는 상업자본주의가, 현대에는 산업자본주의가 나타났다. 그 원인은 어디에 있는가? 기후나 지형이나 종족의 차이에 의해서는 이러한 현상이 설명되지 않는다. 관념론 철학자들은 역사가 인간의 정신생활에 의해서 결정된다고 주장한다. 인간은 먼저 사유, 느낌, 의지 속에서 만든 목표를 만들고 그것을 추구하면서 행동한다.

모든 것이 인간의 의도대로 되지는 않는다. 대부분의 경우에는 의도된 목표들이 서로 갈등을 일으키거나 어긋난다. 목표가 처음부터 관철될 수 없는 경우도 있고 또 그것을 관철할 수 있는 수단이 불충분할 수도 있다. 그러므로 인간의 행위가 모여서 진행되는 사회는 의도된 것과 완전히 다른 결과를 낳는 일이 허다하다. 결국 "인간은 생각하고 신이 인도한다" 혹은 "인간은 최선을 다하고 그 결과를 하늘로부터 기다린다"는 말이 나타난다.

인간의 행동은 대부분 의식적이다. 인간은 미리 생각하고 그것을 행동에 옮긴다. 그러므로 모든 역사적 사건은 이념과 결부된다. 그러나 역사적 발전을 전체적으로 고찰할 때 이념이 역사를 움직이는 경우는 드물다. 그러한 경우가 있더라도 이러한 이념이 객관적인 역사발전에 부합하는 경우이다. 다른 말로 표현하면 역사 안에는 정신적인 추진력보다 더 강하게 작용하는 그 무엇이 들어 있다. 이념이 구체적인 역사발전과 일치할 때 그 힘은 이념에 우호적이며 그렇지 못할 때 적대적이다. 이념의 배후에 숨어 있는 이러한 추진력은 이념보다 강하다. 역사를 옳게 이해하려는 사람은 그 본질을 잘 파악해야 한다.

물질적인 힘이 우선이냐, 이념이 우선이냐의 문제가 소위 존재와 의식의 문제이며 유물사관에 그것이 작용할 때 하부구조(토대)와 상부구조의 문제가 된다. 그것은 유물사관의 가장 중요한 문제에 속한다. 우리는 다음과 같은 의문을 가질 수 있다.

행위의 기초가 되는 사상(이념)은 어떻게 발생하는가? 왜 똑같은 상황 아래서 많은 사람들이 각각 다른 생각을 하고 다른 이념을 갖는 것일까? 왜 한반도가 남·북으로 갈라진 뒤에 어떤 사람들은 목숨을 바쳐서라도 통일을 이룩해야 한다고 생각하고 어떤 사람들은 겉으로는 통일을 원하는 채 하면서 분단을 고정화하려 하는가?

철학적 관념론자들은 인간의 사상이나 이념이 이전의 이념으로부터 생겨난다고 주장한다. 그러나 이전의 이념을 끝까지 추적해 가면 무엇이 나타나는가? 이들은 신이나 절대정신을 가정하지 않을 수 없다. 이에 반하여 유물론자들은 인간이 갖고 있는 이념이 물질의 반영이라고 생각한다. 물질이나 자연, 주위환경이 없다면 인간의 의식이나 사상·이념 등이 생겨날 수 없다는 것이다. 어느 쪽이 합당한가를 구체적인 예를 통하여 살펴보자.

중세를 이끈 이념은 기독교였다. 여기서는 세계가 성서를 통해서만 인간에게 계시되는 신의 창조물로 생각되었다. 인간이 세계에 대하여 어떤 것을 알고 싶으면 성서를 읽으면 된다. 자연을 연구하는 것보다 신의 말을 연구하는 것이 훨씬 더 많은 지식을 가져다준다. 신은 태양을 멈추게 할 수 있고 지구의 주위를 돌게 할 수도 있다. 그러므로 성서에 나와있는 신의 말씀처럼 태양이 지구의 주위를 도는 것이며 반대로 지구가 태양의 주위를 돈다고 생각하는 사람은 오류를 범한다. 신의 창조물인 자연은 결코 신의 말에 모순될 수 없기 때문이다. 16세기에 종교 개혁가 루터도 코페르니쿠스에 대항하여 태양이 지구를 돈다고 주장하였다.

17세기에 경제적으로 발전된 나라의 많은 사상가들은 과학이 이러한 종교적 속박에서 해방되어야 한다고 생각하기 시작하였다. 이성의 심판에 부합하고 실험이나 관찰을 통해서 증명될 수 있는 것만이 진리라는 주장이 나타났다. 왜 이런 시기에 이런 나라에서 새로운 사상이 싹텄는가? 근세 지식인들의 두뇌가 중세 지식인들의 두뇌보다 더 우수했기 때문인가? 결코 그렇지 않다.

사상이나 이념의 변화만을 추구했다면 이에 대한 올바른 해답을 얻을 수 없다. 근세의 사회구조에 우리는 눈을 돌려야 한다. 중세의 봉건제도가 무너지고 근세에 자본주의가 성립되어갔다. 자본주의는 가능한 한 최대의 이익을 얻기 위해 다시 말하면 생산을 고조시키기 위해 현세를 철저히 연구할 필요가 있었다. 기계를 만들고 생산방법을 개선하기 위하여 자연법칙을 규명해야 하였다. 항로와 육로를 찾아내어 원료를 얻고 그것을 상품화하여 판매해야 했다.

이러한 경제적 필연성 때문에 근세인들은 자연에 눈을 돌리고 중세의 종교관에서 벗어난 것이다. 근세의 선구자들(과학자들이나 철학에서)은 이전의 봉건제도를 유지하려 했던 교회로부터 많은 박해와 탄압을 받았다. 많은 사람들이 종교 재판에 회부되어 화형을 당하였다. 코페르니쿠스의 저술은 19세기 중반까지 교회의 금서목록에 들어 있었다.

근세 부르주아 사상가들은 봉건주의 이념에 대항하여 그들의 정신적인 지주를 고대 사상과 문학에서 찾았다. 고대가 중세보다 훨씬 더 인간적인 것으로 생각되었다. 보다 귀중한 고대문화를 부활시키려 하였다. 이렇게 하여 르네상스(문예부흥)의 운동이 일어나게 되었다. 정신이 역사를 움직이는 동인이라면 고대 사상의 부활은 고대세계의 사회제도를 부활시켜야 했다. 그러나 그렇지 않았다. 근세에는 고대의 노예제사회 대신에 자본주의가 들어섰다. 정신적인 요인이 아닌 다른 요인이 역사 발전에 작용했기 때문이다. 그것이 바로 생산방식이라는 하부구조이다. 생산은 사회의 물질적 조건이다.

인간의 노동이 많은 것을 산출하지 못했던 원시시대에는 노예가 있을 수 없었다. 스스로가 먹기에도 부족한 산물이 노동을 통해 나왔기 때문이다. 인간의 노동이 부의 근원이 될 수 없었다. 음식물이 부족하던 이 시기에는 포로가 가족으로 흡수되던가 도살되어 음식물로 사용되었다. 인간노동의 산물이 불어나고 포로들의 노동이 유익하게 되자 식인습관이 사라졌다. 노동이 더욱 발전하면서 인간관계에 대한 개념(도덕 종교 등)이 형성되어 갔다. 휴머니즘의 이념이 사회적 노동의 발전에 따라 형성되었다.

사회가 발전함에 따라 많은 이념들이 전파되고 무수한 사람들에 의해 '이성적'이고 '정당한' 이념으로 수용되었다. 그러나 이런 이념들 가운데는 관철될 수 없고 실천적인 작용을 할 수 없는 이념들이 많다. 예컨대 기독교는 '박애'의 이념을 전파한다. 미국정부는 이러한 기독교 이념을 자랑스럽게 선전한다. 그러나 베트남 전쟁이나 이라크와의 전쟁에서 보여준 미국의 태도는 '박애'와는 거리가 멀다. 오히려 정반대이다. '박애'가 이익추구의 무기아래 여지없이 짓밟혀버렸다. 2천년 동안 서구의 기독교는 인간 사랑을 외쳤지만 실제로 억압과 착취, 빈부의 차이, 피비린내 나는 전쟁을 없애거나 억제할 수 없었다. 종교와 인간사랑을 위하여 십자군 전쟁을 일으켰다. 이러한 예는 이념이 역사를 지배할 수 없다는 사실을 잘 보여주고 있다. 역사발전에서는 이념보다 물질관계가 앞선다.

많은 목표를 세우고 그것을 실행하려 하지만 성공하지 못한 경우가 인류의 역사에는 허다하다. 기계가 발명되고 공장 안을 메우기 시작하자 노동자들은 실업, 노동시간의 연장, 작업환경의 불결 등의 위협을 느꼈다. 이들에게는 하나의 '이념'이 떠올랐다. 기계가 책임이 있으니 기계를 모두 부수어 버리자는 것이다. 실제로 산업혁명의 초기에 많은 노동자들이 기계를 부수고 공장을 불지르면서 중세적인 노동을 원했다. 그러나 이들의 이념은 아무런 효과가 없었다. 기계는 법칙적으로 발전 해 가는 사회적 산물이었기 때문이다. 사회법칙은 사회발전을 막아보려 하는 이념보다 훨씬 강하다.

사회를 형성하는 데는 이념만으로 충분하지 않다. 사회를 해명하는 열쇠도 이념 속에서만 들어 있지 않다. 왜 일정한 시대에 일정한 이념이 주도하였고 다른 시대에는 다른 이념이 주도하였으며 왜 어떤 이념들은 실현가능하고 다른 이념들은 그것이 불가능한가를 관념론 철학은 해명할 수 없다.

사상 속에서 다만 현실이 반영되며 현실이 그 시대의 사상으로부터 이해되는 것이 아니라 사상이 그 시대의 현실로부터 이해되어야 한다는 사실을 관념론은 파악하지 못한다. 이런 의미에서 맑스는 "인간의 의식이 인간의 존재를 결정하는 것이 아니라 반대로 인간의 의식을 결정하는 것은 인간의 사회적 존재다"[87] 라고 말한다. 물론 모든 이념이 그 시대의 현실로부터 발생하는 것은 아니다. 어떤 것은 이전의 단계로부터 전수된다. 그러므로 새로운 시대에 아직 낡은 이념이 통용된다.

예컨대 오늘날까지도 인종차별이나 백인종 우위라는 이념이 존재한다. 이러한 이념들은 그 사회 권력층의 이해관계에 따라서 발생하고 전수된다. 현실과는 완전히 거리가 먼 환상적인 이념도 있다. 이들은 현실로부터 나온 것이 아니다. 그러나 이러한 환상적인 이념들을 자세히 분석해보면 그것은 인간의 은밀한 동경, 불만, 걱정 등이 그 안에서 반영되고 있다. 존재하는 어떤 것으로부터 유추하여 거기에 인간의 소원을 첨가시키는 것이다. 그것은 많은 경우 한 시대나 사회의 궁핍과 곤궁을 벗어나려는 희망을 내용으로 하고 있다. 신화, 전설, 동화, 종교 등에서 그것이

87) *Marx-Engels Werke, Institut für Marxismus-Leninismus beim ZK der SED,* Berlin 1960 f. *Band 13*, S. 9.(이후 인용은 이 전집에 의하여 *MEW* 라는 약자로 표기함).

많이 나타난다.

역사상의 위인들이 그들의 사고와 행동으로 역사를 만들거나 뒤바꾸었다는 주장과 더불어 역사발전의 최종원인이 이념적인 힘이라고 주장하는 사람이 있다. 위인들은 그러나 어떻게 등장했는가? 그것은 이들이 다른 사람보다 더 역사의 발전법칙을 이해하고 대중을 그들의 작용 영역으로 끌어들일 수 있었기 때문이다. 역사적으로 위대한 인물들은 역사발전의 추진력을 잘 파악할 수 있었다. 맑스나 엥겔스가 위대한 역할을 한 것은 노동자의 입장에 서서 그들의 이해관계를 잘 이해했고 표현했기 때문이다.

위대한 인물들의 사상이나 성격, 생애, 저술 등을 연구하는 것이 매우 중요하지만 역사의 흐름을 파악하기 위해서는 그것만으로 부족하다. 엥겔스는 "사람을 움직이는 모든 것도 그들의 두뇌를 통과해야 하지만 그것이 이 두뇌 속에서 어떤 형태를 취하는가 하는 것은 크게 주위 환경에 의존한다"[88]고 말하였다.

인간행동의 정신적 요인은 역사의 최종적인 동인이 될 수 없다. 정신적인 요인 뒤에서 보다 강렬한 힘이 작용하고 있다. 정신적인 운동원인은 그 배후에서 작용하고 있는 힘과 조건들이 이해될 때만 옳게 파악될 수 있다. 이러한 배후의 일은 인간의 사유, 느낌, 의지를 벗어나 있다. 다시 말하면 인간의 의식 밖에서 그것으로부터 독립하여 존재한다. 인간의 의식 밖에서 그것으로부터 독립해서 존재하고 있는 자연과 역사의 현상들을 맑스주의 철학은 '물질적 현상'이라 부른다.

물질적 현상 속에서 역사의 최종적인 동인을 찾아내려는 역사관이 유

---

88) *MEW*, 21, 298.

물사관이다. 유물사관은 사회생활의 물질적 조건 가운데서 어떤 것이 역사 발전의 결정적 요인인가를 해명한다. 물질적 요인으로 우리는 ①지리적·기후적 관계 ②인구밀도 관계 ③생물학적 관계(인종 등) ④생산관계 등을 고려할 수 있다. 이 가운데 어떤 것이 결정적 요인인가는 과학적인 역사연구를 통해 해명되어야 한다.

적당한 지리적 조건이나 기후조건 없이는 인간의 삶이 불가능하다. 달에서의 생활은 지금까지의 조건으로는 불가능하다. 달 위에 살기 위해서는 일정한 조건을 만들어 놓아야 한다(산소, 물, 온도 등). 이것은 무엇을 의미하는가? 지상에 생명체가 발생하고 인간이 발생한 후 사회적 발전이 정상에 도달하였기 때문에 이제 지리적·기후적 조건은 역사발전에 결정적인 역할을 더 이상 할 수 없다는 것이다. 오히려 인간이 이러한 조건들을 변화시켜가면서 영향을 미치고 있다. 물론 이전에는 지리적 상황이나 기후가 인간의 생활방식에 미친 영향이 컸다.

예컨대 반도로 이루어져 있는 조선은 섬인 일본보다 대륙인 중국과 다른 역사발전을 이룩했으며 열대지방이나 한대지방과도 다른 특색을 나타냈다. 그러나 지리적 조건이 조선의 역사발전의 궁극적인 요인은 되지 못한다. 특히 해방 후 분단된 남·북이 비슷한 지리조건이나 기후조건에도 불구하고 각각 다른 사회를 만들어가고 있는 것은 역사발전의 궁극적 원인이 다른 곳에 있다는 것을 증명해주는 좋은 예이다.

이탈리아는 한때 대제국(로마)으로 세계를 지배했으나 같은 지리적, 기후적 조건 아래서 오늘날은 더 이상 강대국이 아니다. 이탈리아에는 석탄이나 다른 광물이 부족한데도 불구하고 자본주의 사회가 먼저 성립되었다. 세계적인 척도로 고찰해보면 사회는 기후나 지리적 조건보다는 훨씬 더 빨리 발전한다. 지난 19세기에 그러한 조건이 커다란 변화를 겪지 않았는데도 불구하고 세계사는 빠른 속도로 변했다. 현대적 생산과 생활 방식이 세계 곳곳으로 뻗어나갔다. 결국 기후나 지리는 역사 발전의 결정적 요인이 될 수 없다.

인구의 증가가 역사발전에 미치는 영향도 비슷한 관계에 있다. 일반적으로 인구증가와 빈곤 사이에 상관관계가 있는 것으로 알려졌다. 가난한 민족들에게서 인구증가율이 더 높다. 복지사회가 이루어지면서 인구증가율이 둔화된다. 사회복지제도를 많이 실현하고 있는 유럽에서 그러한 현상이 나타난다. 이러한 사실들은 인구증가는 사회조건에 의존하지만 사회조건은 인구증가에 의존하지 않는다는 사실을 잘 보여준다. 동일한 사회제도를 갖는 나라들에서도 인구밀도가 높은 나라가 있고 낮은 나라가 있다.

같은 자본주의 제도를 취하는 스웨덴에서는 1㎢ 당 17명이 사람이 살고 있고 네덜란드에서는 365명이 살고 있다. 또 네덜란드보다 생활수준이 낮은 그리스에는 64명이 살고 있다. 그러므로 인구밀도가 생활수준을 결정하지는 않는다. 인구밀도는 역사발전에서 결정적인 역할을 하지 못한다. 인구밀도가 낮은 민족들이 저개발상태에 있는가 하면 더 높은 민족들이 커다란 공업발전을 이룩한 예가 많다.

고대 로마를 정복한 인종이 오늘날의 이탈리아 인종과 다른가? 그렇지 않다. 옛날 북유럽의 바이킹족은 거친 해적이었는데 오늘날 스웨덴이나 노르웨이인들(바이킹의 후손들)은 평화를 사랑하는 민족이다. 남·북한 모두 한 인종인데 각각 다른 사회를 형성하고 있다. 모든 인종 속에 각각 노동자와 자본가, 지식인과 예술가, 압박자와 피압박자, 민주인사와 독재자가 있다. 현대의 생활방식은 인종적·생물학적 한계를 넘어선다. 미국에는 여러 인종이 혼합되어 있다. 사회발전은 생물학적 법칙에 의해서 결정되지 않는다. 사회는 스스로의 발전 법칙을 지니고 있다.

인간이 동물과 구분되는 점은 무엇인가? 맑스주의에서는 그것이 노동이라고 말한다. 노동, 도구의 제작과 사용을 통해서 인간은 서서히 사회를 만들어 왔다. 사회발전의 결정적 요인은 그러므로 생산이다.

엥겔스는 맑스의 장례식에서 다음과 같이 말했다.

"인간은 정치, 과학, 예술, 종교 등을 추진할 수 있기 전에 무엇보다도 우선 먹고 마시고 거주하고 옷을 입지 않으면 안 된다. 그러므로 직접적인 물질적 생활수단의 생산 그리고 그와 더불어 한 민족이나 한 시기의 경제적인 발전단계가 그에 해당하는 인간들의 국가제도, 법, 예술, 종교적 표상이 발전되는 근거를 형성한다. 그러므로 전자로부터 후자가 해명되어야 하며 지금까지처럼 그 반대로 해명되어서는 안 된다."89)

인류의 역사는 여러 단계로 구분될 수 있다. 고대, 중세, 근세, 현대 등이 그것이다. 이러한 시대구분을 특징지우는 것은 무엇인가? 유물사관에 의하면 그것은 일정한 생산방식이다. 그것은 기후적·지리적·생물학적·그러므로 사회의 물질생활을 생산하는 방식이 역사발전의 결정적인 기초가 된다고 할 수 있다. 삶에 필요한 물건들을 획득하기 위하여 인간은

---

89) F. Engels, *Rede am Grabe von K. Marx*, In K. Marx/F. Engels, *Ausgewählte Schriften in zwei Bänden, Band 2*, S. 156.

도구와 기계를 사용한다. 이것이 생산도구이다. 생산에는 그러므로 [자연(원료 등)을 전제로] 인간과 생산도구가 필요하다. 인간은 생산도구를 사용할 줄 알아야 하고 일정한 노동경험을 가져야 한다. 생산경험과 생산도구를 가진 인간을 우리는 생산력이라 부른다.

이것들을 간단하게 도표로 표시해 보자.

- **생산방식**
  - 생산력
    - 생산수단
      - 노동대상……원료
      - 생산도구……도구, 기계
    - 노동력……인간
  - 생산관계……생산수단의 소유관계, 분배관계, 소비관계, 교환관계

생산도구는 처음에 매우 조야하고 단순했으나 차차 발전되었다. 생산도구의 발전과 더불어 노동도 변화되고 인간의 노동경험과 주위세계에 대한 지식도 불어났다. 그러나 생산도구만 변화된 것이 아니라 생산력도 함께 변하였다. 생산력의 발전단계에서 인간은 서로서로 관계를 맺게 된다. 함께 일하는 것, 물건의 교환, 장사 등이 이에 속한다. 생산의 발전은 일정한 발전단계에서 노동자가 삶의 유지에 필요한 것 이상을 생산하게 만들었다. 이것이 한 사람이 다른 사람을 위하여 일하고 다른 사람이 잉여 생산품을 획득하게 되는 조건이었다. 노동자의 잉여가치를 다른 사람이 습득하는 것을 맑스주의는 착취(Ausbeutung)라고 부른다.

재화의 생산을 둘러싸고 맺어지는 인간 사이의 모든 사회관계가 생산관계이다. 여기에 생산수단의 소유관계, 노동관계, 분배관계가 포함된다.

그 중에서도 가장 중요한 것이 소유관계이다. 원료, 공장, 토지 등을 소유한 사람이 노동자가 생활수단을 벌어들이는 방법을 결정한다. 고대에서 노예와 노예주의 관계는 사물과 소유주의 관계와 유사했다. 노예주는 노예를 마음대로 사고 팔 수 있었다. 중세의 봉건귀족은 토지의 소유자였고 그것을 기반으로 토지에 소속된 농노들의 주인이었다. 현대 자본주의 사회에서 임금 노동자와 자본가는 생산수단을 소유하고 노동자는 생필품을 얻기 위하여 임금을 받고 노동력을 파는 관계에 있다.

노동경험을 가진 인간, 생산도구, 생산수단의 소유관계, 분배관계 등이 '생산양식'을 이룬다. 다시 말하면 생산력과 생산관계를 우리는 생산양식이라 부른다.

노동과정에서 인간은 경험을 얻는다. 노동을 쉽게 하고 더 많이 생산하기 위해서 인간은 지식을 축적하고 도구를 변화·개선해 간다. 생산도구의 변화, 다시 말하면 생산력의 변화가 역사발전의 최초원인이 된다. 생산도구의 변화에 따라 생산관계도 변한다. 현대적인 생산도구 아래서는 이전의 조야한 도구를 사용할 때와는 다른 방식으로 일해야 한다.

현대 과학기술은 새로운 생산도구(원자력 등)를 만들어냈기 때문에 그것을 개인기업인에게 맡길 수 없다. 인류 전체에 대한 위험이 야기될 가능성이 있기 때문이다. 새로운 생산도구와 수단을 사회적으로 관리하고 규제해야 될 필요성이 나타난다.

오늘날 기업가는 이익추구에 눈이 어두워 현대적인 생산수단에서 오는 위험(핵폐기물, 공해, 식수오염 등)을 방치하는 경우가 많다. 방사능 유출사고가 곳곳에서 일어난다. 이때마다 집권자나 기업가는 주민들의 저항을

맑스와 엥겔스

교묘하게 무마시킨다. 식칼을 살인자가 사용하면 위험한 무기가 되는 것처럼 생산수단 자체보다도 그것을 누가, 어떻게 사용하는가에 문제가 있다. 기계에 문제가 있는 것이 아니라 그것을 운용하는 사람의 부주의나 사회제도(자본주의)에 책임이 있다고 맑스는 주장한다.

생산관계는 어떻게 새로운 생산력과 보조를 맞추어야 하는가? 중세에서는 중요한 생산수단인 토지가 봉건귀족(지주)에게 속해 있었다. 농노와 부속농민들은 그들의 소속된 땅에서 살았다. 이들은 자기들이 소속된 땅을 가꿀 수 있었으나 그 대신 지주의 땅도 가꾸어야 했고 지대를 바쳐야 했다. 그러던 중 어떤 지역에서(주로 도시) 자본주의적 생산방식이 나타나기 시작하였고 여기에 더 많은 노동력이 필요해졌다. 그러나 노동자들은 대부분 농민으로서 시골에 부착되어 있었다. 초기 자본주의의 생산력은 자본주의의 생산관계(소유관계)와 마찰을 일으켰다.

이로부터 사회 발전 전반에 걸친 모순이 나타났다. 부르주아 계급은 지주 귀족 계급에 대항하여 투쟁하기 시작하였다. 결국 이러한 투쟁은 영국, 프랑스, 독일 등에서 혁명으로까지 발전되었다. 생산방식은 그러므로 인간이 끊임없이 생산활동 속에서 생산도구를 개선하고 새로운 지식을 얻어갈 때 다시 말하면 새로운 생산관계를 불가피하게 만드는 새로운 생산력이 형성될 때 발전한다. 새로운 생산관계는 저절로 형성되는 것이 아니라 인간의 사회적 투쟁(혁명 등)을 통해서 달성된다. 생산력과 생산관계의 충돌이 사회발전의 객관적 요인이라면 혁명은 주관적 요인이다.

유물사관은 사회의 물질적인 하부구조 혹은 토대(생산관계)와 그 위에서 형성되는 상부구조(법, 정치, 도덕, 예술, 철학, 종교 등)를 구분한다. 후자는 이념적 · 정치적 상부구조로 불려지기도 한다. 사회변화는 전체적으로 결국 생산력의 발전에 기인한다. 생산력의 변화는 먼저 생산관계의 변화를 재촉한다. 그 결과 사회생활 전체가 변한다.

부르주아 민주주의는 17세기 영국과 18세기 프랑스의 생산관계를 기초로 하여 만들어진 제도이다. 그것은 봉건적인 속박으로부터 벗어나려는 투쟁을 기초로 한다. 중세로부터의 해방은 사회적으로 두 가지 의미의 자유를 가능하게 하였다. 하나는 토지에 묶여 있던 농민들이 자유롭게 도시로 옮겨갈 수 있는 자유였고 다른 하나는 도시에서 이들이 자유롭게 자본가와 계약을 맺을 수 있는 자유였다. 이러한 자유는 중세의 세계관이나 이념과 상반되었다. 부르주아 민주주의는 자본가들 사이의 자유경쟁을 보장하면서 성립되었다. 각자는 '자유로운 힘의 유희'에서 모든 것을 모험할 수 있는 스스로의 주인이 된다.

이러한 생산관계가 참정권, 자유권, 소유권 등을 기초로 하는 부르주아 민주주의에서 반영된다. 많은 한계에도 불구하고 부르주아 민주주의는 인류역사에서 진보적인 역할을 수행하였다. 생산관계를 직접 반영하는 정치적 이념과 법뿐만 아니라 예술, 종교, 도덕, 철학 등도 생산방식의 발전, 곧 경제관계에 의존한다. 물론 이러한 상부구조가 경제관계로부터 직접 나타나지는 않는다. 이러한 영역은 어느 정도의 독자성을 지닌다. 또한 경제발전이나 사회발전에서처럼 이전의 유산이 커다란 작용을 한다. 지난 세기에 발생한 이념이 오늘날까지 작용하는 경우도 있다.

일정한 이념이 일정한 시기에 일정한 사회집단의 이념을 반영하여 나타난다는 사실은 시기가 지남에 따라 그러한 이념이 자동적으로 사라진다는 것을 의미하지는 않는다. 오늘날의 이념 속에는 구시대 이념의 잔재가 많다. 어떤 것은 옳은 것일 수도 있고 어떤 것은 그른 것일 수도 있다. 많은 사상은 경제관계로부터 직접 발생하지 않고 다른 사회관계나 제도를 통해서 발생한다.

엥겔스는 말한다.

"유물사관에 의하면 역사에서 '최종적인 결정요인'은 인간생활에서 나타나는 생산과 재생산이다. 그 이상을 맑스도 나도 주장하지 않았다. 이제 어느 누가 경제적 요인이 '유일한 결정자'라는 의미로 왜곡한다면 그는 그것을 아무런 내용도 없고 추상적이며 불합리한 문구로 바꾸는 셈이 된다. 경제적 상황이 토대가 된다. 그러나 상부구조의 다양한 요인들이 역사적 투쟁의 흐름에 작용을 하며 많은 경우 우선적으로 그 형태를 결정한다."[90]

"정치 · 법 · 철학 · 종교 · 문학 · 예술 등의 발전은 경제적 발전에 그 기초를 두고 있다. 그러나 이들 발전은 모두가 서로에 대해서도 그리고 경제적 기초에 대해서도 반작용을 한다. 경제상태가 유일한 능동적 원인이고 다른 모든 것은 수동적 결과에 불과하다고 하는 것은 현실의 변증법이 아니다. 현실의 변증법은 '궁극에 있어서' 항상 자기를 관철하는 경제적 보편성의 기초에 입각한 상호작용이다."[91]

유물사관은 그러므로 단순하게 한 이념의 경제적 근거를 추구하는 것이 아니다. 예컨대 수천 년 동안 지속된 종교이념을 규명하기 위해 현재의 생산방식에서 그 근거를 찾으려는 것은 무모한 일이다. 그리고 종교가 발생할 당시에서도 종교발생에 경제적 관계만이 작용한 것은 아니다. 엥겔스는 종교발생의 요인으로 스스로의 신체작용에 대한 인간의 무지, 꿈이라는 현상, 자연의 의인화 등을 들고 있다. 그것은 분명히 직접적인 경제관계가 아니다. 예술도 비슷한 관계에 있다.

예컨대 괴테의 『파우스트』는 한없이 자기를 확대하고 활동 속에서 만족을 얻으려는 자본주의 정신을 잘 반영하고 있다. 그러나 주인공 파우스트의 활동을 단순히 자본주의적 생산관계의 반영으로 해석하는 것은 잘못이며 이념과의 갈등, 새로운 지식에 대한 예감 등이 파우스트라는

---

90) *MEW*, 37, 463.
91) *MEW*, 39, 206.

인물 속에 복잡하게 얽혀 있다.

맑스주의의 변증법에 의하면 사회와 역사 속에는 규정하는 것과 규정되는 것이 존재하지만 규정되는 것도 규정하는 것에 역작용을 가할 수 있다. 의식과 의식에 의해서 구성된 상부구조는 능동적인 활동의 힘이 된다. 왜냐하면 창조적인 사고 자체가 하나의 생산력이라고 말할 수 있기 때문이다. "이론이 대중을 사로잡을 때 물질적인 힘이 된다"[92] 고 맑스는 『헤겔 법철학 비판 서문』에서 말하였다. 따라서 맑스주의의 유물사관을 단순히 경제결정론으로 해석하는 것은 잘못이다.

유물사관은 역사발전의 요인을 생산력과 생산관계의 변증법적 과정으로 파악하면서 생산력의 발달에 따라 생산관계가 변한다는 역사의 필연적인 법칙을 제시한다. 생산력은 생산관계의 발전을 규정한다. 끊임없이 증대되는 생산력과 상대적으로 안정된 생산관계 사이에 모순이 발생하며 심화된다. 그 모순은 낡은 생산관계가 증대된 생산력에 조응하는 새로운 생산관계로 교체됨으로써 해결된다. 생산관계는 생산력 발전에 능동적으로 영향을 미친다. 새로운 생산력이 촉진된다.

이러한 법칙에 따라 유물사관은 지금까지의 역사발전을 다음과 같이 구분한다. 인류 최초의 역사는 원시공동사회에서 출발하였다. 이 시기에는 낮은 생산력 때문에 집단노동이 이루어졌다. 생산수단의 공동소유와 생산물의 공동분배가 이 시기 생산관계의 기본 특징이었다. 그러므로 이 사회는 '원시공산제' 사회라 불려지기도 한다. 이 시기에는 사유재산이 없으므로 계급도 나타나지 않았다. 사냥과 수렵이 이 시기의 주요한 경

92) *MEW*, 1, 385.

제활동이었다. 그러나 인지(認知)가 발달하면서 경작이 시작되고 가축이 생겨났다. 이제 '내 것'과 '네 것'이라는 소유관념이 생기고 사적 소유가 나타났다.

이렇게 하여 원시공동체사회가 무너지고 잉여생산물이 생기게 되었으며 가진 자와 갖지 못한 자로 계급이 분화되었다. 이렇게 하여 생긴 사회가 노예제사회다. 노예제사회는 노예와 노예소유자라는 두 계급을 근간으로 이루어진 사회이다.

노예소유자는 노예가 생산하는 잉여생산물을 독차지하였다. 노예소유자는 노예를 물건처럼 소유하며 마음대로 팔고 샀다. 노예는 '말하는 도구'였다. 원시공동체사회에 비하여 노예제 생산양식은 생산력의 발전을 가져왔다. 대규모의 노예를 통한 집단노동이 이루어졌기 때문이다. 그러나 이 사회의 생산력에는 한계가 있었다. 비인간적으로 착취를 당하던 노예들이 일할 의욕을 잃었고 때로는 반란을 일으키기도 하였고 전쟁 때문에 노예의 공급이 한계에 달하였다. 또한 무지몽매한 노예의 노동은 질이 높지 못하여 면밀한 주의를 요하는 작물재배와 같은 일에는 노예의 노동이 부적당했다. 노예노동은 발전 해 가는 새로운 생산방법과 어울리지 않았다. 결국 노예소유자들은 노예를 이용한 대규모 경영 대신에 몰락한 시민이나 노예에게 땅을 주고 농사를 짓게 하고 그 대신 생산물의 일부를 바치게 하는 방법을 택하지 않을 수 없었다. 이렇게 하여 노예제가 무너지게 된다.

그 사이에 고대 서양에서와는 달리 아시아에서는 특유한 아시아적 생산양식의 사회가 나타났다. 그것이 이른바 공납제 사회이다. 이러한 공납제 사회의 특징으로 ①토지의 사적 소유권의 부재, ②농업에서 대규모 관개체제의 형성, ③토지의 공동체적 소유와 수공업을 결합한 촌락 공동체의 형성, ④관료적인 침체성, ⑤전제국가 체제를 통한 착취 등을 들 수 있다.

노예제 사회가 무너지고 난 후 인류의 역사에 새로 나타난 사회가 봉건제 사회이다. 이 사회는 토지의 주인인 영주와 그 토지에서 일하는 농노라는 두 계급으로 이루어져 있었다. 농노의 지위는 노예와 자유민의 중간에 해당했다. 농노는 자기의 집을 가지고 가족 생활을 유지할 수 있었다. 이 사회는 장원이라 불리는 토지를 단위로 하여 이루어졌다. 장원의 가운데는 농민들이 사는 촌락이 있고 그 주위에는 넓은 농경지가 있다. 농경지 주위에는 목초지, 방목장, 황무지, 삼림 등이 넓게 펼쳐져 있다. 농경지의 약 3분의 1은 영주에게 직접 속했던 영주 직영지였다. 다른 농지가 농노보유지였다. 농노는 3일간 자신의 토지에서 일하고 나머지 3일간은 영주직영지에서 일하고(부역노동) 나머지 1일은 교회에 나가 설교를 들어야 했다. 영주는 농노들의 반항을 억누를 수 있는 무력을 갖추었고 재판소와 감옥을 설치하였다. 영주는 동시에 귀족이었다. 교회의 성직자도 영주였으며 주교나 수도원장은 백작이나 공작과 똑같은 지위를 갖고 있었다. 한 나라에는 최고의 영주인 국왕이 있었고 모든 영주들은 명목상으로 국왕의 신하였으나 영주들은 사실상 자기의 토지 위에서 국왕의 간섭을 받지 않고 독립적으로 통치하였다. 귀족과 성직자들은 농노들의 노동 덕분에 하루 종일 놀고먹으면서 호화스러운 생활을 즐겼다.

봉건제 사회는 생산력이 발달함에 따라 서서히 무너지기 시작하였다.

상업이 발달하고 도시가 생겨나면서 영주들은 많은 물건을 사려하였다. 그러기 위해서는 돈이 필요했는데 직영지의 수입으로는 부족했다. 결국 영주는 돈을 받고 농노를 해방시켜 주었고 해방된 자영농들은 지대를 노동이 아니라 생산물로 바쳤고 나중에는 화폐로 받쳤다. 또 어떤 영주들은 농지를 없애고 농사일보다 더 많은 이익을 가져오는 목장을 만들었다. 토지에서 쫓겨난 농민들은 부유한 농민에게 고용되어 농업 노동자가 되거나 도시의 수공업 공장에 들어가 임금 노동자가 될 수밖에 없었다. 도시에는 수공업자가 불어나고 경제적으로 강화되어갔다.

이렇게 되자 봉건적인 생산관계는 생산력의 발전을 가로막게 되고 이러한 장애물이 시민혁명에 의해서 무너진다. 산업혁명의 결과로 힘을 얻은 신흥부르주아지와 농민, 노동자들은 힘을 합해 왕족이나 봉건귀족들에 대항하여 싸웠고 자유·평등·박애를 기치로 내걸면서 인간의 존엄성과 자유를 실현하려 하였다. 그러나 시민혁명 후 또 다른 모순이 노출되기 시작하였다. 권력을 잡은 것은 부르주아지, 곧 자본가 계급이었다. 자본가들은 사유재산의 신성함을 주장하면서 정치적 평등과는 달리 경제적 불평등을 조장하였다. 이제 자본가가 지배계급이 되고 노동자가 착취를 받는 자본주의 사회가 나타났다.

자본주의 사회는 자본이 중심이 되는 사회다. 다시 말하면 누구나 자기의 능력에 따라 자유롭게 돈을 벌고 그것을 향유하는 사회다. 그러나 모두 자본가가 될 수는 없다. 생산수단은 한정되어 있기 때문이다. 결국 생산수단을 소유한 자본가에게 신분상으로 자유롭지만 생산수단을 갖지 못한 노동자들은 예속되지 않을 수 없다. 노동자가 스스로의 노동력을 파는 계약은 자유롭게 이루어지지만 계약이 끝나자마자 노동자는 더 이상 자유롭지 못한다. 산업혁명으로 생산력은 엄청나게 발전했으나 많은 노동자들의 생활은 비참해졌다. 자본가는 경쟁에 이기기 위하여 가능한 한 값 싼 노동자를 고용하였다.

그 결과 자본가들은 엄청난 이윤을 축적하였고 노동자들은 저임금, 실업의 위험 속에 살게 되었다. 결국 자본주의는 자체의 필연적인 법칙과 모순에 의하여 무너진다. 그러한 모순으로 맑스주의는 자본축적의 법칙, 자본집중의 법칙, 빈곤증대의 법칙, 경제공항의 법칙 등을 들고 있다. 이러한 자본주의 자체의 모순은 그러나 계급투쟁을 통한 혁명에 의해서만 새로운 사회를 탄생시킨다. 왜냐하면 지배계급은 항상 새로운 사회로의 발전을 저지하려 하기 때문이다. "인류 역사는 계급투쟁의 역사였다"[93]고 말하는 것처럼 맑스주의는 계급투쟁을 역사를 변화시키는 주관적인 동인으로 간주한다.

자본주의 사회가 무너지고 나타나는 사회형태가 유물사관에 의하면 사회주의와 공산주의다. 사회주의는 자본주의가 혁명에 의해서 몰락하고 난 후에 나타나는 과도적인 제도로서 최후의 이상적인 사회인 공산주의 사회의 실현을 위한 준비단계이다. 맑스주의에 의하면 사회주의는 '능력에 따라 일하고 일한 만큼 가져가는' 사회이며 공산주의는 '능력에 따라 일하고 필요한 만큼 가져가는'[94] 사회다. 사회주의나 공산주의의 특징은 지금까지의 역사발전단계에서 존재하였던 계급의 소멸이며 따라서 인간에 의한 인간의 착취가 사라지는 것이다. 그에 대한 기초가 사유재산제

93) *MEW*, 19, 208.
94) *MEW*, 19, 21.

의 폐지다. 물론 더 엄밀하게 말하면 생산수단의 사유화가 허용되지 않음으로써 여기서는 자본가가 존속할 수 없다. 여기서 비로써 정치적 평등뿐만 아니라 경제적 평등이 실현된다. 인간의 가장 현실적인 자유가 실현된다.

우리는 여기서 잠깐 맑스주의가 이해하는 자유개념을 살펴볼 필요가 있다. 자유는 철학, 특히 윤리학이나 역사철학이 다루는 중요한 문제 중의 하나이다. 인간이 자유로울 때만 윤리적 행동과 그에 따르는 책임이 가능하며 인류의 역사발전은 인간의 자유를 실현해 가는 과정이다.

고대 유물론자들은 인간의 행위가 외적인 요인들에 의하여 결정되며 그러므로 인간에게는 의지의 자유가 없다고 주장하였다. 데모크리토스의 원자론에서는 모든 것이 필연적이다. 고대 유물론자들은 인간의 정신이 주위 환경을 변화시키고 창출해 가는 데서 어떤 역할을 하는가를 파악하지 못했다. 인간은 왜 스스로의 행위에 대하여 책임을 지며 그 행위가 어떻게 평가될 수 있는가에 대해서도 옳은 해답을 주지 못했다.

이에 반하여 관념론자들은 자유와 필연을 분리시키고 절대적인 의지의 자유를 가정하였다. 자연이나 인간의 경험적인 행위에서는 일정한 필연성이 지배하는 반면 도덕적인 의무의 영역에서는 자유가 가능하다고 칸트는 생각하였다. 절대적으로 자유롭고 비결정적인 의지를 가정하는 것은 절대적인 필연성을 주장하는 것처럼 인간 행위에 대한 어떤 책임도 지지 않는다는 말과 같다. 왜냐하면 절대적으로 자유롭다는 말은 스스로 외에 어떤 것의 구속도 받지 않는다는 것과 같은 의미며 그런 경우 결국 '자의'로 빠지기 때문이다. '자의'와 절대적 자유를 구분할 수 있는 근거가 스스로 외에 아무 것도 없다. 객관적인 척도가 없다.

현대 부르주아 철학자들은 환경으로부터 독립된 자유로운 의지라는 이념을 사용하여 개인주의를 합리화하고 참된 자유(정신적 · 정치적 · 경제적)를 얻기 위한 노동자들의 투쟁을 약화시키려 한다. 예컨대 실존주의 철학자들은 내면적인 결단을 통하여 인간은 모두 자유롭게 될 수 있다. 인간의 소외나 부자유는 자본주의라는 사회구조에 책임이 있는 것이 아니고 인간의 어쩔 수 없는 운명 혹은 개인의 잘못된 생각에서 온다고 설명한다. 그러나 실제로 자본은 인간에게 엄청난 힘을 발휘하기 때문에 그것을 거슬러서 인간이 자유롭게 행복을 가꾼다는 것은 하나의 환상이다.

유물사관은 자유와 필연의 변증법적 연관성을 해명하면서 자유를 지향해 가는 역사발전을 이해하려 한다. 유물사관은 자유와 필연의 변증법적 연관성을 인식론 상으로 뿐만 아니라 역사발전의 문제로서 고찰한다. 자연과 사회발전에는 객관적인 필연성이 존재한다. 인간은 이러한 객관적인 필연성을 인식할 수 있다. 자연법칙을 알지 못할 때 인간은 자연의 노예로 남는다. 자연의 법칙과 필연성을 인식하고 스스로의 목적에 합당하게 응용할 수 있을 때만 인간은 자연의 주인이 되어 자연을 지배할 수 있다. 필연성을 인식한다는 것, 여기에 자유의 심오한 의미가 들어있다. 맑스주의에 의하면 결국 자유는 필연성의 통찰이다. 필연성은 자연 속에서 무의식적으로 상호 작용하는 힘들의 결과인 반면 역사 속의 필연성은 일정한 목적을 설정하고 그것을 성취하려는 인간의 행위에서 나타난다. 이러한 노력 자체는 그러나 필연의 인식이 전제되지 않는 한 진정한 자유가 아니다.

인간행위의 결과는 전체적으로 각 개인이 설정하는 목적에 부합하지 않을 수 있다. 사회 속에도 자연 속에서처럼 필연이 존재한다. 역사적 필연성의 인식은 그러나 자연의 필연성을 인식하는 것보다 훨씬 더 복잡하다. 이러한 인식은 인간이 스스로의 행동동기를 사회적 구조 속에서 파악하면서 얻어진다. 인간은 그가 태어난 역사적 조건들을 선택할 수 없다. 그러나 그것은 인간이 어쩔 수 없이 태어난 조건들에 적응해야만 한다는 의미는 아니다. 역사적 조건들은 인간행위에 일정한 제한을 가한다. 일정한 사회상태의 역사적 필연성이 인식될 때, 그것은 인간이 이러한 상태에 수동적으로 적응해야 한다는 의미는 아니다. 필연성을 인정하는 것은 팔짱을 끼고 관망한다는 의미가 아니다.

역사적 필연성은 그 자체로 혹은 어떤 초월적인 의지에 따라 움직이는 것이 아니라 인간의 활동을 통해서 움직인다. 인간은 누가, 어떤 계층이 사회적 변혁의 물질적이고 도덕적인 주체인가를 인식하고 그것을 중심으로 새로운 사회질서를 수립하기 위하여 투쟁해야 한다. 개인은 어떤 입장을 선택하느냐에 대한 책임을 진다. 의지의 자유가 부정된다는 것은 이성이나 인간의 양심이 부정된다는 의미는 아니다. 자유의지라는 환상적인 이념이 부정될 뿐이다. 이런 의미에서 유물사관은 필연과 자유의 관계를 최선의 방식으로 해결하려 한다.

유물사관과 연관하여 우리가 짚고 넘어가야 할 또 하나의 중요한 문제가 있다. 도덕의 문제이다. 맑스주의에 의하면 영원한 도덕법칙이나 도덕규범은 존재하지 않는다. 도덕도 종교·철학·예술처럼 하나의 문화 현상, 곧 상부구조에 속한다. 그러므로 도덕의 발생은 사회구조, 다시 말하면 생산방식에 의존한다. 원시공동체사회, 노예사외, 봉건제사회, 자본주의사회, 사회주의사회 등은 각각 그 시대에 부합한 도덕을 갖고 있다. 도덕이 사회구조나 인간의 가치관을 변화시키는 것이 아니라 생산관계가 도덕과 가치관을 변화시킨다.

예컨대 대지주를 중심으로 하는 농촌에서는 봉건제 도덕이 지배적이다. 가부장제, 남존여비, 장유유서, 반상구분 등이 그러한 도덕에 속한다. 어떤 진보적인 도덕이론가가 우연히 이 마을에 들어와 이러한 비인간적 도덕 대신에 남녀평등이나 인간의 존엄성을 열심히 설파했다고 하자. 봉건적 도덕이 변하겠는가?

그러나 이 지역에서 우연히 철광이 발견되고 자본주의 산업과 연결되어 많은 공장이 들어섰다고 가장하자. 봉건제 도덕이 얼마나 지탱하겠는가? 오늘날 우리나라에는 자본주의가 절정에 도달해 있다. 자본주의의 근본원리는 무제한한 경쟁원리이다. 능력껏 돈을 벌어 즐기면 된다는 원리다. 내가 돈을 벌지 않으면 남이 벌고 내가 승진하지 않으면 남이 승진한다. 모든 수단을 다해서 뚫고 나가야 한다. '하면 된다'는 것이 가치다. 법에 저촉되지 않는 모든 수단을 사용하여 돈을 벌고 권력을 잡아야 한다.

이러한 원리가 지배하는 사회의 윤리는 당연히 타락하고 부패하기 마련이다. 많은 사람들이 오늘날 우리 사회에서 도덕과 윤리가 땅에 떨어졌다고 한탄한다. 그리고 도덕적인 새 질서운동을 강조한다. 어떤 사람은 공맹의 도를 청소년들에게 더 많이 가르쳐야 한다고 주장한다. 어떤 사람은 가정이 화목해야 한다고 주장한다. 어떤 사람은 종교로써 도덕적 위기를 막아야 한다고 주장한다. 그러나 그것들이 얼마나 실효를 거둘 수 있겠는가? 우리는 문제를 근본적으로 파악하고 개선해야 한다. 도덕 교육이나 종교적 교화를 통하여 사회문제를 모두 해결할 수 있다고 생각하는 것은 매우 환상적이다. 그것은 위암에 걸려 있는 사람의 얼굴에 화장을 시키고 좋은 음식을 먹이려는 시도와 같다. 그것보다 먼저 고통이 따르더라도 이 환자를 과감히 수술해야 한다. 우리 사회의 도덕과 윤리가 건전하게 유지되기 위해서 가장 중요한 것은 경제적인 부동산 투기가 법적 제재에 의하여 주춤해지는 사회가 아니라 부동산 투기 자체가 경제적으로 별 쓸모가 없게 되는 사회를 만드는 일이다. 어느 누구도 상대방을 개인의 이익을 위한 경쟁상대로 간주할 필요가 없는 사회를 만들어야 한다. 다같이 힘을 합해 조국의 발전을 위해 일하고 거기서 오는 결과를 똑같이 향유할 수 있는 사회가 만들어져야 한다. 도덕교육을 통하여 사회의 부조리가 근절될 수 있겠는가? 아니면 부조리가 불가능한 사회가 만들어짐으로써 사람들이 자연적으로 훌륭한 도덕적인 성향을 갖게 되겠는가?

이러한 문제에 대한 대답을 우리는 추상적인 가설이나 이론에서 찾아서는 안 된다. 이 문제를 객관적·과학적으로 규명하기 위하여 우리의 역사발전을 다시 한번 되돌아보아야 한다. 동시에 유물론적으로 역사를 파악하는 것이 무슨 의미를 주는지 깊이 음미해야 한다.

22. 성(性)의 형이상학

베이컨에서 헤겔에 이르기까지 세계를 과학적으로 인식하고 합리적으로 변화시키려는 계몽의 철학이 이어졌는데 이에 대한 반발이 헤겔의 사후에 쇼펜하우어를 중심으로 나타났다. 쇼펜하우어는 1788년 2월 22일 독일의 상업도시 단치히(Danzig)에서 상인의 아들로 태어났다. 어려서부터 그는 아버지를 따라 유럽 각 국을 여행하면서 견문을 넓혔다. 16세 되던 해 아버지의 희망에 따라서 함부르크의 한 상업학교에 입학하였으나 그의 관심은 학문 쪽에 더 많았다. 아버지가 죽은 뒤 그는 어머니를 따라 당시 독일 문화의 중심지였던 바이마르(Weimar)로 이사한다. 그곳에는 괴테, 비란트(Wieland), 쉴레겔(August Wilhelm von Schlegel, 1767~1845) 등의 대 문인이 살고 있었고 이런 문인들의 사교계에 소설가이기도 했던 그의 어머니 요한나 쇼펜하우어가 발을 디딘다.

쇼펜하우어는 그곳에서 상업학교 교육을 그만두고 괴팅겐 대학에서 두 학기를 공부한 후 베를린 대학으로 옮긴다. 여기서 철학과 언어학 외에도 자연과학을 공부한다. 1813년에 「충족율의 4근거」라는 논문으로 학위를 받은 후 바이마르로 되돌아갔으나 자유분방한 어머니와 불화 때문에 둘은 영영 헤어지게 된다. 쇼펜하우어가 학위논문을 보이자 어머니는 "그런 것은 약장수들이나 읽을 책"이라고 비꼬았다. 이에 대하여 쇼펜하우어는 "내 책은 그래도 읽을 사람이 있지만 어머니의 책은 한 권도 서재에 꽂혀 있지 않을 것이다"[95]라 응답하였다. 쇼펜하우어는 바이마르를 떠나 드레스덴(Dresden)에서 그의 주저를 썼다.

1819년에 그의 주저 『의지와 표상으로서의 세계』(*Die Welt als Wille und Vorstellung*)가 나온 뒤 그는 1820년 베를린대학에서 교수 자격을 인정받았다. 스스로 천재라 자부하였던 그는 당시의 주도적인 철학자 헤겔과 경쟁하려 했으나 실패하고 학교를 떠났다. 1831년에 베를린에 콜레라가 번져 헤겔은 이 병으로 죽었으나 염세주의를 주창했던 쇼펜하우어는 프랑크푸르트로 도피하여 죽을 때까지 그곳에 머물렀다. 어렸을 때 읽었던 인도의 우파니샤드 철학은 그의 사상형성에 많은 영향을 미쳤다.

쇼펜하우어는 우선 칸트철학의 비판과 더불어 그의 철학을 시작한다. 칸트는 세계를 인식 가능한 현상계와 현상의 배후에서 현상을 가능하게 하는 '물자체'(Ding an sich)의 세계로 구분한다. 칸트가 불가지한 수수께끼로 남겨 놓은 '물자체'의 세계가 바로 '의지'라는 가정이 쇼펜하우어 철학의 전제가 된다. 다시 말하면 '의지'는 인간이 쉽게 인식할 수 없는 세계의 본질이다. 세계는 먼저 개념으로 파악되는 표상으로 인간에게 나타난다. [엄밀한 의미에서 표상은 지각이 개념으로 나아가는 과도적 단계이지만 쇼펜하우어는 개념의 단계를 표상으로 표현한다.] 그러나 그것은 세계의 본질

95) J. Störig, *Ebd.*, S. 353.

이 아니고 외피이다. 세계의 본질이 무엇인가를 파악하기 위해서 머리를 싸매고 생각만 할 것이 아니라 우리 자신을 바라보라고 쇼펜하우어는 말한다. 인간은 육체를 떠나서 존재할 수 없다. 물론 인간에게는 육체와 다른 정신적인 요소가 있다. 인간은 사유하고 의식한다. 그러나 쇼펜하우어에 의하면 인간의 본질이 사유나 의식 혹은 이성 속에 있는 것이 아니다. 이런 것들은 모두 부수적인 현상들이다. 그렇다면 육체와 직결되는 인간의 본질은 무엇인가? 그것이 바로 의지이다. 육체는 시·공간 속에서 객관화된 의지이다. 인간의 가장 심오한 내면 속에는 의지가 도사리고 있고 이러한 의지는 사유나 의식 혹은 이성과 같은 것들을 도구로 사용한다. 의지는 불구의 이성을 어깨에 메고 있는 힘센 장님과 같다. 겉으로 보면 이성이 이끌어가고 있는 것 같지만 그러나 앞으로 나아가는 힘은 의지의 충동으로부터 나온다. 이성은 의지에 의해서 밀리고 있으며 의지의 심부름꾼일 뿐이다. 모든 인간의 의식은 피로해지고 수면을 필요로 하는 반면 의지는 피로를 모르며 계속 움직인다. 인간이 자는 동안에도 의지의 표현인 심장과 맥박은 활동하고 있다. 의지는 불사불멸이다. 왜냐하면 인간의 본질뿐만 아니라 세계의 본질이 의지이기 때문이다. 죽음과 더불어 인간의 개별적인 의지가 소멸한 후에도 세계의 본질인 의지는 계속 살아서 움직인다. 의지는 유기체에서 뿐 만 아니라 자연이라는 거대한 무기체 속에도 숨어있다. 천체를 움직이는 힘이라든가 물질을 화합분산시키는 화학적인 힘도 무의식적인 세계의지에서 나온다.

삶의 세계에서 표현되는 가장 강인한 의지가 바로 생식본능이다. 생식을 통해서 모든 생물은 개체의 죽음을 극복한다. 의지는 인간의 의식이

미치지 못하는 곳에서 준동한다. 인간의 의식능력이 뇌 속에 있다면 인간의 의지는 성기로부터 나온다. 성애야말로 인간종족을 보존하는 유일한 원천이다.

물자체와 현상을 구분하는 점에서 쇼펜하우어는 칸트주의자이다. 쇼펜하우어도 칸트처럼 시간·공간·인과성 등을 인간의 경험에 의해서 발생하지 않은 선험적인 것으로 간주한다. 그러나 칸트와 달리 쇼펜하우어는 직관을 더 고차적인 인식의 원천으로 간주하였다. 그는 직관을 오성이나 인식의 우위에 놓는다. 물론 칸트에 있어서도 직관이 우선이다. 그러나 인식과정에서 직관은 시간상으로 우선일 뿐 질적으로 오성이나 이성보다 더 낮은 단계에 있다. 쇼펜하우어에서는 정반대이다. 지적인 능력은 의지에 봉사하는 도구일 뿐이다. 의지가 본질이고 이성을 유도하는 동인이다. 의지는 형이상학적이고 파괴될 수 없는 반면 오성은 뇌수에 속박되어 있어 뇌와 더불어 발생하고 파멸한다. 그런데 뇌수가 바로 의지의 일부이다.

쇼펜하우어는 인간의 지적 능력이 의지에 반하여 2차적이라는 사실을 생리학적으로 증명하려 한다. 신생아의 발달과정에서 사유능력이 2차적으로 발전된다던가 수면 중 이성의 활동이 정지하는 것을 그 예로 삼는다. 그는 이성을 유기체의 부속물로 규정하면서 철저한 비합리주의에 빠진다. 유기체 내에서도 이성이 자리하는 뇌조직은 생산기관이라기 보다도 소비기관이다. 유기체의 활동은 많은 경우 이성의 작용이 없이도 진행된다. 이렇게 사유기능과 의지를, 지성과 감성을 이원적으로 대치시키는데서 쇼펜하우어의 반합리주의적·반주지주의적 경향이 구체화되기 시작한다. 이러한 입장에서 훗날 니체도 소크라테스의 주지주의를 비판하고 있으며 쇼펜하우어의 영향을 받은 많은 철학자들이 의식과 무의식, 정신과 삶을 이원적으로 대치시킨다. 그것은 낭만주의자들의 지론이기도 하였다.

쇼펜하우어에 있어서 이성은 다만 실천적이고 개인적인 목적에 사용될 뿐이다. 이성은 의지의 도구이며 사물의 본질을 파악하는 대신 그 외피, 곧 표상에 머물러 있다. 세계의 본질을 이성으로 파악하려는 모든 철학은 그러므로 세계의 본질에까지 나아갈 수 없다. 이성이 파악할 수 없는 세계의 본질을 직접 표현해 줄 수 있는 것이 예컨대 음악이다.

세계의 본질은 의지다. 이 의지를 인간은 스스로의 육체를 통해서 체험한다. 그 중에서도 가장 두드러지는 현상이 성욕이다. 세계의 본질인 의지가 인간의 육체를 구성하는 성욕을 통해서 준동한다. 남녀 간의 사랑이라는 것도 결국 세계의지의 표현인 성욕에 의해서 조종되는 장난에 불과하다.

쇼펜하우어의 의지중심적인 형이상학은 이성이 중심이 되는 독일 관념론에 대한 도전적인 성격을 지닌다. 피히테는 주관적인 순수의식 속에서 본질을 발견하였고 셸링은 객관적 정신에서, 헤겔은 절대적 정신에서 그것을 찾았다. 독일 관념론은 일반적으로 세계의 본질이 이성이고 세계는 이성적으로 파악될 수 있다고 생각한다. 이에 반하여 쇼펜하우어에서는 세계의지가 비이성적이고 맹목적이다. 의지는 눈이 멀어 있다. 개별적인 의지들이 서로 투쟁한다. 모든 의지는 삶을 향하여 출렁인다. 다시 말하면 모든 의지가 객체화되려 한다. 이렇게 하여 의지는 스스로와 균열을 이룬다. 맹목적인 균열·욕망 등이 끝없이 계속된다. 그러한 의지의 표현인 인간의 삶은 결국 맹목적인 욕망에 부착되어 있고 그러므로 삶은 비극적이고 살만한 가치가 없다. 쇼펜하우어는 세계의지를 삶의 의지와 일치시킨다. 세계의 본질을 생물학적으로 파악한다. 삶의 의지란 성욕이다. 이렇게 하여 쇼펜하우어의 유명한 '성애의 형이상학'(Metaphysik der Geschlechtsliebe)이 시작된다. 쇼펜하우어는 독일 고전 철학에서 찾아볼 수 없는 인간의 필수불가결한 요소인 성(性, Sex)을 철학적인 성찰에 포함시켰다.

'성애의 형이상학'은 쇼펜하우어의 주저 『의지와 표상으로서의 세계』 제2권 44장에 들어있다. 약 33쪽으로 되어 있는 쇼펜하우어의 성애의 형이상학을 요약하면 다음과 같다.

(1) 시대와 장소를 불문하고 인간은 남녀 간의 사랑을 문학과 예술의 테마로 삼았다. 그것은 사랑이 인간생활에서 중추적인 역할을 하고 있음을 증명한다. 더구나 남녀는 사랑 때문에 동반자살까지 한다.

(2) 사랑의 원인은 바로 성욕이다. "모든 열애는 아무리 숭고한 제스추어를 사용한다 할지라도 다만 성욕 속에 그 근거를 가지고 있다."[96] 많은 사람들은 사랑을 숭고한 동기에서 파악하려 한다. 사랑에 빠진 당사자들도 상대방을 마치 성욕과는 무관한 영원한 사랑의 대상이나 전 우주처럼 간주한다. 그러나 그것은 착각이다.

(3) 성욕은 우주의 근본원리인 의지가 인간을 통해서 표현된 것이다. 그러므로 성욕은 맹목적이고 비합리적이다. 맹목적 의지는 잠자거나 물러서려 하지 않고 저

---

96) A. Schopenhauer, *Die Welt als Wille und Vorstellung*, Zürich 1977(detebe), S. 624.

돌적으로 움직여간다. 생식작용이 맹목적 의지가 준동할 수 있는 주요한 수단이다. 그러므로 이 세상의 유기물은 무조건 스스로를 확충하려 한다. 세포는 끝없이 분열하려 하고 식물은 무한히 많은 종자를 퍼뜨리며 동물은 번식을 통해 종을 보호하려 한다. 인간도 마찬가지다. 모든 수단을 사용하여 자손을 퍼뜨리려는 욕망을 벗어날 수 없다. 그것이 우주의 원리이기 때문이다. 뒤늦게 인간은 온 마음을 바쳐서 사랑했던 스스로의 행위가 이러한 의지의 보이지 않는 명령에 의한 것임을 깨닫는다. 개인과 개인이 사랑한 것이 아니라 종의 보존을 위해 개인이 희생된 것이다. 인간은 결국 맹목적 의지가 시키는 대로 행동한 꼭두각시에 불과하다.

(4) 이성간의 사랑이 종의 보존에 그 목적이 있다는 예가 남녀 간의 사랑 방법이다. 남자와 여자는 서로를 보충해 간다. 남녀는 스스로에게 부족한 것을 상대방에서 찾는다. "그러므로 예컨대 키 작은 남자들은 키 큰 여자를, 금발 머리털을 가진 사람들은 검은 머리털을 가진 사람들을 찾는다."[97]

(5) 생식의 목적이 끝날 때 사랑도 함께 사라진다. 사랑에서 남자들은 본성상 변하기 쉽고 여자들은 보다 항구적이다. "남자의 사랑은 만족을 얻는 순간부터 현저하게 시들어진다. 거의 모든 다른 여자가 그가 이미 소유했던 여자보다도 그에게 더 매력적이다. 그는 다른 여자를 동경한다."[98]

여자가 남자보다 사랑에 더 충실한 것은 여자가 더 도덕적으로 착하고 남자가 더 부도덕적이기 때문이 아니다. 그것은 우주의 법칙, 곧 의지의 법칙과 연관된다. 사랑의 목적은 생식이다. 남녀가 사랑하여 아이를 갖게 되었을 때 남자는 또 다른 아이를 출산시키기 위하여 임신 가능한 다른 여자를 찾아 나선다. 이에 반해 여자는 아이가 태어날 때까지 스스로를 보호해 주고 부양해 줄 보호자가 필요하게 된다.

---

97) *Ebd.*, S. 631.
98) *Ebd.*, S. 634.

(6) 여자는 18세에서 23세에 이르는 연령의 여자가 가장 매력적이다. 특히 폐경기의 여자는 매력보다는 혐오감을 준다. 젊은 여자는 아름답지 않아도 매력적이다. 그러나 아무리 예쁜 여자도 나이가 들면 매력을 상실한다. 생산 능력이 없어지기 때문이다. "그러므로 모든 개체는 생식이나 수태에 적합한 시기로부터 멀어지는 정도에 따라 다른 이성에 대해서 매력을 상실한다."[99]

(7) 질병은 생식을 방해하거나 불건전한 생식을 야기 시키기 때문에 사랑하는 대상으로부터 매력을 경감시킨다. 가장 못난 사람일지라도 건강할 때는 이성에게 매력을 준다. 여자의 몸매도 바로 이런 관점과 연관된다. "풍만한 여인의 가슴은 남성에게 무한한 매력을 발산한다."[100] 이에 반해서 너무 마른 여자나 너무 비만한 여자는 혐오감을 일으킨다. 그 이유는 이러한 여자는 원만하고 건전한 생식을 할 수 없기 때문이다.

(8) 남자의 경우에는 30세에서 35세 사이의 남자들이 여자들에게 가장 큰 매력을 준다.

(9) 남자에게는 용기와 힘이 커다란 매력이 된다. 신체상으로 강인한 체력을 소유한 남자가 매력을 발산하다. 이러한 남자들만이 생식이라는 목적을 가장 잘 실현할 수 있기 때문이다.

(10) 사랑에서는 심리적인 특성도 중요한 역할을 한다. 남성적인 심리와 여성적인 심리가 서로 서로를 끌어당긴다. 그러나 이 경우에서도 지적인 분별력보다는 본능적인 호기심이 작용하고 있다.

---

99) *Ebd.*, S. 635.
100) *Ebd.*, S. 636.

(11) 이상과 같은 이유에서 사랑이나 결혼은 종의 목적이지 개인의 목적이 아니다. 개인은 사랑의 행위 속에서 환상 속에 빠지는 것이며, 결국 남는 것은 행복이 아니고 환멸이다. 불행과 환멸로부터 벗어나는 길은 결국 모든 본능을 억제하는 금욕을 통해서일 뿐이다. 그것이 윤리적이고 종교적인 해탈의 길이다.

20세기에 들어서면서 심리학자 프로이트도 인간의 성 본능에 주목을 하기 시작하였고, 그의 정신분석학(Psychoanalyse)은 모든 문화영역에 영향을 미치기 시작하였다. 프로이트의 이론에서 핵심을 이루고 있는 것이 '무의식'(das Unbewußte)이다. 인간의 행위를 이끄는 것은 인간에게 의식되지 않은 거대한 무의식층이다. 후기 저서에서 프로이트는 이러한 무의식을 '자아'(Ich)에 대하여 '원초적 자아'(Es)라 불렀다. 이러한 무의식의 핵심을 이루는 것이 '리비도'(Libido), 곧 성욕이다. 물론 성욕 외에도 자기유지 본능, 파괴 본능, 공격 본능, 삶이나 죽음에의 충동 등이 함께 작용한다. 그러나 이러한 것들은 성욕을 주축으로 이루어진다.

프로이트에 의하면 문화는 인간의 일차적인 충동(특히 성욕)을 방법적으로 억압하거나 방해하면서, 곧 승화시키면서 시작된다. 인간은 성욕을 억압하면서 인간관계를 존중하고 파괴본능을 억압하면서 인간과 자연에 대한 지배를 구축하였는데 바로 그것이 문화이다.

이상과 같은 설명에서 나타나는 것처럼 쇼펜하우어와 프로이트의 사상 및 이론 사이에는 많은 유사점이 존재한다. 실제로 프로이트는 쇼펜하우어의 성애의 형이상학으로부터 많은 영향을 받은 것으로 추정된다. 이들은 다같이 인간의 본능을 저속한 것으로 팽개치지 않고 오히려 여기서 인간 본질의 해명을 위한 주요한 근원을 찾았다. 그러나 쇼펜하우어가 성욕을 우주의 형이상학적 원리(세계의지)로 까지 승화시킨 반면 프로이트는 그것을 인간의 심리적인 영역에 한정시키면서 인간 생활과 사회생활을 해명하는 주요 열쇠로 간주하였다. 이들은 모두 염세주의적인 색채를 띠고 있다. 프로이트가 성욕과 더불어 죽음에의 본능을 인간의 근원적인 충동으로 간주할 때 특히 그것이 잘 드러난다.

성(性)은 일반적으로 생물학이나 의학의 대상으로 다루어지고 있다. 그러나 생물학이나 의학의 연구만으로 성의 문제가 모두 해결되는 것은 아니다. 왜냐하면 인간은 성욕뿐만 아니라 성적인 태도를 갖고 있으며 성적인 태도는 자연적으로 주어지는 것이 아니고 역사적으로 발전되어가기 때문이다. 인간의 성적인 태도는 사회와 문화를 떠나서 이해될 수 없으며 성적인 태도의 특수성을 이해하지 못하거나 그것이 문화 속에서 어떤 역할을 하는가를 이해하지 못하고서는 인간 사회의 생활 방식을 이해할 수 없는 것이다. 그러므로 우리는 쇼펜하우어와 프로이트에서처럼 성과 그 구체적인 표현방식이 어떻게 사회관계의 발전과 문화에 영향을 주었는가를 규명하는 데 인색하지 않아야 한다. 그러나 동시에 사회관계와 문화가 인간의 성적인 태도를 어떻게 형성하였고 발전시켜 왔는가를 고려해야 한다.

쇼펜하우어와 프로이트에서는 앞의 방향에만 관심이 기울어지고 뒤의 방향이 소홀히 다루어지고 있다. 다시 말하면 성의 형이상학적 탐구나 심리학적 탐구만이 강조되고 사회학적 탐구가 등한시되고 있다. 성의 문제에 대한 사회학적 연구가 시작된 것은 별로 오래되지 않았다. 이 분야에서 1908년과 1912년 사이에 여러 권으로 쓰여진 푹스(Eduard Fuchs, 1870~1940)의 『에로틱한 예술의 역사』(*Geschichte der erotischen Kunst*, 국내에서는 『풍속의 역사』로 번역 됨)는 매우 중요한 역할을 한다. 사회학적 관점에서 볼 때 남녀 간의 노동 분화, 성적인 상징, 결혼과 가족관계, 도덕 등을 고려하지 않은 채 형이상학적인 존재원리나 무의식으로부터 성적 태도를 규명하는 것은 매우 일면적이다. 예컨대 쇼펜하우어나 프로이트에서 남녀는 신체적, 정신적으로 상이한 특성을 원래부터 갖고 있다는 전통적인 남녀 이해가 은연중에 기초되어 있다. 그러나 사회학적 관점에서 볼 때 그것은 타당하지 않다.

전통적인 남녀 이해에 의하면 가정과 사회생활에서 남녀의 역할은 결코 변화될 수 없으며 그것은 남자와 여자의 자연적이고 상호 보충적인 성에 기초하고 있다. 남성의 역할은 주로 도구적이고 여성의 역할은 표현적이다. 남자는 가장으로서 부양하는 역할을 하며 본성상 감성적인 여자는 아이들의 정서를 순화시킨다. 이러한 구조의 변화는 불가능하다. 여성들이 아무리 사회활동에 참여한다 할지라도 여성의 역할은 부인, 어머니, 가정주부로서 머물 수밖에 없다. 이러한 이론은 봉건 사회와 자본주의 사회에서 나타나는 여성의 종속성을 표현하고 있다. 남녀 간의 역할이 상호 보충하는 관계에 있다는 것은 의심할 여지가 없다. 그러나 그 역할의 분담이 사회구조에 따라 변하며 항구 불변하지 않는다는 사실이 실증되고 있다.

예컨대 옛소련이나 북한에서는 의사의 절반 이상을 여성이 차지한 반면, 미국이나 남한에서는 의사가 남성에 거의 독점되어 있다. 이러한 현상은 여자들이 갖는 신체적·정신적 능력의 차이로 설명될 수 없다. 남자는 능동적이고 여자는 수동적이며, 남자는 사회생활에 적합하고 여자는 가사노동에 적합하다는 생각은 결국 남녀 간의 생물학적 차이보다도 남녀가 차지하는 사회적 위치를 근간으로 만들어진 관념에 불과하다.

쇼펜하우어는 인간의 본성을 잘 관찰하여 꿰뚫어 본 천재였다. 동시에 당시의 시대적 변화도 민감하게 포착하였다. 1789년의 프랑스 혁명, 나폴레옹이 대두, 혁명의 실패, 나폴레옹의 몰락, 반동의 재등장 그리고 자본주의의 발전에 따라 성장하는 노동계급 등, 그는 인간의 인간에 의한 착취와 억압이 어느 땐가 한계에 부딪힐 것이라는 사실도 예감하였다. 자본주의가 무자비한 경쟁원리에 의거한다는 사실도 깨달았다.

쇼펜하우어는 당시의 사회에서 노출되는 모순과 비인간적인 것들로부터 낙관주의 철학을 반격할 수 있는 자료를 얻어냈다. 사회적 모순이 팽배하는 난세에 절망과 체념에 젖어드는 지식인은 항상 있기 마련이다. 당시 많은 지식인들이 쇼펜하우어의 철학에서 위로를 찾았다. 쇼펜하우어는 자본주의 사회구조의 이기적인 경쟁에서 연원하는 모순과 비극을 자연법칙에서 오는 현상으로 돌렸다. 맹목적인 의지 때문에 일어나는 비극으로 간주하였다. 계층 혹은 국가 간의 투쟁으로부터 쇼펜하우어는 모든 경제적·정치적·사회적 의미를 박탈해버리고 그것을 맹목적 의지와 연관시켜 형이상학화하였다. 자본주의로부터 경제적 의미를 완전히 제거해버리고 그것을 순수한 동물적 단계로 환원시킨 것이 바로 쇼펜하우어가 현실세계로 간주한, 의지가 투쟁적으로 객관화되는 세계이다. 이러한 세계는 아무런 목적이나 의미도 없이 움직인다. 자본주의 사회의 동물적인 성격을 있는 그대로 보여주고 있다는 점에서 쇼펜하우어는 상당히 사실적이다. 그러나 경제적인 구조를 도외시함으로써 쇼펜하우어는 관념론적인 오류에 빠지고 만다. 그는 자본주의적인 경제구조에서 노정하는 비인간적인 모습을 생물학적으로 절대화시키면서 철저한 염세주의에 빠진다. 인간의 성욕을 과대평가한 것도 인간생활에 나타난 경제적 요인을 이해하지 못하는 데서 오는 결과였다. 그는 인간생활의 정신적인 요소를 배제하였고 경제적 근거를 무시하였다.

쇼펜하우어의 비합리주의는 그의 역사관에서도 특히 두드러진다. 그의 역사관에는 플라톤의 이데아론을 연상시킬 정도로 역사의식이 결핍되어 있다. 역사발전을 도외시하는 인도의 철학과 유사함을 보인다. 사물과 개체는 시간 속에서 발생하고 소멸한다. 그러나 시간 자체는 의지에 속하지 않는 사유의 형식일 뿐이다. 과거와 미래가 다같이 의지의 단순한 현상인 표상의 세계에 속한다. 다만 현재만이 세계이성의 유일한 형식이다. 이렇게 하여 쇼펜하우어는 과거와 미래를 부차적인 것으로 간주하고 현재만을 중시한다. 물자체인 의지는 시간과 무관하다. 세계의지 자체는 역사를 갖지 않는다. 비역사적이다. 역사는 결코 학문으로 성립될 수 없다. 쇼펜하우어에 의하면 역사는 시작도 없고 끝도 없으며 방향도 목적도 없고 특히 법칙성을 갖지 않는다. 인류나 민족과 같은 개념도 추상에 불과하며 구체적인 것은 개인뿐이다. 이러한 쇼펜하우어의 역사관에서 사회를 무시하는 개인주의적 성향이 드러난다. 쇼펜하우어에게는 자아중심적이고 이기적인 개인이 있을 뿐이다. 그러나 개체도 그의 배후에 숨어 있는 맹목적 의지의 장난감이다. 이러한 쇼펜하우어의 철학은 경쟁을 원리로 삼는 부르주아 사회를 철학적으로 반영하고 있다. 사회보다는 개인이 앞서고 개인보다는 보이지 않는 자본이 앞선다.

쇼펜하우어는 합목적적이고 낙관주의적인 철학에 반기를 든다. 그는 무엇보다도 발전의 개념을 거부한다. 발전이란 시간 개념일 뿐이며 시간은 현상에 속하는 어떤 것이다. 세계의 본질인 의지는 무시간적이다. 그러므로 의지를 역사적으로 파악한다는 것은 불가능하다. 변화·발전을 거부하는 점에서 쇼펜하우어는 헤겔과 정반대의 입장에 선다. 결국 쇼펜하우어는 역사 자체가 아무런 의미도 없다는 염세주의에 빠진다. 역사란 본능이나 우연의 소용돌이에 불과하며 여기서 어떤 일이 일어나든 별 상관이 없다. 세계는 시작도 없고 종말도 없다. 물론 천박한 기계론적 낙천주의를 비판하는 쇼펜하우어의 철학은 어느 정도 타당성을 지닌다. 그러나 기계론적인 낙천주의를 비판하면서 그는 모든 발전개념을 특히 헤겔의 변증법적 역사관을 송두리째 팽개쳐버렸다.

역사에 대한 무지, 역사철학의 거부가 생철학의 한 특징을 이루는데 이런 점에서 생철학은 시대적인 모순을 은폐하려는 의도를 지니고 있다. 쇼펜하우어는 역사 속에 똑같은 비극이 반복된다고 생각하였다. 불교의 윤회설을 상기시킨다. 개인의 비극과 마찬가지로 민족이나 제국도 몰락을 벗어나지 못한다. 우둔·오만·잔인·비열·비인간적인 것 등이 역사 속에서 승리한다. 그러나 그것은 모든 인류의 역사, 곧 맹목적 의지에서 오는 자연적인 비극이 아니라 계급사회로 분화된 사회구조에서 온다는 사실을 쇼펜하우어는 외면해 버린다.

쇼펜하우어의 염세주의적이고 정적인 역사파악은 복고주의 시대에 들어선 부르주아지의 절망감을 나타낸 준다. 특히 혁명의 좌절로 침체되어 있는 독일 지식인들의 체념의식을 드러낸다. 이미 농민전쟁과 30년 전쟁에서 소극적이 되어버린 독일 지식인들은 소국가로 분산된 봉건절대군주의 압력아래 자신감을 상실하였다. 귀족과 군주에 의존하며 연명하는 이들은 시민혁명을 관철할 능력이 없었다. 나폴레옹의 개혁정책 속에서 이들은 다소 자유에로의 이상을 찾기도 했지만 나폴레옹이 물러나고 유럽에 다시 반동적인 복고주의 기운이 강화되자 이들은 비합리적 혹은 신비적인 도피처를 찾거나 쇼펜하우어처럼 염세적이 되어버린다.

더욱이 반동적인 복고주의 국가들이 자본주의적인 생산방식을 도입하여 점차 제국주의로 나아가기 시작한다. 사회적 모순이 팽배해지고 전쟁의 불안이 커져간다. 쇼펜하우어의 철학은 시민계급의 이상이 복고적인 전제국가들에 의해서 제한을 받는 데서 오는 절망감과 자본주의적인 생산방식과 사회구조에서 오는 인간의 비참을 철학적으로 가장 솔직하게 표현해주고 있다. 동시에 자본주의가 필연적으로 가져다준 노동계급의 등장에 대한 불안을 나타내주기도 한다. 역사적인 발전, 진보적인 이념, 낙관주의에 대한 거부는 바로 이러한 측면을 노출하고 있다. 소펜하우어뿐만 아니라 당시의 많은 지식인들이 프랑스 혁명에서 대두되고 노동운동에서 점차 강화되는 진보적인 역사발전에 대하여 불안과 거부감을 느꼈다. 혁명 대신 오히려 반동적인 귀족들과 타협하려 하였다. 그러므로 쇼펜하우어는 헤겔의 역사철학에서 나타나는 진보적인 역사관을 증오하였다. 특히 헤겔의 사후 비합리주의적인 생철학과 평행하여 나타난 청년헤겔파의 유물론적 경향도 배척하였다. 왜냐하면 포이어바흐에서 정점을 이루는 유물론이 진보적인 사회운동과 결부될 수 있었기 때문이다. 1830년 프랑스의 7월 혁명과 더불어 노동자들이 진보적인 사회계급으로 머리를 내밀기 시작하였다. 이에 대하여 보수적인 시민계급의 지식인들은 필사의 도전을 감행하였고 진보적인 시민계급의 이념마저 거부하였다. 왜냐하면 노동계급이 사회주의를 건설할 수 있는 기반이 시민혁명을 통해서 마련될 수 있다고 생각했기 때문이다. 역사적 발전을 인정한다는 것은 시민계급의 몰락을 의미한다. 쇼펜하우어는 단연코 역사발전을 거부하였다. 쇼펜하우어 이후에도 많은 철학자들이 역사발전과 역사의 보편적인 법칙을 거부하고 역사적인 것을 개별적인 것, 특수한 것에 국한시켰다. 이는 물론 쇼펜하우어와 비슷한 이유에서였다.

쇼펜하우어는 그의 『인생론』에서 염세주의를 보다 생생하게 서술한다. 삶의 무가치성을 철학적으로 전재한다. 그는 인간의 고통뿐만 아니라 행복까지도 염세주의적인 생철학의 입장에서 분석한다. 다시 말하면 행복이나 쾌락 자체도 불행이나 고통이 일순간에 부재한 데서 오는 환상이라고 해석한다. 쾌락의 전제조건은 결핍인데, 만족과 더불어 결핍이 그리고 그것과 결부된 쾌락이 소멸한다. 만족이나 행복감이란 결국 고통으로부터의 일시적인 해방에 불과하다. 또 다시 고통이 도사리고 있다. 주말을 기다리면서 일주일 동안 열심히 일하지만 주말을 맞이하면 지루함으로 고통을 받는 것이 인간이다. 해피 앤드로 끝나는 연극은 속임수이다. 왜냐하면 막이 내려진 후에는 다시 불행이 시작되기 때문이다. 행복을 소극적으로 불행을 적극적으로 해석하는 데 쇼펜하우어의 특징이 있다. 그에 대한 근거를 쇼펜하우어는 그의 형이상학으로 규명한다. 인간의 소원이나 욕망은 결국 맹목적인 세계의지의 표현에 불과하므로 그리고 인간은 이러한 세계의지가 시키는 대로 놀아나는 장난감에 불과하므로 영원한 만족이나 행복은 불가능하다. 의지는 목적도 없고 끝도 없이 움직여 가며 그러므로 만족을 모른다. 소극적인 행복 속에 나타나는 것은 존재의 근원인 세계의지의 무의미함뿐이다. 삶의 불행은 결국 존재의 본질에서 연원한다. 그러므로 세계와 의지가 존재하는 한 그것은 소멸되지 않는다. 세계의 모든 곳에 비극과 잔인이 도사리고 있다. 특히 동물의 상태에서 그것은 잘 드러난다. 약육강식의 원리만이 영원히 존재한다. 개체의 소멸에 대해서 자연은 냉담하다. 개체의 고통이나 죽음은 종의 보존을 위해서만 가치가 있다. 동물은 죽음을 절망적으로 거부하면서 살아가고 있는 고통 자체이다. 인간도 동물과 결코 다를 바 없다. 쇼펜하우어는 인간의 생존경쟁을 상기시키고 '인간은 인간에 대하여 늑대'라는 홉즈의 이론을 원용한다. 얼마나 많은 인간들이 오직 생명을 부지하기 위해서 피나는 노력과 투쟁을 하고 있는가! 그가 서술한 인간의 불행은 그러나 자본주의적인 생산방식에서 오는 불행이다. 아직 그것을 파악할 능력이 없었던 쇼펜하우어는 그것을 자연법칙에서 오는 불행으로 돌려버린다.

불행을 피하기 위해 인생경험이 많은 사람들은 될 수 있는 대로 강한 자극을 피한다. 그러나 이러한 도피를 동반하는 것이 항상 지루함이다. 인생이란 결국 고통과 권태 사이를 왔다갔다하는 추에 불과하다. 그러나 그것은 쇼펜하우어 자신이 속해 있는 놀고먹는 상류계급에 해당하는 이야기이다. 노동자들에게 권태를 느낄 만한 시간적 여유가 있겠는가? 권태는 여유있는 사람들의 사치스런 고통일 뿐이다. 사냥 · 스포츠 · 섹스로 그 권태를 매꾸어야 하는 인간들에게는 쇼펜하우어가 말하는 것처럼 삶은 영원한 고통이다. 쇼펜하우어도 그런 부류의 계층에 속했다. 일을 하지 않고도 먹고 살 수 있는 기생충과 같은 계급에 속했다. 그는 아버지가 남겨놓은 유산 덕분에 넉넉한 연금을 받았기 때문에 삶을 위한 노동의 필요성을 느끼지 않았다.

쇼펜하우어의 염세주의적인 세계관은 일종의 자기 변호일 뿐만 아니라 사회를 진보적으로 개혁해가려는 사람들을 무력화시키는 무기이기도하였다. 진보적인 시민계급으로 하여금 현 질서에 순응하게 하며 노동계급의 민주운동을 무의미한 것으로 마비시키려 한다. 수동성·타협·체념을 삶의 지혜로서 강조한다. 그의 철학이 독일의 전통적인 귀족계급의 구미에 잘 들어맞았다.

삶의 무가치성을 강조하면서 쇼펜하우어는 삶에의 의지로부터 벗어나는 해탈의 길을 제시한다. 우선 예술 속에 침잠하는 일시적 해탈의 길이 있다. 그러나 그보다도 금욕을 기저로 하는 윤리적 혹은 종교적 해탈방법이 더 영속적이다. 세계의 고통은 맹목적인 의지로부터 발생한다. 그러므로 모든 고통은 의지를 부정하고 의지의 속박으로부터 벗어날 때만 극복된다. 그러나 의지의 부정이 어떻게 가능한가? 인간의 의지가 자유로운 결정을 할 수 있을 때만 그것은 가능하다. 쇼펜하우어는 칸트처럼 예지계와 경험세계를 구분하면서 인간의 자유를 인정한다. 현상계에 얽매인 경험적인 자아는 자유롭지 못하고 인과법칙에 종속된다. 이에 반하여 예지적 자아는 자유롭다. 그러나 '예지적 자아'라는 것이 벌써 쇼펜하우어의 철학과 어울리지 않는다. 자아는 의지이고 예지란 오성이나 이성처럼 의지의 도구에 불과하기 때문이다. 다시 말하면 거대한 세계의지의 속박을 벗어나기 위해서는 그와 대등한 의지가 인간 속에 있어야 한다. 그것이 가능하다 할지라도 이 의지들은 질적으로 상이해야 한다. 질적으로 동일하다면 구태여 다른 의지로부터의 해방이 필요치 않는다. 대등한 의지로써도 부족할지 모른다. 오히려 인간의 의지가 세계의 의지보다 더 강해야 한다. 인간의 의지가 세계의 의지보다 더 강하다면 삶은 결코 비극적이지 않는다. 이러한 난제를 쇼펜하우어는 합리적으로 해결할 수 없었다. 결국 신비적이고 종교적인 방법에 의존한다.

쇼펜하우어에 의하면 인간의 욕구가 지양되는 인식활동에 의하여 의지의 자유가 가능해진다. 명상적인 인식활동 속에서 의지가 정지한다. 마야(maya, 환상)의 세계가 무너진다. 그러나 이러한 인식활동의 내용이 구체적으로 무엇이며 그것이 어떻게 가능한지에 대하여 쇼펜하우어는 명쾌한 해답을 주지 못한다. 불교에서 말하는 것과 같은 금욕을 내세우지만 그것 자체가 애매하다. 인간이 도대체 모든 욕망으로부터 해방될 수 있는가? 모든 욕망으로부터 해방되려고 하는 그 자체가 하나의 욕망이 아닌가? 가장 중요한 금욕으로 쇼펜하우어는 성생활의 금지를 들고 있다. 성생활은 바로 의지를 인정하는 행위이기 때문에 그 부정은 의지의 부정과 연관된다. 그러나 성생활의 절대적인 금지와 거부는 결국 인간종족의 사멸을 의미한다. 주관 없는 객관이나 객관 없는 주관은 있을 수 없다는 논리를 들어 쇼펜하우어는 인간이 사멸할 때 세계 자체도 사멸한다는 관념론적 주장을 늘어놓는다. 그러나 그것은 그의 처음 주장과 모순된다. 왜냐하면 인간이나 인간의 의식은 강인한, 시작도 없고 끝도 없는 세계의지의 부수적 현상이기 때문이다. 부수적 현상이 본질을 소멸시킬 수 있는가? 그의 철학에 의하면 개인적 의지가 소멸한다 해도 유기체의 의지나 무기체의 의지가 계속 살아 움직일 것이다. 의지는 불사불멸이라고 그는 강조했었다.

세계의 고통과 염세주의를 제시한 쇼펜하우어는 그러나 실제로 생을 즐기면서 살아갔다. 충분한 연금 덕분으로 여유 있게 살면서 이름난 음식점을 찾아다니는 미식가이기도 했다. 그는 정치나 사회생활과 담을 쌓는 것처럼 말했지만 실제로는 스스로의 생활을 보장해주는 당시의 사회제도가 유지되기를 바랬다. 3월 혁명이 일어나자 그는 봉기하는 민중에 대하여 더 사격을 잘 할 수 있도록 그의 망원경을 프로이센의 장교에게 빌려주었고 혁명의 와중에서 전사하거나 부상당한 프로이센의 군인들을 돕기 위한 기금으로 그의 유산이 사용되도록 유언을 하였다.

쇼펜하우어는 스스로를 천재로 자부하기도 하고 '서양의 부처'로 일컫기도 했다. 그의 천재 중심주의는 공업화된 자본주의사회에서 나타나는 인간의 개인주의적 고립화 현상을 반영한다. 물론 그는 동정의 도덕을 찬양한다. 그것은 기독교적이고 불교적인 도덕에로의 접근을 의미하기도 한다. 그러나 그것은 천재의 오만에서 나오는 동정이었기 때문에 민중의 고통을 이해하는 데까지는 나아가지 못했다. 인간이 소멸함으로써 세계의지가 소멸하고 최후에 모든 것이 무로 돌아가야 한다는 그의 철학은 불교의 니르바나를 연상시킨다. 불교에서는 그것을 '공'으로 표현하였다. 쇼펜하우어 자신은 그러나 스스로의 철학이 결코 불교이론을 원용하지 않았으며 독창적인 것이라고 주장한다.

삶은 장미가 가득한 화단은 아니지만 그렇다고 쇼펜하우어가 말하는 것처럼 무의미한 비극도 아니다. 인간의 비극과 모순은 자연으로부터 오는 영원한 것이 아니라 정치적·경제적인 사회구조에서 오는 시대적인 것이다. 과학적인 지식을 동원하여 이러한 모순을 해결해 나가는 데 바로 삶의 의미가 있다는 것을 많은 선각자들이 보여주었고 우리의 주위에서도 항상 보여주고 있다. "그는 당시의 시민사회문화를 신랄하게 비판하였는데 얼핏보면 급진적인 것 같았지만 결국 철저하게 보수적인 입장을 깔고 있었다. ……그는 명상, 의지의 부정, 세계도피, 적극적인 활동의 포기를 권장하였다. 이러한 철학은 정치적인 반동과 자본주의적인 생산관계를 비호하는 가장 효과적인 무기(이념적인)가 되었다."[101]

---

101) 발터 슈미트 외 지음, 강대석 옮김, 『독일근대사』, 한길사 1994, 776쪽 이하.

23. 니체와 '초인'

쇼펜하우어의 의지철학은 니체에 의해서 계승·발전된다. 프리드리히 빌헬름 니체는 1844년 10월 15일에 독일의 도시 라이프치히에서 멀지 않는 한 조그만 시골 마을인 뢰켄(Röcken)에서 태어났다.

니체는 폴란드의 귀족인 니츠키(Nietzky)가의 후예라고 스스로 자부하고 있지만 확실한 증거는 없다. 니체의 할아버지와 아버지는 다같이 시골 루터파 교회의 목사였으며 할머니와 어머니도 목사 혹은 지방 감독목사 집안의 딸들이었다. 니체의 아버지 칼 루드비히(Karl Ludwig, 1813~1849)는 피아노를 매우 잘 쳤고 이 피아노에 매혹되어 13세 연하인 니체의 어머니 프란치스카(Franziska Oehler, 1826~1897)가 1843년에 그와 결혼하게 되었다. 결혼한 다음해에 니체가 태어나는데 그의 아버지는 목사직을 허락해준 프로이센의 왕 프리드리히 빌헬름 4세(Friedrich Wilhelm IV.)에게 감사하는 마음에서, 그리고 바로 니체가 태어난 날이 이 왕의 생일이었기 때문에 왕의 이름을 본 따 프리드리히 빌헬름이라는 이름을 아들에게 붙여주었다.

니체의 아버지는 어린 아들의 탄생을 매우 기뻐하였고 스스로 이 아이에게 세례를 주면서 다음과 같이 말하였다.

"축복으로 가득 찬 10월이여! 이 달에 내 생애의 중요한 사건들이 일어났다. 그러나 내가 오늘 체험하는 가장 위대하고 화려한 일은 내 아이에게 세례를 주는 일이다! 오 행복한 순간이여, 오 귀중한 축제여, 오 말할 수 없이 성스러운 작품이여, 주님의 이름으로 축복 받을 지어다! 깊은 감동으로 나는 말한다. 사랑하는 아들을 데리고 오려무나, 주님에게 바치기 위해."[102)]

니체 다음으로 두 살 아래인 여동생 엘리자베스와 남동생이 태어났는데 남동생은 두 살 때 죽었다. 니체가 다섯 살 되던 해에 아버지가 뇌경색으로 36세의 나이로 세상을 떠났다. 아버지가 죽기 1년 전에 돌계단에서 넘어져 뇌를 다쳤다고 니체는 말한다. 그러나 니체의 아버지가 정신질환을 가지고 있었고 그것이 니체에게 유전되었을지도 모른다고 주장하는 사람도 있다(Ola Hansson, P. J. Möbius, H. Türck 등). 니체의 어머니, 니체, 니체의 여동생 등은 모두 그러한 사실을 부인하며 당시의 병상기록을 토대로 아버지의 죽음이 유전적인 정신병과 무관하다는 연구서들도 여러 권 출간되었다.

또한 니체가 출생하기 이전에 니체의 아버지는 결코 뇌와 연관된 병의 증세를 보이지 않았으므로 니체의 병과 아버지의 병은 무관하다는 주장도 나오고 있다.

23세의 나이로 과부가 된 니체의 어머니는 목사 부인답게 성실한 삶을

102) 이보 프렌첼 지음, 강대석 옮김, 『니체』, 한길사 1996, 13쪽.

유지해 갔다. 여러 가지 방식으로 아들의 학업을 위해 경제 문제를 해결해야 되었고 아이들의 정신교육에도 소홀하지 않았다. 어렸을 때부터 시력이 약했던 니체를 위해 비타민이 충분한 과일을 많이 먹였고 수영, 스케이트, 스키타기 등을 가르쳤다. 후에도 어머니는 니체에게 술과 담배를 결코 허용하지 않았다. 남편이 죽은 후에 어머니는 이웃 도시인 나움부르크(Naumburg)로 이사하였다.

니체는 어려서부터 성실하고 섬세한 성격을 지녔으며 고독을 좋아하였고 친구가 많지 않았다. 아버지를 닮아 음악을 매우 좋아하였다. 그는 14세 때 엄격한 수도생활과 고전교육으로 유명한 인문고등학교 슐포르타(Schulpforta)에 입학하였다. 기록에 의하면 이 학교의 학생은 모두 기숙사 생활을 해야 했으며 새벽 5시에 일어나 세수, 기도, 아침식사를 하고 6시에 수업을 받기 시작하여 오후 7시에 일과를 마친 후 저녁을 먹고 예배를 본 후 밤 9시에 잠자리에 든다. 이 시절에 니체는 문학과 음악이 중심이 된 학생 서클 '게르마니아'(Germania)에 들어가 친구들을 사귀면서 예술에의 사랑을 길러갔다. 그는 시를 썼고 많은 작곡을 하였다.

6년 간의 지루했던 학교시절을 마친 니체는 1864년에 본(Bonn) 대학에 입학하였다. 처음에 그는 신학과 철학을 동시에 공부하면서 어머니의 희망에 따라 목사가 될 것인가, 아니면 자유로운 학문의 길을 택할 것인가의 문제로 고민하다가 결국 전공을 고전문헌학으로 결정하였다.

본에서 공부하던 시절에 니체는 대학에서 책과 더불어 인생을 배우려 하였다. 니체는 1865년 어느 날 혼자 이웃 도시인 쾰른(Köln)으로 구경을 갔다. 음식점을 찾는 그에게 안내인이 유곽을 소개하였다. 니체는 순간 정신이 아찔해졌고 옆에 있는 피아노로 걸어가 피아노를 친 후 정신이 맑아져 그 집을 떠났다. 이 이야기는 니체의 친구인 도이센(P. Duessen)의 기록에 의한 것인데 진위가 불분명하다. 여하튼 1888년 말에 나타난 니체의 정신병이 청년 시절에 얻은 매독 때문이라고 주장하는 사람들도 나타났다.

본 대학에서 니체가 따르고 존경했던 리철 교수가 라이프치히 대학으로 옮겨가자 니체도 그를 따라 대학을 옮겼다. 라이프치히로 옮긴 후 얼마 안 되어 니체의 생애에 중요한 두 가지 사건이 일어났다. 하나는 고서점에서 우연히 쇼펜하우어의 『의지와 표상으로서의 세계』를 발견하고 거기에 심취하게 된 일이고 다른 하나는 리철 교수 부인의 주선으로 라이프치히 대학 동방학과 교수 부인이었던 음악가 바그너(R. Wagner)의 여동생과 바그너를 만나보게 된 일이다. 두 사건은 물론 연관되어 있다. 니체의 청년 시절, 그리고 그의 철학 형성에서 쇼펜하우어 및 바그너와의 관계는 빼어놓을 수 없기 때문이다. 니체는 이때부터 31살 위인 바그너를 삶의 스승으로 대하게 된다.

1867년 10월부터 1년 간 포병부대의 지원병으로 근무한 후 니체는 박사학위도 받지 않은 채 그가 학생 시절에 쓴 현상 논문과 리철 교수의 추천으로 1869년에 스위스 바젤(Basel) 대학의 고전문헌학 정외교수로 임명되었다. 여기서 니체는 계속 열심히 고전문학을 연구하면서 당시 바젤에서 멀지 않은 루체른(Luzern) 호숫가 트립셴(Tribschen)에 머물고 있던 바그너와 계속 교제하였다. 니체는 1870년에 정교수로 임명되었다. 이 해에 독·불 전쟁이 일어나 니체는 자원 위생병으로 참가하였으나 콜레라 및 디프테리아에 전염되어 돌아왔다. 1862년에 그는 최초의 철학 저술인 『비극의 탄생』(*Die Geburt der Tragödie*)을 내놓았다. 이 책은 부제가 말하는 것처럼 '음악의 정신 아래' 쓰여졌다. 니체의 철학 발전 가운데 제1단계인 '낭만적 시기'(1869~76)의 대표적인 저술이 『비극의 탄생』과 『비시대적 고찰』(1873~76)이다.

1876년에 건강상의 이유로 대학으로부터 휴직을 허가받은 후 니체는 요양지를 전전하며 책을 써 갔다. 『인간적인, 너무나 인간적인』(*Menschliches, Allzumen schliches*, 1876~78), 『서광』(*Morgenröte*, 1880~81), 『즐거운 지식』(*Die fröhliche Wissenschaft*, 1881~82) 등이 이 시기의 저술들이다. '실증적' 혹은 '비판적'시기(1876~82)라 불리는 두 번째 시기에 니체는 비교적 냉정하고 객관적인 태도를 유지하였다. 1879년에 니체는 건강상의 이유로 대학을 사직하였다.

마지막의 시기가 『차라투스트라는 이렇게 말했다』(1883~85)를 기점으로 시작된다. 『선악의 피안』(*Jenseits von Gut und Böse*, 1886), 『도덕의 계보』(*Zur Genealogie der Moral*, 1887), 그리고 사후에 출간된 『우상의 황혼』(*Götzdämmerung*), 『반기독교도』(*Antichrist*), 『이 사람을 보라!』(*Ecoe homo*), 『니체 대 바그너』(*Nietzsche conta Wagner*), 그리고 니체의 여동생이 단편을 묶어서 펴낸 『권력의지』(*Wille zur Macht*) 등이 이 시기에 속하는 저술이다. 마지막 시기를 우리는 '창조적 시기' 혹은 '예언적 시기'(1883~88)라 부른다.

위장장애와 편두통으로 늘 고통을 당하면서 니체는 날씨가 맑고 경치가 좋은 이탈리아와 스위스 남쪽으로 옮겨다녔다. 1889년 1월에 튜린

(Turin)에서 정신병 증세가 그에게 처음으로 나타났다. 곧 바젤 정신병원으로 옮겨졌고 일주일 후 어머니가 그를 고향에서 가까운 예나(Jena)의 정신병원으로 데리고 갔다. 5월에 다시 나움부르크 정신병원으로 옮겨졌다. 모성애를 발휘하여 반기독교적인 아들을 정성껏 간호하던 어머니도 1897년 4월에 세상을 떠나고 니체는 여동생과 함께 바이마르(Weimar)로 이사한 후 1900년 8월 25일에 바이마르에서 눈을 감았다. 8월 28일에 그가 태어난 뢰켄의 교회에 부모와 함께 묻혔다.

니체의 철학에는 많은 모순이 들어 있다. 그러나 전반적으로 그의 철학을 특징짓는 일이 불가능하지도 않다. 니체는 니체 이전의 모든 서구 사상과 대결하려 한다. 아니 지금까지의 모든 서구 사상을 180도로 뒤바꾸려 한다. 그는 말한다. "나는 인간이 아니고 다이너마이트다."[103]

그는 『우상의 황혼』의 부제로 '망치를 들고 철학하는 법'(wie man mit dem Hammer philosophiert)을 달아놓았다. 그 자신이 '망치를 든 철학자'이다. 그는 2천 년에 걸쳐서 통용되어 온 서구의 모든 가치(예술, 종교, 도덕, 철학 등의)를 가치없이 부숴 버리려한다. 그는 모든 가치를 변혁하려는 엄청나고 대담한 시도를 감행한다. 뿐만 아니라 새로운 이상도 제시하려 한다. 그의 시도가 실패하였든 성공하였든 간에 그러한 시도는 매우 엄청난 것이었다. 이제 파이힝거(H. Vaihinger)라는 철학자의 시도에 따라 파괴적인 측면에서 본 그의 철학적 특징을 7가지로 제시해보려 한

---

103) F. Nietzsche, *Sämtliche Werke in 12 Bänden*, Stuttgart 1964, *Band 8*, S. 399.(앞으로의 인용은 이 전집에 의거하여 *Nietzsche Werke*로 줄이고 권과 쪽의 숫자를 표기함).

다.[104)]

(1) 주지주의(主知主義)를 반대하는 철학

주지주의(Intellektualismus)란 삶의 가치를 지식에 두는 철학사조이다. 주지주의는 소크라테스(Sokrates)의 철학에서 절정에 달한다. 소크라테스의 주지주의는 '지=덕=행복'이라는 정식으로 요약될 수 있다. 인식만이 덕이 있는 인간을 만든다. 덕이 있는 인간만이 행복할 수가 있다. 옳은 것을 알면서 불의를 행할 수 없고 불의를 행한다면 참으로 옳게 알았다고 말할 수 없다. 덕이란 바로 선을 인식하는 것이다. 인식은 사물에 대한 지식뿐만 아니라 무지의 자각이나 선에 대한 통찰을 포함한다. 옳은 인식은 감정이나 충동을 벗어나 사물과 인간을 이성적으로 통찰하는데 있다. 결국 주지주의는 이성이 근거가 되는 지식 중심의 철학이다.

니체의 소크라테스 비판은 그의 처녀작 『비극의 탄생』에서부터 시작된다. 니체에 의하면 그리스 문화의 정상은 소크라테스 이전의 아티카 비극 시대이다. 이 시기에 디오니소스(Dionysos)적인 삶의 원리가 승리하였다. 그러나 소크라테스와 더불어 비극 시대가 끝나고 이성의 시대, 다시 말하면 아폴로(Apollo)적인 것이 승리하는 시대가 다가온다. 도취, 자연, 불손을 의미하는 디오니소스적인 것 대신 냉정, 이성, 겸손을 의미하는 아폴론적인 것이 우세할 때 인류의 문화는 퇴락의 길을 걷는다는 것이 니체의 주장이다. 이전의 철학사에서는 소크라테스에서 시작하여 플라톤을 거쳐 아리스토텔레스에 이르는 시기에 그리스 철학이 정상에 이

---

104) H. Vaihinger, *Nietzsche als Philosoph*, Berlin 1905 참조.

르렀다고 설명된다. 이에 반하여 니체는 소크라테스의 주지주의와 더불어 그리스 문화가 사양길에 들어섰다고 주장한다. 소크라테스가 제자 플라톤을 망쳐버렸고 플라톤에서는 육체를 무시하는 관념론이 절정에 달한다. 플라톤은 육체가 영혼의 감옥이라고 생각하였다.

니체는 말한다.

"바로 이 소크라테스주의야 말로 몰락과 피로와 질병, 그리고 무질서하게 해체되어 가는 본능의 한 징조가 될 수 있지 않는가?"[105]

"덕은 지식이다, 죄는 무지에서만 나온다, 유덕한 자가 행복한 자이다. 낙천주의의 이 세 가지 근본 형식 속에 비극의 죽음이 가로놓여 있다."[106]

"덕 있는 자는 가장 행복한 자라고 소크라테스가 말했을 때 우리는 귀를 의심하며 마치 어떤 미친 소리를 듣는 것 같다."[107]

니체는 삶이라는 거대한 현상을 정신과 육체가 혼연일체를 이루고 있는 통일체라고 생각한다. 육체는 '위대한 이성'이며 이성이 감정이나 육체에서 분리된 순수한 것이라고 생각하는 것은 하나의 착각이다. 이성은 우리의 육체가 움직이고 활동하는 데 필요한 하나의 도구이다. 흔히 감정이나 욕망을 벗어난 이성적인 삶이 가장 바람직한 것처럼 생각되는데 그것은 그 자체로 모순이다.

105) *Ebd.*, 1, 30.
106) *Ebd.*, 123.
107) *Ebd.*, 4, 168.

니체에 의하면 소크라테스의 주지주의 철학은 제자들을 망쳤을 뿐만 아니라 2천 년에 걸쳐 내려오는 서구 허무주의를 조장하였고 니체는 이러한 서구의 병든 역사를 다시 건전한 방향으로 되돌리려 한다.

(2) 전통적인 도덕을 반대하는 철학

니체는 도덕을 '군주도덕'(Herrenmoral)과 '노예도덕'(Sklavenmoral)으로 구분한다. 군주는 고귀하고 힘센 인간 혹은 집단을 대표하는 자로서 이러한 강자들은 항상 스스로와 합치되는 것을 '좋은 것'으로 보고 그들보다 약하고 못한 사람들의 도덕을 '나쁜 것'으로 보았다. 그러므로 군주도덕에는 좋으냐 나쁘냐의 구분은 있지만 선악의 구분은 없다. 선이란 군주도덕에서는 정신적·육체적으로 강인하고 고귀함을 나타내는 특성이다. 일반적으로 칭찬되어 온 동정이나 헌신과 같은 덕을 니체는 약한 자의 덕으로 조소한다. 힘과 용기를 우선적으로 내세우는 군주도덕은 결국 귀족적인 도덕이라 할 수 있다. 그러나 이때 약자들의 반란이 일어났고 약자들은 군주도덕을 노예도덕으로 바꾸어버렸다. 노예도덕은 강한 자와 풍요로운 삶에 대한 본능적인 증오감에서 발생하였다. 군주도덕의 선이 노예도덕에서 악으로 변하고 모든 강한 것, 고귀한 것, 잔인한 것 등이 악으로 낙인찍히게 되었다. 군주도덕에서 나쁜 것으로 생각되었던 동정, 인내, 겸양 등이 노예도덕에서는 선으로 뒤바뀌었다. 니체는 노예도덕이 발생하게 되는 과정을 성직자를 예로 들어 설명하고 있다. 성직자는 병든 자의 욕구를 이해하기 위해서 스스로의 지배력을 무력화시키지 않으면 안 되었다. 무력하고 약한 자의 보호자가 되어 무력한 무리들을 강자로부터 보호하는 것이 그의 과제였다. 주인과 강자는 이제 불구대천의 원수가 되고 이러한 적을 무찌르기 위해서 약자는 모든 무기, 곧 간계와 속임수를 동원하지 않을 수 없었다. 더 나아가서 그는 이러한 무리들이 스스로의 명령과 지배에 잘 복종할 수 있도록 교묘한 수단을 만들어냈다. 이들은 현실을 왜곡하고 내세에서의 처벌이라는 공포를 정당화시킨다. 이러한 성직자풍의 기질이 가장 잘 발달한 민족이 니체의 생각으로는 유대인이었으며 가장 어려운 생존조건 속에서 삶의 강인성이 끈질기게 유지된 유대인에게서 노예도덕이 가장 잘 발달하였다.

"세계사에서 거대한 증오자는 항상 성직자였다. 가장 영리한 증오자도 또한 성직자였다. 성직자의 복수 정신에 비하면 다른 모든 정신은 거의 문제도 되지 않는다. 인간의 역사는 이렇게 무력한 자들에 의해서 주입된 정신이 없었다면 그야말로 너무나도 시시한 사건에 불과하였을 것이다.—우리는 즉시 그 최대의 보기를 들어보자. 이 지상에서 '고귀한 자', '강력한 자', '지배자', '권력자'에 대항해서 이룬 어떠한 일이라 할지라도 저 유대인들이 이들에 반하여 행하였던 것에 비하면 아무 것도 아니다. 성직자풍의 민족인 저 유대인들은 그들의 원수 및 압제자에 대하여 결국은 그들의 모든 가치를 철저히 전환시킴으로써, 곧 가장 정신적인 복수를 통해서 앙갚음을 할 줄 알았다. 이것이야말로 실로 성직자풍 민족에게, 가장 뒤 처져 성직자적인 복수심으로 가득한 민족에게 더할 나위 없이 어울리는 행위였다. 유대인이야말로 무서운 철저성으로써 귀족적 가치의 등식(좋은=고귀한=강력한=아름다운=행복한=신의 사랑을 받는)에 대한 전도(顚倒)를 감행하고, 가장 저급한 증오(무력한 증오)의 이빨을 갈면서 새로운 가치를 고수했던 장본인이다. 그들은 말한다. '비참한 자 만이 착한 자다. 가난한 자, 힘없는 자, 천한 자 만이 착한 자다. 오로지 괴로운 자, 결핍된 자, 병든 자, 추한 자 만이 경건한 자이고 신에 귀의하는 자이며, 축복은 그들을 위해서만 존재한다. 이에 반해서 그대들 고귀하고 강력한 자여, 그대들은 영원히 악한 자, 잔인한 자, 음란한 자, 탐욕한 자, 신에 거슬리는 자다. 뿐만 아니라 그대들은 영원히 불행한 자, 저주받고 심판 받는 자가 될 것이다!"[108]

유대교가 만들어 놓은 도덕적인 가치들을 기독교가 물려받았으며, 노예도덕으로 지탱되고 있는 점에서 기독교 및 다른 종교들은 모두 허무주의의 온상이 되고 있다. 지금까지의 서구 역사는 그러므로 군주도덕에 대하여 노예도덕이 승리를 쟁취해온 역사이다. 노예의 분노가 만들어 놓은 도덕, 그들의 지도자가 만들어 놓은 의식적이고 무의식적인 기만, 도덕적인 금욕들이 서구인을 지배해왔다. 그리스의 전통과 귀족주의적인 이상을 받아들이고 강화시키려는 로마인과 분노 및 증오로 점철된 노예도덕의 온상인 유대민족과의 투쟁이 계속되었다. 이러한 투쟁에서 승리한 것이 노예도덕의 이상이었다. 그러므로 서구는 완전히 허무주의에 휩싸여 있다.

이처럼 니체는 모든 도덕을 거부하고 비판하는 반도덕주의자가 아니라 종래의 노예도덕을 다시 군주도덕으로 복귀시키려는 도덕혁명가이다. 물론 그의 이상이 잘못되어 있다 할지라도 니체의 도덕비판에서 우리는 도덕이 시대와 장소를 초월하여 영원히 존재하는 것이 아니고 시대와 장소에 따라 변해왔다는 사실을 배울 수 있다.

(3) 기독교를 반대하는 철학

---

108) *Ebd.*, 7, 259f.

니체는 모든 종교 특히 기독교에 대하여 삶을 약화시키는 이들의 허무주의적 기능 때문에 가차없는 비판을 가한다. 종교 특히 기독교의 발생을 니체는 노예도덕의 발생과 연관시킨다. 두 경우에서 핵심이 되는 것은 강자들에 대항하기 위한 약자들의 동정이다. 모든 종교는 종래의 도덕과 마찬가지로 동정을 근거로 한다. 그러나 동정이란 무엇인가? 니체는 동정을 심리적으로 분석한다. 동정은 결국 약자가 살아나기 위한 이기적인 방편에 불과하다. 강자는 자기와 동일하게 강하고 고귀한 본능을 갖는 상대방을 경쟁의 상대로 사랑하며 약자를 멸시한다. 약한 자는 이에 반하여 동정을 통하여 안전하게 자신을 보호하려 한다. 이러한 동정은 그러나 '항상 강화되어야 하는 삶의 본능'을 약화시킨다. 모든 사람은 자신의 불행과 타인의 불행을 동정해야 하므로 세상에는 더욱 더 많은 동정들로 가득 찬다. 동정을 밑받침으로 하는 종교의 또 다른 나쁜 결과는 뛰어난 개인을 개발하는 대신 약한 자의 삶을 촉진시키는 것이다. 약하고 병든 사람들의 안식처가 종교이며, 완전히 건강하고 뛰어난 인간들은 여기서 예외적인 취급을 받는다. 삶을 강화시키는 것은 뛰어난 몇몇의 선택된 사람들인데 종교는 이러한 사람들 대신에 무가치한 많은 사람들을 결속시켜 삶을 살 만한 가치가 없는 것으로 부정한다. 결국 종교는 허무주의의 실천적인 형식일 뿐이다. 종교는 인류의 건전한 도덕을 위협한다. 왜냐하면 비참, 고통, 열등과 같은 것이 고귀한 인간들에게는 위험스런 것이기 때문이다. 이들을 밑받침으로 하는 종교는 삶의 부정으로 나아가며 삶을 혐오하거나 지나친 동정 때문에 허무적이 된다. 기독교와 동정의 종교들은 유럽의 고귀한 민족들을 멸망하게 만들었으며 인류가 초인으로 발전하는 것을 방해하였다. 동정과 더불어 종교인들이 내세우는 내세의 행복은 결국 고통을 회피하는 비열한 수단이 된다. 니체에 의하면 고통은 회피되어야 할 것이 아니라 오히려 장려되어야 할 것이다. 얼마나 많은 고통을 감수하느냐에 따라서 인간의 위대성이 결정된다. 고통은 인류의 위대한 교육자이다. 기독교의 신은 고통받는 자들의 신이다. 삶을 기쁜 마음으로 긍정하는 것이 아니라, 그에 대한 부정을 내세에서 승화시킨다. 내세란 형이상학자들이 주장하는 참된 세계처럼 모든 실제적인 내용이 결핍된 언어에 불과하다. 기독교의 신은 삶의 부정에 대한 상징이다. '신' 개념은 삶에 대한 상반 개념으로 고안된 것이다. 신을 추구하는 의지는 무를 쫓으려는 의지에 불과하다. 신앙이란 철학자들의 신념과 마찬가지로 삶으로부터 오류와 현혹을 제거하고 그들이 고안한 가치를 실현하려는 시도이다. 그러나 삶은 이러한 오류나 현혹과 항상 결부되어 있기 때문에 그것은 불가능한 이상에 불과하다. 현세의 삶을 그 자체로 인정하지 않고 그것을 반쪽 내려 한다던가 내세의 삶을 가정하는 사람들은 인류를 무의 심연으로 몰아넣으려는 허무주의자에 불과하고, 그러므로 모든 종교는 결국 허무주의로 나아가지 않을 수 없다는 것이 니체의 결론이다.

니체는 『차라투스트라』에서 "신은 죽었다"(Gott ist tot)[109]고 말한다. 니체의 신관에 대한 많은 논쟁이 나타난다. 니체는 어렸을 때 「미지의 신에게」(*Dem unbekannten Gott*)라는 시를 쓴 적이 있다. 니체가 신을 부정한 것이 아니라 알려지지 않는 스스로의 신을 찾아갔다고 해석하는

---

109) *Ebd.*, 6, 8.

사람도 있다. 신이 존재하지 않는다면 어떻게 신이 죽을 수 있냐고 반박하는 사람도 있다. 니체가 비판한 것은 그리스도가 아니라 그리스도교라고 해석하는 사람도 있다. 이러한 해석을 시도하는 대표적인 사람이 철학자 야스퍼스이다. 야스퍼스에 의하면 니체의 기독교 비판은 참된 예수의 정신을 외면하고 있는 현대인의 신앙에 대한 비판이며 니체도 예수처럼 보이지 않는 절대적인 진리(야스퍼스의 표현에 의하면 '초월자')를 찾아갔다. 그러나 우리는 역으로 죽을 수 있는 신은 결코 신이 아니다고 말할 수 있다. 니체의 철학을 총괄하여 판단할 때 니체는 철저한 무신론자였다. '권력의지', '초인', '가치의 변혁', '변화가 무죄'등이 철학은 결코 기독교적인 유신론과 조화될 수 없다. 니체가 그리스도를 인정했다면 인간적인 그리스도일 뿐이다. 니체의 말을 직접 들어보자.

"신은 '현세'를 모조리 모욕하는 하나의 형식이다"[110] "성직자는 삶의 모든 건강한 형식 덕분으로 살아가는 일종의 기생충 같은 인간이다."[111] "기독교적인 신 개념(병든 신으로서의 신, 거미로서의 신, 정신으로서의 신)은 지상에서 도달된 것 가운데 가장 부패한 신 개념의 하나이다."[112] "'신' 개념은 삶에 대한 상반개념으로 고안된 것이다."[113] "나는 기독교에 대해서 가장 큰 저주를 퍼붓는다. ……나는 기독교를 인류의 영원한 치욕이라 부른다."[114]

니체가 기독교를 비판하는 또 다른 이유의 하나는 바로 기독교의 원죄

110) *Ebd.*, 8, 208.
111) *Ebd.*, 8, 219.
112) *Ebd.*, 8, 283.
113) *Ebd.*, 8, 408.
114) *Ebd.*, 8, 283.

설 때문이다. 니체에 의하면 삶은 그 자체로 신성한 것이다. 원죄설은 삶의 신성함과 기쁨을 앗아가 버린다. 그것은 염세주의와 연관되어 삶의 의지를 약화시킨다.

니체는 그의 철학을 총괄하는 자전적인 에세이 『이 사람을 보라!』에서 결론적으로 디오니소스와 십자가에 못 박힌 예수를 대치시킨다. 디오니소스적인 것이 니체의 철학을 주도하는 원리라면 이에 상반되는 예수는 니체가 벗어나려 하는 부정적인 것 이상의 의미를 지니지 않는다.

(4) 염세주의를 반대하는 철학

주지주의, 노예도덕, 기독교 등이 결탁된 서구 사상은 결국 현세적인 삶을 무력화시키고 서구 문화를 병들게 만들었으며 그 결과가 허무주의다.

니체는 말한다.

"내가 얘기하는 것은 다음 2세기의 역사다. 나는 다가오는 것, 더 이상 다르게 다가올 수 없는 것을 기술한다. 허무주의의 도래다."[115]

쇼펜하우어에서는 세계의 본질이 맹목적 의지이고 그러한 의지에 따라 꼭두각시처럼 살아가는 인간의 삶은 비극이다. 삶은 결코 살 만한 가치가 없다. 태어나지 않는 것이 가장 좋고 그 다음으로 좋은 것은 빨리 죽는 것이다. 그러므로 인간은 모든 본능적인 욕망을 억누르는 금욕을 통해 해탈의 길을 찾아야 한다.

---

115) *Ebd.*, 9, 3.

니체는 이러한 철학을 허무주의적인 철학이라 일컫는다. 니체는 두 가지의 허무주의를 구분한다. 삶의 비참함으로부터 도피하려는 쇼펜하우어의 허무주의가 소극적 허무주의라면 삶의 무가치성을 부정하고 허무주의를 극복하려는 스스로의 철학은 적극적인 허무주의이다. 니체는 철저하게 현세적인 삶을 긍정하려 한다. 그 자신이 "나는 삶에 대한 의지로부터 나의 철학을 만들었다"[116]고 말한다. 그는 삶의 비극으로부터 도피하여 해탈이나 구원을 찾는 철학이나 종교를 비판하면서 어떠한 경우에도 삶을 긍정하려 한다. 그것이 니체의 유명한 '운명애'(amor fati)이고 그것은 "이것이 인생이더냐, 좋다! 다시 한 번!"(War das das Leben? Wohlan! Noch einmal!)[117]이라는 형식으로 표현된다.

니체가 세계의 본질로 내세우는 '권력의지'는 스스로 강화되어 가는 권력에의 의지다. 그러므로 삶의 목적도 스스로 강화되어 가는 데 있다. 삶의 의미는 이러한 의지와 더불어 존재한다. 니체는 사람이 얼마나 고통을 감수할 수 있느냐에 따라 그 위대성이 결정된다고 말하면서 고통과 불행을 삶의 중요한 요인으로 설정하려 한다. 그는 "나를 파멸시키지 못하는 것은 나를 더 강하게 만든다"[118]고 말한다.

'운명애'는 장단점을 갖고 있다. 스스로의 운명을 스스로 결정한다는 의미에서 '운명애'는 인간의 자주성을 높여준다. 그러나 그것은 인간을 운명에 복종하면서 체념하게 만들 수 있는 위험을 내포한다. 또한 참다운 역사의식을 갖지 못하는 인간들에게 운명애는 반민주적인 세력에 말

116) *Ebd.*, 8, 302.
117) *Ebd.*, 6, 173.
118) *Ebd.*, 8, 82.

없이 동조하게 하는 역할도 할 수 있다. 나치의 병사들 중에는 인간적으로 훌륭했던 사람들로 있었다. 역사 의식이 결핍되었던 이들은 역사적으로 불의와 정의를 판단하지 못한 채 나치의 선전에 속아 애국심을 발휘하여 용감히 전선에서 싸웠다. 일제의 가미가제도 그러하였다. 죽음에 대한 불안을 이들은 니체의 『차라투스트라』를 읽으면서 달래었다고 한다. 초인을 탄생시키기 위해 기꺼이 희생되려한 것이다. 그러므로 '운명애'를 옳은 방향으로 이끌어가기 위해서 우리는 무엇보다도 인간적인 참다운 사회가 무엇인가를 객관적으로 명확하게 파악해야 한다. 올바른 역사의식을 가져야 한다.

(5) 여성적인 것을 반대하는 철학

일찍부터 니체의 생애에서 여성은 중요한 위치를 차지하였다. 그는 다섯 살 때 아버지를 잃고 학교에 들어갈 때까지 어머니, 할머니, 고모들 밑에서 교육을 받았다. 어머니와는 내면적인 신뢰성을 잃지 않는 관계를 유지했다. 세심한 주의력과 애정으로 어머니는 니체를 보살펴주었다. 그러나 인간적인 관계를 떠난 철학적인 문제에서는 둘의 의견이 일치하지 않았다. 시골 목사였던 아버지의 뜻에 따라 어머니는 니체가 신학 공부에 전념하기를 원했으나 그 바램은 어긋났다. 더욱이 니체가 한 때 음악가 바그너를 열렬히 숭배했을 때 그리고 어머니의 경고에도 불구하고 『차라투스트라』에서 시작된 기독교 비판을 계속했을 때 서로의 거리감은 절정에 달했다. 그러나 만년의 니체가 정신적인 혼미상태에 빠졌을 때 둘의 태도는 다시 부드러워졌다. 마치 너무나도 고독했던 니체가 모성애라는 잔잔한 항구 속에서 안주할 곳을 얻은 것 같았다. 니체를 보살펴주던 어려운 시절에 어머니의 편지들은 어머니의 관용과 애정을 잘 보여준다.

유일한 여동생인 엘리자베스와의 관계는 종종 저속한 논쟁을 불러일으켰지만 『어머니와 여동생에게 보낸 서간문』이 출간되면서 그 진상이 밝혀졌다. 둘은 상당히 진지한 정신적인 친구 관계였다. 스위스 바젤의 슈첸그라벤(Schutzengraben)가 45번지에서 누이동생과 기거했던 시절을 '평화로운 남매의 공동생활'이라고 니체는 훗날 회상했으며 누이동생과 정신적인 섭렵을 계속하면서 그녀를 '천성적으로 충실한 제자'라 불렀다. 그러나 둘 사이에 불화가 나타났으며 그럴 때마다 니체는 더욱 더 커다란 비애를 느꼈다. 반셈족주의자인 푀르스터(Förster)와의 약혼, 식민지 건설을 위해 이들이 파라과이로 이주한 일, 바그너에 대한 견해의 차이 등이 바로 그런 것들이었다. 이러한 누이동생의 태도에 대하여 후에 니체는 강한 비난을 퍼부었는데 니체 자신이 고백하는 것처럼 애정에서 나온 증오였는지도 모른다. 너무나 가깝다고 생각했던 사람들, 그 중에서도 음악가 바그너와 누이동생 엘리자베트에 대한 실망은 니체를 분노로 몰아넣었다. 어머니나 누이동생 외에도 니체의 삶과 여성관에 많은 영향을 준 여인들이 있다. 니체의 스승이었던 문헌학자 리철의 부인, 바그너의 부인 코시마(Cosima), 그리고 어머니 같은 친구 마이센부크(Malwida von Meysenbug) 등이 정신적으로 그리고 인간적으로 감명을 주었다. 그러나 이들도 모두 니체의 이상이 확고한 기초를 얻으면서 더 이상 아무런 영향도 미칠 수 없었다. 정신적 혹은 인간적인 관계보다도 애정 관계에서 니체의 여인들을 우리는 기억해야 하며 그 대표적인 사람이 제자였던 살로메(Lou Andreas-Salomé, 1861~1937)이다.

니체는 일반적으로 여성을 어떻게 보았던가? 그의 삶에서 성적인 사랑, 결혼, 자녀가 어떤 역할을 했는가? 그가 한 번이라도 여인을 여인으로서 사랑했던가? 등의 문제는 오히려 니체의 여성관에 결정적인 역할을 할 수도 있기 때문이다. 니체는 여인들에게 대단히 냉담했던 것으로 전해진다. 사랑의 정열에 휩쓸린 적이 없었다. 결혼을 하지 않았으며 애를 낳은 일도 없다. 니체의 기록에 충격적인 사랑의 고백도 없다. 마치 니체에게서는 사랑의 정열이 냉각되어 버리고 그 대신 정신적인 정열이 강렬하게 폭발하는 것 같다. 육체적인 순결을 정신의 고귀함을 유지하기 위한 조건으로 삼았던 것 같다. 그러나 독자적인 철학으로 넘어서기 시작한 1876년경 그러니까 32세 때부터 니체는 결혼을 결심하였다. 건강이 좋지 않았던 그는 안정된 결혼 생활에서 자신의 이념을 위한 저술을 더 잘할 수 있다고 믿었었다. 1876년과 1877년에 그는 바그너가 그에게 이미 1875년 초에 권장한 문제를 자기방식으로 해결해보려고 시도한다. 다시 말하면 니체는 불안정한 생활을 좀 더 안정시키기 위해서 결혼할 생각을 품게 되었다. 당시 쥬네브 호숫가에 머물면서 니체는 화란 출신인 마틸드(Mathilde Trampendach)를 알게 되었는데 많이 사귀지도 않은 채 성급하게 구혼장을 내었다.

이 편지는 다음과 같이 시작한다.

"아가씨! 오늘 저녁 당신은 나에게 무엇인가 쓰고 있으며 나도 당신을 위해서 무엇인가 쓰려 합니다. 이제 내가 당신에게 묻는 말에 놀라지 않도록 마음을 굳게 먹으세요. 나의 아내가 되지 않으렵니까? 나는 당신을 사랑하며 마치 당신이 나의 사람인 것처럼 생각됩니다."[119]

결국 이러한 갑작스러운 구혼은 거절될 수밖에 없었다. 그는 "결혼, 그것은 매우 바람직한 일이지만, 그러나 전혀 가능하지 않다는 것을 나는 너무나도 잘 알고 있다!"[120]고 결론짓는다. 이때 니체가 추구한 부인의 이상은 '젊고 대단히 강인하고 학식이 별로 없는 여인'이었다. 그러나 스스로의 철학적인 이상을 위해 모든 구속으로부터 벗어나 투쟁을 해야 하는 자신과 같은 고독한 철학자에게 결혼 계획은 결국 비겁한 타협과 같이 생각되었다.

이 당시의 니체는 한 기록에서 다음과 같이 말한다.

"어제도 평상시처럼 산보를 하고 있었는데 갑자기 옆집에서 누군가 말하며 마음껏 웃는 소리를 들었다. 내 앞에 나타난 장본인은 멋있고 갈색 눈을 한 소녀였는데 그녀는 사슴처럼 나를 바라보고 있었다. 그러자 고독한 철학자인 나의 가슴이 뜨거워졌으며 나는 갑자기 결혼을 생각했고 산보하는 동안 내내 이 어여쁜 소녀에 대한 생각을 떨쳐버릴 수가 없었다. 물론 이러한 순진한 아가씨를 내 옆에 둘 수 있다면 나는 행복하겠지만 그러나 그녀도 행복을 느낄까? 나의 표정이 그녀를 불행하게 만들지 않을까? 내가 그녀를 사랑한다면 이렇게 아름다운 인간에게 고뇌를 주는 것이 내 마음을 아프게 하지 않을까? 아니다. 결코 결혼해서는 안 된다!"[121]

---

119) 이보 프렌첼 지음, 강대석 옮김, 『니체』, 한길사 1997, 125 쪽.
120) 앞의 책, 128 쪽 이하.
121) R. Richter, *Essays*, Leipzig 1913, S. 188f.

이렇게 하여 니체는 당분간 결혼 계획을 포기했으며 다시 한 번 결혼을 생각한 것은 그 뒤 살로메를 만나고서 이다. 그것은 1882년 3월 로마에서였다. 대단히 매력적이며 지성적이었던 러시아 출신의 이 아가씨가 곧 니체를 사로잡았다. 살로메는 당시 스스로 저술한 『경구집』을 니체에게 보이고 더 좋은 표현으로 고쳐주도록 부탁하기까지 하였다. 그러나 사상적으로 그지없이 강인하였던 니체였지만 사랑에는 약하여 사랑을 직접 고백하지 못하고 살로메를 소개해준 친구 레(P. Rée)에게 부탁하였다. 레 역시 그녀를 좋아했기 때문에 사태는 순조롭게 이루어지지 않았고 살로메는 곧 니체의 사랑을 거절하였다. 니체의 사상에 대한 그녀의 관심이 니체를 반려자로 맞을 수 있는 사랑과는 별개의 문제였기 때문이다. 살로메는 계속해서 친구로 혹은 제자로 남기를 원했다. 그러나 니체는 이때부터 인생의 암울한 종장에 들어서서 그의 사상을 총결산할 수 있는 『차라투스트라는 이렇게 말하였다』의 저술에 전념하였고 철저한 반여성주의자가 되었다.

실제로 니체는 그의 저술 속에서 어떤 여성관을 보여주고 있는가?

예술 원리를 이용하여 세계의 본질을 규명하여 했던 초기의 낭만적인 저술들(『비극의 탄생』, 『비시대적 고찰』) 속에는 구체적인 여성관이 서술되지 않는다. 실증적인 태도가 우세하여 계몽기라고 불리는 제2의 시기에 나타난 저술들(『인간적인, 너무나 인간적인』, 『서광』, 『즐거운 지식』)에서 여성에 대한 니체의 언급이 나타나는데 특히 『인간적인, 너무나 인간적인』가운데 '여자와 아이'의 장에는 니체가 음악가 바그너 부부를 염두에 두고 위인들의 부인에 대하여 쓴 서술이 나타난다. 『차라투스트라』를 중심으로 하는 후기의 저술들에서야 비로소 여성의 본질이 철학적으로 제시된다. 『즐거운 지식』에 벌써 다음과 같은 말이 나타난다. "남자의 덕은 의지이고 여자의 덕은 순종이다—그것이 바로 남녀 간의 법칙이다!"[122] 이러한 생각이 그의 주저 『차라투스트라』에 이어진다. '권력의지'를 확신하는 것이 초인의 과제이며 인류의 이상이라고 니체는 생각한다. 니체의 여성관은 권력의지와 연관된다. 인류는 종래의 전도된 가치를 가차없이 변혁하면서 스스로를 강화시켜야 한다. 이렇게 가치를 변혁하면서 강화된 인간이 이른바 '지배적 종족'이고 그 이상을 니체는 구체적으로 게르만 민족에서 그리고 추상적으로 초인에서 찾았다. 이러한 '지상의 주인'들은 아이들의 양육에서 실현되어야 하며 양육을 맡은 것은 주로 여자이다. 결국 여자의 가장 큰 역할은 새로운 '지상의 주인'을 양육하는 데 있다. 아이들은 어머니를 필요로 하며 어머니는 남자를 필요로 한다. 그러한 역할 때문에 결혼은 필요한 것이다. 니체의 저서에 광범위하게 서술되어 있는 여성관을 요약하면 다음과 같다.

① 결혼은 사랑의 결실이 아니며 그 목적은 인류를 지배할 종족의 출생과 양육에 있다.

② 사랑이란 권력의지의 이기적인 표현일 뿐이다.

③ 여성은 노예근성 혹은 데카당스의 징후를 가장 잘 실현한다.

④ 남녀평등 같은 것은 불필요하며 남자는 여자를 강하게 다루어야 한다.

⑤ 여성해방운동은 타락의 징후이며 여자는 부엌에나 머물러야 한다.

⑥ 모성애라는 것도 하나의 자기애이다.

---

122) *Ebd.*, 5, 86.

(6) 민주주의를 반대하는 철학

니체는 초인을 인간의 이상으로 제시한다. 초인은 보통 사람이 아니다. 보통 사람을 니체는 '어중이떠중이'라 부르며 모멸하였다. 인류는 강인한 지배자에 의하여 초인의 단계로 나아가야 한다. 모든 인간이 평등하게 되면 인류는 개미처럼 되어 퇴화된다. 그러므로 니체는 '평등'이란 말을 '동정'이란 말과 함께 너무 싫어하였다. 니체가 체험한 시민민주주의는 정치적 평등을 내세운다. 1789년의 프랑스 대혁명의 기치인 자유, 평등, 박애에서 그 이념이 잘 드러난다. 소수의 인간이 특권을 갖는 봉건주의의 잔재를 무너뜨리고 법 앞에 모든 인간이 평등해야 한다고 주장한다. 니체의 이상은 귀족주의다. 그것은 적자생존의 원칙을 기저로 한다. 생존경쟁에서 강한 자가 약한 자에 대하여 승리한다. 강한 자가 약한 자를 지배해야 한다. 이런 의미에서 니체는 혁명 이전의 프랑스 절대주의를 찬양한다. 자기의 조상이 폴란드 귀족임을 자랑한다. 니체는 귀족 신문을 즐겨 읽었다. 만인에게 평등한 권리를 인정하는 사회는 천박해진다. 인간은 원래 불평등하고 불평등해야 인간다워지고 인류가 더 발전해간다. 민주주의는 인간의 본성을 불평등하게 만든 자연에 어긋난다. 자연 자체가 인간에게 서열을 만들어놓았다. 고귀하고 힘있는 자들은 주인으로 태어나고 천하고 약한 자들은 지배받도록 태어난다. 의지가 약한 어중이떠중이들은 강한 의지를 가진 소수의 엘리트에 봉사해야 한다. 이런 의미에서 니체의 가장 친한 친구인 가스트(P. Gast)는 말한다.

"니체의 모든 시기에서 공통적인 것은 민주주의에 대한 강한 거부이다……. 그는 민주주의 속에서 타락의 조짐을, 무엇보다도 위대한 안목과 방향을 잡아주는 탁월한 인간들이 없어져 가는 가장 뚜렷한 조짐을 발견하였다."123)

니체의 반민주주의는 반상을 구별하는 이조시대의 인간관이나 흑백을 구분하는 미국의 인종주의를 연상시킨다. 실제로 미국의 실용주의적 철학은 많은 부분 니체의 철학을 답습하고 있다.

(7) 사회주의를 반대하는 철학

니체가 활동하던 무렵에 독일에서는 다른 한편으로 사회주의의 이념을 제시하는 철학이 발전하였다. 맑스와 엥겔스의 철학이 그 대표적인 예이다. 니체는 이들의 철학을 깊이 연구하지 않았다. 그러나 전혀 몰랐다고는 말할 수 없다.

시민민주주의가 정치적 평등을 목표로 하였다면 사회주의는 여기에 경제적 평등까지 덧붙이려 한다. 아니 오히려 경제적 평등을 기초로 하여 민주주의의 이상을 실현시키려 한다. 사회주의는 사회와 역사의 주체를 노동계급에서 찾으려 한다. 니체는 평등이라는 이유 때문에 사회주의를 민주주의와 함께 거부하였다.

니체는 말한다.

"유럽의 노동자들은 너무도 좋은 생활을 하기 때문에 점차 문제를 잡아가는 대

---

123) P. Gast, *Einführung in den Gedankenkreis von "Also sprach Zarathustra"*, *In: Nietzsches Werke, VI*(Großoktav-Ausgabe), S. 486.

신 터무니없는 것을 요구한다. 그들은 결국 많은 사람들을 자기편으로 모았다. 여기서 겸양한 자족적인 인간, 곧 중국인과 같은 전형이 하나의 신분으로 성장할 수 있는 희망이 완전히 사라졌다. 그리고 그것은 이성이 가져온 필연적인 결과일지도 모른다. 사람들은 어떻게 했던가?—노동자가 겸양한 신분으로 자라날 수 있는 본능을 없애기 위해 모든 짓을 다했다. ……사람들은 노동자들에게 전투능력을 부여했으며 단결권과 참정권을 주었다. ……노예가 바람직하다면 노동자들을 교육시켜 주인이 되게 하는 것은 바보짓이다."[124]

노동자들은 중국인처럼 잘 복종하는 노예 상태로 가두어놓아야 안전하다는 니체의 개인주의는 노동자가 역사의 주인이 되어야 한다는 사회주의 이념과 얼마나 상반되는가! 여기서 니체의 귀족주의적이고 엘리트 중심주의적인 성향이 잘 드러난다.

그는 말한다.

"일반적으로 사회주의의 방향은 국가주의의 방향과 마찬가지로 개별화되는 것에 대한 반작용이다."[125]

우리는 여기서 매우 중요한 사실을 발견하게 된다. 서구 사조의 세 경향과 그 관계이다. 그 하나는 기독교가 중심이 되는 사조인데, 야스퍼스나 마르셀(Gabriel Marcel, 1889~1973) 등의 유신론적 철학이 여기에 속한다. 다른 하나는 니체가 중심이 되는 무신론적이면서 개인주의적이고 귀족주의적인 사조이다. 카뮈(Albert Camus, 1913~1960)나 사르트르

124) *Ebd.*, 8, 163.
125) *Ebd.*, 11, 364.

(Jean Paul Sartre, 1905~1980)가 여기에 속한다고 말할 수 있다. 마지막의 하나가 맑스와 엥겔스가 중심이 되는 사회주의 이념이다. 이들 세 경향은 서로 다른 두 경향을 동일한 선상에 있다고 규정하고 비판한다.

먼저 기독교적 사조는 니체의 철학과 맑스주의 철학을 무신론이라는 이유로 똑같이 거부한다. 기독교적 이념에 의하면 인간의 존엄성과 자유는 신을 통해서만 가능하다. 그러므로 개인주의이건 사회주의이건 신이 없는 이념은 악과 결부된다.

니체의 무신론은 기독교적 이념과 사회주의 이념을 다같이 비판하고 거부한다. 이들은 모두 평등을 내세워(신 앞의 평등이든, 경제적 평등이든) 인류의 삶을 약화시키기 때문이다.

맑스주의는 니체의 개인주의 철학과 기독교적 이념이 다같이 있는 자의 입장에서 착취와 억압을 옹호하거나 합리화한다고 비난한다. 이런 의미에서 맑스는 종교를 '민중의 아편'이라 불렀다. 현실을 객관적으로 인식하고 과학적으로 개혁하려는 노동자들의 시선을 내세로 향하게 하여 이들의 의지를 마비시킨다는 것이다.

유럽인이 아닌 우리들은 이러한 현상에 직면하면 이 세 현상이 어느 것 하나 절대적 진리가 될 수 없다는 것, 우리의 진리는 우리의 역사적 조건에 맞추어 발생해야 한다는 사실을 교훈으로 받아들일 수 있다.

24. 야스퍼스와 철학적 신앙

실존철학 혹은 실존주의는 두 차례 세계대전의 쓰라림을 맛본 서구인들이 정치·사회·과학 등의 외적인 진보에 깊이 실망을 느끼고 개인의 주관적인 내면으로 눈을 돌린 철학사조이다. 생의 환희를 노래하며 밖으로만 전진할 수 있는 것처럼 생각되었던 인류역사가 깊은 수렁에 빠지고, 이러한 충격은 인간의 내면에 대한 깊은 통찰을 하지 않을 수 없게 만들었다. 이런 의미에서 실존철학은 승리감에 도취되어 외면으로 향하는 미국의 실용주의나 객관적 법칙에 의하여 세계를 개혁하려는 맑스주의와 상반된다고 말할 수 있다.

실존철학에서는 논리나 체계보다 불안이나 절망 같은 비논리적이고 비합리적인 문제들이 추구된다. 여러 가지 방향이 있으나 인간의 내면을 심각하게 추구하고 주관적인 진리를 내세우는 점에서 일치한다. 여기서 문제가 되는 것은 보편타당한 객관적인 진리보다도 한계상황에 놓인 구체적인 인간의 혼을 일깨워 주는 힘을 가진 진리다. 그러므로 종래의 합리적인 철학체계에서처럼 논리적인 증명의 방법을 취하는 것이 아니라 역설이나 잠언 등을 통해서 인간으로 하여금 진정한 자기로 돌아가는 결단을 촉구하거나 인간의 양심에 호소하는 방법을 취한다. 따라서 현대의 어두운 면을 폭로하기도 하고 보통 생각하기에 비철학적인 문제들, 곧 무·불안·죽음 등을 다루기도 한다. 이러한 문제가 여러 가지 방법으로 표현되기 때문에 릴케나 카프카, 까뮈 같은 작가의 문학작품에서도 실존사상을 엿볼 수 있다. 학자와 관점에 따라 여러 가지 방향이 있지만, 보통 프랑스의 실존주의자 사르트르의 구분처럼 무신론적 실존주의와 유신론적 실존주의로 나누는 것이 무난하다.

전자는 니체에까지 거슬러 올라갈 수도 있지만 하이데거(Martin Heidegger, 1889~1976)와 사르트르가, 후자는 키르케고르에까지 거슬러 올라갈 수도 있지만 야스퍼스와 마르셀이 대표적인 인물이다. 물론 개념상 실존주의와 실존철학 사이에는 상당한 구분이 있다. 예컨대 하이데거는 스스로의 철학이 결코 실존주의나 실존철학에 속하는 것이 아니라고 주장하는가 하면 야스퍼스는 실존철학을 실존주의보다 더 고상하고 진지하다고 주장하고 스스로의 철학은 사르트르의 철학처럼 결코 실존주의가 아니고 실존철학이라고 내세우지만 철학사의 입장에서는 개인의 주장보다도 전체적인 흐름이 중요하므로 역시 사르트르의 구분이 가장 합당한 것이라 생각된다. 여하튼 실존철학이나 실존주의가 정도의 차이는 있지만 현대사회에서의 개인의 절망을 나타내고, 인간의 내면에서 위로를 찾으려 하는 주관적 관념론에 속한다는 것은 의심의 여지가 없다.

야스퍼스는 1883년 2월 23일에 북독의 소도시 올덴부르크(Oldenburg)에서 지방장관(후에 은행장)의 아들로 태어났다. 어렸을 때 몸이 허약했기 때문에 항상 고독하고 조용한 생활을 부유한 양친과 함께 보냈다. 뮌헨 대학과 하이델베르크 대학에서 법학과 의학을 공부한 후 1909년에 「향수와 범죄」라는 논문으로 의학박사 학위를 받고 하이델베르크 정신병원에서 조수로 근무하였다. 그리고 다음 해에 의과대학 동급생의 누나와 결혼했다.

빈델반트(Wilhelm Windelband, 1848~1915) 교수 밑에서 『일반정신병리학』(*Allgemeine Psychopathologie*)으로 교수 자격을 획득한 후 1916년에 하이델베르크의 심리학 교수 자리를 얻는다. 그러나 심리적인 연구가 인간의 영혼 문제를 완전히 해결해 줄 수 없다는 것을 깨닫고 철학으로 넘어간다. 1919년의 『세계관의 심리학』(*Psychologie der Weltanschauung*)은 이러한 변화를 잘 보여주고 있다. 1932년에 그의 주저 『철학』(*Philosophie*) 3권이 나온다. 유대인 부인 때문에 나치시절에 교수직을 박탈당했으나 전후에 복직되어 바젤 대학으로 옮겨 강의를 계속하다가 1969년에 세상을 떠났다.

야스퍼스는 그에게 영향을 준 철학자로 플로티노스, 브루노, 셸링, 칸트, 헤겔, 키르케고르, 니체, 막스 베버 등을 들고 있는데 그 중에서도 키르케고르와 니체의 영향이 가장 큰 것 같다. 1931년에 나온 『시대의 정신적 상황』(*Die geistie Situation der Zeit*)에서 그는 실용주의를 실존철학의 '전단계'로 간주하기도 한다. 과학과 다른 철학의 독자성을 주장하기 위하여 과학의 '몰가치성'을 내세우는 베버를 철학자로 추켜세운다.

실존철학은 인간 특히 개별적인 인간의 문제에 집중하기 때문에 다소 철학적 인간학의 성격을 지닌다. 인간을 철학의 중심문제로 다루는 경우에도 포이어바흐에서처럼 물질을 기반으로 하는 감성적 유물론이 있을 수 있고 소피스트에서처럼 감각을 기반으로 하는 실용주의적이고 상대주의적인 관념론이 있을 수 있다. 야스퍼스의 실존철학은 유물론적 인간중심주의와는 거리가 멀다.

야스퍼스는 심리학과 더불어 철학을 시작했으며 사실에 대한 '설명'(Erklären)과 인간에 대한 '이해'(Verstehen)의 차이를 강조한다.[126] 아마도 딜타이의 영향을 많이 받은 것 같고 과학적인 인식의 한계를 제시하면서 실존이나 세계를 인간이 인식할 수 없다고 주장하는 그의 불가지론은 신칸트학파의 영향에 의한 것 같다.

야스퍼스에 의하면 실존은 고정되어 있는 존재가 아니고 항상 움직이고 동요하는 존재방식이다. 그러므로 사유체계나 이념 속으로 응고되지 않고 살아 있는 '삶'이 실존철학의 연구대상이다. 살아 있는 삶을 연구대상으로 삼는 데서 실존철학과 생철학은 같은 기반위에 서 있다. '실존'은 오성의 분석에 의한 연구대상이 아니고 '해명'되어야 할 그 무엇이다. 그러나 나중에 야스퍼스는 실존과 이성이 서로 결부되어 있음을 강조하고 '실존'이 결코 무의식적이거나 비합리적인 것이 아니라고 주장한다. 야스퍼스는 현존·실존·정신·이성 등의 질적인 차이를 규명하려고 노력한다. 그러나 많은 노력에도 불구하고 그의 정신개념이나 이성개념 자체 속에 비합리적 성격이 다분히 들어 있다.

인간은 우선 일상적인 '현존'(Dasein)으로 살아간다. 그러나 한계상황에 부딪혀 일상세계가 모든 것이 아니라는 사실을 깨달으며 초월을 생각

126) H. Saner, *Jaspers*, Hamburg 1970, S. 73.

하게 되고 초월을 생각하는 순간 '실존'(Existenz)이 된다. 단순한 현존은 난파(Scheitern)를 통하여 실존이 될 수 있다는 그의 주장에는 염세주의적인 요소가 들어 있다.

야스퍼스도 다른 실존철학에서처럼 인간의 문제에서 출발한다. 인간 가운데서도 대치될 수 없는 개별적인 인간의 영혼문제에 집중한다. 인간은 스스로 알 수 있는 이상의 어떤 존재라고 전제하면서 그는 인간 속에 들어 있는 비합리적 요소를 신비적으로 절대화시킨다. 인간은 우선 '현존'으로서 존재한다. 현존은 과학·역사·사회·문화 속에서 나타나는 일반적인 인간의 삶을 의미한다. 현존은 인간의 일상적인 존재방식이다. 이러한 현존을 야스퍼스는 겉껍질 속의 피상적인 삶으로 비하시킨다. 현존은 과학에 의하여 탐구되는 대상이고 과학적이고 일상적인 세계의 분석을 야스퍼스는 '세계정위'(Weltorientierung)라 부른다. 계몽주의나 19세기 유물론에서는 인간의 탐구가 세계정위의 한계를 넘어서지 못했다. 현존이 인간의 모든 존재인 것처럼 고찰되었다. 그러나 과학이나 과학적인 탐구는 항상 한계를 지닌다. 과학적인 탐구에 의하면 인간을 규명하려는 시도는 결국 난파하고 만다.

현존분석은 다양한 세계상(Weltbild)을 만들어 낸다. 세계상이란 과학적인 지식을 세계관으로 절대화시킨 것이다. 심리학과 생물을 밑받침으로 프로이트와 니체의 세계상이, 경제학을 중심으로 맑스의 세계상이 만들어졌다. 그러나 이러한 세계상은 인간과 세계에 관한 옳은 철학을 제시할 수 없다. 현존분석이 절대화되기 때문이다. 또한 세계를 구성하고 있는 물질·영혼·정신 등은 질적으로 상이하기 때문에 이들을 통일적으로 파악하려는 철학적인 시도는 모두 난파한다. 과학적인 연구에서는 단지 특수한 인식이나 전망만이 가능하다. 그러므로 이러한 세계상의 한계를 깨닫고 그것을 넘어서 있는 절대적인 것을 추구해 가는 것이 참된 철학의 과제이다.

오성으로 파악될 수 없는 어떤 것이 '한계상황'(Grenzsituation)의 체험과 더불어 인간에게 나타난다. 인간의 힘으로 더 이상 어찌할 수 없는 상황이 한계상황이다. 한계상황에 직면하여 현존적인 삶은 난파한다. 현존을 절대화시키려는 모든 과학과 철학도 한계상황에 직면하여 무력해진다. 현존 속에 안주하려는 인간은 본래적인 참된 인간의 존재방식(실존)을 상실한다. 과학적인 방법으로 사회를 개선하려는 시도는 그것이 성공한다 해도 결국 인간 영혼 속에 공허함을 남겨줄 뿐이다.

야스퍼스는 인간의 힘으로 어찌할 수 없는 한계상황으로 우연(Zufall), 죽음(Tod), 고통(Leiden), 죄(Schuld), 투쟁(Kampf) 등을 들고 있다. 이러한 한계상황 속에서 인간은 현존의 한계를 깨닫는다. 한계상황은 현존 자체와 결부되어 있기 때문에 살아 있는 한 인간은 그것을 벗어날 수 없다.

인간은 스스로 원하지도 않고 창조하지도 않은 상황 속에서 우연히 살고 있다. 내가 이곳, 이 민족, 이 집에서 태어난 것은 우연이다. 내가 만나는 사람들도 우연에 의해서이다. 나의 삶은 항상 우연 속에 얽혀져 있다. 야스퍼스는 우연과 필연이 변증법적으로 연관되어 있다는 사실을 파악하지 못한다. 야스퍼스는 우연의 개념을 모든 변화에 확대시킨다. 생물학적인 변화나 기계적인 변화도 우연적이다. 필연성으로부터 완전히 벗어난 우연이 인간의 현존을 지배한다. 우연은 인간의 삶을 제한하며 인간으로부터 많은 가능성을 박탈해버린다.

인간은 또 '투쟁'과 결부되어 있다. 삶이 있는 곳에는 투쟁이 없을 수 없다. 현존 자체가 바로 투쟁이다. 투쟁은 타인의 삶을 침해하는 것을 의미한다. 투쟁과 착취가 삶의 불가피한 요소이다. 모든 문화는 야스퍼스에 의하면 착취라는 사실에 의거한다.

그는 『철학』에서 말한다.

"역사적으로 실현되는 정신적인 삶은 소수의 자유와 한가함을 보장해 주는 사회질서에 의존한다."127)

"착취를 세계로부터 제거하려는 사람은 정신생활의 실현을 포기해야 한다."128)

국가나 사회질서도 개인 생활처럼 투쟁에 의존한다. 투쟁원리가 적자생존이라는 생물세계뿐만 아니라 정신이나 사상의 영역을 지배한다.

투쟁이라는 한계상황과 밀접하게 연관되어 있는 것이 '죄'이다. 인간의 삶은 죄를 벗어날 수 없다. 존재한다는 것 자체가 죄이다. 왜냐하면 삶은 항상 타인을 지배하거나 침해하면서 유지되기 때문이다. 죄의 문제를 한계상황으로 끌어올리는 야스퍼스의 배경에는 인간의 원죄를 들먹이는 기독교적인 잔재가 남아 있다.

투쟁·죄·우연으로부터 고통이 발생한다. 고통은 질병이나 영혼의 궁핍 속에서도 나타난다. 고통 때문에 인간은 절망한다. 삶의 허무감도 인간에

---

127) K. Jaspers, *Philosophie II*, Berlin 1956, S. 235.
128) *Ebd.*, S. 236.

게 고통을 안겨 준다. 인간이 살아 있는 한 고통은 인간이 피할 수 없는 운명이다.

가장 확실한 한계상황은 그러나 '죽음'이다. 삶의 부정인 죽음이 항상 삶 속에 포함되어 있다. 죽음 때문에 인간은 불안을 느낀다. 혹은 죽음을 눈감아버리며 살아갈 수도 있다. 그러나 그것은 모두 자유로운 인간의 삶에 어울리지 않는 비본래적인 삶의 방식이다.

한계상황은 인간의 현존이 모두가 아니라는 사실을 보여주고 동시에 그것을 넘어 더 고귀하고 참된 삶으로 나아갈 수 있는 가능성을 제시해 준다. 다시 말하면 현존은 한계상황 속에서 스스로의 무력함을 깨닫고 인간의 본래적 존재인 실존으로 넘어간다. 실존의 체험은 자유의 체험이나 초월자의 확신과 연관된다. 그러한 체험은 그러나 합리적 방법으로 체험할 수 없는 독특한 것이다. 오성은 실존으로 나아가는 수단일 뿐이다. 실존은 존재의 근원이므로 지식을 넘어서 있다. '도약' 속에서 인간은 실존을 체험한다. 현존의 분석에서 본래적 존재로, 세계로부터 실존으로, 세계정위로부터 실존해명으로 나아가기 위해서 인간에게 필요한 것은 지식이 아니라 도약이다. 야스퍼스는 그것을 '변증법적 도약'(der dialektische Sprung)이라 부르며 마치 변증법을 잘 응용한 것 같은 인상을 주려 한다. 이러한 도약은 현존분석이나 세계정위를 통한 준비단계에서만 가능하다. 실존으로 도약하면서 합리주의가 극복된다. 실존으로 도약하면서 정신은 180도 전환된다. 현존의 난파를 통한 실존의 체험은 각자에 따라서 각기 다르게 수행된다. 이러한 체험은 저절로 오지 않으며 개인의 '결단'을 요구한다. 실존해명은 이러한 결단을 도와준다. 실존철학은 인간의 자유에 호소하면서 인간을 변화시킨다. 인간은 자유의 가능성을 지니며 성찰과 모험이 이러한 자유의 실현, 곧 실존의 실현을 도와준다, 그러나 인간을 실존의 길로 이끄는 가장 큰 힘은 신앙이다.

호소, 선택, 신앙, 운명애, 역사적인 일회성, 도약, 무한한 성찰 등이 야스퍼스에서 현존연구, 과학, 이성적 설계, 집단행동 대신에 들어서는 중요한 개념들이다.

실존은 현존의 자명성이 사라질 때 시작되며 현존에 얽매인다는 것은 실존이 사라진다는 것과 같은 의미다. 실존은 현존을 벗어나려는 결단에서 시작되며 이러한 결단은 자유 속에서만 가능하다. 실존과 자유는 서로 결부되어 있다. 물론 야스퍼스가 말하는 자유는 내면적인 자유다. 현존의 자명성이 사라지는 한계점에서 실존은 움직이기 시작한다.

한계상황·실존·자유 등은 고립된 인간의 내면세계에서 이루어진다. 이러한 인간의 개인주의적인 고립을 벗어나게 하기 위하여 야스퍼스는 교제(交際, communication)를 들고 나온다. 교제란 실존 사이의 연관성이다. 인간은 타인의 실존을 체험하면서 가장 심오한 스스로의 내면을 체험할 수 있다. 실존은 항상 다른 실존과 결부된다. 교제 속에서만 인간은 참다운 실존이 될 수 있다. 교제는 현존의 투쟁처럼 타인을 침해하는 것이 아니라 모든 무기를 상대방에게 제공하는 '사랑의 싸움'이다.

'교제' 속에서 마치 실존철학의 개인주의가 극복될 수 있는 단초가 들어 있는 것 같다. 그러나 야스퍼스는 교제의 조건으로 고독을 들고 있다. 교제란 한 차원 높은 단계의 고독이다. 모든 인간과의 교제가 아니라 선별된 엘리트 사이의 교제이다. 실존은 소수에게만 가능하므로 실존적 교제란 귀족주의적인 정신 사이의 만남이다.

그러나 교제도 결국 실존처럼 난파한다. 실존이나 교제는 유한한 인간이 완전히 도달할 수 없는 목표이고 이상이다. 실존과 교제는 죽음이라는 한계상황 앞에서 더 이상 가능하지 않다. 실존은 이러한 난파와 더불어 초월자에 눈을 돌린다. 실존은 초월자(Transzendenz)없이 불가능하다. 야스퍼스의 초월자 개념에는 기독교 특히 유대교적인 신개념이 관념론적 철학으로 세속화되어 있다. 초월자는 인격적인 개념이 박탈된 절대자이다. 초월자 속에서 실존은 자유를 얻는다. 초월자는 암호(Chiffre)라는 언어를 통해서 인간에게 나타나고 실존은 이 암호를 해독해간다.

초월자와 연관된 실존 속에서만 인간은 자유를 확신한다. 현존으로부터의 자유이다. 야스퍼스는 실존은 자유 속에서 '선물된다'(geschenkt werden)[129)]는 표현을 사용하면서 기독교의 신이 주는 은총을 상기시킨다.

초월자를 요구하는 야스퍼스의 유신론적 실존철학에는 염세주의와 신비주의가 짙게 깔려 있다. 초월자에 접근하는 방식으로 야스퍼스는 현존과 실존이 모두 난파하고 사라지는 체험을 들고 있다. 초월자의 체험은 인식이 아니라 암호해독이다. 단순하게 종교에 접근하는 철학은 지식인들의 요구에 부응할 수 없고 과학적인 유물론을 인정하는 것은 부르주아 사회에 유해하다는 것을 깨달은 야스퍼스는 유신론도 무신론도 아닌 어중간한 입장에 들어선다. 그는 그러나 스스로의 입장이 유신론이나 무신론을 모두 극복했다고 생각한다. 그는 초월자의 암호가 자연·역사·예술·신비주의·형이상학·종교 속에 어디서나 나타난다고 말하며 그의 철학이

---

129) K. Jaspers, *Chiffre der Transzendenz*, München 1970, S. 48.

가장 포괄적인 것 같은 인상을 주려고 한다. 그러나 암호해독은 과학적인 논쟁과 증명을 벗어나는 불가사의한 것이라고 주장하면서 다시 안개 속으로 도피한다.

실존과 난파 그리고 암호해독은 합리적인 사건이나 경과가 아닌 비합리적인 진행이므로 신앙이나 신념에서처럼 비밀에 싸여 있다. 이러한 체험 속에서는 과학적인 인식이 이루어지는 주·객관의 분열이 사라지고 여러 가지 방식의 포괄자(das Umgreifende)가 나타난다. 포괄자란 주·객관을 함께 포함하고 있는 존재방식이다. 포괄자로 야스퍼스는 현존·의식일반·정신·세계·실존·이성·초월자를 들고 있다. 포괄자 중의 포괄자가 초월자이다. 실존은 초월자와의 관계 속에서만 내면적인 자유를 확신한다.

야스퍼스의 철학에는 주관주의·개인주의·귀족주의·신비주의·비합리주의 등의 요소가 들어 있다. 그는 인간존재를 현존과 실존으로 양극화시키면서 귀족주의적인 주관주의를 옹호한다. 현존이나 실존에 나타나는 객관적인 세계가 완전히 왜곡되어진다. 야스퍼스가 의미하는 현존은 두 가지 다른 뉘앙스를 가진다. 하나는 인과법칙에 의존하는 시·공간적인 세계에서의 인간생활이다. 이러한 현존은 생물학적이고 본능적인 본성에 따라 살아지는 삶이다. 다른 하나는 사회적인 인간생활이다. 기술의 발달로 인하여 위협을 받고 있는 현대인의 삶이다. 야스퍼스는 개인의 삶을 위협하는 기술문명을 신랄하게 비판하면서, 그러나 기술이 개인의 삶을 소외시키지 않으면 안 되는 자본주의적 사회구조에 대해서는 언급을 회피한다.

야스퍼스에 의하면 현존은 모순과 고통으로 가득 차 있다. 현존에 얽매이는 것은 인간의 참된 본질인 실존의 상실을 의미한다. 자유, 인간성, 삶의 가치 등이 오직 실존에서만 실현된다. 현존에 대한 거부와 실존에로의 호소는 자본주의 사회에서 일그러진 대중의 삶에 대한 모멸이며 지식인의 오만을 의미한다. 불교의 승려나 기독교의 수도자처럼 야스퍼스는 사회생활을 모멸하며 현존으로부터 실존에로의 도피를 호소한다. 실존이 너무 고독하지 않도록 실존들의 교제를 강조하지만 그것은 수도원에서의 교제와 크게 다를 바 없다.

야스퍼스는 독일의 정치문제뿐만 아니라 인류의 역사문제에도 눈을 돌렸다. 그러나 여기에서도 염세적인 색채가 나타난다. 그는 인류의 역사가 자연상태로부터 문명시대로 발전해간다고 말한다. 문명시대에서 그러나 영혼은 메 마른다. 이러한 절망상태에서 인류를 구할 수 있는 것은 신앙뿐이다. 1949년에 야스퍼스는 역사문제를 다룬 『역사의 시원과 목적』이라는 책을 저술하였다. 그는 역사를 벗어나 있다고 비판을 받는 실존철학을 실존주의적인 역사철학 안에 정립하려한다. 『시대의 정신적 상황』에서와는 달리 여기서 야스퍼스의 생각에 커다란 변화가 일어난 것 같다. 그러나 그가 인정하는 사회주의는 진화적이고 평화로우며 자유로운 사회주의이다. 신칸트학파가 의미하는 사회주의와 대동소이하다. 사회주의가 가져오는 정의는 결코 실현될 수 없는 영원한 과제라고 야스퍼스는 말한다. 야스퍼스는 사회주의가 사유재산을 건드려서는 안 된다고 주장한다.

야스퍼스는 맑스가 내세우는 사회주의를 거부하면서 미국의 주도 아래 복지국가의 실현을 가능하게 하는 사회주의를 원한다. 그는 세계를 변화시키는 요인으로서 노동의 역할을 인정하기 시작한다. 인간의 세계는 공동적인 노동으로부터 발생한다고 말한다. 그러나 동시에 야스퍼스는 사회와 역사발전에서 차지하는 경제적 요인의 역할을 부정한다. 경제적 요인을 역사발전의 유일한 요인으로 삼는 것은 오류라고 말한다. 그는 경제적 요인 대신 기술발전을 내세운다. 세계를 변화시키고 규정하는 것은 기술혁명이며 현대의 위기도 이것과 연관된다. 그 외에도 현대사회의 위기를 조장하는 요인으로 야스퍼스는 계몽주의, 프랑스혁명, 독일관념철학을 거론한다. 그러나 현대의 위기는 인간의 역사처럼 전체적으로 해명될 수 없는 비밀에 싸여 있다고 결론을 짓는다. 회의주의와 신비주의가 다시 등장한다.

기술시대에서 인간의 영혼이 메마르고 인간은 따뜻한 고향을 잃어간다는 사실에 대해서는 야스퍼스 외에도 많은 철학자들과 문학가들이 말하고 있다. 야스퍼스는 자본주의 사회의 위기를 현대문명의 위기로 파악하면서 이러한 위기를 벗어날 수 있는 구체적인 출구를 찾지 못한다. 불안한 예감으로 미래를 바라볼 뿐이다. 이러한 위기의 근본원인이 경제적인 문제라는 것을 그는 파악하지 못한다.

기술문명에 대한 거부와 더불어 야스퍼스는 '제2의 차축시대'(車軸時代, Achsenzeit)를 기대하고 있으며 그것에 의하여 과학적인 기술문명이 인간적인 모습을 지닐 수 있다고 생각한다. 야스퍼스는 유럽·인도·중국 등에서 정신문화가 꽃피던 기원전 5세기경(더 정확히 말하면 B. C. 8세기~B. C. 2세기)을 인류 최초의 '차축시대'라 일컫는다. 이 시대에 인류는 초월자를 확신했다. 세계종교의 싹이 이 시기에 피어났다. 세계사를 전환시키는 결정적인 사건이 이 시기에 발생하였다. 이 시기에 중국에서는 공자·

노자·장자 등이 활약하였고 인도에서는 우파니샤드철학과 불타의 설법이 나타났으며 이란에서는 차라투스트라가, 희랍에서는 헤라클레이토스와 플라톤 등이 진리를 가르쳤다. 이 시대부터 인류는 참된 의미의 역사를 갖는다. 차축시대 이전에 나타난 이집트, 바빌로니아, 잉카, 멕시코, 페루 등의 문화를 야스퍼스는 비역사적인 것으로 제처버린다. 왜 이러한 차축시대가 나타났는가에 대해서 야스퍼스는 명확하게 설명하지 못했으며 그것을 다만 역사의 수수께끼로 남겨놓는다.

차축시대를 가정하는 야스퍼스의 역사철학은 헤겔의 역사철학과 달리 역사적인 내용과 그 발전을 무시하고 한 시대를 절대화시키는 오류를 범한다. 실제로 차축시대란 존재하지 않았으며 그것은 초월자 철학을 합리화시키기 위한 사변적인 구성일 뿐이다. 중국의 봉건제도를 합리화시키려는 공자의 철학은 노예제도를 바탕으로 귀족주의를 합리화시키려는 불타의 철학과 다른 시대적 배경을 갖고 있으며 희랍의 노예제도가 절정에 달하였을 때 나타난 헤라클레이토스와 도시국가가 무너져가는 위기 속에서 나타난 플라톤 철학 사이에는 접합점이 거의 없다. 그러므로 야스퍼스가 말하는 차축시대의 '동시성'이나 '동질성'은 억지로 만들어낸 착상일 뿐이다. 특히 다른 지역(남미)의 문화를 배제시키고 개인주의가 번창했던 희랍문화를 정점으로 삼는 것은 서구중심적인 역사관을 벗어나지 못하는 오만에서 나온 결과이다. 야스퍼스가 인도나 중국의 문화에 눈을 돌리는 경우에도 서구적인 관점을 벗어나지 않는 한도 내에서다.

야스퍼스는 기술시대와 더불어 차축시대 이후 완전히 새로운 역사가 나타났다고 말한다. 그러나 이 시대는 정신적인 혁신이 동반하지 못하고 있다. 봉건주의나 자본주의가 정신적으로 노예제사회를 능가하지 못한다는 것이다. 야스퍼스의 역사철학에는 사실성이 결여되어 있다. 역사를 움직여 가는 물질적인 조건들이 고려되지 않는다. 야스퍼스에서 역사는 다만 이념의 역사 다시 말하면 종교·예술·철학의 역사일 뿐이다. 과거의 철학자나 종교가들이 스스로의 실존철학적인 의미에서 해석되고 평가된다.

차축시대는 실존이 탄생하는 시대이다. 야스퍼스는 불타, 차라투스트라, 플라톤, 여호수아 등을 실존철학자로 해석한다. 그러나 그것은 무리이다. 다만 당시에 경제구조의 변화에 따라 사회형태가 와해되었고 거기서 오는 불안이 지식인들을 신비주의나 종교로 도피시킨 사실이 야스퍼스의 실존철학이 나오는 사회적 배경과 유사할 뿐이다. 야스퍼스는 고대 각지에서 정신적 문화가 발생한 동기를 경제발전과 그에 따르는 사회적 위기에서 찾아야 했었다. 그러나 야스퍼스는 역사를 객관적으로 해석하는 대신 역사 속에 실존철학의 이념을 끼워 넣으려 한다. 혹은 역사를 실존철학적으로 신비화한다. 그는 인간이 존재를 인식할 수 없고 다만 초월자를 확신할 수 있다는 명제를 역사를 통해 다시 한 번 확인하려 한다.

야스퍼스는 역사의 객관적인 내용이나 법칙 대신에 실존적인 개인의 역사성을 강조한다. 역사적인 것은 합리적으로 파악되지 않는 비밀이다. 인간은 역사의 시원이나 그 목적을 알 수 없다. 역사에는 필연성이 들어 있지 않으며 역사는 인간의 순간적인 결단에 의하여 좌우된다. 역사의 의미나 목적은 그러므로 인간이 자유롭게 되는 것, 곧 실존의 실현에 있다. 실존과 자유 속에서 초월자가 확신된다. 역사를 초월한 초월자의 암호를 해독 해 가는 데 인간과 역사의 목적이 있다. 실존은 보편적인 범주를 벗어나며 그렇다고 시 · 공간에 얽매인 개인에 국한되지도 않는다. 실존은 역사성에 의하여 유지된다. 그것은 독특하고 대치될 수 없는 어떤 것이다. 역사의 보편적인 법칙을 벗어나 법칙 밖에 존재하는 일회적인 역사체험이다.

1949년에 나온 『역사의 시원과 목적』에서 야스퍼스는 기술(Technik)에 관한 철학을 전개한다. 기술의 발전이 세계사의 도식에서 중요한 위치를 차지한다. 기술은 최초로 인류에게 프로메테우스적인 시대를 열어 놓았다. 인류는 이때 불과 도구를 발견하였다. 그러나 그 후 문화적인 역사시대가 들어서면서 인간은 자연적인 삶으로부터 해방된다. 그러나 왜 기술이 발전하였고 왜 문화가 발전했는가에 대한 설명을 하지 못한 채 야스퍼스는 그것을 신비적인 문제로 남겨놓았다. 다시 말하면 역사를 이끌어 가는 법칙을 부정한다. 인류의 문화발전은 차축시대에서 정상에 달하고 그 이후는 이로부터 나오는 지엽적인 혁신이 일어났다. 그러나 이러한 과학의 시대가 제2의 차축시대를 의미하는 것은 아니다. 그와 반대로 과학적인 시대는 차축시대에서 획득한 인류의 정신적인 유산을 손상시키고 인간의 삶을 황폐화시키려 한다. 기술시대가 들어서면서 인류의 문화는 몰락하기 시작한다. 기술시대가 현대인의 위기를 조성하였다. 이러한 위기로부터 해방되는 길은 현존을 극복하고 실존으로 나아가는데 있다.

야스퍼스는 '기술시대'를 비판하면서 기술의 의미를 규정해간다. 먼저 기술은 도구를 의미하며 이 도구를 사용하여 인간은 자연을 이용한다. 기술은 인간을 자연으로부터 해방시킨다. 기술의 발전이 경제구조나 사회제도를 변화시킨다. 기술을 통하여 자연이 인간의 생활에 알맞게 변화되는 가운데 역사가 흘러간다. 그러나 야스퍼스는 기술을 경제·사회적인 현상과 고립시켜 파악한다. 기술이 생산력과 생산관계의 한 요소로 파악되는 것이 아니라 사회적 생산과 분리된 어떤 것으로 고찰된다. 기술은 독자적이고 신비스러운 자체의 근원을 갖는다. 기술(생산력)과 생산관계 사이의 연관성이 고려되지 않는다. 경제적인 사회관계가 곧바로 기술에 종속된다. 기술의 발전에 작용하는 주관적 요인, 곧 노동하는 인간의 역할을 야스퍼스도 인정하지만 그것을 발명가나 학자로 제한해 버린다. 노동자의 역할이 무시된다. 기술을 생산관계로부터 고립시킴으로써 야스퍼스는 기술과 사회구조 간의 연관성을 은폐하고 기술문제를 모든 사회에 동일하게 적용한다. 그는 자본주의의 모순을 얘기하는 대신 단순하게 기술문명의 위기와 병폐에 관하여 말한다. 그는 사유재산의 문제를 거론하는 것이 오히려 문제를 은폐한다고 주장한다. 야스퍼스에 의하면 경제관계는 도덕적이고 종교적인 요인들에 의하여 규정된다. 기술문명은 자연과학, 발명정신, 노동조직이라는 3요소에 의해서 발생하고 이 3요소는 각각 독자적인 근원을 갖는다.

사회경제적 요인으로부터 완전히 고립된 발명정신이나 자연과학을 내세우면서 야스퍼스는 기술이나 기술시대를 관념론적으로 해석한다. 자본주의라는 경제구조와 과학발전이 밀접하게 연관되어 있다는 사실을 그는 간과한다. 기술을 발전시키는 과학이 독자적인 세계로 존재한다. 과학과 기술이 과학기술적인 세계를 도래시킨다. 야스퍼스는 자본주의 사회의 위기를 기술문명의 위기로 바꾸어버린다. 인간은 점차 기계의 부속품으로 전락하며 정신적인 가치를 상실한다. 인간정신의 창의성 대신에 기능주의가 들어선다. 현대인은 전통이나 고향을 상실한 채 어디서나 대치될 수 있는 기성품과 같은 인간이 된다. 본능적인 향락을 추구하는 천박한 인간이 된다. 현대인은 상식이 지배하는 대중 속에 몰락하고 여론에 좌우된다. 기술시대는 차축시대와 정반대이다. 정신적인 궁핍, 인간성의 상실, 사랑의 결핍, 창의성의 부족 등이 기술시대의 특징이다. 실존 대신에 현존이 지배한다.

야스퍼스의 진단은 자본주의 사회의 모순을 밝혀내는 데 어느 정도 타당성을 지닌다. 그러나 야스퍼스는 기술과 사회구조 사이의 연관성을 무시해버리고 기술과 과학을 독자화시키며 사태를 은폐한다. 과학 자체는 결코 인간을 위협하지 않는다. 무엇을 위해서 그리고 누구를 위해서 과학이 발전하고 기술을 촉진시키는가를 물어야 하며 그것을 통제하는 세력이 누구인가를 물어야 한다. 과학을 두려워할 것이 아니라 그것을 인간생활의 개선에 기여하게 해야 된다. 그러기 위해서는 과학이 모든 인간에게 혜택을 주며 과학과 기술 때문에 인간의 삶이 황폐해지거나 소외되지 않도록 규제할 수 있는 건전한 사회제도가 필요하다. 과학의 만능과 인간의 무기력을 강조하는 야스퍼스의 철학은 사회제도에서 오는 모순을 은폐하는 데 도움을 준다. 그는 이러한 위기로부터 벗어날 수 있는 처방을 비합리적·신비적·개인주의적인 방법에서 찾는다. 곧 개인의 내면적인 실존에 호소하면서 시대의 위기를 극복하려 한다. 노동운동이나 환경보존운동 같은 것에 큰 가치를 부여하지 않는다.

과학적인 철학의 거부나 객관적인 사회법칙을 인정하지 않으려는 야스퍼스가 도달하는 최후의 종착역은 '신앙'이었다. 그러나 그는 인격신이나 계시가 중심이 되는 종교적 신앙 대신에 개인의 실존이 기초가 되는 '철학적 신앙'을 내세운다. 이러한 신앙이 구체적으로 무엇인가를 야스퍼스도 밝힐 수 없었다. '영원한 철학'에 대한 신앙이기도 하고 초월자를 확신하는 신앙이기도 하다. 그 내용이 과학적으로 증명되거나 인식될 수 없기 때문에 마치 허공에서 부유하는 것과 같은 느낌을 준다. 실제로 야스퍼스는 '부유'(schweben)를 철학방법으로 내세우고 있다. 유신론과 무신론 사이를 어중간하게 부유하고 있는 것이다. 무신론적인 생활방식과 종교적인 생활방식이 양극화되어 있는 프랑스에서 야스퍼스의 철학이 잘 수용되지 않는 이유는 바로 여기에 있다. 야스퍼스는 그의 '철학적 신앙'이라는 이념을 키르케고르에서 받아들인 것 같은데 키르케고르는 철학자가 아니고 종교적인 사상가이므로 그것이 가능할 수 있으나 철학적 전통과 깊이 연관되고 있는 야스퍼스에게는 어울리지 않는다.

종교적인 계시나 인격신을 부정하지만 야스퍼스는 그의 '철학적 신앙'과 더불어 결국 서구의 기독교 전통을 벗어나지 못하고 있다. 아마도 서구 기독교 중에서도 고대 유대교의 이념이 그에게 큰 영향을 미친 것 같다. 유대 가문 출신인 부인의 종교가 그의 사상에 큰 작용을 한 것은 사실이다. 스위스 바젤 대학에서 야스퍼스와 같이 강의를 하던 신학자 바르트(Karl Barth)는 그러므로 야스퍼스의 초월자를 '내용도 없고 쓸모도 없으며 매우 지루한 유령'[130]이라 비꼬았다. 그러나 종교인들의 비판에도 불구하고 기독교가 중심이 되는 서구의 정신적 풍토를 야스퍼스는 결

130) H. Saner, *Ebd.*, S. 148.

코 이탈하지 않았다. 그는 '철학적 신앙'을 계시 신앙에 대치시키는 대신 서로 보충하게 하려 하였다.

야스퍼스와 후설(Edmund Husserl, 1859~1938)은 같은 시대에서 다 같이 관념론의 입장에 서 있었으나 야스퍼스가 '철학적 신앙'을 내세우며 더욱더 신비적이고 비합리주의로 빠진 반면 후설은 '엄밀한 과학으로서의 철학'을 내세우며 어느 정도 주관주의를 벗어나려는 태도를 보였다. 야스퍼스의 눈에는 그것이 매우 못마땅하였다. 그러므로 야스퍼스는 후설의 시도를 '철학에 대한 배반'[131)]으로 낙인찍었다. 진짜 철학이 아닌 가짜 철학의 예가 바로 후설의 철학에서 나타난다는 것이다. 그러나 전반적으로 고찰할 때 야스퍼스의 철학이 후설의 철학보다 더 참된 철학에 속한다는 아무런 근거도 찾아볼 수 없다. 야스퍼스의 철학이나 후설의 철학이나 다같이 과학적인 세계관과는 거리가 멀다. 그들은 모두 관념론에 머물면서 서구 자본주의 사회의 위기를 제나름대로 반영하고 있을 뿐이다. 여기서 잠깐 후설의 현상학에 대하여 살펴보자.

후설은 19세기말에 유행하였던 철학의 심리주의적 경향을 극복하고 논리적인 보편타당성을 제시하려 하였다. 그러나 그것은 선험적인 주관에 의해서만 가능하다. 선험적 주관은 일상적인 태도를 벗어나기 위해서 판단을 중지하고('괄호로 묶고') '사실 자체로'(zu den Sachen selbst)로 나아가야 한다. 다시 말하면 모든 주관적인 선입견을 버리고 대상의 본질을 직관해야 한다. 직관 속에서 대상의 본질이 드러난다는 후설의 주장은 그의 의도와 달리 매우 신비적이다. 그는 인식과정에서 나타나는 직

131) K. Jaspers, *Philosophie I*, S. XVII.

관, 분석, 추리의 변증법적인 연관성을 무시하고 이들을 형이상학적으로 갈라놓는다. 야스퍼스가 말하는 철학적 신앙이나 초월을 배제하고 객관적인 사실에 눈을 돌리려는 그의 의도는 긍정적으로 평가될 수 있지만 인식의 복합성을 부정하고 인식과 직결되는 사회적 실천을 배제함으로써 부르주아 철학의 관념론적 한계를 벗어나지 못한다.

철학은 항상 그 시대의 이념적인 반영이다. 야스퍼스의 실존철학도 예외가 아니다. 그러나 야스퍼스는 현대적 위기를 진단하면서 표면적인 현상의 분석에 머물러 있다. 그는 사회의 본질을 밝혀내는 대신 그 현상들을 절대화시킨다. 그가 진단한 시대적 상황들은 그러므로 그가 살고 있던 사회의 본질적인 상황과 거리가 멀다. 그는 노동과 자본 사이의 모순, 사유재산을 기초로 하는 자본주의와 사회주의 사이에서 나타나는 근본적인 차이를 전혀 고려하지 않는다. 개인주의적이고 관념론적인 철학이 그것을 불가능하게 만든다. 그는 사회로부터 실존으로 도피하고 초월자 속에 안주하면서 현대 사회의 위기를 벗어나려 한다. 그의 철학이 도피적인 성격을 지녔음에도 불구하고 한 때 서구 지식인들의 호응을 얻은 이유는 그가 개인의 구체적인 문제들을 철학 속에 포함시켰기 때문이다. 개인의 문제들이 사회적 연관을 벗어나 야스퍼스에서 절대화되고 신비화된다. 사회적 실천을 벗어난 개별적인 문제들은 개인과 사회의 조화가 불가능함을 깨달은 많은 지식인들에게 위로를 줄 수 있었다.

야스퍼스의 철학에는 염세주의와 불가지론이 항상 깔려 있었다. 야스퍼스는 합리성과 과학성을 무서워하면서 신비주의와 종교로 도피하고 있다. 그러나 그것을 은폐하기 위하여 야스퍼스는 과학을 매우 중요시하는 것 같은 인상을 준다. 과학 없이 철학은 한 발자국도 나아갈 수 없다던가 철학은 과학을 밑받침으로 하되 과학을 넘어선다고 말할 때 그러하다. 얼핏보기에 그의 철학이 과학성을 밑받침으로 하는 것 같다. 그러나 자세히 분석해보면 그의 철학에서 다루어지는 과학은 신비적이고 초월적인 철학을 준비하기 위한 수단이나 단계에 불과하다. 야스퍼스의 실존철학은 과학을 아무런 미련 없이 벗어난다. 과학과 철학이 내면적으로 연관되는 것이 아니라 철학이 과학을 잠깐 이용할 뿐이다.

전후에 야스퍼스는 미군의 도움으로 다시 하이델베르크 대학에 복직되어 미정보장관과 함께 독일 대학의 재건을 위해 활동하였다. 그는 2차 대전을 일으킨 독일의 속죄문제를 거론하기도 하지만 나치잔재의 철저한 청산을 주장하지 못했다. 그는 나치를 부도덕한 정치세력으로 간주했을 뿐 나치즘과 자본주의적 제국주의 사이의 싶은 연관성을 파악하지 못했다. 그는 나치 시절에 많은 불이익을 받으면서 내면적으로 파시즘에 저항했지만 적극적으로 반나치운동에 참여하지 않았다. 그렇다고 하여 하이데거처럼 표면에 나서서 나치를 지원하지도 않았다. 유대인 부인 때문에 교수직을 박탈당하였지만 그의 저술활동이 금지된 것은 아니었다. 전쟁이 끝난 후에야 그는 나치를 공격하기 시작하였다. 그러나 그는 나치에 대항하여 싸우던 공산주의자들을 단순하게 나치와 동일시하였다. 그러나 서독의 재건과정에서 나타나는 새로운 파시즘의 대두를 뒤늦게 간파하였다. 그는 한동안 '나토(NATO)의 철학자'로서 명성을 날리면서 활동을 하였으나 스위스로 이주한 후 스스로의 오류를 깨닫기 시작하였다. 그 후 그의 영향은 철학적으로나 정치적으로 독일에서 거의 사라져 갔다.

다만 야스퍼스의 개인조교였던 바젤의 자너(Hans Saner), 제네바의 아렌트(Hanna Arendt), 프랑스의 발(Jean Wahl), 오스트리아의 잘라문(Kurt Salamun) 등이 중심이 되는 야스퍼스학회가 잊혀져 가는 그의 이름을 때때로 상기시켜주고 있을 뿐이다.

25. 사르트르와 인간의 자유

프랑스의 대표적인 실존철학자 사르트르는 1905년 6월 21일에 파리에서 한 해군장교의 아들로서 태어났다. 2살 때 아버지가 바다에서 익사사고로 사망한 후 어머니는 그를 외가로 데려갔다. 사르트르의 어머니는 엘자스 지방 출신인 한 독일어 교사의 딸이었는데 그녀의 삼촌이 유명한 의사인 슈바이처(Albert Schweitzer, 1875~1965) 박사의 아버지였다. 사르트르가 12살이 되었을 때 어머니는 재가하였다. 외가에서 어려서부터 이방인처럼 자란 사르트르는 강하게 자신을 주장해야 되는 상황에 익숙했고 소유에 의해서보다 스스로의 능력에 의해서 자신의 존재를 정당화시키지 않으면 안 되었다. 1924년에 천재들의 집합소인 프랑스 고등사범학교에 입학하였는데 여기서 훗날의 친구인 보봐르(Simon de Beauvoir), 니창(Paul Nizan), 이폴리트(Jean Hyppolite)를 만나게 된다. 보봐르와 사르트르는 결혼을 하지 않은 채 일생동안 생의 반려자가 되었다.

사르트르는 철학을 공부하여 보봐르와 함께 우수한 성적으로 이 학교를 졸업하였다. 1929년 10월부터 1931년 2월까지 군복무를 마친 후 사르트르는 르하브르에서 고등학교 교사로 근무하였다. 1934년에 베를린에 있는 「프랑스연구소」(Institut Français)에서 1년 동안 장학금을 받았는데 이곳에 머물면서 사르트르는 후설, 하이데거, 헤겔 등의 저술들을 집중적으로 연구하였다.

1936년에는 르하브르로부터 리옹으로 전출되었는데 이때부터 벌써 후설의 영향을 받은 저술들이 나왔다. 『상상력』(*L'imagination*), 『자아의 초월』(*La transcendence de l'ego*) 등이 그것이다. 1937년에 유명한 파리의 파스퇴르 고등학교로 옮겨 소설 『벽』(*Le mur*)을 발표하였고 다음해 『구토』(*La nausée*)를 출간하였다. 2차 대전이 일어나자 위생병으로 군에 입대한 사르트르는 1940년 독일군이 프랑스를 침공할 때 포로가 되었다. 1941년에 감옥에서 풀려나자 다시 파스퇴르 고등학교에 근무하였고 이 시기에 초기의 주저 『존재와 무』(*L'être et le néant*)를 쓰기 시작하였다. 1942년에 메를로-퐁티와 카뮈를 알게 되었다. 사르트르는 이들과 맑스주의 및 현상학에 관하여 토론을 하였는데 이들은 당시 프랑스의 반독일 저항운동단체인 레지스탕스 그룹과 연관을 맺고 있었다.

1943년에 『존재와 무』가 나왔고 희곡 『파리떼』(*Les mouches*)가 파리에서 공연되었다. 1944년 독일 군이 파리로부터 철수한 직후 희곡 『닫혀진 문』(*Hui clos*)이 공연되어 대단한 성공을 거두었다. 1945년에 교사직을 그만두고 자유저술가로서 파리에 살면서 전후의 프랑스 젊은이들에게 많은 사상적인 영향을 미쳤다. 유명한 카페 '플로르'(Flore)는 그의 단골찻집이었다. 그 해 7월 메를로-퐁티와 함께 잡지 「현대」(*Les temps mod-*

ernes)를 발간하기 시작하였고 좌익계 신문 「콩바」(*Combat*)지의 편집을 맡았던 카뮈와 가까워졌다.

1946년에 『실존주의는 휴머니즘이다』(*L'existentialisme est humanisme*)를 내어놓았다. 1948년에 '민주혁명모임'(Rassemlement Démocratique Révolutionnaire)이라는 정당과 그 기관지 『좌파』(*La gauche*)를 만들어 스탈린주의에 대항하려 하였다. 이 해에 희곡 『더러운 손들』(*Les mains sales*)이 공연되어 대성공을 거두었다.

1950년에 보봐르와 스칸디나비아, 이탈리아, 아프리카 등을 여행하였고 1951년에 희곡 『악마와 신』(*Le diable et le bon Dieu*)이 공연되었다. 1952년에 빈의 '평화를 위한 민족회의'에 참가하면서 메를로-퐁티 및 카뮈와 소원해졌다.

1945년에 소련과 중국을 여행하였다. 사르트르는 알제리에서 프랑스 식민주의정책과 베트남에서의 미국정책을 신랄하게 비판하기 시작하였다. 그는 영국의 철학자 러셀(Bertrand Russel)이 스톡홀름에서 주제한 '베트남재판'에 참가하여 미국을 침략자로 낙인찍었다. 1960년에 쿠바를 여행하여 카스트로와 토론하였다. 이 해에 그의 후기 주저 『변증법적 이성비판』(*Critique de la raison dialectique*)의 1부가 출간되었다. 1962년에 모스크바에서 열린 '세계평화회의'에 참가하여 소련의 개방을 호소하였다. 그 해 10월에 사르트르의 집에서 프랑스 극우파 소행으로 추정되는 폭탄이 폭발하였으나 사르트르는 무사하였다. 1963년에 자서전 『말』(*Les mots*)의 1부가 나왔다. 1964년에 노벨 문학상을 받게 되었으나 사르트르는 수상을 거부하였다. 양심적이고 혁명적인 작가는 부르주아적이고 정치적 냄새가 풍기는 노벨상을 받을 수 없다고 선언함으로써 사르트르는 커다란 센세이션을 일으켰다. 말년에 프로베르(Flaubert)에 관한 연구서 『가족 속의 바보』(*L'idiot de la famille*)를 광범위하게 저술하다가 1980년 4월 17일에 세상을 떠났다.

사르트르는 철학적인 저술뿐만 아니라 문학작품(소설 · 희곡 · 산문 등)을 통해서도 스스로의 사상을 전파하려고 노력하였는데 그의 사상은 일반적으로 『존재와 무』를 중심으로 하는 초기사상과 『변증법적 이성비판』을 중심으로 하는 후기사상으로 구분된다. 초기의 중심문제는 '선택을 통한 자유'였고 후기의 중심문제는 '실존주의와 맑스주의의 접목'이었다.

사르트르의 철학형성에 많은 영향을 미친 철학자가 키르케고르, 후설, 하이데거 등이다. 특히 하이데거의 실존철학이 그에게 미친 영향은 매우 크다. 그러므로 우리는 여기서 하이데거의 철학에 잠깐 눈을 돌릴 필요가 있다.

후설의 조교로서 출발한 하이데거는 야스퍼스와 달리 히틀러 정권 아래서 나치당원이 되었고 1939년에 프라이부르크 대학 총장에 취임하면서 학생들에게 위대한 나치의 정신으로 무장할 것을 역설하였다. 그 때문에 전후에 대학으로부터 추방당했다. 그는 초기의 주저 『존재와 시간』(*Sein und Zeit*)에서 존재문제를 집중적으로 추구한다. 하이데거에 의하면 자기에 이르기까지의 서양철학은 존재를 그 자체로 추구하지 못하고 존재자를 존재로서 추구해왔기 때문에 존재망각(Sein-svergessenheit)의 역사이다. 다시 말하면 존재가 은폐된 비진리의 역사이다. 니체까지도 '가치'라는 존재자에 얽매여 참된 존재를 파악할 수 없었다. 존재로서의 존재를 파악하기 위하여 먼저 인간을 이해해야 한다. 왜냐하면 인간이 존재를 이해하는 유일한 존재이기 때문이다. 인간의 존재 이해에서 가장 중요한 것이 바로 시간의 체험이다. 시간의 체험 속에서 인간은 죽음을 예견하고 '죽음에의 선구적 결단'을 내릴 수 있다. 그와 동시에 인간은 '일상인'(das Man)을 벗어날 수 있다. 시간 속에서 불안과 심려 혹은 걱정을 근본적으로 체험해 간다. 『숲속길』(*Holzwege*) 등의 후기저서에서 하이데거는 야스퍼스와 비슷하게 기술문명에 의한 인간의 소외문제에 눈을 돌린다. 현대사회의 인간소외도 결국 존재망각의 한 형태이다. 기술로부터의 구출, 곧 전회(轉回, 회전Kehre)가 존재자체로부터 나와야 한다. 인간은 예술과 시속에서 존재에 대한 집을 마련해야 한다. "언어는 존재의 집이다"(Die Sprache ist das Haus des Seins).[132] 결국 하이데거가 도달하는 종착역은 존재의 계시이고 그것은 신앙과 거리가 멀지 않다. 하이데거의 철학은 주관주의, 관념론, 비합리주의, 비관주의 등을 특색으로 한다. 이러한 특색이 사르트르에게도 이어진다. 물론 나치에 대하여 적극적으로 투쟁을 해야했던 프랑스 지식인의 입장 등으로 사르트르의 철학은 보다 현실적이다. 특히 정치와 역사문제에서 그러하다. 그러나 사르트르의 철학도 주관적 관념론을 벗어나지 못한다.

사르트르에 의하면 사물에는 주관성이 없다. 사물은 체험을 할 수 없고 스스로를 의식할 수 없으며 스스로에 대한 개념을 가질 수도 없다. 사물의 의미를 규정하는 것이 인간의 의식이다. 인간의 의식은 항상 사물에 '지향되어' 있다. 물론 인간도 다른 인간에 의하여 사물처럼 규정되

132) M. Heidegger, *Holzwege*, Frankfurt am Main 1972, S, 286.

고 판단될 수 있다. 그러나 인간의 내면적 구조는 사물과 다른 독특한 모습을 지닌다. 인간은 행위를 해간다. 인간의 행위는 다른 사물의 작용과 구분된다. 사물은 인과법칙에 의하여 발전·변화되어 가는 데 반하여 인간의 행위는 아직 존재하지 않은 것, 곧 도달하려는 목표에 의하여 규정된다. 사물에 있어서는 현재가 과거에 의해서 규정되는 반면 인간에 있어서는 미래에 의하여 현재가 규정된다. 이렇게 계획 속에 있지만 아직 도달되지 않는 어떤 것이 인간의 행위에 있어서는 가장 중요한 요소이다. 아직 있지 않는 어떤 가능성에 의해서 규정된다는 사실을 사르트르는 '무(néant)에 의해서 침투된다'고 표현한다. 사르트르는 의식을 갖고 있는 인간을 '대자'(pour-soi), 의식 없이 그대로 있는 사물을 '즉자'(en-soi)로 표현한다. 인간은 '즉자'로부터의 초월을 통해서 '대자'가 된다. 다시 말하면 의식을 얻고 가능성을 확신한다. 사르트르는 가능성을 투기하고 가능성을 선택하고 실현하는 인간의 능력을 초월(transcendance)이라 부른다. 인간의 존재를 규정하는 두 요소가 초월과 사실성이다. 즉자는 무의 가능성을 갖지 않는 완전히 충만된 존재이다. 초월이 불가능한 존재이다. 즉자는 완전히 충만 되어있으므로 자유의 가능성이 배제되었다. 무의 가능성을 가진 존재만이 자유의 가능성을 갖는다. 따라서 자유는 인간에게 생득적으로 부여되는 것이 아니라 가능성을 향한 계획과 더불어 얻어진다. 가능성을 향한 계획이란 많은 가능성 중에서 어느 것 하나를 선택한다는 의미이다. 선택한다는 것, 그것은 인간에 있어서 존재한다는 것과 동일한 의미다. 인간은 자유에로, 다시 말하면 선택하지 않으면 안 되도록 결정되었다. 한 사람을 탄생시키면서 그의 부모는 그를 미리 어떤 목적을 갖고 거기에 합당한 인간으로 탄생시키는 것이 아니다. 인간은 무로 태어나 스스로의 본질을 상황에 따라 스스로 만들어 가는 존재이다. 인간은 존재하기 전에는 무이고 존재한 후에 스스로의 인격(본질)을 만들어간다는 사실을 사르트르는 "실존은 본질에 앞선다"[133]는 말로 표현한다. 인간의 본질 혹은 개념은 미리 존재하는 것이 아니며 개별적인 인간의 본질은 더욱더 존재하지 않는다. 신이 존재한다면 신이 미리 인간의 본질을 규정한다고 말할 수도 있으나 철저한 무신론자인 사르트르에게 그것은 불가능하다. 개인 중심적이고 주관적인 자유개념의 한계를 그러나 사르트르는 처음부터 알고 있었다. 그러므로 그는 대상을 벗어난 자유란 하나의 공상에 불과하다고 말한다. 대상은 자유에 방해되는 것이 아니고 자유가 실현될 수 있는 전제이다. 자유는 선택을 통한 자기규정이고 자기규정은 자기실현을 위해서 대상을 필요로 한다. 타인도 나의 자유실현을 위해 불가피한 요인이 된다. 타인과의 접촉은 타인의 시선 속에서 시작된다. 타인의 시선 속에서 나는 하나의 대상이 된다. 나의 상황이 이제 다른 상황이 되고 여기서 나의 자유는 제한을 받는다. 타인의 시선 속에서 나의 존재에 대한 새로운 영역, 곧 소외의 가능성이 발생한다. 이러한 제한은 사실성과 연관되는 불가피한 것이다. 내가 타인의 자유를 인정해주는 것처럼 타인도 나의 자유를 인정해주고 내가 그의 존재에 의하여 제한을 받는 것처럼 그도 나의 존재에 의해서 제한을 받으면서 서로의 가능성이 인정된다. 나는 나를 타인의 자유에 의하여 제한된

133) J. P. Sartre, *Ist der Existentialismus ein Humanismus?*, Zürich 1947, S. 11.

나의 자유로써 선택해간다. 인간은 항상 상황 속에 존재한다. 상황은 자유와 사실성과의 상호작용이다. 상황은 나의 계획과 선택에 의하여 그 의미가 변해간다. 그러므로 상황에 대한 책임을 스스로 지지 않으면 안 된다. 자유와 선택과 책임은 항상 불가분의 관계에 있다.

사르트르의 철학은 1960년의 『변증법적 이성비판』에서 새로운 변화를 겪는다. 『존재의 무』 이상으로 방대한 이 책에서 그는 맑스주의를 상당한 부분에 걸쳐 인정하고 들어간다. 1940년대의 철학에서는 존재·무·즉자·대자·자아·본래성·투기(계획)·시간성·자유·선택·책임 등이 핵심문제로 들어섰고 데카르트, 라이프니츠, 칸트, 키르케고르, 후설, 하이데거 등이 중요한 철학자로 등장했다면 이제 변증법, 실천, 전체화, 소외, 주·객관성, 필요, 물질성, 결핍, 생산방식, 경쟁, 이익, 계급성, 프롤레타리아, 집단 등이 언급되고 헤겔, 엥겔스, 맑스 등이 주요한 철학자로 등장한다.

예컨대 『변증법적 이성비판』에서는 하이데거가 단 3번, 후설과 키르케고르가 단 한 번밖에 언급되지 않는다. 이에 비해서 레닌이 2번이나 언급되고 헤겔이 28번, 엥겔스가 40번, 맑스가 51번 인용된다. 1940년대의 저서들이 개인심리학을 기초로 한다면 『변증법적 이성비판』에서는 역사와 사회학이 보조학문으로 등장한다. 다시 말하면 맑스주의와의 논쟁이 중추를 이룬다. 사르트르는 이전처럼 맑스주의를 외부로부터, 곧 실존주의의 입장에서 비판하려하지 않고 맑스주의를 인정하고 들어간다. "의심할 여지없이 변증법적 유물론은 상승하는 계급의 이데올로기라는 점에서 동시대의 다른 이데올로기 보다 실천적으로 우위에 있다."[134] 그는

134) J.-P. Sartre, *Kritik der dialektischen Vernunft, 1. Band*, Hamburg 1967,

실존주의도 하나의 이데올로기로 규정하면서 맑스주의 철학의 한 요소로 정착시키려 한다. 그러나 맑스주의는 실존주의라는 이데올로기를 수용할 때만 정당성을 얻는다고 덧붙인다. 그러므로 맑스주의와의 논쟁에서도 이전의 실존주의적 인간이해나 존재론이 계속 작용한다. 주관주의적 인식론의 잔재가 남아있지만 사회적 실천의 문제를 통해서 보충된다.

『변증법적 이성비판』의 최종목표는 사르트르가 말하는 것처럼 실존주의와 맑스주의의 통합이다. 그는 맑스주의가 실존주의적인 인간이해를 수용한다면 실존주의는 더 이상 존재할 이유가 없다고 선언한다. 동시에 사르트르는 맑스주의자들에게 변증법적 유물론을 실존주의로 대치시키라고 요구한다. 사르트르는 사적 유물론을 부분적으로 인정하지만 실존주의적 인간학으로 보충하려 한다. 사르트르는 이러한 목적을 위해서 정신분석학과 경험주의 사회학을 동원한다. 『변증법적 이성비판』이 목표로 하는 미래의 철학은 '자유의 철학'이다. 개인의 결단에 의존하는 주관적인 자유가 여기서 어느 정도 객관성을 획득한다. 사르트르는 이 저서와 함께 구체적인 정치참여를 실현한다. 그리고 점차 적극적으로 국제평화운동으로 확대한다. 그는 쿠바혁명을 지지하였고 알제리의 독립전쟁(프랑스에 대한)을 지원하였으며 극우파의 테러를 공격하였다.

사르트르의 『변증법적 이성비판』은 맑스주의에 인간적인 기초를 제공하려는 목표를 갖는다. 인간적인 기초란 실존주의적 의미에서 이해되는 인간의 이해다. 맑스주의에서 다루어지는 노동·실천·착취·소외·물신화·사물화·변증법 등이 결국 실존주의적인 구조로 돌아갈 때만 정당성을 얻

S. 26.

는다고 그는 주장한다. 상황·투기·초월 같은 실존주의적 개념 없이는 이들의 본질이 파악될 수 없다는 것이다. 그러므로 인간존재의 실존적 이해를 맑스주의에 포함시켜야 한다.

사르트르는 인간의 파악능력이나 사회적 실천 속의 변증법을 인정하는 반면 자연의 변증법을 거부한다. 그러므로 엥겔스의 '자연 변증법'을 비판하는데 주력한다. 사르트르는 맑스에서 자연의 변증법이 나타나지 않는다는 사실을 논쟁의 출발점으로 삼는다. 헤겔과 맑스는 변증법을 자연 속에서가 아니라 인간과 자연 및 인간관계 속에서 추출하였다. 자연과 사회를 통일하려는 의도에서 변증법을 자연 속에 전이시킨 것이다. 이에 반하여 엥겔스는 변증법을 사회나 역사뿐만 아니라 자연에도 통용되는 세계법칙으로 올려놓는다. 인간에서만 나타나는 변증법을 우주의 법칙으로 확대하려는 엥겔스의 이념을 겨냥하면서 사르트르는 '독단적 관념론'이라는 용어를 사용한다. "무기적인 자연의 사실영역에서 변증법의 타당성을 주장하는 것은 비과학적이다."[135]

사르트르의 의도는 한편으로 맑스와 엥겔스를 상반적으로 대치시키는 데 있었다. 이러한 시도는 오래 전부터 수정주의에서 나타나는 경향이다. 맑스를 엥겔스와 혹은 청년 맑스를 후기의 맑스와 대치시키려 한다. 그러나 맑스와 엥겔스는 초기 저서에서 다같이 변증법의 타당성을 인정했으며 훗날 작업의 분담 때문에 맑스가 주로 경제적인 문제를, 엥겔스가 주로 철학의 문제를 다루었다는 사실을 감안할 때 사르트르의 주장은 옳지 않다. 이에 관해서 오이저만(Oiserman)이 잘 해명하고 있다.[136] 엥겔

135) J.-P. Sartre, *Ebd.*, S. 33.

스는 철학과 자연과학의 통일을 시도하지만 경험론의 오류를 항상 염두에 두었다. 헤겔에서는 변증법이 주로 사회적, 역사적 발전과 연관된다. 그러나 바로 그 때문에 헤겔의 자연철학은 그의 철학체계 가운데서 가장 허약한 부분에 속한다. 그것은 관념론자인 헤겔에서 나타날 수 있는 당연한 귀결이었다. 이에 반하여 맑스는 라플라스의 천체이론과 다윈의 진화론을 매우 흥미있게 연구했으며 이들에 의하여 변증법적인 발전이론이 보충되고 증명되었다고 확신하였다. 헤겔이나 맑스는 다같이 고대철학에서 나타나는 변증법에 의존하고 있는데 고대철학의 변증법은 헤라클레이토스에서처럼 사회의 변증법에 앞서 자연현상의 변증법적 운동과 변화를 기초로 한다.

이러한 한계에도 불구하고 사르트르의 철학은 다른 실존철학자들의 철학에 비하여 훨씬 더 진보적이고 현실적이다. 그는 무조건 맑스주의를 비판하는 대신 서구적인 상황과 연관하여 개조하려 한다. 서구 지식인의 양심을 유지하려 한다.

서구의 양심이라는 문제와 연관하여 비슷한 시대에 활동한 카뮈와 사르트르를 비교해 보는 것은 매우 흥미 있는 일이다. 카뮈는 『시지프스의 신화』를 근거로 인간의 삶이란 근본적으로 부조리, 곧 비합리적이라고 말한다. 물을 얻기 위해 제우스의 정사를 폭로하기도 죽음의 신을 묶어 버리기도 한 시지프스는 지하에 갇혀 무거운 바위를 산 위로 굴려 올리는 벌을 받는다. 그러나 정상까지 올라간 바위는 스스로의 무게 때문에

136) T. I. 오이저만 저, 윤지현 옮김, 『맑스주의 철학의 형성과정』, 아침 1988, 참조.

다시 떨어지고 만다. 그것은 무용한 일이고 부조리한 일이다. 인간의 삶도 이와 비슷하다. 인간은 아무런 의미도 없는 부조리한 삶을 살아가고 있다. 그러나 문제는 이 부조리한 삶에 대하여 어떻게 인간이 대처하느냐이다. 우선 두 가지의 해결방식이 가능하다. 하나는 아무런 쓸모없는 부조리한 삶을 스스로 포기하는 길이고 다른 하나는 초월적인 어떤 존재로부터 삶의 의미를 찾는 길이다. 전자는 자살을 최후의 해결방법으로 택하며 후자는 신의 구원이라는 인간 외의 절대적인 힘에 의지하는 종교적인 해결방법이다. 지금까지 인간은 보통 이 두 방향의 해결방식을 생각해 왔다. 그러나 카뮈는 이 두 가지 해결방식을 단호하게 거부한다. 그는 부조리를 극복하는 유일한 방법으로 반항을 내세운다. 다시 말하면 어떤 외적인 힘에 의존하지 말고 인간 스스로의 힘으로 부조리를 극복해야 한다는 것이다. 그것은 부조리 그 자체를 사랑한다는 의미이기도하다. 자살은 부조리한 삶과의 대결에서 결국 패배와 굴복을 의미한다. 절대자에 의지한다는 것도 똑같이 부조리한 삶에 대한 일종의 굴복이다. 인간의 좌절에서 초월을 찾는 키르케고르나 야스퍼스를 지칭하면서 카뮈는 실존적 태도를 '철학적 자살'이라 부른다. 그것은 부조리를 반항을 통해서 극복하려는 것이 아니라 그곳으로부터의 도피를 의미한다. 어떤 다른 것에 의존하지 말고 스스로의 힘에 의해서 부조리한 삶을 사랑하고 거기에 계속 반항함으로써 그것을 극복하라는 것이 카뮈의 근본이념이다. 이런 의미에서 카뮈는 사르트르와 비슷하게 휴머니즘적 다시 말하면 인간중심적이다.

반항을 인간조건의 기치로 내세우는 카뮈에 있어서 반항은 그러나 주로 형이상학적 반항이다. 반항의 의미를 형이상학적으로 승화시키는 데 카뮈의 특색이 있고 동시에 한계가 있다. 물론 그는 『반항하는 인간』에서 '형이상학적 반항'과 더불어 '역사적 반항'을 다루고 있다. 그러나 그가 생각하고 있는 역사란 실존철학에서처럼 '주관화된 역사'이다. 사르트르의 초기 저술에서 나타나는 역사이해와 비슷하다. 역사의 의미와 목표 그리고 그 발전 동인을 인간의 사회관계 속에서 과학적으로 추구하지 못하는 데 카뮈의 비극과 한계가 있다. 명석한 판단력과 훌륭한 예술가적 기질에도 불구하고 그는 현실적인 문제, 다시 말하면 프랑스와 알제리 그리고 제국주의의 국가들과 식민지 국가들 사이에서 제기되는 문제에서 과감한 결단을 내릴 수 없었고 결국 역사적·사회적 현실로부터 형이상학적인 세계로 도피한다. 카뮈는 정치·사회문제에 있어서 어중간한 태도를 취하는 서구지식인의 무력함을 대변하고 있다. 알제리 봉기에서 조국 프랑스를 비판하여 이념적으로 알제리를 지원하였고 베트남전쟁에서 미국을 전범자로 낙인찍은 사르트르의 결연한 태도와는 매우 대조적이었다.

알제리 봉기 및 베트남 전쟁에서 사르트르는 서구인의 양심에 호소하면서 제3세계에 대한 열강들의 범죄행위를 단죄하려 하였다. 그것은 조국 프랑스도 예외가 될 수 없었다. 작가적 양심은 애국의 한계에 얽매이지 않는다. 카뮈도 나름대로 인류의 고통을 바라보려 하였다. 그러나 그는 추상적이고 형이상학적인 도덕영역에 머물렀다. 그렇기 때문에 그는 식민지 원주민들이나 약소국가의 혁명투사들이 사용하는 폭력을 용서하지 않으면서도 열강들이 사용하는 공개적인 혹은 비공개적인 폭력들을 응징할 수 없었다. 그는 혁명을 타락한 반항이라 생각하며 혁명의 발생에서 제기되는 역사적·경제적 상황의 역할을 고려하지 않았다. 그것은 역사를 배제한 역사관에서 나오는 편협한 견해이다.

문학의 참여를 주장하면서 카뮈와 8세 위인 사르트르는 한동안 긴밀한 우정을 나누었다. 사르트르의 『구토』와 카뮈의 『이방인』(*L'Étranger*)은 당시의 시대적 상황을 반영하는 대표적인 작품이었다. 독일의 파시즘이 지배하던 시절에도 이에 대한 저항이 이들을 결합시켰다. 1951년에 카뮈의 『반항하는 인간』(*L'Homme révolté*)이 나오면서 사르트르는 카뮈와의 이념적 격차를 실감하였다. 역사의 무의미성을 주장하면서 무책임하게 구체적인 현실로부터 눈을 돌리려는 작가의 양심에 대한 실망과 분노가 사르트르의 결단을 촉진시켰다. 결국 둘은 완전히 갈라서게 되고 독자적인 길을 걸어갔다. 이제 두 사람 모두 생존하지 않는다. 그러나 이들의 관계가 남긴 교훈은 아직도 살아 있다.

26. 실증주의와 분석철학

실증주의(Positivismus)는 19세기 중엽에 프랑스의 철학자인 콩트(Auguste Comte, 1798~1857)로부터 시작한다. 콩트는 '주어진 것', '사실적인 것', '실증적인 것'으로부터 철학이 출발하여야 한다고 주장하며 본질에 대한 물음이나 사실의 원인에 대한 물음을 무용한 것으로 철학에서 배제하려 하였다. 그는 감성계를 벗어나 형이상학적인 문제를 다루는 종래의 철학을 거부하면서 새로운 과학 발전에 부합하는 새로운 철학을 '실증주의'라는 이름 아래 제시하였다. 형이상학적인 문제가 배제된 후 실증적인 사실로서 주어진 것은 결국 현상이다. 그러므로 콩트는 현상형식으로 주어지는 사실을 그대로 받아들이고 그것들을 일정한 법칙(현상사이의 연관성)에 따라 정돈하며 알려진 법칙에 의하여 미래를 예견하는 것이 '새로운 철학'의 과제라고 말한다.

콩트는 유물론과 관념론을 모두 형이상학과 일치시키면서 실증주의가 양자를 극복하는 '새로운 철학'이라고 주장하지만 그것은 현상과 본질의 관계를 올바로 파악하지 못하는 데서 오는 또 하나의 관념론적 오류이다.

본질과 현상의 문제를 다루는 것이 인식론이며 인식론은 항상 인간의 사회적 실천과 연관된다. 마치 본질이 어디에 그 자체로 존재하는 것처럼 생각하고 모든 사변을 동원하여 그것을 찾아가는 것은 콩트가 지적한 것처럼 무용한 노력이라고 말할 수 있다. 그러나 현상과 본질, 개별적인 것과 보편적인 것의 상호작용을 무시한 채 감각적인 현상에만 국한하는 것도 근시안적인 사고방식이다.

19세기에서 20세기에 이르는 많은 부르주아 철학들이 자연과학의 발전 및 사회변화에 편승하여 종래의 형이상학적 사변을 벗어나 구체적이고 과학적인 철학을 제시하려 했지만 모두 자본주의 사회를 옹호하는 피상적인 이데올로기로 끝나버리고 말았다. 그것은 본질과 현상 사이의 변증법적 연관성을 소홀히 하는데서 기인한다.

인간이 살아가고 있는 세계 속에는 많은 대상과 현상이 서로 결부되어 있고 모든 것은 서로 얽혀 있다. 절대적인 의미에서의 개별적인 것은 그러므로 있을 수 없다. 개별적인 대상들은 그 보편적 특성을 기반으로 일정한 개념을 형성한다. 보편적인 의미의 개념을 갖는 데서 인간은 동물과 구분된다. 개념을 떠나서 인간은 존재할 수 없다. 개념은 학문과 철학이 성립하기 위한 필수적인 전제가 된다. 인간의 사회활동을 통해서 만들어지는 개념을 개별자에 앞서서 존재하는 어떤 것으로 상상하자마자 우리는 관념론의 함정에 빠진다. 플라톤의 이데아론이 대표적인 예이다. 실증주의는 이러한 객관적인 관념론을 비판하는 점에서 매우 진보적이다. 그러나 현상과 연결되어 있는 보편적인 본질을 거부할 때 우리 앞에 또 다른 함정, 곧 주관적 관념론의 함정이 나타난다. 영국의 경험론이 바로 그러하다. 경험론은 개별자만을 절대화시키면서 개별자와 보편자와의 연관성을 거부하고 보편자가 객관적으로 존재한다는 사실을 거부한다. 경험론은 매우 진보적인 입장에서 출발했음에도 불구하고 실체 및 그 인과법칙을 부정하면서 결국 회의주의·상대주의·불가지론으로 빠졌다. '주어진 것', '감각적인 것'만을 절대화시키는 실증주의나 실용주의도 주관적 관념론의 오류를 벗어나지 못한다. 일반적인 것과 개별적인 것은 항상 연관되어 서로를 조건지운다. 물론 보편자는 개별자 속에서, 개별자를 통해서만 존재한다. 그러나 보편자는 단순히 개별자의 모든 규정들이 합해진 것만은 아니다.

개별적인 대상이나 과정은 외부로 나타나는 요인과 내부에 감추고 있는 요인을 지닌다. 그것이 바로 '현상'과 '본질'이며 그러므로 이들은 '개별자'와 '보편자', '우연'과 '필연'의 문제와 밀접하게 연관된다.

사물의 본질은 직접 나타나지 않는다. 본질은 현상 속에 숨겨져 있다. 예컨대 우리는 지구가 돌고 있다는 사실의 본질 대신 그 현상만을 일상적으로 대한다. 태양이 동쪽에서 떠올라 서쪽으로 지는 현상을 감각적으로 지각한다. 감각이나 현상에 만족하고 그것을 절대화시키는 사람들은 지구가 돈다는 사실, 지구가 둥글다는 사실을 결코 믿지 않는다. 또 인간의 눈에 나타나는 현상으로서의 태양은 축구공의 크기를 넘어서지 않는다.

현상과 본질은 결코 일치하지 않는다. 그러나 기계적으로 분리되어 있는 것도 아니다. 현상의 연구를 통해서 본질로 나아가는 것이 과학이고 철학이다. 지구의 운동에서 지각되는 현상을 통하여 이 운동의 본질을 인간은 추론해낸다. 그러므로 사물은 결코 그 현상과 일치하는 것이 아니다. 현상과 본질은 모순적인 통일을 이룬다.

실증주의는 '주어지는 것'을 역사적 · 논리적 연관성으로부터 분리시켜 개별자로서 절대화시킨다. 인식의 근원이 '주어진 것', 곧 관찰을 통해서 얻어지는 실증적 사실에 국한된다. 실증적 사실은 지각의 다양성으로만 주어진다. 그러므로 실증주의가 인간의 의식으로부터 감각에 주어지는 사물의 외적인 측면만을 연구하는 데 만족하려 하는 것은 이 철학이 감성적 경험론에 매달리고 있다는 사실을 잘 말해준다.

콩트는 상상력을 관찰에 종속시키는 것, 관찰된 사실을 서로 연관시키는 것, 과학적 직관을 사실에 종속시키는 것, 인간의식의 상대성을 인정하는 것 등을 실증주의적 방법으로 내세운다. 콩트의 의도는 실용주의에서처럼 형이상학을 배제한다는 구실 아래 당시 영향력을 얻어가기 시작한 유물론을 공격하는 것이었다. 그는 인간정신의 발전단계를 신학적 단계(형이상학적 단계)와 실증주의적 단계로 구분하면서 자본주의의 발전에 유용한 실증주의적 단계를 인간정신의 마지막 단계로 미화시킨다.

실증주의는 콩트로부터 마하를 거쳐 신실증주의에 이른다. 신실증주의의 형성에 기여한 주요한 인물들이 영국의 러셀과 비트겐슈타인, 빈의 슐리크와 카르납 등이다.

신실증주의 혹은 논리적 실증주의는 비트겐슈타인(Ludwig Josef Johan Wittgenstein, 1889~1951)에서부터 시작된다고 말해도 과언이 아니다. 비트겐슈타인의 중심문제는 언어였다. 1921년에 씌어진 그의 논문 「논리 · 철학논고」(*Tractatus Logico-philosophicus*)에 이미 신실증주의의 근본 이념이 예고되었다. 신실증주의는 '분석철학'이나 '언어철학'과 보조를 맞추어 인식과정에서의 언어의 역할을 절대화하는 언어중심주의에 빠진다. 이들의 주장에 의하면 모든 철학문제는 언어적인 문제로 환원될 수 있다. 비트겐슈타인에 의하면 철학의 목적은 사유의 논리적 해명에 있다. 언어를 잘못 사용하거나 잘못 선택함으로써, 다시 말하면 언어적인 혼란 때문에 철학의 문제가 발생한다. 철학의 문제들을 해결하는 것은 그러므로 세계관의 문제가 아니라 언어를 명확하게 하는 문제이다.

언어분석이 과학적 작업에 중요한 의미를 지니며 언어를 잘못 사용하는 데서 오는 많은 오류를 피하게 해준다는 사실에는 의심의 여지가 없다. 이런 측면에서 비트겐슈타인의 공적은 인정되어야 한다. 그는 일상언어 속에 종종 동일한 말이 다양한 의미로 사용되기도 하고 서로 다른 말이 동일한 의미로 사용되기도 한다는 사실을 지적한다. 예컨대 '……이다'(ist……)라는 말은 계사로서 동일성을 나타내기도 하고 '……이 있다'에서처럼 존재를 나타내기도 한다.

오스트리아 빈에서 태어난 비트겐슈타인은 1906년에서 1908년 사이에 베를린-샬로텐부르크(Berlin-Charlottenburg) 공과대학에서 공부한 후 영국으로 건너가 1921년까지 맨체스터 대학에서 연구를 계속한다. 영국에서 처음 몇 년 동안 그는 주로 항공에 관한 실험에 몰두하였으나 차차 순수수학과 그 근본문제로 그의 관심이 바뀌었다. 이러한 변화에서 결정적인 역할을 한 것이 1903년에 출간된 러셀의 『수학원리』(*Principles of Mathematics*)이다. 이 책의 영향을 받고 비트겐슈타인은 프레게(Gottlob Frege, 1848~1925)의 저서들을 연구하게 된다. 비트겐슈타인은 마침내 공학공부를 포기하고 1911년에 러셀이 활동하던 케임브리지(Cambridge)로 옮겨간다. 그의 결단을 촉진시킨 것이 예나에서 가진 프레게와의 대화였다. 비트겐슈타인은 러셀 밑에서 연구하면서 철학자인 화이트헤드(Whitehead)와 무어(Moore)외에도 논리학자 존슨(Johnson), 수학자 하디(Hardy), 그리고 유명한 경제학자인 케인즈(John Maynard Keynes, 1883~1946) 등을 알게 된다. 여기서 비트겐슈타인은 수학·철학·실험심리학 등을 연구한 후 1913년부터 노르웨이로 건너간다. 이곳에 머물면서 비트겐슈타인은 1914년에서 1917년 사이에 그의 『논리·철학논고』를 저술하여 그 원고를 러셀에게 보냈고 러셀은 그 출판을 주선해 주었다.

비트겐슈타인은 『논리·철학논고』와 더불어 모든 철학 문제가 해결되었다고 생각하고 철학계를 떠나 1920년에서 1926년 사이에 오스트리아의 여러 초등학교에서 교사로 근무한다. 그러나 교직에서 보람을 느끼지 못한 그는 1926년에 교직을 그만두고 빈의 교외에 있는 어떤 수도원에서 정원사로 일한다.

바로 이때 슐릭(Moritz Schlick, 1882~1936)을 알게 되고 슐릭은 그에게 '빈학파'의 토론회에 참석하도록 설득했다. 1928년 3월 10일에 비트겐슈타인은 빈 대학에서 브로우어(Brouwer)의 특별강연 '수학·과학·언어'를 듣고 다시 철학 연구를 계속하고 싶은 충동을 받는다. 왜냐하면 이 강연에서 브로우어는 『논리·철학논고』를 비판했기 때문이다. 1929년에 그는 다시 케임브리지로 갔고 이듬해 트리니티 대학의 연구원이 된다.

1939년에는 무어의 후계자로서 철학교수에 임명되었고 1945년에 『철학연구』(*Philosophische Untersuchungen*)의 1부가, 1947~49년에 그 2부가 완성되었는데 이 저술은 내용상으로 『논리·철학논고』와 많은 차이를 보여주었다. 『철학연구』는 1953년에야 유고로 출간되었다.

언어와 현실의 연관성을 분석하고 그것으로부터 출발하여 일정한 철학목표에 도달하려는 비트겐슈타인의 이념과 방법은 처음부터 잘못되어 있다. 그 이유는 그가 인식과정을 하나의 사회적인 발전과정 다시 말하면 사회적 실천과 끊임없는 연관 속에서 진행되는 어떤 과정으로 파악하는 대신 그것들과 분리된 독자적인 과정으로 파악하려 하기 때문이다. 비트겐슈타인의 전제는 마치 사회 속의 고립된 섬을 연상시킨다. 이 섬에서는 언어가 난무하고 있다. 철학을 언어철학의 문제로 환원시키고 그것이 유일한 진리라고 주장하는 것은 결국 사회의 심각한 모순을 회피하면서 중립적인 현상에 만족하려는 기회주의적이고 소시민적인 지식인들의 교묘한 술책이다. 미래의 전망을 상실한 부르주아 지식인들은 진보적인 사회발전을 거부하는 회의주의에 빠져 철학의 문제를 기초적인 특수영역으로 국한시키려고 한다.

비트겐슈타인과 그의 추종자들은 모든 철학적인 보편화가 언어의 오용에서 나오는 결과이기 때문에 그것이 철학으로부터 배제되어야 한다고 주장한다. 보편성의 문제나 세계관의 문제에 대한 해답의 진위를 검증하기란 불가능하다. 그러므로 이러한 문제자체가 언어를 논리적으로 잘못 사용하는 데서 나타나는 '사이비문제'다. 그러나 철학은 일종의 과학적인 세계관이다. 세계관을 벗어난다는 것은 철학이 철학임을 그만둔다는 말과 같다. 문제는 하나의 세계관이 과학적인 토대를 갖느냐 과학을 벗어나 사변적이고 신비적인 색채를 갖느냐, 혹은 과학을 거슬러서 사이비과학성을 지니느냐이다. 형이상학을 극복하려는 많은 현대의 부르주아 철학들이 사이비 과학철학에 빠져든다. 비트겐슈타인에서도 이러한 오류가 드러난다. 그의 이념 역시 세계관적인 혹은 형이상학적인 전제를 완전히 배제하지 못하고 있다. 물론 그는 형이상학을 철학으로부터 배제해야 한다고 주장한다. 사변적이고 비합리적인 요소를 철학으로부터 추방하려는 그의 요구는 정당하다. 그의 논리연구는 철학적인 용어를 분명하게 정리하고 철학의 공허한 사변성을 제거하는 데 공헌하였다. 그럼에도 불구하고 모든 세계관의 문제를 '사이비문제'로 배제하려는 것은 철학을 완전히 포기하는 결과를 낳는다.

비트겐슈타인은 철학이 이론이 아니고 하나의 실천이라고 말한다. 그러나 이러한 실천은 어떤 새로운 결과도 가져오지 않는다고 덧붙인다. 철학의 실천이 어떤 새로운 결과도 가져오지 못한다는 주장은 철학을 아무것도 산출하지 못하는 논리학과 언어학으로 환원시킨다는 말과 같다. 논리적인 언어분석은 실제로 자연과학이나 역사과학 혹은 사회과학의 의미에서 아무런 새로운 지식도 가져다주지 못한다. 기껏해야 자연과 역사와 사회의 주변문제만을 분석할 뿐이다. 논리학과 언어학의 과제는 과학적인 의미에서의 새로운 인식을 얻는 데 있는 것이 아니고 올바른 인식에 도달하도록 우리를 도와주는 데 있다. 그러므로 아리스토텔레스가 이미 논리학을 일종의 도구 혹은 '기관'이라 불렀다. 논리학이나 언어학은 오늘날에도 옳은 사유를 위한 도구의 역할을 하고 있다. 논리학의 연구를 통해서 우리는 결코 어떤 진리의 내용이나 그 내용의 타당성을 밝혀낼 수 없는 것이다.

비트겐슈타인은 "참된 사유의 총화가 세계상이다"137)라 주장한다. 다시 말하면 세계는 사물의 총화가 아니라 사실(Tatsache)의 총화라는 것이다. '사물의 총화'를 전제로 하는 것은 유물론과 거리가 가깝기 때문에 비트겐슈타인은 '사물' 대신 '사실', 곧 대상간의 관계성을 내세운다. 그러나 러셀이 지적한 것처럼 '사실'의 엄밀한 규정은 용이하지가 않다. 러셀은 '사실'이란 명제의 진위를 가능하게 하는 어떤 것이라고 설명한다. 비트겐슈타인은 현실적인 '사실'(Tatsache)과 가능적인 '사태'(Verhältnis)를 구분한다. '사태'는 대상의 결합 속에서 나타나는 '사실'이다. 비트겐슈타인은 '대상'을 어떤 결합되지 않는 실체로 이해한다. 실체를 가정하면서 비트겐슈타인은 존재론으로 나아간다. 비트겐슈타인은 논리적 고찰방식과 존재론적 고찰방식을 뒤섞고 있다. 실체는 논리적 조작에 앞서서 존재하는 어떤 것이다. 논리적 주체는 사물이나 실체를 하나의 명제 속에서 언급하며 그러므로 실체는 아직 결합되지 않는 상태로 있다.

비트겐슈타인에서 논리적 고찰방식과 존재론적 고찰방식이 뒤섞여 있다는 사실이 그의 「일기」(1914~1916)에서도 드러난다. 여기서 그는 하나의 진술이 세계의 논리적 구조를 대신할 수 없다고 말한다. 왜냐하면 진술이 가능하고 하나의 명제가 의미를 얻기 위해서는 세계가 이미 논리적 구조를 가져야 하기 때문이다. 세계의 논리가 명제의 진위에 우선한다. 이러한 주장은 플라톤적인 관념론에 가깝다. 그러나 비트겐슈타인은 언어를 통한 사물의 논리적 반영이 진리관계의 본질을 해명하는데 도움을 줄 수 있다고 덧붙인다. 그것은 한 명제의 진·위가 가능하기 위해서는

137) L. Wittgenstein, *Tractatus logico-philosophicus*, Frankfurt am Main 1963, These 3.01.

그 명제 속에 현실과 일치하는 어떤 것이 포함되어 있어야 한다는 매우 정당한 주장이다.

후기 저서들에서 비트겐슈타인은 다시 언어주의에 접근하면서 언어로부터 독립되어 있는 사태를 가정하는 것은 관념론적인 가상이라고 주장한다. 세계 자체가 먼저 존재하고 그것이 언어를 통해서 옳게 혹은 그르게 진술되는 것이 아니라 언어를 통해서 세계가 진술된다고 주장하면서 비트겐슈타인 자신이 주관적 관념론으로 빠져든다. 언어가 사실을 모사하고 반영한다는 주장이 더 관념론적인가 아니면 사실이 언어에 의해서 구성된다는 주장이 더 관념론적인가?

언어와 현실의 관계를 해명하려는 비트겐슈타인의 주장은 다소 합리적인 면을 포함하기도 하지만 전체적으로 관념론의 한계를 벗어나지 못한다. 주관과 객관(대상)의 관계 대신에 주관과 주관적인 대상과의 관계가 들어선다. 이러한 오류는 인식과정의 사회적·역사적 측면이 고려되지 않는 데서 기인한다. 물론 인간은 세계를 전체로서 직접 파악할 수 없다. 개념·언어·추상화·법칙 등을 통한 인식과정이 필요하다. 이러한 인식과정에서 필연적으로 고려되어야 하는 문제가 구체성과 추상성, 개별성과 보편성, 현상과 본질 사이의 상호연관성이다. 구체적인 사실과 그것을 기반으로 하는 법칙을 통해서 세계인식이 가능해지고 우리는 그것을 세계관이라 부른다. 철학적인 진술이나 진리는 항상 세계관의 문제와 결부된다. 다시 말하면 철학은 세계에 관한 보편적인 원리를 추구하고 진술한다. 분석철학자들은 왜 세계관의 문제를 기피하는가? 세계관적인 명제는 필연적으로 유물론과 관념론의 문제를 야기하며 그것은 다시 자연과 인간사회에 관한 보편적인 법칙의 탐구로 나아가기 때문이다. 신실증주의자들은 철학을 언어분석에 국한시키고 인과법칙을 거부하면서 인류의 위대한 철학전통을 파괴하려 한다. 그 결과는 영국의 경험론에서처럼 회의주의와 불가지론이다. 비트겐슈타인은 말한다. "태양이 내일 다시 떠오른다는 것은 하나의 가설이다. 다시 말하면 그것이 다시 떠오를지 우리는 알 수 없다. 다른 어떤 것이 발생하기 때문에 어떤 것이 발생해야 되는 필연성은 존재하지 않는다. 다만 논리적 필연성이 존재할 뿐이다. 모든 현대적 세계관에는 자연법칙이 자연현상을 설명해 준다는 환상이 깃들어 있다."[138] 비트겐슈타인의 주장은 버클리나 흄의 주장과 대동소이하다. 실용주의에서도 비슷한 주장이 나타난다.

비트겐슈타인은 그러나 논리적 필연성이 어디서 나오는가에 대한 신중한 해답을 회피한다. 그것을 신중하게 묻는 경우 결국 자연과 사회의 필연적인 법칙으로 되돌아가기 때문이다. 가설은 사실에 기초할 때만 참된 이론이 된다. 사실로부터 법칙으로 나아가는 귀납적인 방법이 거부될 때 모든 노력이 관념론적이고 비과학적인 사변에 빠진다는 사실을 스콜라철학이 잘 보여주었다. 그러나 사실과 현상에 얽매여 보편적인 원리로 나아가지 못할 때 스콜라철학 못지않는 오류가 나타난다는 사실을 실증주의가 잘 보여주고 있다. 사물과 거기서 나오는 법칙을 무서워하는 철학자들에게 남은 길은 불가지론과 신비주의뿐이다. 비트겐슈타인도 그것을 인정한다. "세계가 어떻게 존재하느냐가 아니라 세계가 존재한다는 사실 자체가 신비이다."[139] 객관적인 세계의 합리적인 근거가 부정될 때

138) L. Wittgenstein, *Ebd.*, 6. 3631.

필연적으로 비합리적인 신비가 등장한다. 비트겐슈타인은 그의 의미론이나 언어철학에 미루어보아 아무런 의미도 없는 '신비'라는 말을 사용하지 않을 수 없는 곤경에 빠진다. 비트겐슈타인도 삶의 의미라는 문제를 철저하게 배제할 수 없었다. 왜냐하면 인간의 삶은 사회적 실천 속에서 이루어지기 때문이다. 보편적이고 필연적인 자연법칙이나 사회법칙을 부정하는 철학들이 삶의 문제에 관하여 대답해야 할 때는 항상 비합리적이고 신비적인 가정으로 도피한다.

비트겐슈타인은 후기에 들어서면서 점점 『논리·철학논고』 속에 들어있는 합리적인 요소를 제거해 간다. 『논리 · 철학논고』에서 주장된 '논리적 의미에서의 객관적 필연성'이 거부된다. 그의 철학에 나타나는 '형이상학적 경향'[140]이 그것을 말해 준다. 비트겐슈타인은 한편으로 전통적인 형이상학의 잔재를 완전히 제거하지 못하며 다른 한편으로 전통적인 논리학이나 수학에서 타당성을 얻는 수학적 진리의 객관성마저 거부하려 한다.

주관주의자들도 논리적 · 수학적 인식의 객관성을 어느 정도 인정한다. 그러나 비트겐슈타인이 『철학연구』에서 전개한 언어이론은 주관주의적인 인식론에 국한되어 있다. 비트겐슈타인은 언어를 단순하게 그 자체의 현상으로 파악한다. 인간이 어떻게 객관적 현실의 여러 현상과 과정을 파악하고 이러한 과정에서 언어적 소통이 어떤 역할을 하는가, 다시 말하면 언어와 현실이 어떻게 인식론적으로 연관되는가를 비트겐슈타인은 문제삼지 않는다. 『논리·철학 논고』에서 잠시 엿보인 언어의 반영설, 곧 언

---

139) L. Wittgenstein, *Ebd.*, 6. 44.
140) W. Stegmüller, *Hauptstömungen der Gegenwartsphilosophie*, Stuttgart 1969, S, 525.

어가 현실을 반영한다는 생각이 후기 저서에서는 자취를 감춘다. 언어의 의미가 객관적 사실의 인식과정에서 수행하는 기능에 의해서 규정되는 것이 아니라 언어유희(Sprachspiel)에 의해서 규정된다. 언어발생과 발전을 사회적으로 해명하지 않으려는 비트겐슈타인은 언어의 '근원현상'(Ur-phänomene)이라는 신비적인 가설을 내세운다. 그는 '근원현상'에 대해서 과학적인 해명이나 분석이 불가능하다고 말한다. 중세 철학자인 아우구스티누스(Augustinus)도 언어를 '언어유희'로 파악하였는데 비트겐슈타인은 『철학연구』에서 아우구스티누스를 많이 인용한다. 베이컨에서 이미 시도된 언어의 정화, 그리고 언어의 정화를 통한 철학의 혁신이라는 실증주의적 이념은 다소의 공적에도 불구하고 철학으로서의 철학을 포기하는 언어지상주의로 나아간다.

비트겐슈타인과 논리적 실증주의자들은 사물의 본질을 추구하는 데 두려움을 느끼고 논리분석이나 언어분석에 만족한다. 자연과 사회의 객관적 법칙을 인식하고 그러한 인식을 통하여 인류사회가 보다 더 진보적인 방향으로 발전하도록 도와주는 철학의 과제를 방기한다. 이들은 논리학과 언어학 분야에서 다소 공적을 쌓았지만 개별과학의 방법적인 근거나 세계관적인 기초를 제공하지 못한다. 언어철학은 우리 시대의 가장 중요한 문제 중의 하나인 **'인간이 어떻게 정치·사회적 문제에 접근해야 하는가?'** 라는 문제에 대하여 속수무책이다. 오히려 그런 문제의 제기마저 회피하려 한다. 그런 문제는 이들이 간접적으로 옹호하고 있는 자본주의 사회의 현상유지에 이롭지 못하기 때문이다.

비트겐슈타인의 철학도 20세기에 들어선 자본주의 사회의 모순과 위기를 반영하고 있다. 이러한 위기를 소시민적 지식인들은 의식적으로 은폐하거나 체념하면서 받아들인다. 비트겐슈타인의 철학 속에는 현상을 옹호하려는 요소와 체념의 요소가 공존한다.

비트겐슈타인이 언어분석을 통해서 신실증주의에 영향을 미쳤다면 '빈학파'(Der Wiener Kreis)는 논리분석을 통하여 영향을 미친다. 빈학파의 창시자는 슐리크(Moritz Schlick, 1882~1936)였다. 그는 1922년에 마하(Ernst Mach, 1838~1916)의 후계자로서 빈에서 강의를 시작하였다. 그의 주변에는 철학에 관심이 있는 자연과학자들, 특히 수학자들과 물리학자들이 몰려들었다. 그 중에서 중요한 사람이 바이스만(F. Waismann), 노이라트(O. Neurath), 파이글(H. Feigl), 카우프만(F. Kaufmann), 카르납(R. Carnap) 등이었다. 한(H. Hahn)을 중심으로 하는 일련의 다른 수학자들도 이 학파의 이념형성에 기여하였다.

베를린에서는 라이헨바하(Hans Reichenbach, 1891~1953))가 중심이 된 신실증주의자들이 빈학파와 밀접한 관계를 맺었고 프라그에서는 카르납의 주도 아래 뒤늦게(1931년경) 신실증주의 연구가 활발해졌다. 영국의 철학자 에이어(A. J. Ayer)도 빈학파에서 잠시 활동하였으며 비트겐슈타인의 『논리 · 철학논고』가 빈학파의 이념형성에 가장 큰 영향을 미쳤다. 또한 물질이나 정신은 존재하지 않고 논리적으로 결합된 개별적인 '감각소여'만이 존재하여 현실을 구성한다는 러셀의 이념도 여기에 작용한다.

빈학파의 실증주의자들은 수리논리의 체계적인 응용을 통해서 도달될 수 있는 '엄밀한 과학적' 태도를 철학에서 요구한다. 다시 말하면 모든 인식과정을 논리로 환원시키는 것이다. 이들은 수학과 논리학이 현실에 관하여 어떤 진술도 하지 않는, 그러므로 근본적으로 내용이 없는 학문이라고 주장하며, 수학과 논리학은 단순히 명제를 변형시키는 방법으로서 타당성을 갖는다고 말한다. 이들은 구체적 현실을 논리·사유·의식 속으로 전이시킨다. 콩트와 같은 실증주의자들은 논리 자체가 후천적이며 관찰된 개별 사실의 보편화로서 존재한다고 주장한 반면 칸트는 논리가 경험으로부터 독립한 선험적인 법칙을 표현한다고 주장하였다. 신실증주의자들은 논리법칙이 선험적이지만 아무런 진술도 할 수 없는 단순한 문법적 규칙이며 감각체험에 주어지는 것들을 더 용이하게 조작하도록 도와준다고 말한다. 논리문제와 관련하여 신실증주의자들은 경험론과 합리론에 양다리를 걸치고 있으며 그러나 모든 경우에 논리를 객관적 사물의 법칙으로 간주하는 유물론과 상반된 입장을 취한다. 신실증주의자들은 수리논리의 영역을 벗어나는 모든 문제를 무의미한 '사이비문제'로 간주하고 경험적으로 검증 가능한 명제들에만 의미를 부여한다. 이러한 견해는 철학과 개별과학 사이뿐만 아니라 경험과 현실 사이를 기계론적으로 분리시킨다.

신실증주의자들은 한 명제가 논리법칙과 일치하는가를 확인하는 '논리적 검증'과 경험과 일치하는가를 확인하는 '경험적 검증'을 주장하며 이 두 검증을 벗어나는 모든 명제들을 무의미한 것으로 간주한다. 이렇게 하여 이들은 흄의 주관적 관념론을 벗어나려 하지만 결국 몇 발자국 나아가지 못한다. 왜냐하면 이들이 주장하는 논리 · 경험적인 것은 객관적 물질세계의 반영이 아니기 때문이다. 이들의 철학은 "이 문제는 원칙적으로 해답될 수 없다"는 흄의 명제를 "이 문제는 의미가 없다"는 명제로 뒤바꾼 것에 불과하다. 두 경우에는 모두 객관적인 세계에 대한 불가지론이 밑받침되어 있다. 예컨대 "이 장미는 하얗고 동시에 빨갛다"는 명제와 "세계는 그 자체로 존재하지만 원칙적으로 인식될 수 없다"는 명제가 나타날 때 신실증주의자들은 앞의 것은 논리적 규칙(논리적 검정)에 어긋나기 때문에, 뒤의 것은 경험적으로 검정될 수 없기 때문에 모두 무의미하다고 선언한다. 그러나 실제로 이 두 명제는 무의미한 것이 아니라 단순히 오류라는 사실이 드러난다. 왜냐하면 한 장미가 동시에 하얗고 빨간색일 수 없으며 세계가 그 자체로 존재한다는 사실이 점차 증명되어가기 때문이다. 그러므로 명제의 의미와 무의미 대신에 그 진위를 과학적인 인식과 사회적 실천을 통하여 밝혀가는 것이 참된 과학적인 철학의 과제다. 이러한 과제를 신실증주의는 회피해 간다.

신실증주의자들은 철학이 논리적 방법을 통한 과학적인 언어분석에 국한되어야 한다고 주장한다. 이들은 과학을 논리적으로 정돈된 명제의 조직으로 간주한다. 모든 과학은 일정한 기초명제로부터 출발해야 한다. 이러한 기초명제를 카르납은 '프로토콜 명제'(Protokollsatz)라 일컫는다. 왜냐하면 그것은 실험실의 조서에 나타나는 명제와 같기 때문이다. 이 명제의 순수형식은 "X는 라는 시점에서 P라는 현상을 L이라는 위치에서 관찰하였다"[141]이다. 이러한 '프로토콜 명제'에는 보편성이 결여되어 있다. 모든 '프로토콜 명제'는 다른 관찰자의 '프로토콜 명제'에 의해서 반박되거나 의문시될 수 있기 때문이다. '프로토콜 명제'는 결국 보편적인 인식이 불가능하다는 회의론으로 끝맺지 않을 수 없다. 경험의 대상은

141) I. M. Bochenski, *Europäische Philosophie der Gegenwart*, Bern 1947, S. 71.

객관적인 물질세계가 아니라 지각이라는 주관적 관념론을 신실증주의가 극복할 수 없다는 사실을 '프로토콜 명제'가 잘 보여주고 있다.

라이헨바하는 확신 대신에 개연성을 강조하면서 기술적인 검정성, 물리적인 검정성, 논리적이고 초경험적인 검정성을 구분한다. 라이헨바하의 주장은 순수한 경험과 선험적인 논리 사이를 우왕좌왕하고 있는 신실증주의의 단면을 잘 보여준다. 순수경험, 감각적으로 주어진 사실, 상호주관적 검정성, 문법적 규칙으로서의 선험적 논리 등은 모두 주관적 관념론의 범주를 벗어나지 못하며 그러므로 신실증주의는 어떤 형태를 취한다 해도 참된 과학적인 철학이 될 수 없다.

제2차 세계대전이 끝나던 1945년에 한 권의 정치철학적인 저술이 출간되어 많은 논쟁을 불러 일으켰는데 그 것이 바로 칼 포퍼((Karl Raimund Popper, 1902~1994)의 『열린 사회와 그 적들』(*The Open Society and Its Enemies*)이다.

포퍼는 1902년에 빈에서 태어났으며 스스로의 고백에 의하면 "13세가 되던 1915년에 맑스주의자가 되었고 17살이 되기 전에 반(反)맑스주의자로 전향하였다."142) 그러나 그는 자유와 사회주의가 공존할 수 있다는 가능성에 대하여 의혹을 품게 되었음에도 불구하고 30세까지는 여전히 사회주의에 대한 미련을 버리지 못했다. 28세가 되면서 그는 빈의 중학교 교사로 재직하였고 1943년에 『탐구의 논리』(*Logik der Forschung*)라는 책을 내어 유명하게 되었다. 히틀러가 정권을 잡자 유대인이었던 그는 뉴질랜드로 망명하였고 후에(1945) 영국으로부터 초빙을 받고 런던

142) 마르쿠제·포퍼 논쟁, 홍윤기 편역, 『혁명이냐 개혁이냐』, 사계절 1981, 10쪽.

대학에서 강의를 하였다. 미국에서 객원교수로 활동하였고 짧은 기간동안 오스트리아와 일본, 그리고 오스트레일리아에도 머물렀다.

일반적으로 포퍼는 알버트(Albert), 토피치(Topitsch), 랭크(Lenk), 오프(Opp), 수피너(Spinner) 등이 속해 있는 '비판적 합리주의'(Kritischer Rationalismus)를 대변하는 철학자로 알려져 있다. 그는 『역사주의의 빈곤』(1944)와 『열린 사회와 그 적들』에서 자유주의를 옹호하면서 맑스주의의 비판에 주력하였다.

'비판적 합리주의'는 비판적 이성을 통하여 사회를 합리적으로 개혁하려는 의도에서 출발하였다. 비판적 합리주의자들은 우선 사회과학을 엄밀하게 과학적으로 구성하려 한다. 이들은 '탈가치성', '중립성', '객관성'을 정치학의 합리적 토대로 삼는다. 이들은 자율적인 이성의 비판을 통과하지 않는 '비과학적인' 사회과학을 공격한다. 이들은 근본적으로 실증주의의 기반에 서 있으면서도 실증주의와는 다른 측면을 보이고 있다.

포퍼에 의하면 서로 상반되는 사회의 두 가지 전형이 '열린사회'와 '닫힌사회'이다. 집단의식이 지배하던 원시사회에서 이미 닫힌사회가 시작된다. 그 특징은 개인이 집단의식에 굴복하고 종속되는 데 있다. 이러한 사회는 종속을 통하여 사회안정을 유지하고 있기 때문에 '닫힌사회'이고 전체주의적인 사회이다.

포퍼는 '닫힌사회'의 철학적 기초로 '역사주의'를 들고 있다. 포퍼에 의하면 역사주의는 역사적 결정론을 내세우며 개인의 자유를 부정하는 전체주의의 이념을 제공한다. 원시시대의 전체주의로부터 현대의 '닫힌사회'인 공산주의로 넘어가는 과정에서 철학적으로 결정적인 역할을 해 준 것이 포퍼에 의하면 플라톤과 헤겔과 맑스이다. 포퍼는 플라톤을 공산주의의 원조로 해석한다. 이에 반하여 포퍼는 소크라테스와 칸트를 비판적 이성의 선구자로 추켜세운다.

포퍼의 견해는 매우 편협하다. 그는 자본주의의 한 원리가 되고 있는 개인주의의 안목에서 원시사회를 자유롭지 못한 사회로 평가한다. 자유의 문제와 연관하여 보다 중요한 범주인 억압과 착취의 문제를 그는 중요하게 다루지 않는다. 비록 집단적 사고방식에 개인이 종속되었다 할지라도 원시사회는 현대 자본주의 사회에는 나타나는 것과 같은 착취가 없었다는 사실을 그는 파악하지 못한다. 포퍼에 의하면 '열린사회'는 집단의식에 대한 비판, 토론과 자율적인 이성, 개인의 자유 등을 기반으로 한다. 그러나 포퍼는 자유로운 토론과 비판, 그리고 개인의 자유가 과연 자본이 지배하는 사회에서도 실제로 가능한지 신중하게 묻지 않는다. 그는 자본주의의 경제적 토대를 분석하지 않은 채 그 형식적인 정치이념을 절대화시키고 있다.

포퍼는 모든 혁명이 폭력이고 모든 폭력은 지탄을 받아야 한다고 주장하면서 급진적인 혁명보다도 점진적인 개혁을 지지한다. 그것이 혁명을 지지하는 마르쿠제(Herbert Marcuse, 1898~1979)와의 대화에서 잘 드러난다. 그러나 포퍼의 주장은 기존사회를 옹호하려는 보수적인 성격을 드러내줄 뿐이다. 프랑스의 작가 카뮈도 포퍼와 비슷한 생각을 하면서 사르트르와 논쟁하였다. 프랑스의 식민지였던 알제리인들의 독립운동에 직면하여 카뮈는 알제리인들이 사용하는 폭력을 지탄하면서도 식민지를 지배하기 위해서 사용하는 보이지 않는 폭력을 눈감아 주었다. 실제로 인류의 역사에서는 보이는 폭력보다도 보이지 않는 폭력이 더 잔인하고 반인간적인 경우가 허다하였다.

포퍼는 '열린사회'를 구체적으로 제시하는데 더 많은 노력을 기울였다. 그는 '닫힌사회'의 전형으로 히틀러 치하의 독일과 공산주의 사회를 들고 있다. 나치의 독일이 2차 세계대전의 종말과 함께 소멸하였으므로 그의 공격목표는 이제 사적유물론을 기저로 하는 공산주의 사회였다. 그러나 그는 너무 성급하게 질적으로 상이한 나치즘과 맑스주의를 동일시하는 오류를 범하고 있다. 그것은 현상과 본질을 혼돈하는 데서 오는 결과이다. 나치에 대항한 용감한 투쟁 때문에 전후 서구의 지식인들 사이에서 맑시즘이 폭넓게 공감을 얻었다는 사실을 애써 외면하고 있다.

포퍼가 비판적 이성에 의해서 사회를 개혁하는 방법으로 내세운 '점진적 사회공학'은 정치의 과학화를 의미하는데 정치의 과학화는 실제로 '탈정치화'를 의미하며 민중의 정치의식을 마비시키고 엘리트 집단의 지배를 부추기는 결과를 가져온다. 그것은 오히려 플라톤의 이상국가를 연상시킨다. 포퍼가 전가의 보도처럼 내놓은 '비판적 이성'도 결국 자본주의의 핵심을 건드리지 않으며 주변 문제를 개선해 가려는 '부르주아적 이성'에 불과하다. 그는 '열린사회'와 '닫힌사회'를 창문으로만 들여다 볼 뿐 발로 들어가 뒤져보지 못하는 한계에 머물러 있다.

분석철학은 미국, 영국, 스칸디나비아 국가들에서 확산되고 있는 신실증주의의 한 형태이며 기회주의적인 소시민적 지식인들에 의해서 연구·옹호되고 있다. 이들은 과감하게 사회문제를 건드릴 만한 용기도 없고 전통적인 형이상학에 의지할 순진함도 갖고 있지 않기 때문에 철학으로부터 역사문제와 사회문제를 배제해버리고 지역적인 현상 특히 언어의 분석에 만족하면서 마치 진보적인 철학을 추구하고 있는 것 같은 인상을 독자들에게 주려 한다. 우리나라에서도 최근에 분석철학이 실증주의나 실용주의를 제치고 점차 확산되어가고 있다. 역사의식이 결핍된 분석철학자들은 우리 민족의 절실한 과제인 자주·민주·통일의 문제를 철학으로부터 제쳐버리고 언어분석을 둘러싼 무의미한 논쟁에 열을 올리고 있다.

분석철학의 주요과제는 전통적인 철학문제를 '언어분석'의 방법에 국한시켜 해결하려는 데 있다. 분석철학자들은 언어를 분석하여 개념과 개념들간의 논리적 관계를 명확히 하고 그것을 기반으로 하여 철학문제를 해결하려 한다. 언어를 논리적으로 분석하면서 이들은 철학적인 내용의 진위 대신에 명제의 의미와 무의미성을 진리의 척도로 내세운다. 그러므로 전통적인 철학의 많은 문제들이 무의미한 것으로서 거부된다. 이들은 처음부터 유물론과 과학적인 세계관을 부정하는 점에서 실용주의와 같은 맥락에 서 있다.

분석철학은 대략 1930년대에 발생했으며 빈학파가 와해된 후인 1950년대 중반부터 실증주의를 주도해갔다. 분석철학은 방법적 면에서 두 방향으로 구분될 수가 있는데 하나는 빈학파를 중심으로 논리분석을 중시하는 방향이고 다른 하나는 비트겐슈타인의 영향 아래 언어분석을 중시하는 옥스포드학파이다. 카르납(R. Carnap), 구드맨(N. Goodma), 콰인(W. Quine) 등이 앞의 방향에 속하는 분석철학자이고 위스덤(J. Wisdom), 어스틴(J. Austin), 라일(G. Ryie) 등이 뒤의 방향을 대표하는 학자들이다.

그러나 반유물론적이고 반변증법적인 태도를 취하는 점에 있어서 양

방향은 구분되지 않는다. 그것은 모든 실증주의의 특징이며 더 나아가 모든 부르주아철학의 핵심이기도 하다.

언어분석을 사회현상의 해명수단으로 이용하는 경향이 하야카와(I. Hayakawa), 코르치브스키(A. Korzybski), 쵀이스(St, Chase) 등이 속해 있는 미국의 '의미론'(Semantics)에서 나타난다. 분석철학의 주요한 특징은 언어를 철학연구의 유일한 과제로 삼는 데 있다. 그러므로 '언어분석' 혹은 '언어철학'이라는 말이 사용되기도 한다. 분석철학자들은 언어의 논리적 연구를 강조한다. 그러나 언어의 논리적 연구는 언어와 객관적 현실과의 관계가 역사적으로 고려될 때만 효과적이라는 사실을 그들은 파악하지 못한다. 카르납이 중심이 되는 빈학파에서처럼 사유가 현실로부터 분리되는 경우 언어는 내용없는 단어들의 무더기, 곧 부호체계로 전락한다. 언어는 인간이 고안해 낸 부호체계나 인간의 심리적 현상으로 환원될 수 없는 사회적 내용을 항상 내포하고 있다.

언어적 부호는 물론 추상화를 실현하는 도구로서 중요한 역할을 한다. 다시 말하면 언어를 통해서 인간의 개념이 형성된다. 언어에는 항상 음(소리)과 내용이 내적으로 결합되어 있다. 아리스토텔레스가 이미 언어의 두 요소로서 음과 내용을 들었었다. 언어는 전달수단으로써 인간사이의 교제를 통해서 형성된다. 다시 말하면 사회 속에서 발생하고 사회와 더불어 발전해간다. 음이 없었다면(부호나 문자가 고안되기 이전에) 언어는 전달 수단의 역할을 할 수 없었을 것이고 전달수단이 없이는 의식이나 사유가 발전하지 못했을 것이다. 음은 언어의 물질적 요소로서 언어발생과 발전에 중요한 역할을 한다. 음은 언어의 자연적 재료이며 동시에 물리적·심리적 성격을 지닌다. 음은 의미와 결부된다. 그러나 언어의 의미내용은 소리에만 국한되는 것은 아니다. 언어는 소리가 표현하지 못하는 개념적인 의미를 내포한다.

분석철학자들은 언어적인 부호가 사물을 반영하는 데서 나타나는 인식론적 의미를 파악하지 못한다. 물론 분석철학자들 가운데는 언어를 현실의 반영으로 파악하는 경우가 있지만 이 경우의 현실은 객관적·물리적 실재가 아니라 지각의 총화일 뿐이다. 결국 이들은 주관적·관념론적 현실파악의 범위를 벗어나지 못한다. 더욱이 지각이 객관적 실재의 모사로서가 아니라 단순한 상징으로, 현실과 연관되지 않는 순수한 부호로 해석된다.

현실과 연관되지 않는 순수한 상징이나 부호가 가능한가? 내용과 분리된 부호는 관념 속에서만 가능할 뿐이다. 상징론은 결국 일종의 인식론적인 불가지론이다. 인간의 의식 밖에서 독자적으로 존재하는 대상이 거부된다. 지각이 물질적 대상의 반영으로 해석되는 것이 아니라 일종의 상징으로 해석된다. 분석철학자들은 진리가 사물 속에 있는 것이 아니라 언어와 언어사용에 있다고 주장한다. 이들은 명제를 의미명제와 무의미명제로 구분하며 내용의 진·위에 관한 해답을 회피한다. 자연적인 언어의 명제는 형식을 갖춘 언어의 명제로 바꾸어질 때만 의미를 갖는다는 이들의 주장 뒤에는 모든 사태를 논리적 구조로 전환시키려는 저의가 깔려 있다. 이들은 학문적인 언어의 객관적인 의미마저 인정하려들지 않으면서 진·위의 문제가 사유와 객관적 실재와의 일치에 의해서 결정되는 것이 아니라 언어의 올바른 사용 혹은 잘못된 사용 다시 말하면 부호의 결합방식에 의하여 결정된다고 주장한다. 분석철학에서는 언어의 논리적 분석이 과학의 유일한 연구과제이고 언어와 객관적 실재와의 일치문제는 문제 밖으로 밀려난다. 그러나 객관적 실재로부터 분리될 때 언어는 객관적 의미내용을 상실한 하나의 부호가 되고 이에 따라 진리 문제가 구문(부호결합)의 문제로 환원된다. 분석철학자들은 진리가 진술과 존재와의 일치라고 말하기도 하지만 이 경우 존재가 무엇인가에 대한 규정이 매우 애매하다. 카르납은 존재를 대상으로 이해하지만 이 대상은 실재적 대상이 아니다. 그는 인식문제가 현상이나 현실의 특성과 관계되는 것이 아니라 언어 및 언어적 표현의 분석문제와 관계된다고 주장한다. 그는 부호체계로서의 언어와 자의로 구성된 언어체계 사이를 구분하지 못한다. 진리가 언어체계에 의존하는가? 구체적 사실을 떠난 진리는 관념 속의 진리일 뿐이다.

분석철학자들은 진리를 언어문제로 국한시키면서 철학의 중립성(혹은 순수성)을 들고 나오는데 철학의 중립성이란 항상 관념론을 배후에 숨기면서 그것을 옹호하는 일종의 관념론이라는 사실을 우리는 주목해야한다. 논리적 실증주의의 인식론은 철저하게 관념론적이다. 이들은 언어와 사유가 밀접하게 연관되어 있으며 언어나 사유는 독자적인 영역을 지니는 것이 아니라 인간생활의 표현형식에 불과하다는 사실을 파악하는 대신 언어라는 외형적인 현상을 절대화시키고 거기 안주하면서 사회적 모순들을 눈감으려 한다.

분석철학자들은 언어분석에서 뿐만 아니라 도덕·교육·문학·정치 등의 문제에서도 부르주아지의 이익을 옹호하기 위한 주장들을 내세운다. 이들은 모든 가치판단으로부터 인식의 성격을 배제하고 인식의 가치를 다만 학문적인 진술에 국한시킨다. 학문 중에서도 논리수학적인 학문이 절대적인 우위를 차지한다. 19세기의 부르주아 철학자들은 대부분 자연과학과 정신과학을 엄밀하게 구분하였다. 이러한 전통 아래에 들어 있는 현대 부르주아 철학과 사회학은 자연과 역사를 엄밀하게 구분하고 상호간의 통일성을 부정하며 자연현상과 사회현상 사이의 연관성을 인정하지 않는다. 이들은 사회과학의 연구로부터 어떤 법칙성도 추출될 수 없다고 주장한다. 사회과학의 연구로부터 어떤 법칙성이 도출되는 경우 자본주의의 근본적인 모순이 드러나고 자본주의 체제의 유지가 위협을 받기 때문이다. 이들은 자본주의 사회에서 과학발전과 사회구조 사이에 나타나는 모순들이 결코 조화될 수 없다는 사실을 파악하였다.

빈델반트와 리케르트는 역사적인 사건이나 사회현상의 일회적인 성격을 강조하면서 역사과학의 본질을 규정하려 한다. 19세기 후반에 나타난 '역사주의'도 역사의 보편적인 법칙을 부정하고 대치될 수 없는 일회적인 사건만을 강조하였다.

물론 역사를 구성하는 것은 독특하고 일회적인 사건들이다. 그러나 이러한 사건을 수집하고 그 원인들을 분석함으로써 우리는 어떤 보편적인 역사법칙을 추출할 수 있다. 사건의 일회성을 절대화시키고 거기로부터 모든 법칙적인 요소를 배제할 때 남는 것은 역사왜곡과 체념뿐이다. 현상태의 옹호나 현실과의 타협뿐이다. 역사는 일회적인 사건을 통해서 발전하지만 일회적인 사건의 근저에는 어떤 보편적인 원인이 숨어 있는 것이다. 일회적인 사건만을 절대화시키는 것은 현상에 얽매여 본질의 문제를 회피하려는 것과 같다.

자연과학과 사회과학을 절대적으로 분리시키려는 것은 철학과 과학을 어중간하게 뒤섞으면서 관념론적 신비주의로 도피하려는 것과 크게 다를 바 없다.

분석철학자들은 예술적 · 윤리적인 명제들이 결코 인식의 기능을 갖지 못한다고 주장한다. 물론 문학작품에 나타나는 예술적인 표현들은 사실적인 진술이 아니라 상상적인 주장일 수도 있다. 그러나 예술가의 이념은 전체적으로 현실과 부딪치고 있으며 예술가는 현실로부터 예술의 진리기능을 도출해 낸다. 이러한 기능은 인간과 사회에 관한 역사적인 관점을 추구해 가는 기능을 포함한다. 올바른 예술은 항상 사회로 눈을 돌린다. 물론 모든 진술이 항상 동일한 것은 아니다. “이 나무는 푸르다”와 “이 나무는 아름답다” 사이에는 구분이 나타난다. 전자는 사실판단에 속하고 후자는 가치판단에 속한다. 그러나 사실판단과 가치판단 사이에 절대적인 구분이 나타나는 것은 아니다. 객관적 현실상태를 직접 진술하느냐 그 연관성을 진술하느냐의 차이가 있을 뿐이다. “이 나무는 아름답다”에서는 객관적 연관성이 더 강조되고 있다. 도덕과 예술의 개념이나 범주는 주관과 객관의 밀접한 상호연관성에 의해서 특징지워진다. 주관적인 요소와 객관적인 요소 가운데 어느 하나가 절대화될 때 예술과 도덕의 인식기능이 왜곡된다. 가치를 절대적인 본질로 내세우는 경우 플라톤적인 관념론에 빠지고 주관적인 요소만을 절대시하는 경우 립스(Lipps)나 크로체(Croce)에서처럼 ‘감정이입설’이나 ‘직관주의’에 빠진다. 관념론적인 사고방식은 항상 이 가운데의 하나를 절대화시킨다.

부르주아 지식인들은 방법 면에서 예술과 과학을 상반적으로 대치시킨다. 이러한 절대적 구분은 인식론 상으로 옳지 못하다. 예술이나 과학은 다같이 현실을 기반으로 하며 현실을 인식해 가는 기능을 갖는다. 현실을 벗어난 과학이 참된 학문이 될 수 없는 것처럼 현실을 벗어나 환상 속에서 맴도는 예술도 참된 예술이 아니다.

'사실'과 '가치'를 절대적으로 대치시키려는 것은 관념론의 한계에서 나오는 오류가 아니면 사회적 모순을 은폐하거나 그곳으로부터 눈을 돌려버리려는 부르주아 지식인들의 의도적인 사고방식이다. 과학의 '몰가치성'을 주장하는 베버(Max Weber, 1864~1920)의 경우에도 그것은 예외가 아니다. 가치문제를 언어문제로 환원시키려는 실증주의는 '사실'과 '가치'를 은밀하게 대립시키면서 가치문제를 회피하려 한다.

결국 논리적 실증주의나 분석철학은 버클리에서 시작되는 주관적 관념론이 도달하는 최후의 도피처이다. 이들은 인간으로부터 독립되어 있는 물질적 대상이 아니라 인간의 개별적인 지각을 모든 존재와 인식의 근거로 삼으면서 유아론에 빠지고 존재문제와 연관하여 결국 불가지론적인 신비주의로 끝맺는다. 이들은 과학으로 위장한 사이비 과학철학이며 과학의 참된 성과와 그것에 기초하는 사회적 실천을 두려워한다. 모든 것이 지각의 복합물이라면 인간이 태어나기 전에 지구는 그 자체로 존재하지 않았다는 궤변에 빠진다. 인간도 결국 세계의 일부이며 주위 세계와의 상호작용을 통해 지식을 얻어가고 세계를 변화시켜 간다. 철학의 근본문제는 언어의 문제가 아니며 자연의 본질 및 자연 속의 인간이 처해 있는 위치에 관한 문제이다. 인간의 지식은 개인적인 지각이나 언어의 재구성에 의해서라기보다 오히려 인간과의 실천적 관계, 세대를 통한 사회활동을 통해서 축적된다. 물질적인 세계가 개인의 지각에 의존한다면 인간은 태어난 후 며칠 안되어 사멸할 것이다. 모든 사회적·역사적 내용이 제거된 형식적인 논리나 언어의 문제로 철학을 환원시키려는 것은 과학의 발전을 가로막으려는 저항이고 철학의 본질을 이해하지 못하는 사람들을 혼미하게 만들어 기성사회에 마찰 없이 안주하게 하려는 속임수이다. 그것은 한가한 사람들의 지적유희거나 말장난에 불과하다. 이러한 철학의 이면에는 세계, 사회, 인간 등의 본질에 대해서 인간은 아무 것도 알 수 없다는 체념이 깔려있다. 그러나 많은 한계에도 불구하고 인간은 점차 과학의 성과를 이용하여 그 본질을 인식해가고 그것을 인류의 행복을 위해 이용하고 있다. 인류의 행복은 결코 말장난에 의존할 수 없는 것이다.

실증주의나 분석철학은 개별과학의 구체적인 성과에 눈을 돌리는 점에서 진보적이다. 그러나 과학과 철학을 혼동하면서 그리고 새로운 과학적 성과를 오해하면서 관념론에 머물러 있다. 20세기에 들어서면서 물리학에 혁명이 일어났다. 새로운 발전에 의하여 물질의 알맹이가 사라진다. 미시세계에서는 종래의 이론이 타당성을 잃는다. 많은 과학자들과 철학자들은 이러한 변화를 유물론의 반박과 관념론의 옹호에 이용했다. 그러나 그것은 물질의 변증법적 발전을 이해하지 못하는 데서 나온 잘못된 결론이었다. 반박된 것은 고립되어 있는 고정된 물질의 알맹이를 가정하는 기계적 유물론이었으며 변증법적 유물론의 정당성은 오히려 이러한 사실을 통해서 더욱 더 확증되었다.

27. 실용주의의 정체

실용주의(Pragmatism)는 영·미에서 나타난 주관적이고 관념론적인 철학이다. 이 철학에도 불가지론적인 요소가 많이 들어 있다. 이 철학이 발생하게 된 시대적 배경에는 서구인의 식민지 건설이 자리잡는다. 더 정확히 말하면 17세기 후반부터 시작된 서구인의 아메리카 개척정신이 이 철학에 반영되어 있다. 좋은 말로 표현하며 그것은 남아다운 '개척정신'이다. 그러나 실제로 그것은 남의 나라(인디언의 나라)를 무자비하게 빼앗는 강탈정신이었다. 광활하고 자원이 가득한 나라를 빼앗는다는 것은 빼앗는 사람에게는 매우 유쾌하고 신이 나는 일이다. 무수한 인디언을 섬멸하는 기고만장한 서부활극의 주인공이 바로 그러한 기분을 잘 나타내 준다. 그러나 빼앗기는 사람에게는 커다란 비극이다. 1644년에서 1666년 사이에 학살된 인디언의 수가 약 30만 명에 이르렀다고 한다. 1846년에 미국정부는 인디언 가죽 한 장에 50달러씩 주는 법령을 발표하였다. 빼앗는 자가 내세우는 진리는 바로 이기는 것이다. 모든 수단을 다하여 이기는 것이 유용한 것이며 유용한 것이 바로 진리이다. 실용주의의 핵심은 바로 "유용한 것이 진리다"는 명제에 있다. 그러므로 여기서는 '인간적인 것', '보편적인 것이 고려되지 않는다.

해방 후 우리나라에서는 우리 민족의 고유정신과 결코 어울리지 않는 실용주의적 사고가 밀려 들어왔다. 특히 교육제도나 교육철학이 천편일률적으로 실용주의적 이념에 의해서 관철되었다. 반세기에 걸친 실용주의의 교육이 남긴 결과는 무엇인가? 실용주의 교육은 우리의 청소년들을 반쪽이로 만들어 놓았다. 다시 말하면 조국과 민족을 위하여 올바른 사회, 민주적인 사회, 평등한 사회를 건설하려는 생각 대신 개인의 이익과 출세를 위하여 수단과 방법을 가리지 않는 이기심을 생활습관으로 만들어주었다. 아무런 주저도 없이 다른 사람을 팔꿈치로 밀어버리고 자기 혹은 자기와 비슷한 부류만 잘 살면 된다는 반사회적인 생각을 심어주었다. 일제 식민지의 잔재인 군국주의적 권위주의와 미국 실용주의의 해독인 개인주의가 꼴불견스러운 모습으로 접목되어 있는 것이 오늘날 우리 교육의 현실이다.

그러나 다행히 얼마 전부터 '참교육'을 부르짖으며 실용주의 교육이 가져다 준 병폐로부터 국가와 사회를 구하려는 운동이 거세게 일어나고 있다. 스스로를 희생하면서 백년대계인 청소년들의 교육을 살려보겠다는 수많은 해직교사들의 주장이 이론적으로 타당한가를 알아보기 위해서도 실용주의의 본질을 파헤치는 일이 우리에게 매우 중요한 과제로 등장하였다.

실용주의 철학은 1878년 퍼스(Charles Sanders Peirce, 1839~1914)에 의해서 처음으로 제창되었다. 그는 존재를 유용성(혹은 유익성)으로 해석하면서 존재를 지각으로 해석한 영국의 경험론자 버클리의 이론을 답습하고 변용한다. 하나의 사물이 인간에게 유용하지 않을 때 그것은 존재하지 않는 것과 같다. 버클리는 하나의 사물이 인간에 의해서 지각되지 않을 때 그것은 존재하지 않는 것과 같다고 주장하였다. 이들은 다같이 인간의 의식으로부터 독립하여 존재하는 대상이나 외부세계를 부정하면서 주관적 관념론에 빠진다.

1860년과 1870년 사이에 유럽 자본주의가 정상에 도달하였다. 그것은 자본의 독점과 경쟁을 전제로 한다. 또한 실용주의가 발행하던 1870년에는 유럽에서 자본주의의 필연적인 결과로서 노동운동과 정치투쟁이 치열해졌다. 1871년의 파리코뮌에서 사상 최초로 노동계급이 권력을 장악하여 자본가와 부르주아계급에 불안한 공포를 가져다주었다. 이제 부르주아 지식인들은 노동계급의 이념(맑스주의 등)에 대항할 수 있는 새로운 이념을 만들어야 되었다. 스스로의 이해관계를 옹호하고 자본주의를 변호할 수 있는 철학이 필요하였다. 그러한 경향이 미국에서도 나타났다.

1860년대 초반에 케임브리지에 몇몇 부르주아 지식인들이 모여 학문적인 토론을 시작하였다. 대부분 하버드 대학과 연관이 있는 사람들이었고 이들 사이에는 개인적인 친분이 두터웠다. 이들은 1870년대에 '형이상학클럽'(Metaphysical Club)을 조직하였다. 라이트(Chauncey Wright, 1830~1875)가 중심이 된 이 클럽에는 퍼스 이외에도 법관 겸 법학자들인 홈스(Holmes)와 워너(Warner)와 그린(Green), 심리학자인 제임스(William James, 1842~1910), 목사이며 신학자인 애보트(Abbot), 역사철학자인 피스크(Jonh Fiske, 1842~1901) 등이 참여하였다. 이 중에서 라이트가 철학이론을, 퍼스가 그 방법적인 시초를 만들어 훗날 실용주의에 커다란 영향을 미친다. 당시까지 미국의 사상을 지배해온 것은 신학적·종교적 철학이었다. 노예제가 존재하는 동안 종교가 사회를 유지할 수 있는 무기로서 충분한 역할을 다하였다. 그러나 1860년대에 들어서면서 자본주의적 공업발전이 가속화되고 노동계급이 등장하자 전통적인 종교의 한계가 드러나기 시작하였다. 이제 종교를 건드리지 않으면서 그러나 새로운 사회에 적응할 수 있는 이념이 필요하였다. '형이상학클럽'의 과제가 점점 명백해졌다. 노동계급과 진화론이 종교의 권위를 완전히 무너뜨리려 했기 때문에 이를 대치할 수 있는 새로운 이데올로기를 만들어내는 일이다. 당시에 진화론을 둘러싼 많은 논쟁이 일어났다. 캘빈계 신학자인 히치콕(Hitchkock)은 『지질학 및 그와 연관된 과학의 종교』(*The Religion of Goelogy and Connected Science*)라는 책을 저술하여 지구발생을 신학적으로 해명하려고 하였는데 1860년에 이미 11판이 나왔다. 채드번(Chadbourne)은 『자연사와 자연신학과의 관계』(*Relations of Natural History and Natural Theology*)에서 다윈의 진화론과 창조설을 조화시키려 하였다.

'형이상학클럽'의 회원들은 그러한 시도들이 오래 지탱하지 못하리라는 사실을 예감했다. 이들은 모두 '형이상학'을 공격하는 척하면서 노동계급이 들고 나오는 과학적인 유물론을 공격하는 것이 최선의 길이라는 것을 깨달았다. 이들은 인간의 의식밖에 존재하는 객관적인 실재를 인정하는 철학을 단순히 '형이상학'으로 비하시켰다. 인간의 의식 밖에서 존재하는 정신적인 것(신)과 객관적으로 존재하는 물질을 다같이 공격하면서 이들은 일반대중에게 종교에 대항하는 과학적인 입장을 대변하는 것 같은 인상을 전해주었다. 그러나 실제로 이들이 거부하고 공격한 것은 과학이었으며 신학에 대한 공격이라는 모습으로 그것을 은폐했을 뿐이다. 종교를 거부하는 과학을 배제해버렸기 때문에 이들에게는 이제 아무런 장애물도 나타나지 않았다. 사이비과학을 통해서 이들은 부르주아계급에 유용한 이론을 마음대로 조작할 수 있었다. 부르주아계급에 유용한 목표가 모든 수단을 정당화할 수 있었다.

자연과학자이고 심리학자이며 철학자인 라이트는 자본주의적 세계관을 이론화하였고 이러한 이론에 의거하여 훗날 실용주의가 만들어진다. 그는 버클리의 경험론, 밀 등의 공리주의, 마하 등의 경험비판주의로부터 여러 가지 이론을 차용한다. 이로부터 그는 자연과 역사 속에 결코 필연성이 존재하지 않는다는 기본명제를 끄집어낸다. 동시에 그는 자연의 존재, 자연과 사회의 보편적인 발전법칙을 부정한다. 과학이 다루는 운동이나 발전법칙을 인간의 관습에서 나오는 어떤 것으로 간주한다. '형이상학 클럽'의 모든 회원들은 필연성이 존재하지 않는다는 라이트의 이론을 철칙으로 받아들였다. 라이트는 참된 과학은 항상 법칙의 문제가 아니라 사실의 문제만을 다룬다고 말한다. 과학의 최후근거는 객관적이고 물질적인 세계가 아니라 실천적인 작용에 있다. 하나의 사실은 옳고 그른 문제를 떠나 인간생활에 유용하냐 해로우냐를 말해줄 뿐이다. 라이트는 과학이 인식대상에 관한 학문이고 인식대상은 '정신적인 상태'라고 말하면서 철저하게 객관적인 과학을 부정한다. 라이트는 현상이란 인간에 대한 작용, 곧 정신적인 상태이며 현상의 배후에 '물자체'가 있다고 생각하는 것은 순수한 가정일 뿐이라고 말한다. 그러므로 인간은 스스로의 의식 속에서 존재하는 정신적 대상이나 정신적인 상태만을 인식할 수 있다.

라이트의 이론은 바로 실용주의 이론의 기초가 된다. 외부세계의 부정을 통해 과학을 부정하는 것이 이들의 핵심과제이다. 인식은 정신적인 대상과 관계하기 때문에 인간의 의식으로부터 독립해 있는 외부의 물질적인 대상에까지 나아가지 못한다. 그러므로 진화론도 정신상태의 유용성 문제로 환원되고 그 자체의 옳고 그름에 대한 해답이 기피된다. 라이트는 스스로의 이론이 결코 실증주의와 모순되지 않는다고 주장한다. 옳은 말이다. 왜냐하면 실증주의란 원래 현상의 인식이나 분석에 만족하면서 그 본질의 인식을 거부하는 일종의 관념론이기 때문이다. 주관주의적, 관념론적, 실증주의적 색채를 지닌 라이트의 이론은 객관적인 세계뿐만 아니라 인간의 삶과 사회 속에서 나타나는 보편적인 법칙도 부정한다. 지구, 생물체, 사회 등으로부터 객관적인 발전법칙을 박탈해 버리고 유용성만을 대치시킨다. 원칙에 따라 사고하고 행동해야 된다는 것을 가르치는 대신 유용한 목적에 따라 사는 것이 진리라고 가르침으로써 라이트는 부르주아의 무원칙적인 이익추구를 정당화시켜준다. 라이트는 신, 영혼의 불멸성, 창조 등의 객관적인 타당성을 거부하지만 종교가 부르주아 사회에 미치는 영향을 감안하여 종교의 유용성을 인정하고 들어간다.

퍼스는 1839년 9월 10일 케임브리지에서 태어났다. 어렸을 때부터 수학과 물리학에 재능을 보였던 퍼스는 하버드에 있는 로렌스(Lawrence) 과학고등학교를 졸업한 후 하버드 천문대에서 근무하였다. 그후 케임브리지, 벌티모어, 보스턴 등에서 강의를 하였다. 둔스 스코투스, 칸트, 다윈 등이 그의 사상형성에 많은 영향을 미쳤다. 그는 두 번 결혼하였으나 자녀를 갖지 않은 채 1914년 4월 19일에 밀포드(Milford)에서 사망했다.

퍼스는 잡지 『월간 대중과학』(*Popular Science Monthly*)에 기고한 두 논문 「신념의 고정」(*The Fixation of Belief*)과 「어떻게 우리의 관념을 명확하게 할 수 있는가」(*How to Make Our Ideas Clear*)에서 라이트가 선구적으로 닦아놓은 실용주의를 이론적으로 체계화한다. 사물의 인식은 불가능하다. 그러나 사회가 유지되어야 하고 인간은 항상 행동한다. 행동의 어떤 근거가 규명되어야 한다. 퍼스는 이러한 근거를 신념에서 찾으면서 일반사람들에게도 그것을 확신시키려 한다.

퍼스가 다루는 문제는 지식이나 인식의 문제가 아니라 회의와 신념의 문제였다. 행위를 유도하는 것은 이론이 아니라 신념이며 행위를 방해하는 것이 회의이다. 그러므로 문제는 신념을 고정시키는 일이다. 퍼스는 우선 신념을 행위를 규정하는 습관으로 정의한다. 신념은 일정한 방식으로 행동해 가는 습관이다. 사고는 신념과 회의 사이의 갈등이다. 사유의 기능은 인식의 획득이 아니고 신념의 정착이다. 신념을 창출하는 것이 사유의 유일한 기능이다.

퍼스는 "진리를 믿는다"는 종래의 주장이 넌센스라 주장한다. 왜냐하면 신념이 바로 진리이기 때문이다. 신념을 믿는다는 것은 "믿는다는 것을 믿는다"는 것과 같다. 그것은 중복이다. '참된 신념'이라는 표현도 불필요하다. 두 개념의 의미가 동일하기 때문이다. 신념이 참이고 참된 것이 신념이다. 그러므로 진리는 '행위의 습관' 이외의 아무것도 아니다. 신념의 반대는 회의이다. 그러므로 진리의 반대는 비진리가 아니고 회의이다. 진리는 신념을 고정시킨다는 말과 같으며 그것이 바로 과학적인 연구의 대상이 되어야 한다.

이러한 주장의 이면에는 객관적 진리를 탐구라는 과학에 대한 부정이 깔려있다. 물질적인 자연세계와 사회의 발전이 진리내용의 기초가 되어야 한다는 과학적인 세계관에 대한 거부이다. 그것은 지배계급에게 매우 유용한 이론이다. 예컨대 백인이 흑인에 대하여 우월하다는 신념이 습관적으로 길러졌다고 생각할 때 이러한 주장의 정당성과 부당성을 밝히기 위하여 흑인과 백인에 대한 과학적인(생물학적, 역사적, 사회적) 분석이 전제되어야 한다. 그러한 분석 대신에 단순하게 신념을 진리로 고정시키면서 백인들은 허위에 찬 백인우위론을 계속 유지할 수 있다.

퍼스는 신념을 고정시키는 방법으로 '지속의 법칙'을 들고 있다. 어떤 것을 끈기 있게 지속적으로 믿을 때 그것은 존재하는 것과 같은 작용을 한다. 예컨대 신이 있다는 것을 지속적으로 믿을 때 신은 존재하는 것과 같게 된다.

퍼스의 오류는 신념의 부당성과 정당성을 말해줄 수 있는 객관적 척도가 없는 데 있다. 각자의 신념은 상이하고 서로 모순될 수 있다. 신비적이고 비합리적인 미신도 일종의 신념이다. '지속의 방법'을 통해서는 미신이나 무지가 극복될 수 없다. 비합리적인 것들이 주도하는 사회에서는 이러한 방법이 매우 바람직하다. 사회의 원리를 건드리지 않기 때문이다.

퍼스는 이러한 난제로부터 벗어나기 위하여 신념이 항상 작용하는 것은 아니며 상이한 신념을 가진 타인과 만남으로써 신념이 회의로 변할 수 있다고 말한다. 실패가 지속의 법칙을 무너뜨린다. 그러므로 개인의 신념대신에 사회적 신념이 고정되어야 한다. 사회적 신념을 고정시키는 방법으로 퍼스는 일반대중의 신념을 고정시키는 '권위의 방법'과 지식인과 같은 엘리트의 신념을 고정시키는 '과학의 방법'을 제시한다.

권위의 방법은 정치적인 신념을 고정시키는 방법으로 국가권력의 지원 아래 실현된다. 국가는 모든 수단(특히 매스미디어)을 동원하여 대중의 정치적인 신념을 고정시킨다.

퍼스는 물론 개인적으로 '권위의 방법'을 환영하지 않았는지도 모른다. 그러나 공개적으로 그것을 비판하지도 않았다. 오히려 '지속의 방법'에 비하여 효과가 크다고 추켜세운다. 지배계급은 항상 '권위의 방법'에 의존해야 한다. 그는 지배계급의 강압주의를 자연의 불가피한 요소로 간주하면서 민중이 거기에 복종해야 한다고 말한다. 권위의 방법에는 잔인성과 폭력이 따르기 마련이다. 그러나 그것은 자연스러운 현상이다. 결국 권위의 방법은 가장 효과적인 방법이기 때문에 최선의 방법이다. 그는 노예제를 옹호하면서 대중은 항상 권위적인 방법에 의해서 지배되어야 한다고 주장한다. 퍼스는 "권위의 방법이 평화의 길이다"[143]라는 말로 결론을 맺는다.

퍼스 경우 평화란 민중을 억압하고 진보를 방해하는 강권주의의 미화된 수식어에 불과하다. 권위의 방법과 지속의 방법은 동일한 내용의 두 측면이다. 이들은 서로를 보충한다. 권위의 방법을 통해서 민중의 신념이 항상 조장되고 조종된다. '평화를 위한 전쟁'이라든가 '자유를 위한 자유의 유보'라는 말들이 진리로서 수용된다. 신념의 고정은 제국주의의 이데올로기가 추구하는 목표이며 실용주의 철학은 그 합리적인 해석이다.

---

143) Ch. Peirce, *Chance, Love and Logic*, New York 1941, p. 28.

신념을 고정시키는 세번째의 방법이 '과학의 방법'이다. 그것은 저속한 '권위의 방법'으로 만족할 수 없는 지식인을 위한 방법이다. 지식인들은 많은 경험과 지식을 통하여 일상적인 신념이나 권위에 대하여 회의를 갖는다. 얼핏보기에 과학의 방법은 그러므로 자의에 의하지 않고 객관적인 진리에 의존하는 것 같다. 퍼스가 '과학', '진리', '실재성' 같은 말을 사용하기 때문이다. 퍼스는 과학의 방법에 의한 신념은 인간의 사유에 의해서 영향받지 않는 어떤 외적인 요인을 통해서 고정된다고 말한다. 그러나 그는 곧 '외적인 요인'이란 인간의 의식을 떠나 있는 객관적 요인이 아니라 개인을 넘어서는 공통적인 요인이라고 덧붙힌다. 그는 세계가 나의 체험이나 산물이 아니고 우리의 체험이고 산물이라고 말한다.

결국 퍼스의 입장은 개인적 고립주의를 다수의 공통주의로 대치시키는 것이며 주관적 관념론을 벗어나 객관적 진리를 인정하는 것이 아니다. 세계가 나의 체험이든 우리의 체험이든 간에 실제세계의 객관적 존재는 부정된다. 두 경우에 모두 인간 인식의 진위가 객관적 세계의 척도에 의하여 제한되거나 결정되지 않고 주관적 신념에 의존한다. 인간의 의식으로부터 독립해 있는 객관적 존재가 부정된다. '과학의 방법'은 실용주의의 두 근본요소를 포함한다. 하나는 실용주의적 원리이고 다른 하나는 '실재성'과 '진리'의 정의다. 실용주의적 원리에 의하면 대상은 인간의 지각을 통하여 인간에게 다가오는 작용과 일치한다. 이러한 작용은 인간의 습관을 통해 감지된다. 결국 사물의 의미는 그것이 인간에게 가져다주는 습관일 뿐이다. 예컨대 공포는 실천 속에서 작용하는 어떤 것, 다시 말하면 인간의 행위에 미치는 영향과 일치한다. 공포의 원인이 되는 객관적 세계의 현상(실업·기아·질병·고문·강탈 등)이 문제되는 것이 아니라 공포감이 문제된다. 공포는 공포를 느끼도록 인간에게 강요하는 느낌에 불과하다. 이러한 논리는 사회적 모순을 주관의 감정으로 환원시키면서 은폐하려는 시도에 불과하다.

퍼스는 인간의 의식으로부터 독립되는 특성을 갖는 대상, '실재성', '진리'에 관하여 말한다. 그러나 그는 그것들이 증명될 수 없다고 덧붙인다. 퍼스에 의하면 실재성도 감각적인 작용 속에서 존재한다. 실재사물의 유일한 작용은 신념의 산출이다. 실재사물이 일으키는 모든 지각이 신념으로서 의식에 나타난다. 실재성은 인간의 행위이다. 행위는 습관의 결과이다. 습관은 신념이다. 결국 실재성도 일종의 신념이다. 신념으로 고정된 것이 실재성이다. 퍼스는 실재성이 인간의 신념에 의존한다고 결론을 맺는다. 인간은 하나의 사실이 실재로 존재하는 것처럼 행동할 뿐이다. 어떤 사실이 실재하기 때문에 우리가 믿는 것이 아니라 믿기 때문에 실재적이다.

퍼스가 말하는 '권위의 방법'과 '과학의 방법'은 다같이 개인의 신념이 아니라 일반적인 신념을 고정시킨다. 그러나 전자가 권력과 폭력에 의거하는 일반대중에 적합한 방법이라면 후자는 '이념의 시장'에 의거하는 엘리트에게 적합한 방법이다. 두 경우에 다수의 신념이 진리의 척도로 등장한다. 진리는 객관적인 대상에 의존하는 것이 아니라 주관적인 신념에 의존한다.

퍼스의 이론은 유아론적인 색채를 지닌다. 인간이 세계를 만들어내고 진리를 만들어 낸다. 과학적인 방법과 실천에 의해서가 아니고 신념에 의해서이다. 그의 이론은 실용주의의 기초가 된다. 그의 후계자들은 그가 제시한 방법론을 발전시킨다. 제임스는 지속의 방법으로부터 '신념의 의지' 설을, 듀이는 과학의 방법으로부터 도구주의를 만들어내었고 '권위의 방법'은 실용주의적 정치철학의 모태가 되었다. 퍼스가 그의 이론을 발표할 당시에는 그의 이론이 큰 성과를 거두지 못했다. 그러나 1898년부터 제임스의 역할을 통하여 실용주의는 널리 확산되었다.

실용주의가 1898년경부터 확산된 배경에는 물론 다음에 나오는 제임스의 역할이 있었다. 그러나 사회적·경제적으로 유리한 조건이 조성되지 않았더라면 제임스의 역할도 그렇게 큰 힘을 발휘하지 못했을 것이다.

미국에서는 1878년과 1898년 사이에 국내시장이 통일되고 안정되어갔다. 자유경쟁을 밑받침으로 하는 자본주의가 집중적인 기업을 만들어냈고 미국은 유럽의 열강들처럼 식민지개척에 눈을 돌리기 시작했다. 쿠바에 간섭을 하여 스페인 식민지역을 점령하였다.

1898년경에 미국자본주의는 독점자본주의의 단계로 들어가 자본가들이 국가권력을 대부분 장악하였다. 남북전쟁(1861~1865)이 끝난 후 30여년에 걸쳐 독점자본주의가 발전되어갔고 그와 함께 노동자, 흑인, 농부, 소상인들의 저항도 점차 강화되었다. 이러한 저항에 대하여 자본가들은 그들의 권익을 보호하지 않으면 안 되었다. 국가권력만으로서는 불충분하였기 때문에 이들은 새로운 이념적인 무기를 만들어 민중의 저항을 무마시킬 필요가 있었다. 이러한 여건 때문에 1898년경은 실용주의의 철학이 확산될 수 있는 유리한 시기였다. 경제적·정치적 변화와 더불어 모든 이념적인 영역에도 새로운 변화가 요구되었다.

실용주의자들의 주요과제는 자본주의체제와 자본가계급을 위한 새롭고 효과적인 이데올로기를 만들어내는 일이었다. 이러한 과제를 실현하기 위해서 이들은 모든 수단을 동원하였다. 방법상으로 이들은 3단계를 거친다. 먼저 그들은 그때까지 통용되어온 관념론과 종교철학에 대하여 비판과 공격을 가하였다. 물론 이들의 은밀한 공격목표는 유물론과 과학이었다. 다음으로 이들은 과학적인 방법을 실용주의적 방법으로 대치시켰다. 과학과 유물론이 제거되었기 때문에 진리 대신 실용성의 원리가 쉽게 통용될 수 있다. 마지막으로 이들은 이전에 공격하였던 신학적인 내용을 슬그머니 뒷문으로 들여놓는다.

이러한 방법으로 실용주의 학자들은 모든 분야에서 자본가계급을 옹호하는 데 심혈을 기울였다. 이들은 진부한 신학적 이념들이 새로운 자본주의 사회를 변호하기에 역부족이라는 사실을 깨달았다. 그러한 이념으로 노동계급을 더 이상 묶어 놓을 수 없었다. 그러므로 겉으로는 이전의 이념을 가차없이 공격하는 것 같은 인상을 주면서 실제로는 그 주요골격을 그대로 유지할 수 있는 새로운 형식을 만들어내는 일이 중요하게 되었다. 모든 이데올로기 분야에서 그것이 수행되었다.

피스크는 역사학 분야에서 실용주의적 이념을 조성한 사람이다. 피스크는 하트포드(Hartford)에서 출생하였고 세례명은 에드먼드 피스크 그린(Edmund Fisk Green)이었으나 1855년에 어머니가 재혼하자 존 피스크(John Fisk)로 이름을 고치고 1860년에 'e'를 덧붙였다. 그는 스스로를 '반기독교인'이 아니라 '비기독교인'으로 자처하였다. 대학시절에 콩트의 실증주의를 탐독하였다. 그는 '형이상학클럽'회원으로 실증주의 이념을 준비해가던 이 학파의 토론에 참여하였었다.

실용주의 이념 외에도 콩트의 실증주의와 스펜서의 진화론이 그에게 많은 영향을 미쳤다. 피스크는 하버드 대학에서 콩트의 실증주의에 관한 강의를 했으며 동시에 스펜서의 합목적적인 진화론을 전파하였다. 외형상으로 볼 때 콩트의 실증주의와 스펜서의 진화론은 서로 모순되는 것 같다. 왜냐하면 실증주의의 특징은 자연과 사회의 발전에서 나타나는 모든 필연성 · 법칙성의 부정에 있다면 스펜서의 진화론에는 합목적적인 역사발전에 전제되기 때문이다. 그러나 이러한 모순은 부차적인 것이다. 실증주의가 주장하는 것처럼 필연적인 법칙을 전제로 하는 참된 역사과학이 존재하지 않을 때 남은 길은 신의 섭리에 의해서 결정되는 인간의 운명과 역사뿐이다. 진화론의 합목적성도 결국 신의 섭리와 관계되는 일정한 목적을 배제하지 않는다.

피스크는 실용주의의 3단계 방법을 역사학에 적용한다. 우선 신학적인 역사이론을 공격하는 일이다. 이러한 공격을 위해 실증주의를 도입한다. 다음으로 과학적인 방법을 실용주의적 방법으로 대치시킨다. 역사기술과 연관되는 실용주의적 방법은 부르주아계급의 유지에 적합한 모든 허구를 자유롭게 창안해내는 일이다. 마지막으로 '미국의 혁명'이라는 신화를 만들어내는 일이다. 마지막 단계에서 신학적인 역사이론을 다시 도입한다. 다시 말하면 일정한 목적을 향하여 나아가고 있는 신의 섭리를 옹호한다.

역사학자인 피스크를 경악시킨 사건이 '파리코뮌'이었다. 그의 저서 『우주철학입문』(*Outlines of Cosmic Philosophy*)은 맑스주의 역사이론에 대한 조야한 공격이었다. 그는 참된 역사과학의 가능성을 전적으로 부정하면서 자본자계급을 옹호하기 위해서 고안한 역사이론을 제시한다. 그는 객관적인 역사의 필연성을 실증주의적으로 부정하면서 출발한다. 그는 처음부터 모든 역사과학의 가능성을 부정하고 들어간다. 스스로의 목적에 합당한 실용주의적 가설을 구성하기 위한 전제가 만들어진 셈이다.

피스크는 1885년에 『미국의 정치이념』(*American Political Ideas*)이란 소책자에서 그의 역사이론을 전개하였는데 이 책은 당시 대인기를 얻었다. 이 책에서 그는 "미국의 통치가 어떤 특수한 창조의 결과가 아니고 진화의 결과다"[144]라고 주장한다. 계속하여 그는 사회적 진화를 '최고목표'를 향한 발전으로 표현한다. 피스크에 의하면 진화의 '최고목표'는 개별적인 것의 자유를 침해하지 않은 채 전체가 평화 및 조화를 이루는 데 있다. 이러한 최고 목표를 피스크는 역사분석을 통해 획득한 것이 아니라 앵글로색슨족의 사명이라는 엉뚱한 가설에서부터 추출하였다.

피스크는 파리에서 개최된 미국독립선언 축하연에서 행한 세 미국인들의 연설을 인용하면서 그의 역사이론을 전개한다. 첫번째 사람은 독립된 미국의 안녕을 위해서 건배한다고 말하였다. 두 번 째 사람은 그것이 너무 협소하기 때문에 자기는 미국, 곧 모든 앵글로색슨족의 안녕을 위해서 건배한다고 말하였다. 세 번 째 사람은 그것으로도 부족하고 자기는 미국, 다시 말하면 전 인류의 역사를 위해서 건배한다고 말하였다. 이러한 에피소드를 인용하면서 피스크가 그의 역사이론에서 제시한 것은 앵글로색슨족에 의한 세계통치가 진화의 최고 목표라는 것이다. 이러한 이념에 따라 그는 역사를 해석해 간다. 그에 의하면 앵글로색슨족이 역사

144) J. Fiske, *American Political Ideas*, New York 1885, p. 6.

의 최고 목표를 지켜주는 근간이며 전체와 개인의 통일이라는 정치원리(연방제도)를 실현하는 주체이다. 그러므로 앵글로색슨족이 세계를 지배해야 한다.

피스크는 서구문명의 우위를 증명하기 위해서 열을 올린다. 그는 미국과 유럽의 역사는 열등한 민족에 대한 선택된 민족의 투쟁사라고 말한다. 이러한 투쟁은 고대 그리스가 열등한 아시아 민족(당시 페르시아)에 대하여 행한 전쟁에서 시작된다. 그 뒤 로마제국이 나타나 동쪽의 야만인들을 제어하였고 다시 게르만족이 저급한 슬라브족을 격퇴하였다. 끝으로 영광스러운 슈퍼인종인 앵글로색슨족이 역사의 무대에 등장하였고 이들은 우선 열등한 프랑스인을 제어하는 임무를 맡았다. 결국 앵글로색슨족이 북미대륙을 점령하였고 이러한 투쟁에서 앵글로색슨족은 열등하고 야만적인 인디언족을 섬멸하였을 뿐만 아니라 스페인족과 프랑스족을 물리쳤다. 이와 같은 역사적 진화는 앵글로색슨족의 사명에 부합하는 원리다. 1776년 미국의 독립과 더불어 이제 앵글로색슨족이 유럽과 미주에서 양대 산맥을 이루어 실제로 역사를 새로이 바꾸어가기 시작했다.

피스크는 미국의 시민전쟁(남 · 북전쟁)이 노예제를 폐지하기 위해서가 아니라 연방제를 옹호하기 위해서 수행되었다고 말한다. 앵글로색슨족이 인류의 문화를 위해서 부여한 최고의 업적이 연방제이다. 결국 연방제가 역사의 '최고 목표'로 나타난다. 이러한 최고 목표를 실현하기 위해서 미국의 세력이 점차 확장되고 세계를 모두 미연방 안으로 흡수시켜야 한다.

피스크는 앵글로색슨족의 우수성이 미국의 세계지배를 위한 기초가 된다고 확신하면서 동시에 백인종의 우위를 주장하고 나선다. 선택된 앵글로색슨족과 백인종의 우위라는 원칙을 그는 미국의 세계지배를 위한 이념적인 투쟁무기로 사용한다. 그는 아름다운 경치로 가득찬 아프리카가 계속 야만상태로 머물 수 없으며 조만간 더 강한 민족에 의해서 문명화되어야 한다고 주장한다. 같은 이유로 그는 호주, 뉴질랜드, 동남아시아의 역사적 진화에 관하여 언급한다.

결론적으로 그는 미국에서 백인이 그리고 세계에서 앵글로색슨족이 역사의 최고 목표를 실현할 날이 멀지 않았다고 예언한다. 그때는 미국의 힘이 남극에서 북극에까지 뻗히고 세계가 참으로 기독교적이 될 수 있다. 피스크는 제국주의와 기독교의 밀착관계를 은연중에 발설한다. 신학적인 역사관에 대한 공격으로 시작한 피스크는 결국 신학적인 내용을 다시 도입한다. 지배계급의 이익을 내용으로 하는 신학적인 역사이론이 '사물의 참된 본성'에서 기인한다고 그는 말한다. 이 경우 사물의 참된 본성이란 바로 영원한 신의 의지다. 피스크는 신학적인 역사이론의 내용을 수용하면서 그 형식을 새롭게 바꾸어 놓는다. 그에게서는 '사물의 참된 본성'이 인종론으로 변한다. 신의 의지라는 이념이 앵글로색슨족의 우월성이라는 이념과 일치한다. 우월한 민족이 세계 구석구석까지 지배하는 것이 사물의 참된 본성이고 신의 의지이다.

역사연구는 사회발전의 객관적인 법칙에 대한 학문이 아니라고 주장하는 데서 피스크의 실용주의적 세계관이 드러난다. 지배계급에 유리한 방향으로 역사는 흘러가야 하며 그것이 역사의 진리이고 역사학은 그것을 연구하고 추진해야 한다. 피스크의 역사기술은 인종론이라는 신화나 허구를 사용하여 착취와 억압을 옹호하는 데 목적이 있다. 그에 대한 이론적 전제가 '백인우위론'이다. 과학적인 역사이론을 거부하면서 피스크는 유용성을 역사적 진리의 척도로 삼는다. 피스크는 제국주의 시대에 들어선 자본가 계급의 실용주의적 관점을 역사이론적으로 대변해준다. 그의 역사이론은 오늘날까지 미국의 실용주의적 역사이론에 많은 영향을 미쳤다. 이들은 한결같이 '서구문명', '세계평화를 위한 미국의 책임', '제3세계와의 유대' 등을 내세운다.

실용주의 역사이론가들은 역사과학은 존재할 수 없다고 결론을 내린다. 이 말은 객관적인 사회발전법칙이 존재하지 않으며 그러므로 사회발전이나 역사발전은 오로지 유용성, 더 정확하게 말하면 지배계급의 유용성에 의존한다는 말이다. 구체적인 역사발전의 분석은 지배계급의 위치를 뒤흔들 수 있는 위험을 가져올 수 있다는 사실을 이들은 간파하였다. 그러므로 그런 위험으로부터 눈을 돌려 비과학적인 가정으로 나아가는 것이 이들의 임무이다. 역사적 사실을 분석하는 것이 아니라 그들이 목표로 하는 가상적인 역사작용을 생각해내는 일이 이들의 과제이다. 그러므로 이들은 기술된 역사는 과학이 아니고 신념의 기록이라고 말한다. 이들은 과거의 지식 대신에 머리 속에서 얻어진 사실, 다시 말하면 유용한 것으로 해석될 수 있는 사실에 의존하여 역사의 보편적인 발전법칙을 부정한다.

피스크의 서구 중심적인 역사관은 매우 시대착오적이다. 1756년에 프랑스의 계몽철학자 볼테르가 이미 서구 중심적인 역사관의 오류를 지적하고 서구지식인의 반성을 촉구한 바 있다. 볼테르에 의하면 유대민족이 역사의 시발을 이루는 것이 아니라 고대 중국이 역사의 시발을 이룬다. 기독교 중심적이고 서구 중심적인 역사이론은 고대동양의 찬란한 문화를 격하시킨다. 그러나 유대민족의 역사처럼 더없이 잔인하고 야만적인 역사는 없었다. 인류의 평화는 서구중심적인 역사를 벗어날 때만 가능하다.

실용주의자 피스크는 서구 중심적인 역사이론을 반성하는 대신 오히려 더욱더 기고만장하게 백인 우위론을 내세운다. 물론 역사의 중심이 유대인이냐 동양인이냐에 대한 해답은 과학적인 연구를 결과로 내려져야 한다. 그러나 볼테르가 지적한 것처럼 기독교 중심의 서구역사는 오늘날까지 약소민족에 대한 침략의 역사였다는 사실에는 아무런 여지가 없다.

제임스는 1842년 1월 11일에 뉴욕에서 태어났다. 1855년에서 1860년 사이에 영국, 프랑스, 스위스, 독일 등에서 중등교육을 받았다. 이 시절에 그는 자연과학과 회화에 관심을 가졌다. 1861년에 하버드에 있는 로렌스 과학학교에 입학하여 화학·비교해부학·생리학 등을 공부하였다. 1864년에 의과대학으로 옮겨 의학을 공부하였고 1867년에 다시 독일에 건너가 실험생물학을 연구하였다. 1868년에 케임브리지로 돌아왔고 다음해에 의학박사 학위를 받았다. 1873년부터 하버드대학에서 해부학·생리학·철학 등의 강의를 시작하였고 1907년 정년퇴임 하였다. 평소에 몸이 약하였고 신경불안증으로 고통을 받기도 하였다. 그는 1910년 8월 26일 초코루아(Chocorua)에서 사망하였다.

1890년에 방대한 제임스의 저서 『심리학의 원리』(*Principles of Psychology*)가 나왔다. 이 책은 실용주의의 체계화에 커다란 기여를 한다. 실용주의적 인식론이 이 책에서 기초 세워 진다.

제임스의 인식론은 부르주아적인 의식이론의 전형으로 심리현상을 역사적으로가 아니라 추상적으로 고정된 인간의 본질과 연관시켜 파악한다.

인간의 심리가 본능·충동·감정을 중심으로 고찰된다. 여기서 고찰되는 본능, 충동, 감정 등은 부르주아적인 인간의 속성인데 제임스는 그것을 모든 인간의 속성인 것처럼 말한다. 임금노동, 돈벌이, 전쟁, 경쟁 등이 인간본성의 영원한 특성으로 제시된다. 일반적으로 부르주아 심리철학은 사회적인 차원에서 보다 생물학적인 차원에서 문제의 발단을 찾는다. 제임스의 심리철학은 전통적이고 종교적인 심리학을 공격하면서 진화론적인 입장에 서 있는 것 같은 인상을 준다. 그가 비판하고 공격하는 것이 전통적인 '영혼론'이다. 전통적인 영혼론은 개별적인 영혼의 실체를 전제하고 이러한 영혼에 회상, 판단, 의지, 상상, 욕망 등의 노력을 부여하였다. 전통심리학에 의하면 이러한 모든 기능들은 절대적이며 신에 의해서 주어진 특성들이다. 이런 특성들은 항구 불변이다. 진화론은 그러나 인간의 발전과 함께 인간의 의식도 발전한다고 가르친다. 피스크와 홈즈처럼 제임스도 3단계의 실용주의적 방법을 사용한다. 그는 우선 의식의 변화와 발전을 인정하지만 이러한 발전의 과학적인 구조를 거부한 후 그것을 유용성의 원리로 대치시키고 마지막으로 독단적인 신학이론의 내용을 다시 끄집어들인다.

제임스는 '본능의 기초구조'에 관하여 말한다. 본능은 하나의 목표를 향한 맹목적이고 자동적인 충동이다. 그것은 목적을 알지 못하는 합목적적인 행동이다. 제임스는 인간의 본능을 자세하게 서술한다. 젖을 빨거나 무는 데서 시작하여 성적 본능에 이르기까지의 유아본능뿐만 아니라 소유본능, 취업본능도 다룬다. 예컨대 사유재산은 역사발전에서 오는 산물이 아니고 본능의 산물이다. 소유본능의 결과로 나타나는 것이 수집본능이다. 또 다른 본능은 '살인본능' 혹은 '거친 투쟁욕'이다. 이러한 본능은 린치, 칼부림, 전쟁 등에서 잘 드러난다. 이러한 본능의 기초가 되는 인간의 사회는 그러므로 '만인에 대한 만인의 투쟁상태'이다. 오늘의 적이 내일은 친구가 되고 어제의 적이 오늘의 친구가 된다. 이러한 본능이 '정신의 유기적 구조'를 만들어낸다. 본능적인 정신구조는 경험의 앞문을 통해 의식으로 들어오는 것들을 규정하는 뒷문이다. 제임스가 말하는 본능은 경쟁을 위주로 하는 자본주의 사회의 전형적인 본능이다. 그러나 제임스는 그것을 모든 인간의 본능으로 환원시키며 자본주의 사회의 모순을 은폐하려고 한다.

제임스의 감정변화이론은 매우 주관주의적이다. 그는 "우리는 슬프니까 우는 것이 아니라 우니까 슬프다"[145]고 말한다. 생리학을 기초로 하는 과학적인 분석인 것 같은 인상을 주면서 실제로는 과학적인 분석과 상반되는 방향으로 나아간다. 왜냐하면 객관적인 실재와 무관한 감정변화란 공허한 가설이기 때문이다. 흑인이나 노동자들의 분노라는 감정을 예로 들어보자. 이들의 분노는 근본적으로 백인 우월주의나 노동의 착취에 대한 반작용으로 나타난다. 사회적인 불평등이 근본적으로 작용한다. 그러나 제임스는 자극된 신체를 진정시키면 분노가 자연히 사라지니까 열까지 세면서 기분을 전환하라고 말한다. '엔도르핀'에 의해서 모든 건강이 좌우되기 때문에 많이 웃고 친절하고 남의 말을 좋게 하고 적당하게 살아가라고 주장하는 어느 고등 사기꾼의 얘기와 비슷하다. 이들의 본의는 분명하다. 사회적 모순을 신체상의 자극이나 감정의 움직임으로

145) W. James, *The Principles of Psychology*, New York 1890, II, p. 449.

돌리면서 은폐하고 지배계급의 기득권을 아무 이상 없이 유지하려는 것이다. 기발한 착상으로 민중의 분노를 무마시키려는 것이다. 남이야 어떻게 되든, 나라와 민족이 어떻게 되든 나만 건강하면 된다는 극단적인 이기주의에 편승하여 사회문제나 역사문제를 은폐하려는 이러한 시도들은 오히려 아편보다도 더 위험하다. 건강의 치료뿐만 아니라 질병의 원인도 결국 사회현상에서 오는 사회적인 문제이다. 다시 말하면 공해, 불량식품, 돈에 눈이 어두운 의사, 사회적 불안 등이 크게 작용한다. 그런 문제는 제쳐 버리고 많이 웃고 매사를 기쁘게 생각하라는 어처구니없는 주장에 혹하는 우리 사회의 현실이 너무나 애처롭다.

제임스는 분노, 공포, 슬픔, 절망과 같은 감정의 객관적 근거가 존재하지 않는다고 우리를 설득시키려 한다. 이러한 감정의 움직임을 극복하기 위해서 착취나 억압, 식민주의와 같은 문제를 생각할 필요가 없다. 이맛살을 찡그리지 말고 어깨를 똑바로 펴고 웃으면 자연히 행복하게 된다. 제임스의 이론에 따라 실제로 행복하게 되는 사람들이 있다. 노동자가 아니라 일하지 않고도 편안하게 먹고살고 있는 부류들이다.

제임스는 유기적인 정신구조의 요소로서 본능과 감정의 움직임 외에도 습관을 들고 있다. 습관은 일상생활에 나타나는 본능과 감정의 특수형태이다. 소유본능은 부동산을 투자하는 습관을, 공포본능은 실업과 전쟁을 무서워하는 습관을 만든다. 노동자들의 투쟁도 그리고 그에 대한 방지책도 모두 변할 수 없는 인간의 본능과 습관에서 나온다는 말이다. 노동자가 비참한 작업장으로 발을 돌리는 것도 습관 때문이다. 자본주의라는 사회구조가 아니라 본능과 감정의 움직임에서 나온 습관이 노동자를 노동하게 만들고 자본가를 착취하게 만들며 양 계층이 서로 혼합되지 않게 지켜준다.

제임스는 습관을 자본주의 사회를 결합시키는 풀(아교)처럼 생각한다. 과학적인 심리학에 의하면 습관은 본능으로부터가 아니라 개인의 사회적 실천을 통해 발전한다. 자본주의 사회에서는 부르주아적인 도덕이나 습관이 민중에게 주입된다. 곧 '경쟁심', '하면 된다', '무조건 이겨야 한다', '저축습관', '더불어 산다', '남의 말을 좋게 하자', '모가 나지 않고 둥글게 살아야 한다' 등등이 그러하다. 그러한 습관의 모순을 파헤친 노동자들은 이와 상반되는 새로운 습관을 얻어간다. 곧 '동지애', '연대성', '불굴의 의지', '정의를 위한 투쟁', '이 한 몸 바쳐 나라와 민족을 구한다' 등등이다. 제임스는 자본주의가 유지되기 위해서는 부르주아적인 습관이 유지되어야 한다는 것을 깨달았다. 그러므로 그러한 습관을 사회구조와 연관시키는 대신 영원히 변할 수 없는 개인의 본능이나 감정과 연관시킨다. 본능, 감정, 습관이 항구적인 의식구조로 변한다. 이들은 관심과 주의를 통해서 의식의 흐름을 구분하고 정돈한다. 논리적 사고도 의식의 흐름을 정돈하고 선택하는 과정에 불과하다. 선택된 것이 '물'(thing)이다. 물은 유기적 정신구조가 어떤 목적을 위해서 부여한 '지각의 묶음'일 뿐이다. 논리적 사고나 오성은 본능의 심부름꾼일 뿐이다. 자본주의 사회가 유지되기 위해서 필수불가결한 '소유본능', '살인본능' 등이 모든 사물과 관계를 만들어내기 때문에 논리적 사고도 결국 지배계급의 이익에 봉사하는 역할을 한다. 그것이 제임스의 『심리학원리』가 주는 총결산이다. 그것은 과학이 아니고 노골적인 자본주의 옹호론이다.

실용주의 이론 특히 교육이론의 대표자라고 할 수 있는 존 듀이(John Dewey, 1859~1952)는 1859년 버링톤(Burlington)에서 출생하였다. 1875년에 버몬트(Vermont) 대학에 입학하였고 1879년에서 1881년 사이에 고등학교에서 고전 · 과학 · 수학 등을 가르쳤다. 그는 홉킨스(Hopkins) 대학에서 칸트의 심리학에 관한 논문으로 학위를 받은 후에 미시건(Michigan) 대학에서 활동하였다. 1894년에 시카고(Chicago) 대학에서 철학과 · 심리학과 · 교육학과 학과장이 되었고 1904년에 콜롬비아 대학으로 옮겨 사범대학에서 활동하였다. 1919년에서 1921년 사이에 일본 등 해외에서 강연을 하다가 귀국하여 1952년 6월 1일 뉴욕에서 사망하였다.

다른 미국의 실용주의학자들이 주로 하버드에서 활동한 반면 듀이는 시카고에서 활동하면서 시카고학파의 중심인물이 된다. 1892년 시카고 대학은 록펠러재단에 의하여 설립되었고 재정적 지원을 받았다. 이 대학의 초대총장인 하퍼(William R. Haper)는 듀이를 이 대학으로 초청하였다. 시카고에서 듀이는 10여 동안 실용주의 교육이론을 개발하는데 정력을 집중하였다. 이 대학 부설학교인 실험학교와 연관하여 그는 실용주의 교육철학을 기초했다. 그는 1899년의 저서 『학교와 사회』(*The school and society*)에서 6년 간의 실험 및 연구 결과를 토대로 실용주의 교육이론을 제시한다.

듀이와 그의 추종자들(Kilpatrick, Childs, Counts 등)은 어린아이들이 생득적으로 지니고 있는 본능과 충동의 개발을 새로운 교육의 목표로 내세운다. 이들은 어린아이들의 인격이 형성되는 데 중요한 영향을 미치고 있는 사회적 유산을 무시한다. 듀이는 사회관계가 급변하였으므로 교육의 본질도 새롭게 바뀌어야 된다는 전제에서 출발한다. 그는 대다수의 사람들이 정신문제보다도 실천문제에 관심을 갖게 되었다는 사실을 지적하면서 교육도 정신적인 것보다 실천적인 것에 초점을 맞추어야 한다고 주장한다. 그것이 교육내용의 새로운 변화이다. 듀이의 주장은 무엇을 반영하는가? 그것은 급증하는 노동자로 구성되는 부르주아 사회의 현실을 반영한다. 가진 자들의 아들딸들은 '정신적인 성향'을 지니는 반면 노동자의 아들딸들은 '실천적인 성향'146)밖에 갖지 않기 때문에 공교육이 이러한 성향에 관심을 기울여야 된다는 것이다. 듀이의 결론은 자본주의 사회의 노동자들이 노동자가 된 것은 자본주의라는 생산구조 때문이 아니고 이들이 '실천적인 성향과 관심'을 갖고 태어났기 때문이라는 것이다. 노동자는 노동자로 태어나고 가진 자는 가진 자로 태어난다. 그러므로 자본주의라는 사회구조는 생산관계의 변화에 따른 역사발전의 결과로 나온 것이 아니라 인간의 본성에 의해서 발생하였다.

듀이의 이론은 지배계급에서 항상 환영받는 이론이다. 고대철학자 플라톤이 신들은 지배계급에 금을, 생산계급에 동을 섞어 놓았으므로 이들은 각기 천성에 알맞은 직업에 종사해야 된다는 것과 비슷하다. 금과 동이 섞여서는 안 된다. 또 조선의 성리학자 이 퇴계는 사람들이 태어날 때부터 상지(上智), 중인(中人), 하우(下愚)의 기질을 갖고 있다고 주장하였다. 듀이는 대부분의 인간본성 속에는 순수한 정신적인 관심이 들어있지 않다는 결론으로부터 그의 실용주의 교육이론을 전개한다. 듀이가 말하는 '대부분의 인간'을 '노동자'로 대치시켜서 생각해 보면 듀이의 의

---

146) J. Dewey, *The School and the Society*, Chicago 1949, p. 22.

도가 더 분명하게 드러난다. 듀이는 마치 노동자들의 관심이나 성향이 생산, 다시 말하면 자본가계급의 이윤증대를 향하여 치닫고 있는 것처럼 착각하고 있다. 착각이 아니라 의식적으로 조작을 하고 있다. 이러한 성향을 더욱 발전시키기 위해서 학교는 지배계급이 요구하는 사항들을 교육내용으로 삼아야 한다. 다시 말하면 공립학교가 직업학교로 변하고 여기서 학생들은 어떻게 효과적으로 노동을 잘할 수 있는가를 배우면 된다. 왜 노동을 해야 하는가, 왜 노동자의 아이들은 계속 노동자가 되어야 하는가에 대해서는 알 필요가 없다. 이렇게 하여 노동계급은 타고난 성향을 개발시킬 수 있는 가능성을 얻게 된다. 듀이는 새로운 교육제도에서 중심역할을 하는 것이 노작(노동습관)이라고 말한다. 노동자들의 아이들은 본성에 합당한 직업훈련을 받아야 한다. 초등학교는 사실과 진리만을 가르쳐서는 안 된다. 실천을 중시하는 듯한 듀이의 이론 뒤에 숨어 있는 의도는 분명하다. 사실과 진리가 노동계급의 의식수준으로 들어설 때 그것은 지배계급에 저항을 하는 위험한 무기가 될 수 있으므로 그것을 막아야 한다. 특히 역사과학이나 사회과학은 금물이다. 급변하는 생존조건에 적응하기 위해서 직업의식이 모든 교육에 동반되어야 한다는 주장을 뒷받침하기 위하여 듀이는 모든 인간 혹은 적어도 대부분이 노동자라는 사실을 강조한다. 자본주의 시대에서는 다수가 노동자이고 소수만이 지배계급이므로 듀이의 표현은 정확하다. 수많은 노동자들에게 그들의 직업에 만족할 수 있는 교육을 시키는 것이 지배계급의 중요한 관심사이다. 다시 말하면 노동자들은 자본가의 착취를 고맙게 생각하며 거기 익숙해져야 한다. 더 정확히 말하면 노동자들은 착취를 받고 있다는 사실을 결코 깨닫지 못하도록 교육되어야 한다. 그 대신 노동자들은 스스로의 과제에 충실하는 것이 사회와 국가발전의 초석이 되고 스스로를 경제신장의 역군이라고 생각하도록 교육되어야 한다. 노동자가 의식화되면 경제파탄이 일어나 노동자나 자본가나 모두 손해를 보기 때문에 노동자들은 묵묵히 자기 일에만 종사하는 습관을 갖도록 교육되어야 한다.

듀이는 '경험'이라는 말을 많이 사용한다. 그러나 우리는 경험이 지니는 두 가지 의미를 구분해야 한다. 경험은 직접적이고 일상적일 수도 있고 사회생활을 통해서 보편화된 경험일 수도 있다. 전자는 개인적인 활동과 연관되고 후자는 과학적인 이론과 연관된다. 이론과 실천의 통일이란 이 양자의 경험을 다 같이 포함한다는 말이다. 듀이는 그러나 '독단'을 거부한다는 구실아래 과학적 이론과 사회적 체험을 통해 축적된 경험을 거부하면서 '일상적인 경험'을 '유일한 최고의 권위'로 내세운다.

'새 교육'을 통해서 듀이는 노동자들을 '기계의 한 부분'이 되는 데 만족하게 교육하려 하였다. 그는 자본주의적인 경제구조가 요구하는 것들, 예컨대 저임금, 장시간 노동, 원만한 노사관계 등을 어떻게 마찰 없이 잘 수행할 수 있는가를 항상 염두 해 두고 있었다. 듀이는 새로운 교육제도가 자본주의의 모순이나 폐단을 제거할 수 있는 유일한 길이라고 생각하였다. 노동계급의 성향이 잘 파악될 때만 경제적인 모순이 제거될 수 있다. 왜냐하면 경제적인 모순의 원인은 노동자의 본능이 충분하게 개발되어 있지 않은 데 있기 때문이다. 교육은 이러한 본능의 개발에 눈을 돌려야 한다. 노동계급의 본능을 잘 유도할 때만 자본가계급은 조화로운 사회가 이루어질 수 있는 최선의 보장을 얻게 된다. 이익을 만들어 주는 기계를 잘 운용하는 데서 노동자들의 욕구가 충족될 때 자본주의 사회의 모순은 사라질 수 있다.

듀이에 의하면 자본주의는 생산관계의 변화에 따라 역사적으로 발전된 산물이 아니고 '생산본능'을 기초로 하는 사회조직이다. 자본주의는 본능의 산물이다. 자본주의는 사회적 근원을 갖는 것이 아니라 생물학적 근원을 갖는다. 듀이에 있어서도 제임스나 홉즈에서처럼, 생물학적 본능이 마법의 지팡이로 들어선다. 그것이 인간의 본성뿐만 아니라 사회와 역사의 본질을 설명해주는 토대가 된다.

듀이의 교육이론에서 핵심적인 역할을 하는 것이 '충동'이다. 모든 충동이나 호기심은 결국 '근원적인 충동'으로부터 나온다. '근원적인 충동'은 유전된다. 제임스의 생물학적 심리학이 듀이의 '새 교육'에 기초가 된다. 듀이는 인간의 본능과 충동에 의거하는 그의 교육이론을 전통적인 교육이론에 대한 공격으로 내세운다.

19세기에 독일의 프뢰벨(Fröbel)도 듀이와 비슷한 이념을 내세운 바 있다. 이들은 다같이 아동이 학교의 중심이 되어야 하고 아동의 본능이 교육의 전면으로 부각되어야 한다고 주장한다. 듀이는 교사가 중심이 되고 권위가 지배하던 이전의 교육을 공격하면서 동시에 교육의 근본개념을 완전히 부정해버린다. 교사와 교과서가 중심이 되는 이전의 교육으로부터 아동의 관심과 흥미가 중심이 되는 '새 교육'을 듀이는 '코페르니쿠스적 혁명'[147]이라고 일컫는다. 그러나 듀이가 시도하려 한 것은 일종의 '코페르니쿠스적 반동혁명'이었다. 왜냐하면 교육의 사회적 내용이 아동

147) *Ebd.*, p. 35.

의 본능과 흥미문제로 환원되기 때문이다. 철저한 개인주의적 이기심이 미화되기 때문이다. 아동과 아동들의 충동이 교육의 핵심문제로 등장하면서 교육의 2가지 과제가 새롭게 등장한다. 하나는 교육이 개발되지 않은 본능을 찾아내는 일이고 다른 하나는 그에 대한 가장 적합한 방법을 개발하는 일이다. 본능이 잘 개발되는 상태를 듀이는 '천국'이라 부른다. 이러한 천국에서 훈련, 문화, 정보제공 등과 연관하여 부르주아가 바라는 모든 것이 성취된다. 듀이는 그것을 은폐하기 위하여 '부르주아' 대신에 '성인'이라는 표현을 사용한다.

듀이의 실험학교는 당시의 부르주아 신문에서 크게 공격을 받았다. 자본가들은 이 학교의 교육이 가져다줄 효과를 파악하지 못했다. 그러므로 듀이의 실험학교에는 전통적인 교육이 지니는 규율, 체계적인 지식전달, 부르주아 세계관, 도덕교육 등이 결여되어 있다고 비난하였다. 이때마다 듀이는 그의 이론이 전통적인 교육이론을 훨씬 능가한다고 대답하였다. 지배계급은 차차 듀이의 교육이론이 자기들의 이해관계에 긍정적인 영향을 미칠 수 있다는 것을 인정하였다.

아동이 중심이 되는 학교에서 갖는 교사의 임무는 무엇인가? 교사는 아동의 충동과 본능을 파악하고 아동이 더 고차적인 파악능력과 판단능력을 갖도록 이들의 본능을 개발시키는 데 있다. 더 효과적인 습관을 아동들에게 길러주어야 한다. 본능의 개발을 유도하는 것이 교사의 핵심과제이다. 여기서 두 가지 요인이 고려되어야 한다. 하나는 아동의 동기를 유발하는 것이고 다른 하나는 그것을 더 고차적인 단계로 이끌어 가는 것이다. 교사가 먼저 어떤 행동을 이끌어 간다는 것은 큰 잘못이다. 행동의 동기가 아동으로부터 나와야 한다. 모방은 금물이다. 교사는 아동의 충동을 개발하기 위해서 동기를 유발하는 데 최선을 다해야 한다. 아동의 발달단계에서 어떤 힘이 가장 크게 나타나려 하는가를 포착해야 한다. 여기서 듀이의 모순이 드러난다. 곧 한편으로 교사는 결코 아동들의 발전방향을 유도해서는 안 되고 자발적인 발전의 동기를 유발해야 한다. 교사는 아동의 본능을 미리 알아차리고 그에 합당한 자료를 제공해야 한다. 그러나 다른 한편으로 아이들과 동감하면서 아동이 원하는 것 그리고 원하지 않는 것을 알아야 한다. 다시 말하면 아동에게 일정한 소원을 주입시키기 위해 적극적으로 참여해야 한다. 교사는 아동의 소원을 아동 자신보다 더 잘 알 수 있다고 듀이는 말한다. 아동과 교사가 욕구, 소원, 이념, 본능, 충동, 성향 등에서 서로 일치해야 한다. 교육의 목표는 아동의 성향을 완전하게 발전시키는 데 있다. 아동의 성향이란 '본능', '충동', '소원', '관심', '이념' 등과 일치한다. 그러나 이들에 대한 동기가 먼저 교사들에 의하여 주어지기 때문에 교육의 목표는 결국 아동들에게 교사가 지니고 있는 이념과 생각들을 주입시키는 데 있다. 듀이는 교사가 아동에게 주는 영향을 이차적이라고 말하면서 딜레마를 벗어나려 한다.

학교에서의 실천은 교사들에 의한 부르주아 이념의 주입인 데 반하여 듀이는 이론적으로 그러한 사실을 숨기려 한다. 실천과 이론이 모순을 일으킨다. 모든 학부모는 자기 아이들이 성향이 가장 잘 발전되는 것을 희망한다. 교사들도 아동들이 조화로운 인간으로 발전되는 데서 보람을 느낀다. 이런 의미에서 듀이의 교육이론은 나무랄 데가 없다. 그러나 어떤 부모(부르주아 계층의)들이 자기의 아이들이 스스로 이해관계와 다른 계급(노동자나 혁명가들)의 이념으로 주입되는 것을 바라겠는가? 대부분의 교사들이 무의식적으로 아동들이 위험한 이념에 물들지 않도록 아동들의 동기를 유발해 간다. 그러나 스스로가 지배계급의 이념을 아동들에게 주입시키는 도구라고 고백하는 교사는 드물다. 듀이의 이론은 바로 이러한 사실을 숨기려는 교묘한 의도를 지니고 있다.

우리는 주체성을 갖고 우리의 현실에 적합한 교육을 시도해야 하며 외국에서 주입된 철학을 아무런 여과도 없이 무조건 추종하고 실천하는 태도가 우리 민족의 장래에 별로 도움이 되지 않는다는 사실을 깊이 깨달아야 한다.

맺는 말

“오늘날 철학이 과연 무엇을 할 수 있는가?”라는 물음에 대하여 철학자들 스스로가 부정적인 대답을 하는 경우가 많다. 철학으로부터 모든 학문이 떨어져 나가고 이름뿐인 철학의 역할은 거의 전무한 상태라는 비관적인 생각이 주도하는 것 같다. 그러나 그러한 체념은 철학의 본질이 무엇이며 그 과제가 무엇인가에 대한 이해가 부족한데서 나오는 결과일 뿐이다. 철학은 인간이 존재하며 사고하는 모든 곳에서 존재하며 나아가 인간의 삶에 직접·간접으로 지대한 영향을 미치고 있다. 철학이 그 근본과제를 실현할 수 있기 위해서는 철학의 근본 물음에 대한 해답이 항상 수반되어야 한다. 이러한 물음에 대한 회피는 철학의 이해를 수박 겉핥기식으로 만들게 되는 것이다. 철학의 근본물음 혹은 문제는 무엇인가? 그것은 존재와 의식의 관계에 관한 문제이며 유물론과 관념론의 관계에 대한 문제이다. 이러한 문제에 대한 입장의 차이가 모든 다른 문제, 예컨대 도덕, 종교, 사회, 역사, 예술, 사랑, 생명 등의 문제에 직접적인 영향을 준다.

유물론적인 입장은 모든 문제의 해결에서 과학적, 객관적, 합리적 방법을 근간으로 삼는다. 이에 반해 관념론적인 입장은 신비적, 주관적, 비합리적 경향으로 흘러간다. 실증주의와 분석철학은 사물의 본질과 원리를 추구하는 대신 지엽적인 현상의 분석에 만족하며 철학으로서의 철학을 포기한다. 모든 관념론적인 철학은 역사와 사회문제를 기피하거나 추상적인 이해로 도피한다. 철학을 위해 인간이 존재하는 것이 아니다. 인간을 위해 철학이 존재할 때 철학은 구체적인 삶과 직결되어야 하며 구체적인 삶은 항상 사회와 역사의 발전 속에서 이루어져 간다. 그러므로 참된 철학일수록 사회적이고 역사적인 문제를 중시하며 어중간한 철학일수록 사회적 · 역사적 문제로부터 도피한다. 참된 철학일수록 철학사의 지식을 비판적으로 습득하여 인류의 미래를 위한 발판으로 삼는 반면 어중간한 철학일수록 철학사의 습득을 두려워한다. 철학사의 습득을 통해서 현재 사회의 모순과 추한 면이 드러나기 때문이다. 그러므로 어중간한 철학은 철학의 문제를 지엽적인 현상의 분석에 국한시킨다. 철학과는 질적으로 구분되는 추상적인 정신세계로 도피한다.

오늘날 과학문명이 발달하여 인류의 삶이 편리해진 반면 그로부터 오는 부산물(공해, 소외 등의 문제)도 증가되고 있다. 철학은 개별과학이 줄 수 없는 세계관을 제공해주며 개별과학의 의미를 제시해준다. 그러므로 과학문명의 폐단을 그 본질과 연관시켜 파악하게 하는 것은 철학뿐이다. 사회문제에 눈을 돌리는 철학은 과학문명에서 오는 공해가 과학자체의 책임이 아니라 과학을 운용하고 있는 사회에 책임이 있다는 것을 날카롭게 파헤친다. 다시 말하면 올바른 철학을 갖지 못한 채 인간의 삶을 경시하는 자본가들의 이익추구가 공해와 소외를 일으키는 장본인이라는 사실을 가차 없이 폭로한다. 그러므로 자본가 계급이나 그들과 제휴하고 있는 정치가, 종교인들은 참된 철학을 두려워한다. 그들의 숨겨진 의도가 과학적인 철학에 의해서 여지없지 밝혀지기 때문이다. 이들이 권장하는 철학은 사회나 역사문제를 건드리지 않고 지엽적인 현상의 분석에 만족하는 철학이나 종교로 도피하는 철학이다.

오늘날 우리 주변에는 너무나 많은 문제가 도사리고 있으며 특히 우리 사회는 많은 모순을 안고 있다. 시대가 어려울수록, 개인이 어려운 문제에 부딪힐수록, 우리에게 필요한 것은 참된 철학이다. 철학이 없는 삶은 나침반이 없는 항해와 같다. 특히 우리민족은 지금 많은 시련을 겪고 있다. 우리민족의 의사와 어긋나게 외세의 힘에 의해서 분단된 조국의 통일, 경제적이고 문화적인 종속으로부터의 탈피, 사회의 민주화 등은 우리 민족이 인간으로 살아가기 위해서 해결해야할 필수불가결한 과제이다. 참된 철학의 도움 없이 그것은 불가능하다. 특히 자본주의의 모순이 극단화되고 있는 우리 사회에서 자본주의의 본질이 무엇이고 그 모순이 무엇인가를 과학적으로 분석할 수 있는 철학이 우리에게 절실히 요구된다. 그러한 철학이 우리를 이끌어 주지 못할 때 우리의 분단은 영영 고착화되고 우리는 외세 의존적이 되어 비민주적인 사회 속에서 겨우 목숨만 유지하는 비참한 인간으로 남을 것이다. 인간에 의한 인간의 착취가 교묘하게 계속되고 많은 철학자들이 사회의 본질을 파악하지 못한 채 덩달아 춤을 추게 될 것이다. 우리는 눈을 똑바로 뜨고 우리의 현실을 직시해야한다. 철학의 중요성은 바로 여기에 있는 것이다. 경제가 어려울수록 사회가 복잡할수록 개인의 고민이 더욱 더 클수록 우리는 그 만큼 더 철학을 필요로 한다. IMF사태가 정치가의 잘못이나 우리 민족의 낭비적인 성격에만 그 책임이 있는 것이 아니라 자본주의라는 사회구조의 모순, 그리고 미국을 비롯한 제국주의 국가들의 농간에 더 근본적인 책임이 있다는 것을 밝혀내게 해주는 것은 참된 철학뿐이다. 인류가 지금까지 공들여 쌓아온 사회적 이성을 모두 파괴하려는 포스트모더니즘과 같은 퇴폐적인 철학이 결국 자본가의 전략에 놀아나는 사이비 지식인들의 지적인 유희에 불과하다는 사실을 간파할 수 있게 하는 것도 참된 철학뿐이다. 참된 철학을 습득할 때만 21세기의 젊은이들은 새로운 사회를 건설하려는 희망을 안고 용감하게 전진해 나갈 수 있는 것이다.

저 자 강대석

<참고문헌>

한국철학사상연구회 편, 『철학대사전』, 동녘 1989.

한국철학사상연구회 편, 『철학소사전』, 동녘 1990.

이을호 편역, 『세계철학사』(전12권), 중원문화 2009.

녹두 편집부 편, 『세계철학사』, 1, 2, 3권, 녹두 1985.

슈퇴리히 저, 임석진 역, 『세계철학사』, 분도출판사 1984.

윌 듀란트 저, 황문수 역, 『철학 이야기』, 문예출판사 1983.

B. 러셀 지음, 이명숙/곽광제 옮김, 『서양의 지혜』, 서광사 1990.

조성오 지음, 『철학에세이』, 동녘 1993.

거름 편집부 엮음, 『철학사 비판』, 거름 1983.

모리스 콘포스 지음, 민해철 옮김, 『철학의 옹호』, 거름 1985.

모리스 콘포스 지음, 이보임 옮김, 『인식론』, 동녘 1993.

김인철 지음, 『독일 고전철학 비판』, 나라사랑 1989.

아벨라르·엘로이즈 지음, 정봉구 역, 『아벨라르와 엘로이즈』, 을유문고 179, 1984.

볼테르 저, 박영혜 역, 『볼테르 철학서한』, 삼성문화문고 103, 1978.

아담 샤프 저, 박성수 역, 『마르크스냐 싸르트르냐?』, 인간사 1983.

루카치 지음, 김재기 외 옮김, 『청년헤겔』, 동녘 1992.

루카치 지음, 한기상 외 옮김, 『이성의 파괴(I-III)』, 동녘 1993.

이정민 지음, 『우리시대의 철학』, 대동 1988.

유지혁 지음, 『철학산책』, 대동1990.

빅토르 아파나세프 지음, 김성환 옮김, 『대중철학개론』, 사상사 1990.

A. I. 티타렌코 엮음, 견학필/박장호 옮김, 『윤리학 입문』, 사상사 1991.

S. 토가레프 지음, 한국종교연구회 옮김, 『세계의 종교』, 사상사 1991.

G. V. 플레하노프 지음, 민해철 옮김, 『맑스주의의 근본문제』, 거름 1987.

T. I. 오이저만 지음, 윤지현 옮김, 『맑스주의 철학 성립사』, 아침 1989.

안드라스 게도 외 지음, 김경연/유종석 편역, 『포스트모더니즘의 도전』, 다민 1992.

알렉스 캘리니코스 지음, 임상훈/이동연 공역, 『포스트모더니즘 비판』, 성림 1994.

H. 회르츠/D.비티히 지음, 김성환 옮김, 『자연인식과 세계관』, 천지 1990.

H. 겜코브 지음, 김대웅/주양석 공역, 『두 사람』, 죽산 1990.

왕욱민 외 지음, 이승민 옮김, 『중국현대철학사』, 청년사 1989.

K. Jaspers, *Existenzphilosophie*, Berlin 1964.

G. W. F. Hegel, *Vorlesungen über die Geschichte der Philosophie II, In : Werke in 20 Bänden*, Frankfurt am Main 1971.

Wilhelm Capelle, *Die Vorsokratiker*, Stuttgart 1963.

I. Kant, *Kritik der reinen Vernunft*, hrsg. von B. Erdmann, Leipzig 1889

Sophokles, *Antigone*, Stuttgart 1978.

J. Störig, *Kleine Weltgeschichte der Philosophie*, Stuttgart 1961.

E. Zeller, *Grundriß der Geschischte der Philosophie*, Leipzig 1920.

Epikur, *Philosophie der Freude*, Stuttgart 1973.

M. Aurelius, *Selbstbetrachtungen*, Leipzig 1954.

C. Becker/F. Duncalf, *Story of civilization*, New York 1941.

H. Ley, *Geschichte der Aufklärung und des Atheismus*, Berlin 1978.

G. Bruno, *Heroische Leidenschaften und individuelles Leben*, Hamburg 1957.

W. Durant, *Die großen Denker*, Zürich 1947.

R. Flackenberg, *Geschichte der neueren Philosophie*, Leipzig 1902.

H. Glockner, *Die europäische Philosophie*, Stuttgart 1960.

P. Deussen, *Die neuere Philosophie von Descartes bis Schopenhauer*, Leipzig 1917.

Goethe, *Werke in 12 Bänden*, Berlin 1981

D. F. Strauß, *Voltaire*, Bonn 1895.

H. Heine, *Beiträge zur deutschen Ideologie*, Frankfurt am Main 1972.

U. Schulz, *Kant*, Hamburg 1965.

I. Kant, *Allgemeine Naturgeschichte und Theorie des Himmels*, Berlin 1955.

I. Kant, *Kritik der reinen Vernunft, hrsg.* von B. Erdmann, Leipzig 1889.

M. Thom, *Immanuel Kant*, Leipzig 1974.

S. Feuerbach, *Gesammelte Werke, hrsg.* von W. Schuffenhauer, Berlin 1984.

G. Biedermann, *Ludwig Andreas Feuerbach*, Jena 1986

Marx/Engels, *Werke, (MEW)*, Berlin 1960 f.

A. Schopenhauer, *Die Welt als Wille und Vorstellung*, Zürich 1977

F. Nietzsche, *Sämtliche Werke in 12 Bänden*, Stuttgart 1964.

H. Vaihinger, *Nietzsche als Philosoph*, Berlin 1905.

R. Richter, *Essays*, Leipzig 1913.

H. Saner, *Jaspers*, Hamburg 1970.

K. Jaspers, *Philosophie II*, Berlin 1956.

K. Jaspers, *Chiffre der Transzendenz*, München 1970.

M. Heidegger, *Holzwege*, Frankfurt am Main 1972.

J. P. Sartre, *Ist der Existentialismus ein Humanismus?*, Zürich 1947.

J. P. Sartre, *Kritik der dialektischen Vernunft, 1. Band*, Hamburg 1967.

L. Wittgenstein, *Tractatus logico-philosophicus*, Frankfurt am Main 1963.

W. Stegmüller, *Hauptstömungen der Gegenwartsphilosophie*, Stuttgart 1969.

I. M. Bochenski, *Europäische Philosophie der Gegenwart*, Bern 1947.

Ch. Peirce, *Chance, Love and Logic*, New York 1941.

J. Fiske, *American Political Ideas*, New York 1885.

W. James, *The Principles of Psychology*, New York 1890.

J. Dewey, *The School and the Society*, Chicago 1949.

◈ 인명색인 ◈

르네리우스(H. Renerius, 1589~1676)

마르셀(Gabriel Marcel, 1889~1973)

마르쿠제(Herbert Marcuse, 1898~1979)

마블리(Gabriel de Bonnot Mably, 1709~1785)

마하(Ernst Mach, 1838~1916)

말브랑슈(N. Malebranche, 1638~1715)

맑스(Karl Heinrich Marx, 1818~1883)

멜리에(Jean Meslier, 1664~1729)

모렐리(N. Morelly, 1717~1769)

모어(Thomas More, 1478~1535)

바우어(Edgar Bauer, 1809~82)

버클리(George Berkeley, 1685~1753)

버클리(George Berkeley, 1685~1753)

베이컨(Francis Bacon, 1561~1626)

베이컨(Francis Bacon, 1561~1626)

베이컨(Roger Bacon, 1214년~1294년)

벨(Pierre Bayle, 1647~1706)

보에티우스(G. Voetius, 1589~1676)

브루노(G. Bruno, 1548~1600)

비트겐슈타인(Ludwig Josef Johan Wittgenstein, 1889~1951)

빈델반트(Wilhelm Windelband, 1848~1915)

사르트르(Jean Paul Sartre, 1905~1980)

살로메(Lou Andreas-Salomé, 1861~1937)

서경덕(徐敬德, 1489~1546)

셰익스피어(Shakespeare, 1564~1616)

셸링(Friedrich Wilhelm Joseph von Schelling, 1775~1854)

소크라테스(Socrates, B. C. 470년경~B. C. 399년경)

소포클레스(Sophocles, B. C. 496년경~B. C.406년경)

쉴레겔(August Wilhelm von Schlegel, 1767~1845)

슈바이처(Albert Schweitzer, 1875~1965)

슐리크(Moritz Schlick, 1882~1936)

슐릭(Moritz Schlick, 1882~1936)

스페우시포스(Speusipos, B. C. ?~354)

스피노자(Baruch de Spinoza, 1632~1677)

아낙사고라스(Anaxagoras, B. C. 500~428년경)

아낙시만드로스(Anaximandros, B. C. 610~545)

아낙시메네스(Anaximenes, B. C. 585~528)

아리스토텔레스(Aristoteles, B. C. 384~322)

아리스티포스(Aristippos, B. C. 435년경~B. C. 366년경)

아우구스티누스(Augustinus, 345~430)

아우렐리우스(Marcus Aurelius, 121~180)

아퀴나스(Thomas von Aquinas, 1225~1274)

야스퍼스(Karl Jaspers, 1883~1969)

에리우게나(J. C. Eriugena, 810~877)

에피쿠로스(Epikuros, B. C. 342~B. C. 271년경)

엠페도클레스(Eempedokles, B. C. 495~435년경)

예니(Jenny von Westphalen, 1814~1881)

오언(Robert Owen, 1771~1858)

제논(Zenon, B. C. 470~430년경)

제임스(William James, 1842~1910)

카뮈(Albert Camus, 1913~1960)

칸트(Immanuel Kant, 1724~1804)

캄파넬라(Thomas Campanella, 1568~1639)

케인즈(John Maynard Keynes, 1883~1946)

콩트(Auguste Comte, 1798~1857)

쾨펜(Karl Friedrich Köppen, 1803~63)

쿠자누스(N. Cusanus, 1401~1464)

크리티아스(Kritias, B. C. 460~430)

크세노크라테스(Xenokrates,B. C. 430~354)

탈레스(Thales, B. C. 625~545)

트라시마코스(Thrasymachos, B. C. 5세기경)

파르메니데스(Parmenides, B. C. 540~480년경)

파스칼(B. Pascal, 1623~1662)

퍼스(Charles Sanders Peirce, 1839~1914)

포이어바흐(Ludwig Andreas Feuerbach, 1804~72)

포퍼((Karl Raimund Popper, 1902~1994)

푸리에(Jean Baptiste Joseph Fourier, 1768~1830)

푹스(Eduard Fuchs, 1870~1940)

프로타고라스(Protagoras, B. C. 490년경~410년경)

프루츠(R. E. Prutz, 1816~72)

프톨레마이오스(Ptolemaios, 90~160)

플라톤(Platon, B. C. 428~348년경)

플로티노스(Plotinos, 205~270)

피스크(Jonh Fiske, 1842~1901)

피타고라스(Pyhaagoras, B. C. 540~500)

피히테(Johann Gottlieb Fichte, 1762~1814)

하이데거(Martin Heidegger, 1889~1976)

헤겔(G. W. F. Hegel, 1770~1831)

헤라클레이토스(Herakleitos, B. C. 544~483)

헤스(Moses Hess, 1812~75)

홉스(Thomas Hobbes, 1588~1679)

후설(Edmund Husserl, 1859~1938)

히포크라테스(Hippocrates, B. C. 년경~B. C. 377년경)